D1704414

Open Innovation umsetzen
Prozesse, Methoden, Systeme, Kultur

www.symposion.de/innovation

Herausgegeben von
SERHAN ILI

Mit Beiträgen von
ALBERT ALBERS, THOMAS CLAUSEN, KATHLEEN DIENER, ELLEN ENKEL, HANNES ERLER, MARTIN ERTL, ECKARD FOLTIN, JOHANN FÜLLER, AXEL GLANZ, ROBERT HEISMANN, ANNETTE HORVÁRTH, SERHAN ILI, THORSTEN LAMBERTUS, ANNETT LENZ, DOMINIK MAJID, FRANK MATTES, JOACHIM MÜLLER, FRANK T. PILLER, CLEMENS PIRKER, MARKUS RIEGER, NICOLE ROSENKRANZ, ALEXANDER STERN, DORIS WILHELMER

Impressum

Open Innovation umsetzen

Prozesse, Methoden, Systeme, Kultur

Herausgeber
SERHAN ILI

Lektorat
STEFAN THISSEN,
Symposion Publishing

Satz
MARTINA THORENZ, KAREN FLEMING
Symposion Publishing

Druck
dd ag
Frensdorf

Umschlaggestaltung
Symposion Publishing

Photo
© Sly – Fotolia.com

ISBN 978-3-939707-75-2
1. Auflage 2010
© Symposion Publishing GmbH,
Düsseldorf
Printed in Germany

Begleitdienst zu diesem Buch
www.symposion.de/innovation

Redaktionelle Post bitte an
Symposion Publishing GmbH
Münsterstr. 304
40470 Düsseldorf

Bibliografische Information der Deutschen Bibliothek:
Die Deutsche Bibliothek verzeichnet diese Publikation
in der Deutschen Nationalbibliografie; detaillierte
bibliografische Daten sind im Internet über
http://www.ddb.de abrufbar.

Open Innovation umsetzen
Prozesse, Methoden, Systeme, Kultur

www.symposion.de/innovation

Ist Open Innovation bloß eine Modeerscheinung oder steckt mehr dahinter? Viele Unternehmensbeispiele belegen heute, dass dieser Ansatz, wenn er richtig organisiert wird, ein Quantensprung für das Innovationsmanagement bedeuten kann. Die Grundidee ist dabei einfach: Statt nur seine internen Kapazitäten zu nutzen, versucht das Unternehmen, über seine Grenzen hinaus gezielt externe Kompetenzen in die Produktentwicklung einzubinden. Und umgekehrt kann es nach neuen Absatzmöglichkeiten suchen, um seine eigenen (ungenutzten) Ideen und Technologien auch außerhalb seines angestammten Geschäftsbereichs zu verwerten.

Damit Unternehmen Open Innovation praktizieren können, benötigen sie allerdings geeignete Prozesse, Methoden und Systeme. Zudem erfordert der Ansatz eine Anpassung der Unternehmenskultur und -kommunikation.

Vor diesem Hintergrund geht das Buch der Frage nach, wie Open Innovation in der Praxis realisiert und gelebt wird, und stellt dabei neueste Erkenntnisse sowie nützliche Informationen zu dem Thema zur Verfügung.

Dabei werden wissenschaftliche Fachbeiträge und praxisnahe Best-Practice-Beispiele namhafter Experten anschaulich miteinander verknüpft. Neben einer allgemeinen Einführung ins Thema werden u.a. folgende Aspekte behandelt:

⇨ Potenziale und Einsatzfelder von Open Innovation,
⇨ Risiken und Hindernisse,
⇨ Technology Orchestration,
⇨ Systematische Cross Industry Innovation,
⇨ Prozesssteuerung durch »Inno-Netzwerke«,
⇨ Kultur und Kommunikation im Open-Innovation-Kontext.

Über Symposion Publishing
Symposion ist ein Fachverlag für Management-Wissen und veröffentlicht Bücher, Studien, digitale Fachbibliotheken und Onlinedienste.

Das Programm steht auch zum Download zur Verfügung – über das
Verlagsportal kann der Leser nach Kapiteln suchen und diese individuell zusammenstellen. Wissen ist damit blitzschnell verfügbar – jederzeit, praktisch überall und zu einem attraktiven Preis.

www.symposion.de

Open Innovation umsetzen
Prozesse, Methoden, Systeme, Kultur

Systeme

Kultur und Kommunikation

Ausblick und Anhang

Herausgeber und Autoren

Herausgeber

SERHAN ILI
hat Wirtschaftsingenieurwesen an der Universität Karlsruhe studiert. Er war über 1 Jahr in der Energiebranche (Inhouse Consulting) und insgesamt 8 Jahre in der Automobilbranche – hauptsächlich bei der Porsche AG – (Entwicklung, Produktion, Qualität, Marketing, Strategie und Innovationsmanagement) tätig. Herr Ili hat am Institut für Produktentwicklung der Universität Karlsruhe zum Dr. Ing. berufsbegleitend promoviert. Die Ergebnisse seiner Promotion zum Thema Open Innovation hatten wesentlichen Einfluss auf die Gestaltung des Innovationsprozesses der Porsche AG. Mittlerweile ist er geschäftsführender Gesellschafter der Innovationsberatung ILI CONSULTING – Impulse – Lösungen – Innovationen, die Unternehmen aus vielen Branchen sehr erfolgreich im Bereich Innovationsmanagement berät (www.ili-consulting.de).

Autoren

ALBERT ALBERS
Prof. Dr.-Ing. Dr. h.c., Jahrgang 1957, ist seit 1996 Ordinarius und Leiter des IPEK - Institut für Produktentwicklung am Karlsruher Institut für Technologie (KIT). Er promovierte 1987 am Institut für Maschinenelemente, Konstruktionstechnik und Sicherheitstechnik der Universität Hannover. Vor seinem Ruf nach Karlsruhe war Prof. Albers tätig bei der LuK GmbH & Co. OHG, zuletzt als Entwicklungsleiter sowie stellvertretendes Mitglied der Geschäftsleitung. Prof. Albers forscht mit seinem Team auf den Gebieten Modellierung von Produktentwicklungsprozessen, Methoden zur Unterstützung der Produktentwicklung (Computer Aided Engineering, Innovations- und Wissensmanagement) sowie Antriebssystemtechnik im Maschinen- und Fahrzeugbau. Er ist Mitglied dreier Sonderforschungsbereiche der Deutschen Forschungsgemeinschaft (DFG), davon einem als Sprecher vorstehend. Prof. Albers ist Mitglied der Deutschen Akademie der Technikwissenschaften (acatech), Mitglied und seit 2010 Vorsitzender der wissenschaftlichen Gesellschaft für Ma-schinenelemente, Konstruktionstechnik und Produktentwicklung WGMK, Mitglied des Berliner Kreises - Wissenschaftliches Forum für Produktentwicklung sowie Mitglied der Design Society. Seit 2008 ist er Präsident des Allgemeinen Fakultätentages von Deutschland (AFT). Darüber hinaus engagiert er sich im Verein Deutscher Ingenieure (VDI) und ist in Beiräten mehrerer Unternehmen tätig.

THOMAS CLAUSEN
Dr., war seit 1978 bei der Wella AG in Darmstadt tätig in F&E, ab 1997 als Leiter des Bereichs und Mitglied der Geschäftsleitung. Später wurde er berufen zum Generalbevollmächtigten, dann zum Vorstand für F&E, Produktion & Logistik. Nach Übernahme der AG durch Procter und Gamble war er ,Manager R&D' und arbeitet nach Ausscheiden bei P&G seit kurzem mit der Geschka & Partner Unternehmensberatung.

KATHLEEN DIENER
ist wissenschaftliche Mitarbeiterin und Doktorandin am Lehrstuhl für Technologie- und

Innovationsmanagement der RWTH Aachen (http://tim.rwth-aachen.de). Ihre Forschung fokussiert auf das Phänomen Open Innovation und die Konsequenzen für den OI-Einsatz. Sie studierte Psychologie an der Humbold Universität Berlin und ist Initiatorin der weltweit ersten Marktstudie zu Intermediären für Open Innovation.

ELLEN ENKEL
ist Professorin für Innovationsmanagement und Direktorin des Dr. Manfred Bischoff Institutes für Innovationsmanagement der EADS an der Zeppelin Universität Friedrichshafen. Davor leitete sie das Kompetenzzentrum Open Innovation an der Universität St. Gallen, Schweiz, wo sie sich auch habilitierte. Ihr Forschungsfokus umfasst die Themen Open und Cross-Industry Innovationen, Innovationskultur und Innovationscontrolling. Prof. Enkel besitzt vielfältige Industrieerfahrung durch praxisorientierte Forschungsprojekte mit Unternehmen wie Henkel, Alcan, Bayer MaterialScience, Daimler und Unilever. Sie veröffentlichte bisher 4 Bücher sowie zahlreiche akademische Artikel in internationalen wissenschaftlichen Zeitschriften.

Hannes Erler
Ing., ist Vice President für Innovation bei Swarovski und Leiter des i-LABs, eines internen crossfunktionalen Teams, das sich mit Front End Innovation, speziell mit übergreifender Vernetzung der Innovationsakteure, partizipativem Ideenmanagement, Innovations-Portfolio-Management sowie Abwicklung von Inkubationsprojekten beschäftigt. Er war vorher Bereichsleiter für Produktentwicklung und Design. In dieser Funktion war er verantwortlich für die erste Einführung des Stage-Gate-Prozesses nach Bob Cooper in einem deutschsprachigen Unternehmen. Der 1960 geborene Maschinenbauingenieur (HTL Innsbruck) beschäftigt sich seit über zwanzig Jahren mit Aspekten des Innovationsmanagements und der Produktentwicklung und absolvierte hierzu verschiedene Executive-Programme an

der Harvard Business School und am IMD in Lausanne. Publikationen und internationale Konferenzbeiträge u.a. zu Ideenmanagement und Steuerung von Innovationsnetzwerken. Mitglied des Advisory Boards der »Front End of Innovation Europe«-Konferenz, Beiratsmitglied der Plattform für Innovationsmanagement in Österreich.

MARTIN ERTL
Jahrgang 1970. Nach Abschluss seines Studiums des Wirtschaftsingenieurwesens trat er 1996 in die AUDI AG ein, um dort in unterschiedlichen Funktionen und Standorten im Bereich Personal, Produktion und Design in teils leitender Funktion bis zum Jahre 2004 tätig zu sein. Parallel zu seiner beruflichen Tätigkeit schloss er einen MBA Studiengang an den Universitäten Augsburg und Pittsburgh in den Jahren 1999/2000 erfolgreich ab. Im Januar 2005 wechselte er als Leiter Innovationsimpulse zur BMW Group mit den Aufgabenschwerpunkten Scouting und Monitoring von Innovationen und Technologien mit Fokus auf non-automotive Industrien. Seit Juli 2008 ist er als Chief Innovation Officer bei Bombardier Transportation in Berlin tätig. Schwerpunkte seiner Tätigkeit: Steuerung und Verantwortung der Innovationstätigkeiten entlang der gesamten Prozesskette durch den strukturierten, systematischen Aufbau eines modernen Innovationsmanagements, die Entwicklung einer nachhaltigen Innovationsstrategie sowie den kontinuierlichen Auf- und Ausbau eines internen und externen Innovationsnetzwerkes.

ECKARD FOLTIN
leitet des Creative Center innerhalb des Bereiches New Business bei der Bayer MaterialScience AG. Eckard Foltin trat 1984 in die Bayer AG ein. Im damaligen Geschäftsbereich Kunststoffe durchlief er verschiedene Positionen, die von der Anwendungstechnik bis zum Marketing reichten. Anfang 2000 wechselte er in das Innovationsmanagement, bevor er zum 1. Januar 2003 mit der Leitung

des Creative Centers beauftragt wurde. Seit dem 01.01.2008 ist der Bereich New Business im Corporate Development integriert und global für die Zukunftsentwicklung zuständig. Das Creative Center ist für die methodische Suche und Erarbeitung neuer Anwendungen für Materialien der Bayer MaterialScience AG verantwortlich.

JOHANN FÜLLER
Dr., ist seit 2000 Vorstand der HYVE AG und Habilitand am Institut für Strategisches Management, Marketing und Tourismus an der Universität Innsbruck, sowie Research Affiliate am Massachusetts Institute of Technology (MIT) in Cambridge. Er promovierte im Fach Marketing zum Thema »Community Based Innovations - Virtual Integration of Online Consumer Groups into New Product Development« bei Prof. Hans Mühlbacher, LFU Innsbruck und Prof. Eric von Hippel, MIT. Begleitend zu seiner Forschungstätigkeit veröffentlichte er mehr als 60 Artikel in verschiedenen Zeitschriften, darunter der Harvard Businessmanager oder das Journal of Product Innovation Management.

AXEL GLANZ
Dr., hat Volks- und Betriebswirtschaft studiert und zum Dr. rer. pol. promoviert. Er ist Geschäftsführer des Innovationen Institut in Frankfurt, das mit wissenschaftlichen Methoden führende Unternehmen in der Innovationsfindung, Bewertung aus Kundensicht und der Innovationsstrategie berät. Darüber hinaus erhielt Dr. Glanz Auszeichnungen wie »Unternehmer des Monats«, den »Gründerpreis der Stadt Frankfurt«, den »Deutschen Mediapreis«, den »Konvergenz Award« und den »Distinctive Merit Award« des Art Director Clubs New York. Gleichzeitig ist er Sprecher des Vorstands der Innovationsvereinigung für die Deutsche Wirtschaft (IDWI).

ROBERT HEISMANN
Maschinenbaustudium an der RWTH Aachen sowie Studium an der European Business School Östrich-Winkel. Seit 1997 in der Automobilbranche tätig, zunächst für drei Jahre in der Motorenentwicklung bei der AUDI AG, danach acht Jahre bei der BMW Group (Motorentwicklung, Innovationsmanagement). Seit 2008 Leiter Innovationsmanagement bei der Porsche AG. In seiner gegenwärtigen Tätigkeit liegt es ihm insbesondere am Herzen, das Bewusstsein für die Notwendigkeit von Innovationen in die Unternehmenskultur zu verankern.

ANNETTE HORVÁTH
forscht als wissenschaftliche Mitarbeiterin am Dr. Manfred Bischoff Institut für Innovationsmanagement der EADS der Zeppelin Universität an Open und Cross-Industry Innovation. Frau Horváth greift dabei auf langjährige berufliche Erfahrungen aus Industrie und Top-Management-Beratung zurück. Sie tritt als Rednerin auf nationalen und internationalen Kongressen und Veranstaltungen auf und publiziert regelmäßig in Fachzeitschriften und Herausgeberbänden zu den Themen Innovationsmanagement, Kreativität sowie Open Innovation und Cross-Industry-Innovation. Neben ihrer Forschungstätigkeit arbeitet Frau Horváth als unabhängige Innovationsberaterin und ist Mitglied im Verband »Die KMU-Berater – Verband freier Berater e.V.«

THORSTEN LAMBERTUS
hat Wirtschaftsingenieurwesen an der RWTH Aachen studiert und sich dabei auf das Technologie- und Innovationsmanagement konzentriert. Seine Diplomarbeit behandelte Fähigkeiten für Open-Innovation-Prozesse. Seit Oktober 2009 arbeitet er am und außerdem das Innovationen Institut mit Projektschwerpunkten M2M, Elektromobilität und Open Innovation.

ANNETT LENZ
arbeitet seit 2009 bei der HYVE Innovation Community GmbH und betreut hier den Aufbau unternehmensinterner Ideenmanagementlösungen und mitarbeiterzentrierter Innovationscommunities. Während ihres

9

Studiums der Betriebswirtschaftslehre an der Ludwig-Maximilians-Universität München galt ihr Forschungsschwerpunkt den Bereichen Strategie, Marketing und Marktforschung.

DOMINIK MAJID
trat nach seinem internationalen Studium der Betriebswirtschafslehre an der European Business School 1994 als Marketing Assistent in die 3M Deutschland ein. Dort nahm er mit steigender Verantwortung Positionen im Marketing, Vertrieb und Six Sigma wahr und sammelte Erfahrung in unterschiedlichen Märken, Absatzkanälen und Technologien. Seit 2004 verantwortet er als Global Key Account Manager das Geschäft mit verschiedenen Automobilherstellern.

FRANK MATTES
ist Senior Manager bei HLP Hirzel Leder & Partner, Frankfurt, wo er sich auf Fragen des Innovations- und Projektmanagements spezialisiert hat. Nach Studium in Deutschland und den USA war er vor seiner jetzigen Aufgabe als Projektleiter und Manager für deutsche Unternehmensberatungen und die Boston Consulting Group tätig. Zudem leitete er als Vorstand bzw. Geschäftsführer ein IT-Unternehmen bzw. ein Unternehmen aus dem Bereich Professional Services.

JOACHIM MÜLLER
arbeitet im Volkswagen Innovationsmanagement und betreut u.a. das Forum Innovation mit Lieferanten und den Prozess Concept-Teams. Außerdem ist er für die Prozessentwicklung des Volkswagen Innovationsprozesses und die operative Einsteuerung von Innovationen in Fahrzeugprojekte zuständig. Zuvor war er mehrere Jahre in der Konzeptentwicklung in Wolfsburg und Shanghai sowie in der Konzern-Entwicklungssteuerung tätig.

FRANK T. PILLER
Prof. Dr., forscht seit vielen Jahren über die Gestaltung kundenzentrierter Innovations- und Wertschöpfungsprozesse, das erfolgreiche Management radikaler Innovationen und die Nutzung externen Wissens für den Innovationsprozess. Er ist Lehrstuhlinhaber für Technologie- und Innovationsmanagement an der RWTH Aachen (http://tim.rwth-aachen. de). Frank Piller promovierte an der Universität Würzburg und habilitierte zum Thema Open Innovation und User Innovation an der TU München. Als wissenschaftlicher Partner der ThinkConsult Unternehmensberatung unterstützt er Unternehmen in den Bereichen strategisches Technologiemanagement, Mass Customization, Open Innovation, Concept Testing und der Gestaltung erfolgreicher Innovationsprozesse.

CLEMENS PIRKER
Dr., arbeitet seit November 2009 bei der HYVE Innovation Community GmbH aus München. Als Projektleiter liegt sein Schwerpunkt in der Konzeption von unternehmensinternen Ideen- und Innovationsmanagementlösungen. Zuvor promovierte Herr Pirker im Bereich Forschungsmethodik am Boston College und an der Universität Innsbruck. Zudem leitete er Seminare im Bereich Strategie, Marketing und Marktforschung. Forschungsaufenthalte führten ihn nach Boston, London und Columbia (SC). Seine beruflichen Stationen führten ihn zu Danone, W.L. GORE und zu HYVE Projekte bei Adidas und D. Swarovski.

MARKUS RIEGER
ist Geschäftsführer HYVE Innovation Community GmbH. Von Oktober 2004 bis Januar 2009 war er als Geschäftsführer der GameCreator GmbH tätig, einem Tochterunternehmen der HYVE AG. Bereits während seines Informatikstudiums an der TU München sammelte er Berufserfahrung bei diversen Unternehmen.

Markus Rieger arbeitete nach seiner Tätigkeit bei CyberSymetrix IT und der YadaYada GmbH insgesamt 3 Jahre für die WebToGo Mobiles Internet GmbH.

NICOLE ROSENKRANZ
ist Doktorandin an der Universität St.Gallen am Institut für Betriebswirtschaft (IfB) und Visiting Scholar an der Wharton School der University of Pennsylvania. Ihr Forschungsinteresse bezieht sich auf die Innovationstätigkeit von Unternehmen im Spannungsfeld von inkrementellen und radikalen Innovationen. In ihrer Dissertation befasst sie sich insbesondere mit der Analyse von firmenübergreifenden Innovationen entlang des Open Innovation Ansatzes. Bereits während ihres Studiums an der European Business School (ebs) sammelte sie durch praxisorientierte Projekte Industrieerfahrung. Diese wurde durch ihre 3-jährige Tätigkeit als Beraterin besonders in der Chemie, FMCG, und Finanzindustrie weiter ausgebaut.

ALEXANDER STERN
Dr., studierte in London und Kalmar, Schweden, Marketing und Betriebswirtschaftslehre. Nach verschiedenen beruflichen Stationen im In- und Ausland in den Bereichen Markenstrategie, PR, Entwicklungsstrategie und in der Unternehmensberatung promovierte er berufsbegleitend bei der BMW Group im Innovationsmanagement. Als Teil der Promotion, die am Lehrstuhl für Innovation and Organizational Economics der Copenhagen Business School betreut wurde, verbrachte Dr. Stern ein Semester als Gastforscher bei Professor Chesbrough am Center for Open Innovation an der Universität Berkeley. Derzeit ist Dr. Stern Consultant bei der Technologie Management Gruppe (TMG) mit Hauptsitz in Stuttgart.

DORIS WILHELMER
Mag. Dr., Innovationsforscherin und -beraterin am AIT (Austrian Institute of Technology GmbH) mit Schwerpunkten in der Konzeption und Begleitung von europäischen, nationalen und unternehmensspezifischen (Corporate) Foresightprozessen sowie von komplementären Innovationsberatungen für Industrieunternehmen (z. B. Swarovski, SAG-Aluminium Lend) im Bereich von Open Innovation und User Innovation (Living LAB) und internationalen Konferenzbeiträgen u.a. Abano 2009, ISPIM Bilbao 2010, AOM Montreal 2010. Publikationen zu Komplementärberatung, Innovation, Foresight und Netzwerkmanagement. Studium der Philosophie, PhD in Organisationsentwicklung an der Universität Klagenfurt. Mitglied der österreichischen Gesellschaft für Gruppendynamik und Organisationberatung, Ausbildungen in systemischer Beratung, Supervision und Strukturaufstellungen. Langjährige Erfahrung als interne und externe Trainerin, Beraterin und Personalleiterin in namhaften Unternehmen (u.a. EA - Generali Vers.AG, UTA-Telekom AG).

11

Vorwort

SERHAN ILI

Viele Unternehmen investieren in ihre eigene F&E, um möglichst zahlreiche Innovationen zu generieren und sie dann mit einem hohen Differenzierungsmerkmal als erste auf den Markt zu bringen. Gleichzeitig schützen sie ihr eigenes geistiges Eigentum gegen Einblicke der Wettbewerber. Diese Strategie klingt logisch und hat lange gut funktioniert. Doch angesichts des steigenden Kosten- und Innovationsdrucks ergibt sich inzwischen ein zunehmender Handlungsbedarf, diese traditionelle Wertschöpfung zu überdenken.

Geringere Umsatzmöglichkeiten und steigende Entwicklungskosten wirken sich negativ auf die Produktivität der Unternehmen aus. Sie können ihre Innovationen nur schwer am Markt amortisieren. Einen Weg aus dieser Produktivitätszange beschreibt Open Innovation. Open Innovation ist eine Strategie, mit der Unternehmen externes Wissen für sich nutzbar machen bzw. eigene Innovationen auch außerhalb des gegenwärtigen Geschäftsmodells verwerten können. Denn durch die gezielte Nutzung von externen Ideen und Technologien können Unternehmen ihre Innovationsbasis für ihre gegenwärtige Geschäftstätigkeit erweitern und Entwicklungskosten sparen. Gleichzeitig können sie nach neuen Absatzmöglichkeiten suchen, um ihre eigenen, insbesondere bislang ungenutzten Ideen und Technologien über ihren angestammten Geschäftsbereich hinaus zu verwerten. Ein solches offenes Geschäftsmodell erfordert die gezielte Öffnung der eigenen Unternehmensgrenzen, damit mehr Ideen und Technologien sowohl von außen einfließen als auch von innen ausströmen können.

Die praktische Umsetzung von Open Innovation erfordert allerdings eine tiefgreifende Veränderung: Unternehmen müssen ihre traditionelle Wertschöpfungskette aufbrechen. Open Innovation wirkt sich nämlich direkt auf die Architektur der Wertschöpfung aus, wodurch eine Anpassung der unternehmensinternen Methoden, Prozesse, Systeme und Innovationskultur unumgänglich ist. Vor diesem

Hintergrund widmen sich die Autoren dieses Buches der spannenden und facettenreichen Frage, wie Open Innovation in der Praxis gelebt und umgesetzt werden kann. Dazu wird in einer Einführung zunächst der wesentliche theoretische und strategische Rahmen gespannt. Anschließend konzentrieren sich die Autoren auf die genannten Bereiche innerhalb der Wertschöpfungskette, die im Folgenden kurz skizziert werden.

Einführung
Wir beraten Unternehmen aus verschiedenen Branchen bei der Einführung und Umsetzung von Open Innovation. Dabei wird immer wieder deutlich, dass ein ganz unterschiedliches Verständnis zu Open Innovation – auch innerhalb eines Unternehmens und der beteiligten Akteure – vorherrscht. Um hier Klarheit zu schaffen, wird im Kapitel *Grundlagen und Theorien zum Innovationsbegriff* vor dem Hintergrund eines grundlegenden Innovationsverständnisses dargestellt, wie sich die Innovationstheorie entwickelt hat und worin sich die Ansätze Closed und Open Innovation voneinander unterscheiden. Dieser Grundstein ist notwendig für eine intersubjektive Kommunikation unter den beteiligten Akteuren und ein wichtiger Erfolgsfaktor bei der Umsetzung von Open Innovation. Darüber hinaus wird aufgezeigt, welche *Chancen und Risiken* mit Open Innovation einhergehen.
Eine erfolgreiche Umsetzung erfordert auch eine gute Strategie. Welche Vorarbeiten und Kernelemente für eine Umsetzung von Open Innovation aus strategischer Sicht notwendig und welche Wechselwirkungen mit anderen (Teil-)Strategien zu berücksichtigen sind, berichtet Martin Ertl in dem Kapitel *Strategiebildung für die Umsetzung von Open Innovation*.

Methoden
Methoden beschreiben Verfahren, um ein bestimmtes Ziel zu erreichen. Im Kontext von Open Innovation geht es darum, neue Ideen oder Technologien zu identifizieren. Besonders interessant sind daher diejenigen Methoden, die zu individuellem Erkenntnisgewinn

und zur Differenzierung gegenüber dem Wettbewerb führen. In der Praxis wird nur bedingt das vorhandene Potenzial von Open-Innovation-Methoden genutzt. Vielmehr werden von den Unternehmen meistens Maßnahmen eingesetzt wie »Produktpräsentationen durch Lieferanten« und »Reverse Engineering« von Konkurrenzprodukten. Solche Verfahren führen aber oft nicht zu den gewünschten Alleinstellungsmerkmalen, sondern nur zu Neuerungen ohne Differenzierungscharakter (»Me-too-Innovationen«).

Kathleen Diener und Frank T. Piller beschreiben daher in ihrem Beitrag *Methoden und Dienstleister für die OI-Implementation* die zentralen Verfahren für die Umsetzung von Open Innovation und ihre Anwendung. Ferner geben sie einen Einblick, wie sich der Markt für sogenannte Intermediäre, also Dienstleister für Open Innovation, gestaltet und wie man einen geeigneten Partner für ein OI-Projekt auswählt.

Wie Open Innovation in der Automobilbranche umgesetzt wird, beleuchten die Beiträge von Joachim Müller und Robert Heismann. Letzterer beschäftigt sich dabei mit der methodischen *Erweiterung des Innovationsprozesses bei der Porsche AG* und der Frage, wie sich Open Innovation als Projekt umsetzen lässt. Vor dem Hintergrund des zunehmenden Innovationsdruckes fasst Joachim Müller dann in seinem Beitrag *Öffnung des Innovationsprozesses: Erfahrungen bei Volkswagen* die wichtigsten Aspekte über die bei VW genutzten Open-Innovation-Methoden zusammen.

Welche Methoden man beim Haarpflegeunternehmen Wella – gleichsam einem Urgestein in Sachen offener Innovation – zur Einbindung externen Know-hows nutzt und wie man nach der Übernahme durch Procter & Gamble den Open-Innovation-Ansatz fortführt, zeigt Thomas Clausen eindrucksvoll in seinem Beitrag *Der »Connect + Develop«-Ansatz bei Wella und P&G*.

Prozesse

Durch Prozesse werden konkrete Abläufe von Methoden vorgegeben, die in der Regel auf praktischen Erfahrungen beruhen und einen empfehlenden Charakter haben. Wie sich bestehende Unternehmensprozesse, die vor allem vorhandene Ressourcen und Kompetenzen effizient verwerten, mit Impulsen von außen vereinbaren lassen, erläutert Alexander Stern in seinem Kapitel zur *Technology Orchestration*.

Die Nutzung von externen Innovationsquellen bedeutet nicht, dass die eigene F&E überflüssig bzw. nicht kompetent genug ist. Interne F&E-Aktivitäten sind nicht durch Open Innovation ersetzbar, aber die Fähigkeit zu interner Netzwerkbildung ist ein zentraler Enabler für erfolgreiche OI-Prozesse. Wie sich diese Aufgabe erfolgreich gestalten lässt, verdeutlichen Hannes Erler und Doris Wilhelmer umfassend in ihrer Case Study *Swarovski: Mit Netzwerken Innovationsprozesse steuern*.

Die systematische Analyse von Bedürfnissen und Anforderungen von morgen ist ein wichtiger Bestandteil, um die Innovationsaktivitäten auszurichten und sich zukünftig am Markt behaupten zu können. In welchen Schritten dies gelingen kann und wie man dabei externe Partner einbindet, zeigen Nicole Rosenkranz, Ellen Enkel und Eckard Foltin am Beispiel des *Market-Pull-Ansatzes der Bayer Material Science AG*.

Radikale Innovationen tragen überdurchschnittlich zu Umsätzen bei. Vor diesem Hintergrund versuchen immer mehr Unternehmen potenzialträchtige Erkenntnisse und Technologien aus analogen Industrien zu identifizieren und zu übertragen. Wie man Innovationspotenziale aus *Cross-Industry* in den Innovationsprozess integriert, zeigen Ellen Enkel und Annette Horváth anhand zahlreicher Beispiele.

Systeme

Die gezielte Förderung von Innovationen ist eine schwierige Aufgabe. Weder die Innovationstheorie noch die Entwicklungsmethodik kennen einen Algorithmus für die Generierung von Innovationen, da der Faktor Mensch bei der Entscheidungsfindung nicht ersetzbar ist. Jedoch kann man durch geeignete Systeme die Komplexität reduzieren und Problemlösungen sowie Vorschläge entwickeln. Clemens Pirker, Johann Füller, Markus Rieger und Annett Lenz beschreiben in ihrem Beitrag, wie Unternehmen *Crowdsourcing*-Mechanismen in Form von

16

Problem-Broadcasting-Plattformen und Innovationswettbewerben nutzen können und welche Rolle dabei (webbasierte) Systeme spielen.

Kultur

Allein mit Methoden, Prozessen und Systemen lässt sich die Umsetzung von Open Innovation nicht bewerkstelligen. Eine zusätzliche, ganz wesentliche Herausforderung bei der Umsetzung von Open Innovation liegt in der Gestaltung einer entsprechenden Unternehmenskultur, nach der die Mitarbeiter handeln. Externes Know-how darf nicht als Bedrohung angesehen werden, wenn Unternehmen es für sich nutzbar machen wollen. Daher bedarf es einer Innovationskultur, die Impulse von außen bewusst für die eigenen Ziele fördert. Der Beitrag von Dominik Majid setzt genau hier an, indem er die zentralen Punkte einer *offenen Innovationskultur* am Beispiel von 3M beschreibt.

Welche *kulturellen und kommunikativen Voraussetzungen* Open Innovation erfordert, schildern Axel Glanz und Thorsten Lambertus. Sie erläutern in diesem Zusammenhang, wie die handelnden Personen im Unternehmen gezielt eine offene Unternehmenskultur gestalten können. Dazu sind Werte, Normen und Denkweisen der Mitarbeiter neu auszurichten und Kommunikationsprozesse zu öffnen.

Frank Mattes schließlich zeigt am Beispiel eines DAX-notierten Unternehmens, welcher zentrale Stellenwert das Thema *Kulturwandel* bei der Umsetzung von Open Innovation hat, und wie sich dieser Change-Prozess strukturiert durchführen lässt.

Ausblick und Anhang

Mit dem Versuch eines Ausblicks zur Evolution der Produktentstehung und der daraus ableitbaren weiteren Entwicklung der Open-Innovation-Thematik schließt dieses Buch ab.

Ferner findet sich im Anhang ein globaler Ablaufplan, der dem Leser noch einmal einen Überblick über die wesentlichen Schritte und Fragestellungen für die Umsetzung von Open Innovation gibt.

Einführung

Grundlagen und Theorien zum Innovationsbegriff

Innovation ist in aller Munde, doch ist nicht immer gesagt, dass alle damit auch das Gleiche meinen. Ein differenzierter Blick auf die verschiedenen Begriffsbestimmungen sowie auf die Entwicklung der Innovationstheorie soll helfen, hier Klarheit über Bedeutung und Zusammenhänge zu schaffen.

In diesem Beitrag erfahren Sie:
- wie sich der Begriff Innovation definieren lässt,
- wie sich die Innovationstheorie entwickelt hat,
- worin sich Closed Innovation und Open Innovation voneinander unterscheiden.

SERHAN ILI

Zum Begriff der Innovation

In einem ersten Schritt soll es um die terminologische Abgrenzung und Einordnung des Innovationsbegriffs gehen, zumal er heutzutage fast inflationär verwendet wird. Unternehmen, Verbände aber auch die Politik benutzen ihn gern und häufig, wohlwissend, dass viele mit ihm Aspekte wie »technischen Fortschritt«, »technologischen Wandel« aber auch »wirtschaftlichen Erfolg« verknüpfen. Nicht zuletzt klingt der Begriff Innovation schlichtweg modern, dynamisch und zukunftsweisend. Entsprechend existiert in der Literatur eine Vielzahl von Definitionen, was Innovation bedeutet (siehe Tabelle 1).

Tabelle 1: Definitionen von Innovation

Autor	Definition
Schumpeter	»Das Wesen einer Innovation ist die Durchsetzung neuer (Faktor-) Kombinationen, die allerdings diskontinuierlich auftritt und nicht stetig erfolgt.« ([42], S. 100)
Braun	»Innovationen sind revolutionäre Neuerungen vor dem Hintergrund unternehmerischer Tätigkeiten.« ([4], S. 3)
Weule	»Innovationen sind qualitativ neuartige Produkte oder Verfahren, die am Markt oder im Unternehmen eingeführt werden, um die Bedürfnisse von internen und externen Kunden zu befriedigen und die Unternehmensziele zu erreichen.« ([49], S. 291)
Grupp	»Innovationen sind realisierte Ideen, die von einem Unternehmen als erstes aus der Forschung und Entwicklung in ein auf dem Markt eingeführtes Produkt umgesetzt werden.« ([17], S. 14 ff.)
Sabisch	»Innovation ist die Durchsetzung neuer technischer, wirtschaftlicher, organisatorischer oder sozialer Problemlösungen im Unternehmen.« ([40], S. 45)
Hauschildt	»Innovationen sind im Ergebnis qualitativ neuartige Produkte oder Verfahren, die sich gegenüber dem vorangehenden Zustand merklich [...] unterscheiden. Diese Neuartigkeit muss wahrgenommen werden, muss bewusst werden. Die Neuartigkeit besteht darin, dass Zwecke und Mittel in einer bisher nicht bekannten Form verknüpft werden.« ([19], S. 7)

Einen Überblick über weitere Begriffsbestimmungen gibt Hauschildt (vgl. [19], S. 5 f.) Obwohl sich viele Nuancen bezüglich der Interpretation herausgebildet haben, beinhalten alle die »Neuerung« bzw. die »Schaffung von etwas Neuem« als das zentrale Merkmal von Innovation.

Davon abzugrenzen ist der Begriff der *Invention*. Er zielt auf den schöpferischen Akt bzw. die vielversprechende Idee für ein neues Produkt oder einen neuen Prozess ab, während Innovation auch die kommerzielle Vermarktung umfasst (vgl. [42], S. 100). Invention und Innovation sind eng miteinander verbunden, differenzieren sich jedoch hinsichtlich einer zeitlichen Verzögerung bei ihrer Entstehung: Eine Innovation ist eine am Markt umgesetzte Invention. Häufig wird die *Diffusion* dann noch als dritte Phase im Zusammenhang mit Invention und Innovation genannt. Die Diffusion beschreibt Ropohl als die gesellschaftliche Verwendung (vgl. [37], S. 273) und im gleichen

Verständnis Schumpeter als die Durchsetzung und Verbreitung der Innovation im Markt (vgl. [42], S. 84 f.).

Die Abfolge von Invention, Innovation und Diffusion stellt zwar einen logisch strukturierten Ablauf dar, wird aber häufig aufgrund der vorgeblichen Linearität kritisiert: Kline und Rosenberg haben in ihren Forschungsarbeiten Rück- und Wechselwirkungen zwischen der Inventions-, Innovations- und Diffusionsphase identifiziert und beweisen so, dass Innovationen alles andere als linear sind (vgl. [24], S. 275). Der Innovationsprozess ist in der Praxis kein linearer Prozess, sondern durch Wechselwirkungen zwischen den einzelnen Phasen gekennzeichnet.

Eine Klassifizierung bzw. Abgrenzung von Innovationen erfolgt häufig im Hinblick auf ihren Neuheitsgrad, wobei es dazu in der Literatur zahlreiche Dichotomien gibt. Für einen umfassenden Überblick sei an dieser Stelle auf Hauschildt verwiesen (vgl. [19], S. 12 f.). Hervorzuheben ist in diesem Zusammenhang jedoch die Differenzierung von Henderson und Clark, die inkrementelle und radikale Innovationen unterscheiden:

⇨ *Inkrementelle Innovationen* induzieren relativ geringe Veränderungen und nutzen das Potenzial der etablierten Hauptfunktionen aus, um diese zu verstärken.

⇨ *Radikale Innovationen* basieren demgegenüber auf neuartigen wissenschaftlichen und technologischen Prinzipien und öffnen oftmals vollständig neue Märkte sowie ein weites Spektrum neuer potenzieller Anwendungsgebiete (vgl. [20], S. 10).

Ebenso ist die technische Unterscheidung in Prozess- und Produktinnovationen hervorzuheben (vgl. [6]; [35]; [47]):

⇨ *Produktinnovationen* sind neue oder merklich verbesserte Produkte bzw. Dienstleistungen, die ein Unternehmen auf den Markt gebracht hat.

⇨ *Prozessinnovationen* betreffen die Verbesserung innerhalb der Produktentstehung ([35], S. 58).

Als weitere Differenzierung neben den Produkt- und Prozessinnovationen kristallisieren sich innerhalb des aktuellen innovationstheoretischen Diskurses und der Praxis immer mehr *Geschäftsmodellinnovationen* heraus. Diese beschreiben, wie neue Wege eingeschlagen werden können, um Mehrwert für Kunden zu generieren, und wie sich diese Produkte oder Dienstleistungen mit dem wirtschaftlichen Erfolg verknüpfen lassen. Diese Art von Innovation wird beispielsweise bei Unternehmen wie *IBM* und *Procter & Gamble* als erfolgreiche Reaktion auf den zunehmenden Kosten- und Innovationsdruck in der heutigen Zeit angestrebt.

Samuel Pisano, Vorstandsvorsitzender von IBM, erklärte auf dem IBM Leadership Forum, wie betroffene Industriezweige dem zunehmenden Kosten- und Innovationsdruck entgegentreten können: »The way you will thrive in this environment is by innovating – innovating in technologies, innovating in strategies *and* innovating in business models.« Das innovative Geschäftsmodell von IBM zeichnet sich durch eine offene Wertschöpfungskette aus. Das Unternehmen generiert Wissen durch die Zusammenarbeit mit Kunden und Partnern in gemeinsamen Forschungsaktivitäten. Gleichzeitig gibt die Patentstrategie von IBM vor, Technologien, die intern nicht in angemessener Zeit umgesetzt werden können, außerhalb der gegenwärtigen Geschäftstätigkeit zu lizenzieren.

Das hier zugrunde gelegte Innovationsverständnis beschränkt sich daher nicht nur auf Produkt- und Prozessinnovationen. Innovation ist vielmehr die kommerzielle Umsetzung einer Invention in
⇨ ein neues Produkt bzw. eine neue Dienstleistung,
⇨ einen neuen Prozess und/oder in
⇨ ein neues Geschäftsmodell,
woraus eine signifikante Wertsteigerung für das Unternehmen und dessen Kunden resultiert.

Um die Innovationstheorie umfassend begreifen zu können, ist es notwendig, sich mit ihrer historischen Entwicklung innerhalb der Wissenschaft vertraut zu machen.

Die Entwicklung der Innovationstheorie

Die erste wissenschaftliche Beschreibung von Innovation lässt sich auf den österreichischen Wirtschaftswissenschaftler Joseph A. Schumpeter zurückführen. Ob Schumpeter der »größte Ökonom des 20. Jahrhunderts« [46] ist, mag dahingestellt bleiben. Jedenfalls war er ein wichtiger und origineller Denker, dessen Werke einen grundlegend Beitrag zur Innovationstheorie geleistet haben. In seinem bereits 1911 veröffentlichten Frühwerk *Theorie der wirtschaftlichen Entwicklung* beleuchtet er die Rolle des schöpferischen Unternehmers in Bezug auf den technologischen Fortschritt, der mit der Aussicht auf ein kurzfristiges Marktmonopol die Generierung von Innovationen zum Ziel hat. In diesem Zusammenhang prägt er den Begriff der »schöpferischen Zerstörung« als Prozess des Fortschritts, in dem veraltete Strukturen durch innovative Technologien verdrängt und ersetzt werden. Dabei beschreibt er Innovation als eine neue Technologie, die das Bestehende ersetzt und revolutioniert. Nach Schumpeter liegt die ganze Dynamik des kapitalistischen Wirtschaftssystems in dem Streben nach zeitweiligen Pioniergewinnen (vgl. [41], S. 100). In seinen Werken betrachtet er den technischen Fortschritt erstmals im wirtschaftlichen Zusammenhang und legt somit die Grundlage der heutigen Innovationstheorie.

Robert M. Solow untermauert später Schumpeters Aussagen, indem er in seinem bedeutenden Werk *A Contribution to the Theory of Economic Growth* die Theorie aufstellt, dass sich langfristiges wirtschaftliches Wachstum nur durch kontinuierlichen technischen Fortschritt erzielen lässt (vgl. [43], S. 312 f.). Den empirischen Beweis kann Solow im darauf folgenden Jahr anhand von entsprechenden Beobachtungen in der US-amerikanischen Wirtschaft erbringen. Er findet heraus, dass ein Großteil des amerikanischen Wirtschaftswachstums in der ersten Hälfte des 20. Jahrhunderts auf technologischen Fortschritt zurückzuführen ist. Mit seinen Arbeiten über ökonomische Wachstumstheorien rückt Solow die Bedeutung des technischen Fortschritts im makroökonomischen Kontext in den Vordergrund und stürzt somit die vorherrschende neoklassische Wachstumstheorie in eine Glaubwürdigkeitskrise, da diese den technischen

Fortschritt unerklärt lässt bzw. als exogenen Faktor, das heißt als unabhängige Variable außerhalb des (mathematischen) Wachstumsmodells betrachtet. Theoretische Wachstumsmodelle zielen darauf ab, die Ursachen von Wirtschaftswachstum zu erklären. Ihr Hauptziel ist es, ein realistisches und detailliertes Bild ökonomischer Wachstumsprozesse zu zeichnen. Durch Endogenisierung von verschiedenen Variablen, wie z. B. die des technischen Fortschritts, versucht die Wachstumstheorie, diesem Ziel gerecht zu werden.

Diesen Mangel versuchen im Rahmen der so genannten »endogenen Wachstumstheorie« einige Ökonomen wie Romer und Grossmann zu beheben, indem sie den technischen Fortschritt als endogene Variable, das heißt als beeinflussende und beeinflussbare Größe, in die Wachstumsmodelle einbinden (vgl. [16]; [36]). Einen wegweisenden Beitrag auf dem Gebiet der endogenen Wachstumstheorie liefern dabei die Studien von Kenneth J. Arrow, der bereits 1962 auch institutionelle Faktoren betrachtet wie z. B. den Patentschutz und den Einfluss des Staates auf das Wachstum (vgl. [2]).

Doch leidet die Wachstumstheorie noch unter der zweifelhaften Annahme, den Erfolg von Innovationen näher bestimmen zu können. Denn das widerspricht dem Grundcharakter einer Innovation, die letztlich ein Ausdruck dessen ist, dass die wirtschaftliche Entwicklung keinen Algorithmus kennt. Karl Popper bringt dies originell zum Ausdruck: »Was wir in der Zukunft wissen werden, können wir nicht wissen, denn sonst wüssten wir es ja.« ([34], S. 109) Die Charakteristik von Innovationen wird demnach immer das Neue, Überraschende und Unvorhersehbare sein – andernfalls wären es keine.

Die bisherigen Forschungen bezüglich des technischen Fortschritts konzentrieren sich bis dato auf makroökonomische Zusammenhänge. Doch die Relevanz des technischen Fortschritts im mikroökonomischen Zusammenhang rückt mit den Forschungsarbeiten von David J. Teece deutlich in den Vordergrund der Innovationstheorie. Mit seinem wegweisenden und noch heute relevanten Artikel *Profiting from Technological Innovation* untersucht Teece, wie Unternehmen von ihren eigenen Innovationen besser profitieren können. Insbesondere beschäftigt er sich mit der Frage »[...] why innovating firms often fail to obtain significant economic returns from an innovation, while customers, imitators and other industry participants benefit«. ([44], S. 285)

Mit *Appropriability Regime* und *Complementary Asset* identifiziert Teece zwei Faktoren, die im Wesentlichen bestimmen, ob Unternehmen letztendlich erfolgreich von ihren eigenen Innovationen profitieren können.

⇨ Unter *Appropriability Regime* versteht er etablierte Mechanismen zum Schutz von geistigem Eigentum wie z. B. Patente, Schutz- und Markenrechte, um Innovation exklusiv verwerten und vor Imitatoren schützen zu können.

⇨ Mit *Complementary Asset* beschreibt Teece alle Komplementärgüter, die eine Nutzung der eigenen Innovation erst möglich machen.

Auf Basis dieser beiden Faktoren formuliert Teece Handlungsstrategien auf Unternehmensebene – mit der Ausrichtung, besser von Innovationen zu profitieren (vgl. [44], S. 289). Den Forschungsarbeiten von Teece schenkt man immer noch viel Beachtung in der akademischen Welt und erachtet sie als wichtigen Meilenstein in der Innovationsgeschichte (vgl. [33]).

Teece löst eine wissenschaftliche Diskussion aus, die sich vor allem auf die Bedeutung von Innovation für Unternehmen konzentriert. Durch die zunehmende wissenschaftliche Beachtung gewinnt die Innovationstheorie an Bedeutung. Als Konsequenz prägen zahlreiche weitere Wissenschaftler die Forschungslandschaft mit verschiedenen Standpunkten und Richtungen. So steigert sich beispielsweise die Zahl der innovationsbezogenen Beiträge allein in den führenden deutschsprachigen Zeitschriften von 16 in den 1950er auf 136 in den 1990er Jahren (vgl. [29], S. 267). Dabei beziehen sich fast alle nachfolgenden wirtschaftswissenschaftlichen Beiträge zum Thema Innovation auf Schumpeter sowie auf Teece.

Die Rolle des technischen Fortschritts für wirtschaftliches Wachstum ist zwar noch von Bedeutung, rückt aber mehr in den Hintergrund der wissenschaftlichen Diskussion. Dagegen gewinnt die

Fragestellung, wie neue Technologien Unternehmen und Branchen einerseits zerstören und andererseits neu kreieren, für die Analyse von Wettbewerbsfähigkeit eine enorme Bedeutung. Die Theorie der *Distruptive Technologies* von Clayton M. Christensen liefert in diesem Zusammenhang einen sehr wichtigen Fortschritt innerhalb der Innovationstheorie. Christensens Konzepte zeigen, warum etablierte Firmen große Schwierigkeiten mit ablösenden technologischen Innovationen haben, da diese häufig sehr klein in Nischenmärkten anfangen. Die Konzepte von Christensen helfen auch, bei neu gegründeten Firmen zu identifizieren, welche Arten von Innovationen eventuell bestehende Eintrittsbarrieren überwinden können, um erfolgreich in etablierte Märkte einzudringen (vgl. [10]).

Innovationsfähigkeit kristallisiert sich in der wissenschaftlichen Landschaft immer mehr zum Wettbewerbsfaktor für Unternehmen heraus. Gemäß Solows Forschungsarbeiten der Abhängigkeit von technischem Fortschritt und ökonomischem Wachstum wird Innovationsfähigkeit mit einer leistungsstarken internen F&E assoziiert, in der die bestausgebildeten Experten viele neue und erfolgreiche Produkte innerhalb klar definierter Unternehmensgrenzen generieren (vgl. [30], S. 977 ff.; [39], S.8). In seinen Forschungsarbeiten bestätigt der Wirtschaftshistoriker Alfred Chandler die Sichtweise auf Innovation als vertikal integrierte Prozesskette, in der sämtliche F&E-Aktivitäten innerhalb des Unternehmens stattfinden und über ihre eigenen Produktions- und Vertriebsprozesse kommerzialisiert werden (vgl. [5]).

Diesen vorherrschenden Denkansatz eines intern orientierten Modells der F&E bringt der ehemalige Präsident der Harvard Universität James B. Conant wie folgt auf den Punkt: »[...] picking a man from genius, giving him money, and leaving him alone.« (zitiert nach [8], S. 5)

Allerdings wurde dieses geschlossene Innovationsverständnis innerhalb des innovationstheoretischen Diskurses bereits früh kritisch diskutiert. Nelson bemängelt in diesem Zusammenhang die enge Definition von Wertschöpfung und die mangelnde externe Verwertung. Die Grundlagenforschung vieler Unternehmen bringe Nebenprodukte mit sich, von denen aber die Unternehmen nur begrenzt profitieren, da diese nicht in das gegenwärtige Produktportfolio passen. Diese Nebenprodukte stellen meist verwertbare technische Lösungen dar, die aber nicht die originäre Fragestellung beantworten (vgl. [31], S. 297 f.). Dieses Phänomen wird heute auch als *Serendipitätseffekt* bezeichnet (Beispiel: Viagra. Es wurde eigentlich gegen Herzinsuffizienz entwickelt).

Neben der Kritik der zu eng definierten Wertschöpfung empfehlen Nelson und Winter erstmals, auch gezielt außerhalb der eigenen Unternehmensgrenze nach externen Technologien zu suchen (vgl. [32]). Eric von Hippel identifiziert später in seinen Untersuchungen vier wichtige Quellen wie (I) Kunden und Lieferanten, (II) Universitäten und Forschungseinrichtungen, (III) Zulieferer und Konkurrenten und (IV) branchenfremde Unternehmen für Technologie und Wissen (vgl. [48]). Mit seinem *Lead-User-Konzept* beleuchtet er die Vorteile einer Einbindung von Kunden in den Entwicklungsprozess, deren Bedürfnisse den Anforderungen des Massenmarktes vorauseilen.

Weitere Forscher greifen die Ansätze zur Nutzung externer Quellen im Innovationsprozess in ihren Arbeiten auf. Katz und Allen beobachten eine ablehnende Haltung von Mitarbeitern, externes Know-how zu integrieren. Sie dokumentieren mit dem »Not-Invented-Here«-Syndrom eine Abneigungshaltung von Mitarbeitern gegenüber Technologien, die nicht der eigenen F&E entstammen (vgl. [23], S. 7 f.). Tushmann und Katz empfehlen in ihren Forschungsarbeiten eine notwendige organisatorische Schnittstelle (»*Gatekeeper*«), um einen grenzübergreifenden Transfer von Wissen zwischen Unternehmen und Umwelt zu gewährleisten (vgl. [45], S. 1071). Cohen und Levinthal unterstreichen die Bedeutung der eigenen Wissensbasis einer F&E, um externe Technologien überhaupt anwenden und nutzen zu können. Mit *Absorptive Capacity* beschreiben sie die Fähigkeit eines Unternehmens, neues Wissen zu bewerten, aufzunehmen und anzuwenden (vgl. [12], S. 128 f.). Auch Rosenberg verdeutlicht, dass eine starke interne F&E die Aufnahme externer Technologien erheblich verbessert (vgl. [38], S. 165 f.).

Die bisherigen wissenschaftlichen Diskussionen und Ergebnisse führen zu einer Anpassung des intern orientierten Innovationsverständnisses – insbesondere in der F&E. Viele Unternehmen gehen dabei neue kooperative Wege, um besser vom externen Umfeld zu profitieren. Die Einbindung von anderen Unternehmen in Form von Netzwerken, Partnerschaften und strategischen Allianzen und der daraus resultierende Einfluss auf die Innovationsfähigkeit werden daraufhin intensiv wissenschaftlich untersucht.

Freemann weist in seinen Forschungen nach, dass die Einbindung externer Akteure in den Entwicklungsprozess positiv mit einer hohen Innovationsfähigkeit korreliert (vgl. [14], S. 500). In diesem Zusammenhang untersuchen Baum und Gulati, welche Einflüsse bestimmte Netzwerkstrukturen auf die Leistungsfähigkeit der F&E haben (vgl. [3], S. 267 f.; [18], S. 203 f.). Ahuja schließlich zeigt, dass ein Innovieren in Netzwerken die Innovationsfähigkeit und die *Absorptive Capacity* steigert (vgl. [1], S. 245 f.).

Die bisherigen Forschungsströme innerhalb des innovationstheoretischen Diskurses bringen diverse Perspektiven mit sich. Trotz der vielen Nuancen lässt sich die Öffnung des Innovationsprozesses als Tendenz innerhalb der Innovationstheorie erkennen. Henry W. Chesbrough identifiziert diesen Trend und adressiert die bisherigen Forschungsströme innerhalb der Innovationstheorie konzeptionell in seine Arbeiten. Durch seine Forschungsarbeit *Open Innovation: The New Imperative for Creating and Profiting from Technology* läutet er einen Paradigmenwechsel innerhalb der Innovationstheorie ein (vgl. [7]). Mit dem Open-Innovation-Ansatz formuliert Chesbrough bewusst eine Antithese zu dem vertikal integrierten Innovationsverständnis, das er dichotomisch als »Closed Innovation Model« bezeichnet. Dabei stellt er mit Open Innovation ein neues, integriertes Innovationsmodell vor. Chesbrough erlangt mit seiner ersten Forschungsarbeit im Jahr 2003 allerdings kaum wissenschaftliche Beachtung, da sich seine Aussagen auf eine reine Praxisanalyse stützen und nicht explizit auf wissenschaftlichen Erkenntnissen basieren. Erst durch sein zweites Werk *Open Innovation: Researching a new Paradigm* gelingt ihm der wissenschaftliche Durchbruch, indem er seine Arbeiten explizit auf die bisherigen Forschungen der Innovationstheorie stützt (vgl. [8]).

Der darauf folgende wissenschaftliche Diskurs führt zu weiteren Analysen des Open-Innovation-Ansatzes und es entwickelt sich eine zentrale Diskussionsplattform innerhalb der Innovationstheorie. Die renommierte Zeitschrift *R&D-Management* bringt 2006 aufgrund der hohen Resonanz eine Spezialausgabe zum Thema Open Innovation heraus.

Lettl, Herstatt und Gemünden analysieren, wie Kunden zur Generierung von radikalen Innovationen beitragen können (vgl. [27], S. 251 f.). Weiterhin identifizieren Gassmann und Enkel die prozessualen Auswirkungen von Open Innovation (vgl. [15], S. 132 ff.). West bemängelt, dass sich die bisherigen Forschungen nur auf wenige spezifische Firmen konzentrieren und stets die gleichen Unternehmen wie *Procter & Gamble*, *Intel* oder *IBM* für den Nachweis von Open-Innovation-Strategien angeführt werden. Der empirische Beweis einer universalen Gültigkeit des noch jungen Paradigmas stünde demnach noch aus (vgl. [8]). Chesbrough und Crowther belegen in diesem Zusammenhang in einer empirischen Studie die Relevanz von Open Innovation in weniger technologieintensiven Unternehmen (vgl. [9], S. 229 f.). Lichtenthaler untersucht in einer umfassenden Studie das Open-Innovation-Verhalten von klein- und mittelständischen Unternehmen (vgl. [28], S. 148 f.). Ili, Albers und Miller gelingt schließlich die erste umfassende Studie in der Automobilindustrie, deren Aussagen sich nicht nur auf einzelne Unternehmen beschränken (vgl. [21]).

Die Diskussion um Open Innovation spiegelt den aktuellen Stand der Innovationstheorie auf Unternehmensebene wider. Open Innovation ist aktuell weltweit Forschungsgegenstand vieler Institute und wird auch in Zukunft eine entscheidende Rolle spielen. Somit ist es Chesbrough nach Teece und Schumpeter gelungen, einen weiteren Meilenstein innerhalb der Innovationstheorie zu setzen. Künftige Forschungsarbeiten werden sich um dieses Thema platzieren, bis sich ein neuer Wendepunkt innerhalb der Innovationstheorie entwickelt. Abbildung 1 fasst die prägenden Personen innerhalb des innovationstheoretischen Diskurses nochmals zusammen.

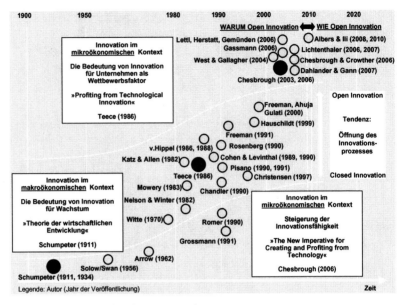

Abb. 1:   *Die Entwicklung der Innovationstheorie*

Die Diskussion Closed versus Open Innovation prägte die letzten Jahre die wissenschaftliche Landschaft unter der Fragestellung, ob Open Innovation überhaupt etwas Neues innerhalb der Innovationstheorie sei oder einfach nur als alter Wein in neuen Schläuchen verkauft werde. Auf diese Frage soll im nächsten Abschnitt eine Antwort mit Hilfe von Kuhn und seinen Thesen zur Struktur wissenschaftlicher Revolutionen gegeben werden.

Closed Innovation versus Open Innovation

Thomas S. Kuhn beschreibt in seinem Werk *The Structure of Scientific Revolutions* die Wissenschaft als Wechselspiel zwischen Phasen der Normalwissenschaft und der wissenschaftlichen Revolutionen (vgl. [25]): Charakteristisch für *Normalwissenschaft* sei die Akzeptanz eines Paradigmas durch die wissenschaftliche Gemeinschaft, auf dessen Basis Forschung betrieben werde. In Zeiten der Normalwissenschaft

Abb. 2: *Ente oder Kaninchen? Alles eine Frage des Blickwinkels*

herrsche in der akademischen Welt Konsens über die Gültigkeit des aktuell vorherrschenden wissenschaftlichen Erklärungsmodells, welches Kuhn als »Paradigma« bezeichnet. Eine *wissenschaftliche Revolution* sei stets mit einem Paradigmenwechsel verbunden. Dabei beschreibt Kuhn einen Paradigmenwechsel als eine Änderung des Blickwinkels auf ein wissenschaftliches Feld (vgl. [25], S. 126).

Die in Abbildung 2 dargestellte optische Illusion von Jastrow verwendete Kuhn, um zu veranschaulichen, dass sich bei wissenschaftlichen Revolutionen die Wahrnehmung der Wissenschaftler radikal ändert. Die Entscheidung, ein Paradigma abzulehnen, ist nach Kuhn gleichzeitig auch die Entscheidung, ein anderes anzunehmen (vgl. [25], S. 90). Ein klassisches Beispiel für einen Paradigmenwechsel stelle die kopernikanische Wende dar, in der das geozentrische Weltbild durch das heliozentrische Weltbild abgelöst wird. Auslöser für eine wissenschaftliche Revolution führt Kuhn auf Anomalien zurück, die das bestehende wissenschaftliche Erklärungsmodell nicht erhellen kann. Krisen in Form von Unstimmigkeiten seien somit eine notwendige Voraussetzung für das Auftauchen neuer Paradigmen. Dabei verwerfen Wissenschaftler zunächst nicht ihr bestehendes Paradigma, welches die eigentliche Krise ausgelöst habe. Vielmehr versuchen sie, die aufkommenden Anomalien mit dem bestehenden Paradigma zu vereinen. Erst wenn über einen längeren Zeitraum die Anomalien nicht mit dem bestehenden Paradigma erklärt werden können, komme es zu einem Paradigmenwechsel (vgl. [25], S. 120 ff.).

Diese Kettenreaktion spiegelt sich auch in der Entwicklung der Innovationstheorie wider. Die Einführung eines neuen Paradigmas ruft regelmäßig und zu Recht die gleiche Reaktion seitens der Fachleute hervor, deren spezielles Gebiet betroffen ist. Denn ein neues Paradigma bedeutet gleichzeitig eine Änderung der Regeln, die aktuell vorherrschen (vgl. [25], S. 122).

Open Innovation erfährt große Anerkennung seitens der Wissenschaft und der Praxis. Dennoch bleiben kritische Stimmen nicht aus:

⇨ Dahlander und Gann kritisieren die strikte Grenzziehung zwischen Closed und Open Innovation, die mit vollständiger Geschlossenheit und Offenheit nur die Extremwerte markiere. Sie empfehlen eine differenzierte Betrachtung durch die Messung des Öffnungsgrades entlang des Kontinuums zwischen den beiden Paradigmen (vgl. [13]).

⇨ Christensen argumentiert, dass Open Innovation keine völlige Neuentdeckung unserer Zeit sei und somit keinen Paradigmenwechsel darstelle. Dabei verweist er auf u.a. auf die Arbeiten von Nelson und Winter (vgl. [32]) innerhalb des innovationstheoretischen Diskurses, die bereits einzelne Kernelemente von Open Innovation aufzeigen (vgl. [11]).

⇨ Laursen und Salter beanstanden, dass stets die gleichen Unternehmen wie *Procter & Gamble*, *Intel* oder *IBM* für den Nachweis von Open-Innovation-Strategien angeführt würden (vgl. [26]).

Das Entdecken bzw. Formulieren einer neuen Theorie ist nach Kuhn ein komplexes Ereignis, zu dem sowohl die Erkenntnis gehöre, *dass* etwas Neues vorhanden ist, als auch *was* es ist (vgl. [25], S. 91).

Chesbrough gelingt es, das vorherrschende Innovationsverständnis innerhalb der Innovationstheorie neu zu interpretieren und es in einem Modell darzustellen. Um die Grenzen zwischen Closed und Open Innovation genau zu beschreiben, nutzt Chesbrough dabei sechs Eckpunkte:

34

⇨ 1. Ort der Expertise,
⇨ 2. Aufgabe der eigenen F&E,
⇨ 3. Einstellung zur Forschung,
⇨ 4. Bestreben, als erster am Markt zu sein,
⇨ 5. Ort der Ideenentstehung,
⇨ 6. Umgang mit geistigem Eigentum.

Für jede dieser Eckpunkte beschreibt Chesbrough die Einstellung bzw. die Denkweise innerhalb des Open- und Closed-Innovation-Modells und verdeutlicht so die Unterschiede (siehe Tabelle 2).

Tabelle 2: Unterschied zwischen Closed und Open Innovation ([7], S. 38)		
	Closed Innovation	**Open Innovation**
1	The smart people in our field work for us.	Not all the smart people work for us so we must find and tap into the knowledge and expertise of bright individuals outside our company.
2	To profit from R&D, we must discover, develop and ship it ourselves.	External R&D can create significant value; internal R&D is needed to claim some portion of that value.
3	If we discover it ourselves, we will get it to market first.	We don't have to originate the research in order to profit from it.
4	If we are the first to commercialize an innovation, we will win.	Building a better business model is better than getting to market first.
5	If we create the most and best ideas in the industry, we will win.	If we make the best use of internal and external ideas, we will win.
6	We should control our intellectual property (IP) so that our competitors don't profit from our ideas.	We should profit from others' use of our IP, and we should buy others' IP whenever it advances our own business model.

Der Umgang mit geistigem Eigentum (Eckpunkt 6) in den jeweiligen Modellen wird insbesondere in der Automobilindustrie deutlich. Viele Automobilhersteller weisen bezüglich dem »Intellectual Property Management« eine deutliche Closed-Innovation-Strategie auf. Sie schützen ihr eigenes Wissen und verwerten es auch nicht außerhalb der gegenwärtigen Geschäftstätigkeit. Die Porsche AG betreibt dagegen eine eigens eingerichtete Patentabteilung, die neben dem Schutz von geistigem Eigentum auch die gezielte Verwertung eigener Patente und Technologien zum Ziel hat.

Fazit

Das Innovationsverständnis wurde in den letzten Jahren maßgeblich erweitert. Durch die aktuelle Diskussion innerhalb der Innovationstheorie rund um das Thema Open Innovation beschränkt es sich nicht nur auf Produkt- und Prozessinnovationen, sondern beinhaltet zudem auch Geschäftsmodellinnovationen. Diese Entwicklung resultiert aus dem vorherrschenden Produktivitätsdruck, dem die Unternehmen aktuell ausgesetzt sind.

So zwingen geringere Umsatzmöglichkeiten und steigende Kosten für Innovationen die Unternehmen zu höchster Produktivität. Innovationen müssen schneller in die Profitzone gelangen. Um dies zu erreichen müssen Innovationen besser verwertet werden – auch außerhalb der gegenwärtigen Geschäftätigkeit. Mit so genannten Geschäftsmodellinnovationen kann die aktuell vorherrschende Produktivitätszange gemeistert werden. Natürlich sind Produkt- und Prozessinnovationen auch in Zukunft wichtig, werden aber alleine nicht mehr ausreichen, um die heutigen Herausforderungen optimal anzugehen. Vielmehr bedarf es ebenso einer Innovation des zugrunde liegenden Geschäftsmodells – also der Art und Weise wie Mehrwert für Kunden generiert wird und wie diese Produkte oder Dienstleistungen mit dem wirtschaftlichen Erfolg verknüpft werden. Genau hier setzt das Open Innovation Modell an, welches sich als logische Konsequenz aus der Praxis heraus entwickelt und auch in der Innovationstheorie Einzug erhalten hat.

Literatur

[1]   AHUJA, G.: *Collaboration networks, structural holes and innovation: a longitudinal study.* *Administrative Science Quarterly,* 45, 2000, S. 425-455

[2]   ARROW, K. J.: *Economic Welfare and the Allocation of Resources for Invention,* in: Nelson, R. R. (Hrsg.): *The Rate and Direction of Inventive Activity.* Princeton, 1962, S. 609-625

[3]   BAUM, J. A. C.; CALABRESE, T.; SILVERMAN, B. S.: *Don't go it alone: Alliance Network composition and startups' performance in Canadian biotechnology.* *Strategic Management Journal,* 21, 2000, S. 267-294

[4]   BRAUN, W.: *Kooperation im Unternehmen. Organisation und Steuerung von Innovationen.* Wiesbaden, 1991

[5]   CHANDLER, A. D.: *Scale and Scope: The Dynamics of Industrial Capitalism.* Cambridge, 1990

[6]   CHAPMAN, M.: *Building an innovative organization: consistent business and technology integration – IBM 2006 CEO study.* In: *Strategy & Leadership, Jg.* 34, Nr. 4, 2006, S. 32-38

[7]   CHESBROUGH, H. W.: *The Era of Open Innovation.* In: *MIT Sloan Management Review, Jg.* 44, Nr. 3, 2003, S. 35-41

[8]   CHESBROUGH, H. W.; VANHAVERBEKE, W.; WEST, J. L: *Open Innovation – Researching a New Paradigm.* New York, 2006

[9]   CHESBROUGH, H. W.: *Open Business Models – How to Thrive in the New Innovation Landscape.* Boston, 2006b

[10] CHRISTENSEN, C. M: *The Innovator's Dilemma: When New Technologies Cause Great Firms to Fail.* Boston, MA, 1997

[11] CHRISTENSEN, J. F.: *Wither Core Competency for the Large Corporation in an Open Innovation World?* In: Chesbrough, H.W., Vanhaverbeke, W. and West, J. (Hrsg.): *Open Innovation: Researching a New Paradigm.* Oxford, 2006, S. 1-12

[12] COHEN, W. M.; LEVINTHAL, D. A.: *Absorptive Capacity: A New Perspective on Learning and Innovation.* In: *Administrative Science Quarterly, Jg.* 35, Nr. 1, 1990, S. 128-152

[13] DAHLANDER, L., GANN, D.: *How Open is Innovation? DRUID Summer Conference.* Copenhagen, 2007

[14] FREEMAN, C.: *Networks of innovators: A synthesis of research issues.* In: *Research Policy, Jg.* 20, Nr. 5, 1991, S. 499-514

[15] GASSMANN, O.; ENKEL, E.: *Open Innovation – Die Öffnung des Innovationsprozesses erhöht das Innovationspotenzial.* In: *ZFO – Zeitschrift Führung und Organisation,* Nr. 3, 2006, S. 132-138

[16]   GROSSMAN, G. M.; HELPMAN, E.: *Quality Ladders in the Theory of Growth.* NBER *Working Papers 3099, National Bureau of Economic Research, Inc, 1991*

[17]   GRUPP, H.: *Messung und Erklärung des technischen Wandels. Grundzüge einer empirischen Innovationsökonomik. Berlin, 1997*

[18]   GULATI, R.; NOHRIA, N.; ZAHEER, A.: *Strategic Networks. Strategic Management Journal, 21, 2000, S. 203-215*

[19]   HAUSCHILDT, J.: *Innovationsmanagement. 3. Auflage, München, 2004*

[20]   HENDERSON, R. M.; CLARK, K. M.: *Architectural Innovation: The Reconfiguration of Existing Product Technologies and the Failure of Established Firms. In: Administrative Science Quarterly, Jg. 35, Nr. 1, Special Issue: Technology, Organizations, and Innovation, 1990, S. 9-30*

[21]   ILI, S.; ALBERS, A.; MILLER, S.: *Open innovation in the automotive industry. In: The Future of Open Innovation, Special Issue R&D Management, Volume 40 Issue 3, 2010, S. 246-255*

[22]   ILI, S.: *Open Innovation im Kontext der Integrierten Produktentwicklung. Strategien zur Steigerung der FuE-Produktivität. Forschungsbericht am Institut für Produktentwicklung Karlsruhe, 2010*

[23]   KATZ, R.; ALLEN, T. J.: *Investigating the Not Invented Here (NIH) syndrome: A look at the performance, tenure, and communication patterns of 50 R&D Project Groups. In: R & D Management, Jg. 12, Nr. 1, 1982, S. 7-19*

[24]   KLINE, S.; ROSENBERG, N.: *An Overview of Innovation. In: Landau, R.; Rosenberg, N. (Hrsg.): The Positive Sum Strategies: Harnessing Technology for Economic Growth, Washington D.C., 1986, S. 275-305*

[25]   KUHN, T. S.: *Die Struktur wissenschaftlicher Revolutionen, 1962*

[26]   LAURSEN, K.; SALTER, A.: *Open for innovation: the role of openness in explaining innovation performance among U.K. manufacturing firms. In: Strategic Management Journal, Jg. 27, Nr. 2, 2006, S. 131-150*

[27]   LETTL, C.; HERSTATT, C.; GEMÜNDEN, G. G: *Users' contributions to radical innovation: evidence from four cases in the field of medical equipment technology. R&D Management, Vol. 36, Issue 3, 2006*

[28]   LICHTENTHALER, U.: *Open Innovation in Practice: An Analysis of Strategic Approaches to Technology Transactions. IEEE Transactions on Engineering Management, Vol. 55, No. 1, 2008*

[29]   LÜTHJE, C.: *Die empirische Innovationsforschung in Publikationen deutschsprachiger Fachzeitschriften. In: Empirie und Betriebswirtschaft: Entwicklung und Perspektiven, Stuttgart, 2003, S. 267-296*

[30]   MOWERY, D. C.: *Industrial Research and Firm Size, Survival and Growth in American Manufacturing, 1921-1946: An Assessment. In: Journal of Economic History, Jg. 63, Nr. 4, 1983, S. 953-980*

[31]   NELSON, R. R.: *The Simple Economics of Basis Scientific Research. In: Journal of Political Economy, Jg. 67, Nr. 3, S. 297-306, 1959*

[32]   NELSON, R. R.; WINTER, S. G.: *An Evolutionary Theory of Economic Change. Cambridge und London, 1982*

[33]   NELSON, R. R.; PISANO, G. P.; WINTER, S. G.: *Reflections on »Profiting from Innovation«. In: Research Policy, Jg. 35, Nr. 8, 2006, S.1131-1146*

[34]   POPPER, K. R.: *Das Elend des Historizismus. Tübingen, 1969*

[35]   RAMMER, C.; PETER, B.; SCHMIDT, T.; ASCHOFF, B.; DOHERR, T.; NIGGEMANN, H.: *Innovationen in Deutschland – Ergebnisse der Innovationserhebung 2003 in der deutschen Wirtschaft. Baden-Baden, 2005*

[36]   ROMER, P. M: *Endogenous Technological Change, Journal of Political Economy, University of Chicago Press, vol. 98(5), 1990, S. 71-102*

[37]   ROPOHL, G.: *Allgemeine Technologie. Eine Systemtheorie der Technik. 2. Aufl., München, 1999*

[38]   ROSENBERG, N.: *Why do firms do basic research (with their own money)? In: Research Policy, Jg. 19, Nr. 2, 1990, S. 165-174,*

[39]   ROTHWELL, R.: *Towards the Fifth-generation Innovation Process. In: International Marketing Review, Jg. 11, Nr. 1, 1995, S. 7-31*

[40]   SABISCH, H.; TINTELNOT, C.: *Integriertes Benchmarking für Produkte und Produktentwicklungsprozesse. Berlin, 1997*

[41]   SCHUMPETER, J. A.: *Theorie der wirtschaftlichen Entwicklung. Eine Untersuchung über Unternehmergewinn, Kapital, Kredit, Zins und den Konjunkturzyklus. Berlin, 1911*

[42]   SCHUMPETER, J. A.: *The Theory of Economic Development, Cambridge MA, 1934*

[43]   SOLOW, R. M.: *Technical change and the aggregate production function. Review of Economics and Statistics, 39, 1957, S. 312-320*

[44]   TEECE, D. J.: *Profiting from technological innovation: Implications for integration, collaboration, licensing and public policy, in: Research Policy, Jg. 15, Nr. 6, 1986, S. 285-305*

[45]   The Wallstreet Journal: *Leitartikel anlässlich des 100. Geburtstags von J. A. Schumpeter. Ausgabe vom 5. Juni 1983*

[46]   TUSHMAN, M. L., KATZ, R.: *External Communication and Project Performance: An Investigation into the Role of Gatekeepers. In: Management Science, Jg. 26, Nr. 11, 1980, S. 1071-1085*

[47]   UTTERBACK, J. M.; BURACK, E. H.: *Identification of Technological Threats and Opportunities by Firms. In: Technological Forecasting and Social Change, Jg. 8, Nr. 1, 1975, S. 7-21*

[48]   VON HIPPEL, E.: *The Sources of Innovation. Oxford, New York, 1988*

[49]   WEULE, H.: *Integriertes Forschungs- und Entwicklungsmanagement. Grundlagen – Strategien – Umsetzung. München, 2002*

Zusammenfassung

In der Literatur gibt es eine Reihe von Definitionen des Innovationsbegriffs mit jeweils unterschiedlichen Nuancierungen, aber dem Grundtenor, die »Neuerung« bzw. die »Schaffung von etwas Neuem« als das zentrale Merkmal von Innovation zum Ausdruck zu bringen. Mit den Begriffen Invention und Diffusion kommt zudem die Vorstellung hinzu, dass Innovation ein nicht-linearer, durch Wechselwirkungen zwischen einzelnen Phasen gekennzeichneter Prozess ist.

Eine Klassifizierung von Innovationen erfolgt häufig im Hinblick auf ihren Neuheitsgrad, aber auch nach Unterscheidungen in inkrementelle vs. radikale Innovationen oder in Prozess- und Produktinnovationen.

Mit Blick auf die Innovationstheorie und die Entwicklung des Open-Innovation-Ansatzes lassen sich theoriegeschichtlich drei Meilensteine identifizieren:

⇨ Schumpeter (1911), der für den makroökonomischen Kontext die Bedeutung von Innovation für Wachstum herausstellt,

⇨ Teece (1986), der für den unternehmerischen Kontext die Bedeutung von Innovation als Wettbewerbsfaktor postuliert,

⇨ Chesbrough (2003/2006), der ebenfalls für den mikroökonomischen Kontext auf die Steigerung der Innovationsfähigkeit abhebt.

Vor dem Hintergrund dieser Positionen und der an sie anschließenden Forschungsarbeiten lässt sich eine Tendenz zu einer allmählichen Öffnung des Innovationsprozesses in Unternehmen erkennen. Wissenschaftstheoretisch kann man hierbei auch von einem Paradigmenwechsel von Closed zu Open Innovation sprechen.

Chancen und Risiken von Open Innovation

Open Innovation ist eine neue Strategie, mit der Unternehmen externes Wissen für sich nutzbar machen bzw. eigene Innovationen auch außerhalb des gegenwärtigen Geschäftsmodells verwerten können. Inwiefern damit nicht nur Vorteile, sondern auch Risiken verbunden sind, erläutert dieser Beitrag.

In diesem Beitrag erfahren Sie:
- wie Open Innovation neue Möglichkeiten der Ideensuche und -verwendung eröffnet,
- welche Chancen und Risiken mit der Integration externer Innovationsquellen sowie der externen Ideenverwertung einhergehen.

SERHAN ILI, ALBERT ALBERS

Das Open-Innovation-Modell

Unternehmen sind eingekeilt zwischen Kosten- und Innovationsdruck. Geringere Umsatzmöglichkeiten und steigende Entwicklungskosten wirken sich negativ auf die Produktivität der Unternehmen aus. Unternehmen können ihre Innovationen nur schwer am Markt amortisieren. Neben Prozess- und Produktinnovationen beschreibt Open Innovation eine Strategie zur Steigerung der Produktivität.

Henry W. Chesbrough von der Haas School of Business (University of Berkley) hat den Begriff Open Innovation geprägt. Er definiert ihn als »the use of purposive inflows and outflows of knowledge to accelerate internal innovation, and expand the markets for external use of innovation, respectively. Open Innovation is a paradigm that assumes that firms can and should use external ideas as well as internal ideas, and internal and external ideal paths to market, as they look to advance their technology.« [11]

Abbildung 1 stellt Open Innovation als Modell dar.

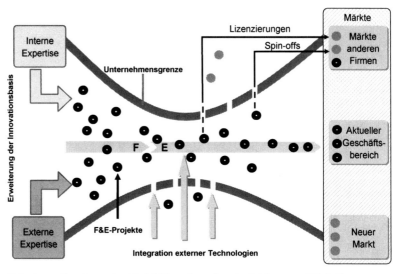

Abb. 1:   *Open-Innovation-Modell (eigene Darstellung, in Anlehnung an [10], S. 3)*

Open Innovation umfasst jedoch mehr als die systematische Suche nach externen Ideenquellen außerhalb des Unternehmens oder die gezielte Lizenzierung eigener Patente. Open Innovation bedeutet zudem die Erneuerung des eigenen Geschäftsmodells. Chesbrough beschreibt ein Geschäftsmodell als »a useful framework to link ideas and technologies to economic outcomes« ([11], S. 108). Denn durch die gezielte Nutzung von externen Ideen und Technologien können Unternehmen ihre Innovationsbasis für ihre gegenwärtige Geschäftstätigkeit erweitern. Gleichzeitig können sie nach neuen Absatzmöglichkeiten suchen, um ihre eigenen (ungenutzten) Ideen und Technologien auch außerhalb ihres angestammten Geschäftsbereichs zu verwerten. Ein offenes Geschäftsmodell erfordert demnach die Öffnung der eigenen Unternehmensgrenzen, damit mehr Ideen und Technologien in das

Unternehmen von außerhalb einfließen und gleichzeitig aber auch aus dem Unternehmen ausströmen können.

Im klassischen Geschäftsmodell, von Chesbrough als »Closed Innovation Model« bezeichnet, generieren Unternehmen ihre Produktideen selbst, entwickeln sie zur Marktreife, fertigen und vertreiben sie anschließend durch eigene oder von ihnen kontrollierte Vertriebskanäle (siehe Abb. 2). Sie verlassen sich dabei auf ihre eigene Kompetenz und folgen dem Motto: »If you want something done right, you've got to do it yourself.« ([10], S. XX)

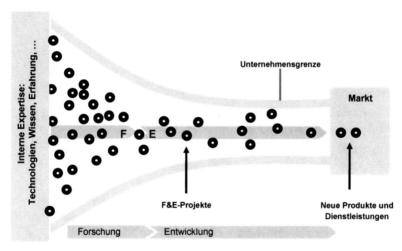

Abb. 2:   *Closed-Innovation-Modell (eigene Darstellung in Anlehnung an [10], S. 3)*

Unternehmen investieren in ihre eigene F&E, um möglichst viele Innovationen zu generieren und sie mit einem hohen Differenzierungsmerkmal als erste auf den Markt zu bringen. Gleichzeitig schützen die Unternehmen ihr eigenes geistiges Eigentum gegen Einblicke der Wettbewerber.

Obwohl ein klarer Trend zu Open Innovation beobachtet werden kann und Unternehmen wie Procter & Gamble oder IBM ihr Geschäftsmodell erfolgreich verändert haben, sind Geschäftsmodellinnovationen nicht für jedes Unternehmen und jede Branche geeignet. Die sture Umsetzung beziehungsweise völlige Abkehr vom klassischen Innovationsprozess ist nicht per se für jeden Industriezweig angezeigt. Vielmehr ist eine branchen- und unternehmensspezifische Anpassung erforderlich, um auch künftig die Innovationsfähigkeit eines Unternehmens zu wahren.

Im Folgenden soll verdeutlicht werden, welche potenziellen Chancen und Risiken sich durch Open Innovation ergeben.

Chancen bei der Integration externer Innovationsquellen

Die Erweiterung der eigenen Ideenbasis ist sicherlich der offenkundigste Nutzen, den die Einbindung externer Quellen in den Produktentstehungsprozess bringt. Daneben gibt es aber noch weitere wichtige Vorteile für das Unternehmen:

⇨ *Verkürzte Time-to-Market:* Das technologische Wissen in der eigenen F&E zu generieren, kann aufwändiger und langsamer sein als dessen externe Beschaffung. Eine bereits funktionierende Technologie zu integrieren, geht in aller Regel schneller, als bei der Entwicklung mit eigenen Spezifikationen zu beginnen (vgl. [6]; [25]; [26]).

⇨ *Geringere Entwicklungskosten:* Wissenschaftskooperationen reduzieren die Stückkosten und steigern die Erfolgswahrscheinlichkeit der Einführung von Markt- und Sortimentsneuheiten (vgl. [16]; [24], S. 265; [25]).

⇨ *Vorbeugung gegen Betriebsblindheit:* Eine rein interne Sichtweise fördert Selbstzufriedenheit und eine routinemäßige Arbeitsweise, an der keine Selbstkritik geübt und keine Veränderungsmöglichkeit gesehen wird (vgl. [6], S. 113).

⇨ *Exklusivität neuer Erkenntnisse:* Chesbrough sieht Potenziale bezüglich der Exklusivität von Innovation durch den frühen Kontakt zu Entrepreneuren (vgl. [13]).

⇨ *Technologische Früherkennung:* Durch die Beobachtung universitärer Forschung kann man mehr als fünf bis acht Jahre vor Produkteinführung neue Technologietrends identifizieren (vgl. [16], S. 234).

⇨ *Eintritt in neue Geschäftsfelder:* Die Integration externer Kompetenzen kann intern vorhandenes Wissen ergänzen oder erweitern – oder eine ganz neue Wissensbasis schaffen (vgl. [8]).

⇨ *Zugang zu qualifiziertem Personal:* Durch die Kooperation mit Universitäten wird die Einbeziehung von fachkundigem Personal ermöglicht (vgl. [24], S. 88).

⇨ *Geringeres Entwicklungsrisiko und niedrigerer Kapitalbedarf:* Gaso und Witzeman zeigen in diesem Zusammenhang Potenziale auf, die insbesondere durch Kooperationen mit Konkurrenten und Unternehmen anderer Branchen entstehen können (vgl. [16], S. 3; [29]).

⇨ *Größere Ideenbasis:* »The best way to have a good idea is to have lots of ideas.« (vgl. [12], S. 2).

Risiken bei der Integration externer Innovationsquellen

Neben den vorgestellten Chancen der Integration externer Quellen müssen allerdings auch mögliche Risiken bedacht werden. Zusammenfassend lassen sich vier Risikofaktoren identifizieren, die verdeutlichen, warum eine Suche nach Innovationsquellen in zu vielen Gebieten einen negativen Einfluss auf die Leistung eines Unternehmens hat. Diese Faktoren werden im Folgenden erläutert.

Begrenzte Absorptive Capacity

Cohen und Levinthal definieren Absorptive Capacity wie folgt: »[…] the ability of a firm to recognize the value of new, external information, assimilate it, and apply it to commercial ends is critical to its innovative capacity.« ([14], S. 128)

Damit externe Innovationsimpulse aufgenommen werden können, müssen auf individueller Ebene die notwendigen kognitiven Fähigkeiten vorhanden sein. Darüber hinaus müssen auf organisatorischer

Ebene die entsprechenden Prozesse und Voraussetzungen für die Verteilung geschaffen werden. Um neues Wissen erkennen zu können, muss ein Grundstock an Wissen vorhanden sein, mit dem die neuen Informationen verknüpft werden können.

Zudem lässt sich der Wert der neuen Information nur mit der notwendigen Erfahrung beurteilen. Deshalb ist das Wissen der eigenen F&E ein wichtiger Bestandteil, um neues Wissen aufzunehmen und zu bewerten. Die Suche nach externen Lösungen kann somit kein Ersatz für die unternehmenseigene F&E sein, sondern nur eine sinnvolle Ergänzung, um die potenzielle Wissensbasis zu vergrößern (vgl. [13]; [14]; [28]).

Wichtig in diesem Zusammenhang ist die adäquate Anzahl der externen Quellen und die Frage, wie intensiv deren Betreuung ist.

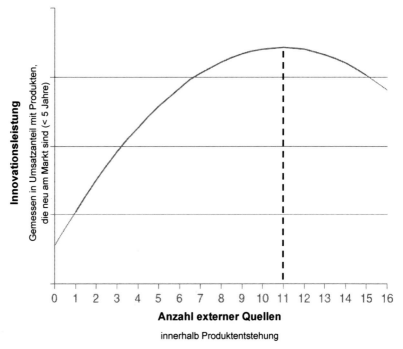

Abb. 3:   *Innovationsleistung in Abhängigkeit von der Anzahl genutzter Quellen (vgl. [23], S. 143)*

Laursen und Salter weisen in einer Untersuchung von 2.700 Industriebetrieben in Großbritannien nach, dass die Innovationsleistung – gemessen in Umsatzanteil mit Produkten, die neu am Markt sind (weniger als fünf Jahre) – durch Integration von externen Quellen bis zu einer gewissen Anzahl deutlich steigt. Sobald allerdings elf externe Quellen überschritten werden, fällt die Innovationsleistung wieder ab, da die Komplexität und der Koordinationsaufwand dann drastisch zunehmen (siehe Abb. 3).

Die Autoren betrachten aber auch die Innovationsleistung in Abhängigkeit der Quellen, die intensiv in einen Produktentwicklungsprozess integriert werden. In dem Fall stellt sich der Effizienzverlust bereits bei drei Quellen ein, da eine intensive Betreuung zahlreiche Ressourcen verbraucht und der Grenznutzen zusätzlicher Quellen deren Mehraufwand nicht mehr rechtfertigt (siehe Abb. 4).

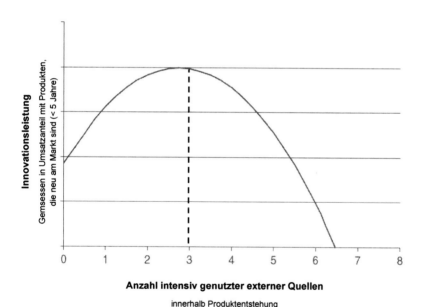

Anzahl intensiv genutzter externer Quellen

innerhalb Produktentstehung

Abb. 4:   *Innovationsleistung in Abhängigkeit von der Anzahl intensiv genutzter Quellen (vgl. [23], S. 145)*

Der anfängliche Zuwachs der Innovationsleistung insgesamt lässt sich dadurch erklären, dass durch die Integration externer Quellen die Wissens- und Ideenbasis erweitert wird. Orientiert man sich dagegen nur an den internen Innovationsquellen, verpassen die Unternehmen all jene Chancen, die von außen angeregt werden oder durch Zusammenarbeit mit branchenfremden Unternehmen entstehen können (vgl. [9]).

»Not-Invented-Here« (NIH)

Das NIH-Syndrom bezeichnet eine negative Einstellung beziehungsweise ablehnende Haltung gegenüber dem externen Erwerb von technologischem Wissen. Katz und Allen definieren NIH als »tendency of a project group of stable composition to believe it possesses a monopoly of knowledge of its field, which leads it to reject new ideas from outsiders to likely detriment of its performance [...]. Such a group therefore does not consider very seriously the possibility that outsiders might produce important new ideas or information relevant to the group.« (vgl. [21], S. 7)

Dabei nimmt der NIH-Effekt mit längerer Zusammengehörigkeit eines Teams zu. Um ihn zu vermeiden, empfiehlt sich zum einen die Einrichtung von Promotoren, die die Integration externer Innovationsimpulse aktiv fördern (vgl. [18]), zum anderen die intensive Einbindung von Experten aus den eigenen Fachbereichen in den Ideensuchprozess (vgl. [16], S. 218).

Entscheidend für die Überwindung einer »Nicht-hier-erfunden«-Einstellung bei Mitarbeitern ist das uneingeschränkte Bekenntnis des Topmanagements zu externer Ideensuche und -verwertung. Oft entstehen NIH-Probleme deshalb, weil Mitarbeiter nicht die Zeit haben, Ideen vollständig zu durchdringen.

Timing-Problem

Viele Innovationsideen tauchen zur falschen Zeit am falschen Ort auf, um voll genutzt werden zu können. Ein Ideenspeicher, der moderne Web-2.0-Technologien (z. B. Wikiprinzip) nutzt, kann ein effektives Mittel sein, um Innovationsimpulse zur richtigen Zeit zu platzieren.

Attention-Allocation-Problem

Da die Anzahl der Ideen insgesamt sehr groß ist, steht für jede einzelne Idee nicht mehr genug Zeit zur intensiven Prüfung und kreativen Interpretation zur Verfügung. Auf dieses Risiko weist auch ein BMW-Manager im Interview hin. [15] Das Unternehmen erhält über 1.000 Ideen pro Jahr, die aber nicht immer direkt umsetzbar sind. Den Mitarbeitern fehlt häufig die notwendige Zeit, externe Ideen an die unternehmensspezifischen Bedürfnisse anzupassen: »Ein indianischer Stammesführer hatte z. B. vorgeschlagen, auf die Alarmanlage im Fahrzeug zu verzichten. Es würde genügen, wenn er sich an das Ende des Fließbands stellt und jedes Fahrzeug mit einem Fluch belegt. Diese Idee ist zwar nicht umsetzbar, aber folgende Überlegung wert: ›Was wäre denn ein Fluch für jemanden, der ein Auto stiehlt?‹ Maßnahmen, die den Straßenverkehr gefährden, kommen nicht in Frage; aber es ließen sich z. B. die Heizung und Sitzheizung auf unerträgliche Temperaturen erhöhen und die Musik könnte ständig lauter werden. Bei solchen Unannehmlichkeiten wird ein Dieb das Fahrzeug wohl bald wieder verlassen.« [15]

Chancen der externen Ideenverwertung

Die Verwertung des eigenen technologischen Wissens auch außerhalb der gegenwärtigen Geschäftstätigkeit bietet wichtige Chancen, die nachfolgend erläutert werden.

Zusätzliche Umsätze

Durch externe Wissensverwertung können Erlöse generiert werden, wenn eine monetäre Gegenleistung für die Überlassung von technologischem Wissen anfällt ([4], S. 31). Immer mehr Unternehmen erkennen die Vorteile, die sich aus einer externen Verwertung ergeben. Durch die Lizenzierung bereits entwickelter Technologien lässt sich der Gewinn direkt erhöhen und damit auch die Effizienz der F&E-Ausgaben beziehungsweise die Profitabilität der gesamten F&E. Durch eine gezielte externe Verwertung erzielte zum Beispiel IBM 2001 einen Jahresumsatz von 1.700 Millionen US-Dollar durch Lizenzeinnahmen bei einer Umsatzrendite von 98 Prozent. Das entsprach etwa 20 Prozent des Reingewinns von IBM.

Steigende F&E-Produktivität

Einem Produktentstehungsprozess steht die Abschöpfung des vollen F&E-Potenzials entgegen. Nur durch die integrierte Betrachtung interner und externer Verwertungsmöglichkeiten bereits während eines Produktentstehungsprozesses kann das vollständige Potenzial einer internen Entwicklung erkannt werden.

Einer der zentralen Punkte von Open Innovation in Bezug auf die Verwertung ist – neben der Umsatzgenerierung – die Chance, abgebrochene Projekte weiter verfolgen und gegebenenfalls wieder aufnehmen zu können. Oft entfalten Ideen im Kontext eines anderen Geschäftsmodells ganz neues Potenzial, das nicht entdeckt worden wäre, wenn man die Idee nur aus dem Blickwinkel des bestehenden Geschäftsmodells des Unternehmens betrachtet hätte (vgl. [26]). Chesbrough untersuchte in diesem Zusammenhang 35 abgebrochene Projekte von Xerox, aus denen Spin-offs entstanden sind. Der kumulierte Marktwert von elf dieser Ausgründungen ist heute doppelt so groß wie der von Xerox. Zu den prominentesten Xerox-Spin-offs zählen 3Com und Adobe. Hätte das Unternehmen externe Verwertungsoptionen in Erwägung gezogen, hätte es am wirtschaftlichen Erfolg der neuen Technologien teilhaben können (vgl. [11]).

Durch eine standardmäßige Einbindung externer Verwertungsmöglichkeiten in einen Produktentstehungsprozess bietet sich die Chance, die Umsetzungsrate von Forschungsprojekten in Entwicklungsprojekte der verschiedenen Geschäftsbereiche zu steigern.

Beeinflussung der Konkurrenzsituation

Ein weiterer Vorteil der Lizenzierung eigener Technologien liegt darin, dass das Unternehmen den Markt und die Konkurrenzsituation in bestimmte Bahnen lenken kann, wenn es Wettbewerbern technologisches Wissen überlässt. Adler beschreibt diesen Sachverhalt wie folgt: »When your competitors license your core technology, you control the movement of the ball [...]. Plus, since you know the technology better than anyone else [...] you also have the edge in developing complementary technologies and products.« (zitiert nach [22], S. 37)

Außerdem kann das Unternehmen seinen Konkurrenten auf diese Weise den Anreiz nehmen, Technologien zu umgehen oder selbst eine bessere Technologie zu erarbeiten. Denn oft finden Wettbewerber legitime Wege, die bestehenden Patente außer Acht zu lassen.

Motivation der Mitarbeiter

Wenn die Mitarbeiter dank einer Kultur der externen Technologieverwertung wissen, dass vielversprechende Ideen nicht einfach in der Schublade verschwinden, kann diese Maßnahme helfen, die Mitarbeiter zu motivieren, eigene Ideen auch außerhalb der gegenwärtigen Geschäftstätigkeit zu verwirklichen und kreative Köpfe im Unternehmen zu halten (vgl. [25]). Außerdem erhalten die Entwickler so zusätzlich Rückmeldung darüber, wie sie die Technologie noch weiter verbessern können (vgl. [11], S. 33f.).

Risiken der externen Ideenverwertung

Die gezielte externe Verwertung erfordert umfangreiche Anpassungen der Unternehmenskultur und der Denkweise der Mitarbeiter. Der Ingenieur in der F&E muss quasi als Unternehmer seiner eigenen Idee fungieren und mögliche Absatzwege finden. Den oben genannten Vorteilen stehen aber auch verschiedene Risiken gegenüber, die nachfolgend skizziert werden.

Schwächung der eigenen Wettbewerberposition

Im Hinblick auf eine zusätzliche Ideenverwertung muss das Unternehmen darauf achten, beim Technologietransfer nicht die eigene Wettbewerbsposition zu schwächen. Indem es die eigene Technologie außerhalb seiner Produktpalette veräußert, trägt das Unternehmen nämlich im gleichen Zug dazu bei, dass die Wissensbasis des Technologiekäufers wächst und sich ihm dadurch neue oder erweiterte Handlungsmöglichkeiten auftun.

Dieser Aspekt stellt sich um so gravierender dar, wenn man bestimmtes technologisches Wissen als Teil der Kernkompetenz eines Unternehmens auffasst. Dieses Wissen kann die Quelle relevanter Wettbewerbsvorteile sein, sofern ein Unternehmen es exklusiv besitzt. Mit der externen Verwertung dieses Wissens geht der Exklusivitätscharakter einer Technologie indessen verloren – unter Umständen auf Kosten der Wettbewerbsfähigkeit und möglicher Gewinne.

Informationsparadoxon

Bevor ein Käufer sich für eine Technologie entscheidet, möchte er diese genau verstehen. Indem aber der Verkäufer dem Interessenten die Technologie erklärt, hat er bereits den größten Teil seines Wissens transferiert, ohne dafür die Leistung bekommen zu haben. Das bedeutet, dass der Verkäufer im Vorfeld viel Wissen preisgeben muss und dabei Gefahr läuft, keinen monetären Gegenwert zu erhalten.

Arrow beschreibt dieses Phänomen als *allgemeines Unmöglichkeitstheorem* und hebt auf das Dilemma des Innovators ab, für die erfolgreiche Lizenzierung einer Erfindung einen Teil der Information über die Erfindung offenlegen zu müssen. Dadurch erlangt der potenzielle Kunde Wissen über die Wirkmechanismen der Erfindung und könnte sich – opportunistisch handelnd – die Erfindung zu eigen machen, ohne dafür bezahlen zu müssen (vgl. [3], S. 615). Diese Gefahr ist besonders dann gegeben, wenn kleine Unternehmen mit großen Konzernen in Verhandlung treten. Eine Möglichkeit zum Schutz dagegen bieten Innovationsintermediatoren, die als Dritte eine Art Maklerfunktion einnehmen und zwischen den beiden Parteien treuhänderisch fungieren.

Rechtliche Risiken und interne Akzeptanz

Kline weist daraufhin, dass eine offene Lizenzierungspolitik bei Patentstreitigkeiten vor Gericht negative Auswirkungen haben kann (vgl. [22]). Versucht man, die Nutzung einer Technologie gerichtlich zu unterbinden, könne es bei einer großzügigen Lizenzierungspolitik schwierig werden, den Richter von seinem Anliegen zu überzeugen. Auch die Aktionäre könnten eine großzügige Lizenzierung an andere Unternehmen falsch auffassen. Für die einzelnen Geschäftseinheiten kommt noch hinzu, dass Mitarbeiter unter Rechtfertigungsdruck geraten, wenn sich eine Idee außerhalb des eigenen Unternehmens als wertvoll erweist, die sie selbst nicht als gewinnbringend erachtet hatten. Dann kommt die Frage auf, warum man den Wert der Idee nicht erkannt und sie nicht umgesetzt hat. Um diesen Druck zu vermeiden, werden Mitarbeiter eine Öffnung des Unternehmens nach außen nicht befürworten (vgl. [11], S. 32).

Aktuelle Situation in der praktischen Nutzung von Open Innovation

Zahlreiche Unternehmen verfügen nicht über die notwendigen Voraussetzungen hinsichtlich ihrer Methoden, Prozesse, Systeme und Kultur, um Open Innovation umzusetzen. Dadurch bleiben viele Potenziale, die sich durch eine Umsetzung ergeben würden, ungenutzt.

In vielen Unternehmen wird nur das direkte Umfeld – bestehend aus Kunden, Wettbewerbern, Zulieferern und gesetzlichen Regulierungen – bei der Suche und Generierung von Innovationen genutzt, während weitere externe Quellen meist nicht berücksichtigt werden. Wie aber bereits etablierte Technologien aus anderen Branchen für die Automobilindustrie zu einem Fortschritt im Kundennutzen führen können, berichtet beispielsweise ein OEM aus der Automobilbranche im Interview in einem knappen Beispiel: »Sie glauben gar nicht, wie sehr ein Verantwortlicher überrascht war, als er entdeckte, dass die Medizingerätetechnik über geräuschlose Lüfter verfügt. Diese Technologie hat großes Potenzial, zum Wohlbefinden im Innenraum der Fahrzeuge beizutragen«. [2]

Um Innovationen mit tatsächlichem Differenzierungscharakter zu generieren, ist eine Vergrößerung des Suchradius unumgänglich. Hierzu ist aber ein eigens dafür vorgesehener Prozessschritt notwendig, der als Schnittstelle zwischen dem Unternehmen und der Außenwelt fungiert und das Ziel hat, einen grenzübergreifenden Transfer von Wissen zwischen Unternehmen und Außenwelt zu gewährleisten und somit die Aufnahmefähigkeit des Unternehmens hinsichtlich externer Innovationsimpulse zu steigern.

Warum externe Quellen nicht noch besser genutzt werden, sieht ein Innovationsmanager bei der Porsche AG darin begründet, dass die Ideen und Impulse nicht eins zu eins zu den Innovationsprioritäten des Unternehmens passen würden. Erst die Anpassung und Interpretation mache den entscheidenden Mehrwert aus, wofür aber den Mitarbeitern deutlich die Zeit fehle, um über ausgefallene Impulse aus dem weiteren externen Umfeld nachdenken zu können.

Genau in diesem Punkt zeigt sich die zentrale Einschränkung, die sich die Unternehmen selbst auferlegen: Zum einen sind sie so sehr in ihrem operativen Alltagsgeschehen eingespannt, dass ihnen die Zeit fehlt, über langfristige Innovationen nachzudenken. Zum anderen beschränkt das Denken innerhalb des Markenimages die Chancen für grundlegend neue Innovationen.

Neben dem Aspekt der Öffnung des Innovationsprozesses zu Beginn bleiben weitere Open-Innovation-Potenziale auch am Ende des Innovationsprozesses ungenutzt. So wird die Wertschöpfung oftmals zu eng definiert und ist hauptsächlich auf den gegenwärtigen Geschäftsbereich ausgerichtet. Unternehmen nutzen hauptsächlich Lizenzen und Kooperationen, um eigenes Wissen zu verwerten. Wobei der Fokus eher auf Konfliktvermeidung liegt als auf zusätzlichen Umsatzmöglichkeiten. Die Zusammenarbeit mit anderen Branchen in Form von Joint Ventures oder Lizenzierungen sowie Methoden zur aktiven Verwertung des eigenen Wissens spielt bisher kaum eine Rolle. Die meisten Unternehmen verwerten ihr eigenes Wissen nur reaktiv, erteilen Lizenzen also nur auf Anfrage.

Insgesamt ist das Verwertungsverhalten eigener Technologien und Innovationen außerhalb des gegenwärtigen Geschäftsbereichs sehr defensiv und auf Sicherung des eigenen Wissens ausgerichtet. Eine aktive Wissensverwertung – auch außerhalb der gegenwärtigen Geschäftsbereiche ist nur bedingt zu beobachten. [2]

Ein weiterer wichtiger Schritt in Richtung Open Innovation liegt daher in der Einrichtung eines Prozessschrittes für den Umgang mit Ideen, die nicht weiterverfolgt werden. Darüber hinaus sollten bestehende Technologien regelmäßig auf zusätzliche Verwendungsmöglichkeiten überprüft werden.

In den meisten Unternehmen fehlt es zurzeit an einer Strategie und offenen Innovationskultur, die den einzelnen Mitarbeiter in einer Orientierung für die externe Ideensuche beziehungsweise -verwertung unterstützt. Entscheidende Abhilfe kann hier nur die nachhaltige Förderung von Open Innovation durch das Topmanagement schaffen. Die Öffnung des Unternehmens nach außen muss in der Strategie verankert sein und im Innovationsprozess selbst entsprechend berücksichtigt werden.

Literatur

[1] ALBERS, A.; ILI, S.: *The Adoption of Open Innovation in the Automotive Industry. The International Society for Professional Innovation Management – ISPIM Conference Paper. Tours, France, 2008*

[2] ALBERS, A.; ILI, S.; MILLER, A.: *Open Innovation in the Automotive Industry. In: R&D-Management, Special Issue Open R&D and Open Innovation, Vol. 39, Special Issue 1, 2009*

[3] ARROW, K. J.: *Economic Welfare and the Allocation of Resources for Invention. In: Nelson, R.R. (Hrsg.): The Rate and Direction of Inventive Activity. Princeton, 1962, S.609-625*

[4] BOYENS, K.: *Externe Verwertung von technologischem Wissen. Wiesbaden, 1998*

[5] BRATZEL, ST.; TELLERMANN, R.: *Automotive INNOVATIONS 2006/2007: Die Innovationen der globalen Automobilkonzerne. Arbeitspapier Nr. 2007-07, Schriftenreihe des FHDW Center of Automotive, 2007*

[6] BROCKHOFF, K.: *Forschung und Entwicklung. Planung und Kontrolle. München, 1994*

[7] CHAPMAN, M.: *Building an innovative organization: consistent business and technology integration – IBM 2006 CEO study. In: Strategy & Leadership, Jg. 34, Nr. 4, 2006, S. 32-38*

[8] CHATTERJI, D.: *Accessing external sources of technology. In: Research Technology Management, Jg. 39, Nr. 2, 1996, S. 48-56*

[9] CHESBROUGH, H. W.: *The Era of Open Innovation. In: MIT Sloan Management Review, Jg. 44, Nr. 3, 2003, S. 35-41*

[10] CHESBROUGH, H. W.: *Open Innovation – The new imperative for Creating and Profiting from Technology. Boston, 2003*

[11] CHESBROUGH, H. W.; VANHAVERBEKE, W.; WEST, J.: *Open Innovation – Researching a New Paradigm. New York, 2006*

[12] CHESBROUGH, H. W.: *Open Business Models – How to Thrive in the New Innovation Landscape. Boston, 2006b*

[13] CHESBROUGH, H. W.; CROWTHER, A. C.: *Beyond high tech: early adopters of open innovation. In: R & D Management, Jg. 36, Nr. 3, 2006, S. 229-236*

[14] COHEN, W. M.; LEVINTHAL, D. A.: *Absorptive Capacity: A New Perspective on Learning and Innovation. In: Administrative Science Quarterly, Jg. 35, Nr. 1, 1990, S. 128-152*

[15]   ERTL, M.: *Interview mit Martin Ertl, Leiter Innovationsimpulse BMW AG, im Rahmen einer Forschungsarbeit von Serhan Ili, 2007*

[16]   GASO, B.: *Management of Technological Listening Posts in Decentralized Firms. Dissertation an St. Gallen, Institute of Technology Management, 2005*

[17]   GOTTSCHALK, B.; KALMBACH, R.; DANNENBERG, J.: *Markenmanagement in der Automobilindustrie. Wiesbaden, 2005*

[18]   HAUSCHILDT, J.: *Innovationsmanagement. 3. Auflage, München, 2004*

[19]   HAUSS, I.: *Engineering Solution Center – Kooperative, virtuelle und integrierte Produktentwicklung. Fraunhofer Institut Arbeitswirtschaft und Organisation, Stuttgart, 2000*

[20]   ILI, S.: *Open Innovation in der Automobilindustrie. Strategien zur Steigerung der FuE-Produktivität. Dissertation Serhan Ili, Universität Karlsruhe, 2009*

[21]   KATZ, R.; ALLEN, T. J.: *Investigating the Not Invented Here (NIH) syndrome: A look at the performance, tenure, and communication patterns of 50 R&D Project Groups. In: R & D Management, Jg. 12, Nr. 1, 1982, S. 7-19*

[22]   KLINE, D.: *Sharing the Corporate Crown Jewels. In: MIT Sloan Management Review, Jg. 44, Nr. 3, 2003, S. 89-93*

[23]   LAURSEN, K.; SALTER, A.: *Open for innovation: the role of openness in explaining innovation performance among U.K. manufacturing firms. In: Strategic Management Journal, Jg. 27, Nr. 2, 2006, S. 131-150*

[24]   RAMMER, C.; PETER, B.; SCHMIDT, T.; ASCHOFF, B.; DOHERR, T.; NIGGEMANN, H.: *Innovationen in Deutschland – Ergebnisse der Innovationserhebung 2003 in der deutschen Wirtschaft. Baden-Baden, 2005*

[25]   RIGBY, D.; ZOOK, C.: *Open-Market-Innovation. In: Harvard Business Review, Jg. 80, Nr. 10, 2002, S. 80-89*

[26]   VAN DE VRANDE, V.; LEMMENS, C.; VANHAVERBEKE, W.: *Choosing governance modes for external technology sourcing. In: R&D Management, Jg. 36, Nr. 3, 2006, S. 347-363*

[27]   VAN VALEN, L.: *A New Evolutionary Law. In: Evolutionary Theory, Jg.1, Nr. 1, 1973, S. 1-30*

[28]   WEST, J.; GALLAGHER, S.: *Challenges of Open Innovation – The paradox of firm investment in open-source software. In: R & D Management, Jg. 36, Nr. 3, 2006, S. 319-332*

[29]   WITZEMAN, S.; SLOWINSKI, G.; DIRKX, R.; GOLLOB, L.; TAO, J.; WARD, S.; MIRAGLIA, S.: *Harnessing External Technology for Innovation. In: Research Technology Management, Jg. 49, Nr. 3, 2006, S. 19-28*

Zusammenfassung

Open Innovation hat direkte Auswirkungen auf die Architektur der Wertschöpfung, auf das Ertragsmodell und das Nutzenversprechen eines Unternehmens. Deshalb ist OI nicht nur eine Strategie zur Steigerung der Innovationsfähigkeit und F&E-Produktivität, sondern vielmehr auch eine Geschäftsmodellinnovation, die die Integration externer Innovationsquellen sowie die zusätzliche Verwertung eigener Technologien und Ideen – auch außerhalb des gegenwärtigen Produktportfolios – empfiehlt.

Die Chancen bei der Integration externer Innovationsquellen liegen in der Erweiterung der Ideenbasis, verkürzter Time-to-Market, technologischer Früherkennung und einem geringeren Entwicklungsrisiko. Die Risiken beziehen sich auf die begrenzte Aufnahmefähigkeit externen Wissens, das »Not-Invented-Here«-Syndrom sowie Probleme bei Timing und Aufmerksamkeitszuweisung.

Die Chancen externer Ideenverwertung richten sich auf die Aussicht auf zusätzliche Umsätze und eine steigende F&E-Produktivität, sowie auf die Möglichkeit, die Konkurrenzsituation zu beeinflussen und Mitarbeiter zu motivieren. Denkbare Risiken verweisen auf eine mögliche Schwächung der eigenen Wettbewerberposition, auf rechtliche Risiken sowie auf das Dilemma, Informationen bereits vor dem Technologietransfer an mögliche Käufer preisgeben zu müssen. Mit Blick auf die Praxis empfiehlt sich ein Topmanagement-Commitment hinsichtlich OI und eine Anpassung der unternehmensinternen Methoden, Prozesse, Systeme und Innovationskultur.

Strategiebildung für die Umsetzung von Open Innovation

Open-Innovation-Prozesse lassen sich nicht kurzerhand einführen. Vielmehr bedarf es genauer und klarer Überlegungen und Regelungen über Ausrichtung, Zielsetzung und Methodeneinsatz. Der Beitrag erläutert die Elemente und Einflüsse einer entsprechenden OI-Strategie.

In diesem Beitrag erfahren Sie:
- welche Vorarbeiten aus strategischer Sicht für die Anwendung von OI notwendig sind,
- welche Einflüsse und Wechselwirkungen mit anderen (Teil-)Strategien zu berücksichtigen sind,
- welche Kernelemente eine OI-Strategie beinhalten sollte.

MARTIN ERTL

Die Bedeutung der Strategie

Open Innovation (OI) findet in Wirtschaftsunternehmen weltweit ein zunehmendes Maß an Beachtung. Meist werden OI-Prozesse als interessante Anreicherung bestehender Ideenfindungsabläufe gesehen, um mehr als nur eine Innensicht zu kreieren.

Eine erfolgreiche Umsetzung von OI-Prozessen bedingt jedoch ein wesentliches Umdenken im Hinblick auf die Innovationsstrategie und -zielsetzung eines Unternehmens, da es lernen muss, als ein (hierarchisch) strukturiertes Organisationsgebilde hier nun mit einem meist komplex vernetzten Umfeld und dessen sehr eigenen Spielregeln umzugehen. Eine bloße Adaption und Erweiterung des klassischen Innovationsmanagement-Ansatzes wird dem tatsächlichen Potenzial von Open Innovation somit nicht gerecht und sorgt im besten Fall für mäßige Ergebnisse, in aller Regel aber eher für Enttäuschung.

Schlüsselfaktor für eine erfolgreiche Umsetzung ist demzufolge also eine genaue Überprüfung der bestehenden Strategien, Prozesse, Methoden und (organisationalen) Strukturen im Hinblick auf die Fähigkeit zum Umgang mit OI. Der Strategie kommt hierbei eine besondere Bedeutung zu, denn sie definiert Kernkompetenzen des Unternehmens und wesentliche Faktoren seines künftigen Erfolges. OI-Strategien unterscheiden sich von »normalen« Innovationsstrategien insbesondere durch ein bereits im Vorfeld klar gezeichnetes Bild

⇨ möglicher externalisierter Ressourcen und Netzwerke als zentrales Element der Innovationstätigkeit (insbesondere im Hinblick auf geistiges Eigentum und Kollaborationskonstrukte),

⇨ der geplanten Unsicherheit und Unstetigkeit im Umgang mit internen wie externen Kollektiven und

⇨ der frühzeitigen Integration wesentlicher Funktionsprinzipien von Open Innovation für alle Inside-out- und Outside-in-Abläufe.

Motivation und strategische Ziele
Vor der Anwendung von OI-Prinzipien bis hin zur strukturierten Ausrichtung eines Unternehmens und seines Geschäftsmodells im Sinne von OI steht zuerst eine Klärung der wesentlichen Ziele und Absichten dieses Handelns. Die dabei zugrunde liegende Motivation kann je nach Unternehmen, Branche, Kultur und Wertschöpfungskette unterschiedliche Treiber haben:

⇨ Anreicherung des existierenden Ideenpools zur weitergehenden Inspiration,

⇨ Anreicherung und Prüfung bestehender Marktannahmen mit Kunden- und Stakeholdersichten,

⇨ frühzeitige Loyalisierung von Kunden durch Beteiligung am Entstehungsprozess,

⇨ Minimierung der Gefahr von Entwicklungen »am Kunden vorbei«,

⇨ Schaffung von internen Anreizen zur Innovation durch externen Wettbewerb,

⇨ Externalisierung von Ideenkreation bis hin zu Teilen der Entwicklungsleistung,

⇨ Externalisierung des Entwicklungsrisikos,
⇨ Verkürzung von Entwicklungszyklen,
⇨ schneller Zugang und Multiplikation von Know-how,
⇨ externe Vermarktung nicht genutzter Ideen, Konzepte und Patente,
⇨ Kommunikations- und Imagegründe im Hinblick auf Markenwert und Attraktivität als Arbeitgeber,
⇨ Vorbereitung für den Aufbau gezielter strategischer externer Entwicklungspartnerschaften.

Die Entscheidung hinsichtlich Ausrichtung und Anwendung von OI kann also eine Vielzahl von Gründen haben. Die Motivation im Einzelnen muss daher für alle am Prozess Beteiligten klar sein – nur so ist der effiziente Einsatz von Mitteln wie auch die Vermeidung von Redundanzen oder gar Störungen etablierter relevanter Prozesse und Methoden möglich. Daher ist eine kritische Prüfung des Einsatzes von Open Innovation vor dem Hintergrund der bestehenden Unternehmensstrategie und deren Teilstrategien in mehreren Schritten der Schlüssel für Erfolg und Misserfolg jeglicher Initiativen.

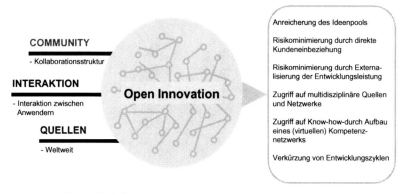

Abb. 1:   *Strategische Ziele von Open Innovation*

Begriffsklärung von OI zur Schaffung von Transparenz und gemeinsamem Verständnis im Unternehmen

Innovation ist im Grunde ein abstrakter Begriff und erzeugt daher in jedem ein anders Bild. Oft sind diese Bilder an Produkte geknüpft, die als besonders innovativ empfunden werden, in nahezu allen Fällen jedoch haben die Mitarbeiter eines Unternehmens völlig unterschiedliche Vorstellungen und Assoziationen. Ferner wird der Begriff meist auch eher inflationär verwendet, wodurch sich die gegenseitige Verständigung zusätzlich erschwert. Häufig sind eigentlich Ideen, Verbesserungen, Erfindungen, Patente oder Prozesse gemeint, wenn vermeintlich von Innovationen gesprochen wird – mithin ist dies auch der Grund, weshalb Innovation überwiegend mit der F&E-Abteilung eines Unternehmens assoziiert und dieser somit zugeschrieben wird. All die genannten Elemente sind zwar Teil einer echten Innovation, dieser aber eben nicht gleichzusetzen, da drei wesentliche Merkmale von Innovationen außer acht gelassen werden:

⇨ der notwendige Vorteil bzw. Nutzen für den Kunden,

⇨ der Vorteil/Nutzen gegenüber dem Wettbewerb und

⇨ der nachweisbare wirtschaftliche oder strategische Nutzen für das Unternehmen.

Ist der Gebrauch des Begriffes »Innovation« intern erst einmal geklärt, muss dieselbe Fragestellung nun erweitert auf »Open Innovation« angewandt werden:

⇨ Worin besteht der wesentliche, offene Charakter des beabsichtigten Innovationsprozesses?

⇨ Zielt das Unternehmen eher auf einen Effekt ab, bei dem Kreativität, Inspiration und Lösungen von außen in das Unternehmen getragen werden sollen?

⇨ Oder sollen wesentliche Teile des Wissens und der Entwicklungsleistung externalisiert werden?

⇨ Ist gegebenenfalls eine Kombination dieser Vorgehensweisen beabsichtigt?

Die Begriffserklärung nach Chesbrough deckt als erste Grundlage alle Aspekte ab, mag allerdings auch eine Schärfung und Fokussierung im Hinblick auf die Verständnistransparenz benötigen: »Projekte können sowohl von internen als auch von externen Quellen angestoßen werden und neue Technologien können zu jedem Punkt in der Entwicklung berücksichtigt werden. Außerdem können Projekte eine Vielzahl von Wegen zum Markt einschlagen, beispielsweise durch Lizenzen oder Spin-offs, zusätzlich zum normalen Kanal.« [1]

Wichtig hierbei ist nicht nur, dass sich jedes Unternehmen Klarheit darüber verschafft, was es unter Open Innovation versteht, sondern vor allem auch, dass es sich über den Kontext der OI-Anwendung vergewissert. »Open« steht nicht zwangsläufig für ein Modell der völligen Transparenz und Offenheit des Informationsflusses, sondern lediglich für eine Öffnung des bisher angewandten Prozesses der Umsetzung einer Entwicklung von der Idee bis hin zum fertigen Produkt/Service/Geschäftsmodell. Diese Öffnung beinhaltet vor allem die Einbeziehung zusätzlicher interner und meist eher selektiv auch externer Quellen wie zum Beispiel strategisch relevante Zulieferer, Entwicklungs- und Wissenschaftspartner. Dies geht am einfachsten im Rahmen von ersten Pilotprojekten mit bewusst ausgesuchten Teilnehmern innerhalb und außerhalb des Unternehmens, kann sich aber auch bis hin zu einer »öffentlichen Entwicklung« unter intensiver Einbeziehung der Endkunden ausweiten. In jedem Fall muss für das Initialprojekt ein klarer Fokus im Hinblick auf Umfang, Verantwortlichkeiten, Beteiligte, Zielsetzungen und erwartete Resultate gesetzt werden.

Methoden- und Mitteleinsatz

OI hat, strategisch und inhaltlich richtig aufgesetzt, durchaus das Potenzial zur exponentiellen Vermehrung der eingesetzten Ressourcen. Abgeleitet aus der Definition von Chesbrough gibt es für das Unternehmen grundsätzlich zwei strategische Hauptrichtungen: Outside-in und Inside-out.

Outside-in

Die deutlich bekanntere Variante der beiden Strategierichtungen ist die externe Ideengenerierung zur Anreicherung des internen Portfolios bis hin zur aktiven Einbeziehung der Kunden/Anwender als wesentliches Element der Entwicklungsleistung, bei der das Unternehmen nurmehr als Plattform und Gastgeber fungiert. In Ausnahmefällen nutzen Unternehmen ein solches Konstrukt auch zur Akquise bestehender Produkte, hier ist OI dann eine spezielle Variante im Business-to-Business-Bereich. Bekannte Vertreter dieser Vorgehensweise sind Plattformen wie Procter & Gambles »Connect and Develop« und zahlreiche daraus abgeleitete Initiativen wie z. B. »Tchibo Ideas« oder die »Virtuelle Innovationsagentur (VIA)« der BMW Group und natürlich der Klassiker Linux.

Grundsätzlich lassen sich hier drei unterschiedliche Kanäle identifizieren, die mit Blick auf die OI-Absichten des Unternehmens eine Rolle spielen und somit zu einer strategischen Festlegung führen: Business-to-Business, Business-to-Customer, Business-to-Academia.

Business-to-Business
Dieser Kanal konzentriert sich auf die intensive Einbindung von Zulieferern und Entwicklungspartnern im Rahmen eines offenen Entwicklungsprojektes. Im Gegensatz zur klassischen Auftragsentwicklung sind hierbei die Rahmenbedingungen und Zielstellungen eher locker gesteckt, das kreative Potenzial aller Beteiligten wird durch entsprechende Kollaboration und evolutionäre Weiterentwicklung/Kombination der entstehenden Ideen konstant stimuliert und dadurch zu ungewöhnlichen Ergebnissen geführt.

Der Mittelaufwand hierbei ist je nach Projektfokus und -dauer eher übersichtlich, der Koordinationsaufwand ebenfalls. Die Wahl der Beteiligten ist allerdings nicht trivial und legt gleichzeitig auch wieder einen Korridor der zu erwartenden Ergebnisse fest, disruptive Entwicklungen und Resultate sind eher nicht zu erwarten, gleichwohl haben Ideen und Projektvorschläge von Anfang an einen hohen Qualitätsgrad im Hinblick auf Machbarkeit und Relevanz für das Unternehmen.

Business-to-Customer

Vom Koordinationsaufwand her ungleich höher als Business-to-Business bietet diese Variante gleich mehrere für das Unternehmen aus strategischer Sicht relevante Vorteile:

⇨ direkte Benennung expliziter und latenter Kundenbedürfnisse,
⇨ Identifikation möglicher Trends und Lead Customer sowie
⇨ eine je nach Thema und Kommunikation hohe öffentliche Wahrnehmung.

Diese Variante benötigt jedoch einen hochgradig professionellen Umgang mit den meist virtuellen User Communities, eine konstante Stimulation dieser Teilnehmer und natürlich auch die Akzeptanz der Tatsache, dass sowohl die Steuerung der Meinungsbildung zu Unternehmen und Produkten wie auch die Transparenz der Entwicklungen für den Wettbewerb nicht wirklich zu kontrollieren ist.

Diese Variante bietet aufgrund des breiten Spektrums an Teilnehmern die Aussicht für neue und ungewöhnliche Lösungsansätze, wenngleich auch hier die größten Potenziale in der Identifikation und Interpretation möglicher latenter Bedarfe liegt, was somit den internen Aufwand deutlich nach oben treibt.

Business-to-Academia

Eine sehr attraktive Variante des Outside-in-Gedankens steckt in der intensiven Zusammenarbeit eines Unternehmens mit wissenschaftlichen und forschenden Instituten und Universitäten/Fachhochschulen. Klar definierte Forschungs- und Entwicklungsaufgaben können hierbei zum einen die eigenen Kapazitäten deutlich entlasten, zum anderen ist die Qualität der zu erwartenden Ergebnisse aufgrund der Expertise der beteiligten Partner sehr hoch. Gerade bei Projekten im universitären Bereich ist bei entsprechenden Freiheiten zudem mit außergewöhnlichen Ansätzen und frischen Impulsen zu rechnen. Der

Kunden & Lead User	**antizipieren frühzeitig Kundenwünsche**; entwickeln selbstständig Ansätze für innovative Lösungen oder können wertvollen Input für interne Innovation liefern.	
Forschung Universitäten	liefern **wichtige Ergebnisse aus der Grundlagenforschung** und suchen nach kommerziellen Verwertungsmöglichkeiten.	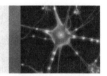
KMUs	bieten Zugang zu **innovativen Start-ups**; liefern **Innovationen aus branchenfremden** Bereichen, die im eigenen Unternehmen Anwendung finden könnten.	

OI ermöglicht einen vom Innovationsmanagement gesteuerten Dialog zwischen verschiedenen (externen) Innovationsnetzwerken und den (internen) Entwicklungsfachbereichen.

Abb. 2:   *Zielgruppen der strategischen Partnerwahl*

Aufwand hierbei hängt natürlich stark von den Projekten und den zu erwartenden Resultaten ab; letztendlich wird eine Semesterarbeit nicht die Potenziale einer langfristigen Forschungskooperation bringen können.

Hinsichtlich der Varianten, möglichen Kombinationen daraus und den resultierenden Ergebnisperspektiven muss das Unternehmen aus strategischer Sicht folgende Fragen klären:

⇨ Welcher Sektor macht in Bezug auf Produktportfolio und -roadmap zu welchem Zeitpunkt Sinn?

⇨ Welche Entwicklungs- und Innovationsziele passen am besten zu welchem Kanal?

⇨ Wer sind die möglichen (strategischen) Partner für die jeweilige Outside-in-Aktivität?

Inside-out

Die andere Variante, OI-Potenziale aktiv und gewinnbringend zu nutzen, ist die Externalisierung und Vermarktung bestehender Entwicklungsergebnisse, die im Rahmen des vorhandenen Portfolios gar nicht oder nicht intensiv genutzt werden. Ein wesentliches Merkmal einer Innovation ist der nachgewiesene wirtschaftliche Erfolg. Inside-out ist eine Möglichkeit, eine Idee, eine Entwicklung, eine Technologie, ein Patent oder eine Invention eben genau auf diesem Weg zum wirtschaftlichen Erfolg und dadurch zur Innovation zu machen.

Die breiteste Anwendung findet der Inside-out-Ansatz derzeit bei Patenten. Internetbasierte Plattformen wie etwa yet2.com bieten zahlreiche Patente zum Kauf oder zur Lizenzierung an. Darüber hinaus gibt es einige wissenschaftliche Institute, die den Service des Patentscreenings und der anschließenden Vermarktung ebenfalls offerieren. Firmen wie etwa IBM haben inzwischen durch die hochgradige Professionalisierung dieser Vorgehensweise einen über die letzten Jahre konstanten Ergebnisbeitrag von bis zu über einer Milliarde US$ pro Jahr.

Neben dem wirtschaftlichen Aspekt bietet Inside-out auch die Möglichkeit, eigene Technologien und Wissen über Industriegrenzen hinaus strategisch in neue Kooperationen und Innovationsprojekte einzubringen. Dadurch lassen sich dann sowohl neue Geschäftsgebiete erschließen als auch strategische Partner außerhalb der im eigenen Sektor bereits bekannten Marktteilnehmer finden.

Eine abschließende Sonderform von Inside-out sind Unternehmensausgründungen, die eigenes Know-how oder Entwicklungen zur Basis haben, die zwar hohes Potenzial besitzen, aber nicht unbedingt zur strategischen Kernkompetenz des Unternehmens gehören. Diese Ausgründungen ergeben sich meist in Kombination mit unternehmensinternen Inkubatormodellen: Projekte mit hohem Potenzial, aber auch hohem Risiko werden hierbei in einem vom Tagesgeschäft geschützten Umfeld bis zu einem Punkt entwickelt, an dem sich eine Entscheidung zur substanziellen Investition oder zum Ausstieg aus dem Projekt auf Basis von Fakten und Abschätzungen treffen lässt.

Aus strategischer Sicht muss das Unternehmen im Hinblick auf den Inside-out-Prozess sowohl das bestehende Know-how in seinen unterschiedlichen Formen als auch daraus abgeleitet die Handlungsoptionen wie Verkauf, Lizenzierung oder Ausgründung kritisch prüfen.

Der Vollständigkeit halber sei hier angemerkt, dass die meisten Unternehmen, die OI heute anwenden, Mischformen von Outside-in und Inside-out einsetzen. Abhängig von Branche, Geschäftsmodell und Kernkompetenz macht dies auch am meisten Sinn, da eine dogmatische Entscheidung für ausschließlich eine der beiden Grundrichtungen letztendlich das Potenzial von Open Innovation erheblich schmälern würde.

Strategische Vorarbeit zur Anpassung/Harmonisierung interner Prozesse und Unternehmenskultur

Der strategisch richtige Einsatz von Open Innovation führte bei Unternehmen wie IBM, Cisco, P&G oder Google zu beeindruckenden Ergebnissen. Ein wesentlicher Erfolgsfaktor aber, den alle diese Unternehmen im Vorfeld jeglicher OI-Aktivität intensiv bearbeitet haben, ist der Abgleich und die Anpassung der internen Prozesse an das jeweilige OI-Vorhaben.

Auch hier kommt ein strategischer Aspekt ins Spiel, denn es muss klar geregelt sein, wer im Unternehmen die Resultate, Ideen und Vorschläge/Meinungen an die richtigen Stellen einsteuert, die Verarbeitung unterstützt/verfolgt und wie diese Resultate letztendlich in die bestehenden (Entwicklungs-)Portfolios einfließen.

OI erfordert ein hohes Maß an schneller Reaktion in Bezug auf Potenzialerkennung und im Hinblick auf die Interaktion mit den beteiligten externen Partnern und den internen Experten. Ein bis dato geschlossen gehaltener Prozess von der Ideengenerierung bis hin zur Markteinführung wird intensiv eingesteuerte Resultate von außen fast zwangsläufig als Fremdkörper betrachten und somit bekannte Abwehrreaktionen wie das »Not-Invented-Here«-Syndrom hervorrufen. Die Öffnung eines solchen geschlossenen Prozesses mit seinen starren, undurchlässigen Wänden erfordert wiederum eine Reihe von Entscheidungen zu den nachfolgend erläuterten Aspekten.

Strategieanalyse und Commitment

Der Open-Innovation-Ansatz kann aufgrund seines offenen und transparenten Charakters mit einer bestehenden Unternehmensstrategie und den daraus abgeleiteten Teilstrategien kollidieren. Vor allem in eher geschlossenen Unternehmensumfeldern, meist reifen Industrien mit einem festen, sich wenig verändernden Kundenstamm, einer festen F&E-Landschaft und in substanziell regulierten Märkten stoßen OI-Ansätze zunächst auf wenig Verständnis. Umso wichtiger ist eine intensive Analyse der bestehenden Strategielandschaft und möglicher Potenziale:

⇨ Worin besteht der Kern der Geschäftstätigkeit? Welchen Einfluss hätte OI darauf?
⇨ Wie sehen die Abläufe des bestehenden Geschäftsmodells aus?
⇨ Was ist die wesentliche Differenzierungsstrategie des Unternehmens hinsichtlich des Wettbewerbs?
⇨ Wie verhalten sich Vertriebsstrategien des Unternehmens im Hinblick auf OI?
⇨ Was ist das Kernwissen und die Kernkompetenz des Unternehmens?

Unter Umständen macht es Sinn, hier auf eine virale OI-Strategie zu setzen, die also eher im Untergrund des Unternehmens und abseits der üblichen Berichts- und Entscheidungswege (z. B. durch einzelne Keimzellenteams) auch physisch außerhalb des Unternehmens angelegt wird und dadurch ein mögliches Projekt entweder im vertraulichen Kreis oder aber teilweise extern ausgegliedert startet. In jedem Fall aber muss von Beginn an ein klares Bekenntnis der Unternehmensleitung zu Open Innovation und zum Einsatz von OI-Prinzipien und daran geknüpfte Verpflichtungen/Ziele des Managements und der Belegschaft bestehen. Beispielgebend ist hierzu die Vorgehensweise von Procter & Gamble: Dessen ehemaliger CEO Alan G. Lafley gab bei seinem Amtsantritt im Jahr 2000 als eines seiner wichtigsten Ziele und Projekte die Transformation des bis dahin »geschlossenen« Firmenriesen zum Open-Innovation-Champion bekannt. Dieses Vorhaben knüpfte er an konkrete Zielvorgaben für das Management, indem er verlangte, dass bis zum Jahr 2008 50 % aller Ideen und Produkte von außerhalb des Unternehmens kommen mussten.

Umfeldanalyse

(Open) Innovation muss einem Unternehmen in aller Regel einen nachhaltigen Wettbewerbsvorteil bringen, mindestens jedoch einen strategischen Vorteil in Bezug auf die Geschäftstätigkeit. Schon alleine deshalb lohnt sich der Blick auf das unmittelbare Wettbewerbsumfeld im Hinblick auf OI:

⇨ Welche Konkurrenten sind bezüglich Open Innovation ebenfalls aktiv?

⇨ Welche Ziele und Fokusgebiete des Wettbewerbs lassen sich aus den Aktivitäten ableiten?

⇨ Wo sind interessante Felder, die ebenfalls aktiv bearbeitet werden müssen, oder aber wo bieten sich interessante und lohnende neue Perspektiven, die der Wettbewerb noch nicht entdeckt hat?

⇨ Welche Felder sind geeignet für OI, welche nicht?

⇨ Welche Resultate (und Erfahrungswerte) des Wettbewerbs gibt es bereits?

Im Hinblick auf einen Wettbewerbsvorteil könnte OI sein disruptives Potenzial speziell dann ausspielen, wenn es zur Verschiebung oder gar zum Wechsel von Paradigmen kommen soll, denn externe Partner außerhalb der eigenen Branche lassen sich selten durch die teils selbst gesetzten »No-Go's« aufhalten und einschränken. Dies kann dann – die richtigen Rahmenbedingungen immer vorausgesetzt – sowohl zu tatsächlich revolutionären Ansätzen als auch zu einem nachhaltig positiven Effekt auf die eigene Unternehmenskultur führen.

Partneranalyse

Open Innovation steht und fällt mit den richtigen Partnern im Prozess. Der Auswahl und den Rahmenbedingungen dieser Partnerschaften kann demzufolge nicht genug strategische Bedeutung beigemessen werden. Wie oben beschrieben finden sich mögliche Adressaten bei Zulieferern und Entwicklungspartnern, in Wissenschaft und Forschung, im Bereich des direkten Wettbewerbs und natürlich nicht zuletzt unter den (End-)Kunden. Vor einer direkten Einbeziehung einer oder mehrerer der genannten Akteure steht jedoch die Frage, welcher Input aus diesen Quellen bereits im Vorfeld für die Strategiearbeit und die Festlegung von Fokusfeldern innerhalb der Teilstrategien zu bekommen ist. Open Innovation besteht nämlich nicht nur in der aktiven Beteiligung an einem konkreten Projekt, sondern durchaus auch in der Befähigung externer Einflüsse, Gedanken, Know-how und Standpunkte und deren Einbettung in Innovationsvorhaben. Die Entwicklung von Produkten und Software auf Basis des Dateiformats mp3, einer Entwicklung des Fraunhofer-Instituts aus den frühen 1990er Jahren, ist ein wunderbares Beispiel für eine solche Intrusion, nimmt es doch bestehendes Know-how als Basis anstatt mit hohem Aufwand und Risiko ein eigenes Dateiformat zu entwickeln. Dazu allerdings muss der gesamte Prozess der Ideengenerierung strategisch so permeabel gestaltet sein, dass aus einem »Not-Invented-Here«-Syndrom eine »Proudly-Found-Elsewhere«-Einstellung wird. Das Unternehmen muss also frühzeitig die relevanten Partner innerhalb und außerhalb der eigenen Branche identifizieren und klassifizieren, sodass für geplante OI-Vorhaben stets eine sinnvolle Auswahl an adäquaten Partnerunternehmen herrscht. Im Bereich der Forschung und Wissenschaft gilt natürlich Ähnliches, wenngleich sich das volle Potenzial dieser Akteure eher dann einstellt, wenn die Rahmenbedingungen zwar klar aber dennoch flexibel und offen für Experimente sind. Hinsichtlich der Einbeziehung von Endkunden sollte im Vorfeld ein umfassendes Bild zu relevanten Zielgruppen und Kundencharakteren vorhanden sein, um die große Zahl an Akteuren und somit die Varianz an Ideen, Standpunkten und die Qualität dieses Inputs in Grundzügen steuern zu können.

Prozess- und Rollenanalyse

OI ist ein konstantes Wechselspiel aller beteiligten Akteure. Umso wichtiger ist es für das Unternehmen, im Vorfeld einen klaren Prozess zu definieren, wie und wo der resultierende Input bzw. Output innerhalb und außerhalb der Organisationen stattfindet:
- ⇨ Wer entscheidet über die Resultate einer OI-Aktivität?
- ⇨ Wie sehen die möglichen Ressourcen und Verantwortungen innerhalb des Unternehmens aus?
- ⇨ Wer ist Treiber und Anwalt des resultierenden Inputs?

Das Unternehmen muss zu diesen Fragen auf Basis der bestehenden strategischen Absichten eindeutige Regelungen und Mandate vergeben und diese für alle in der Folge am Prozess Beteiligten verpflichtend kommunizieren.

Open Innovation kommt nicht zum Nulltarif. Wie jede andere Aktivität der Innovationserzeugung ist auch OI grundsätzlich mit einem Risiko des Scheiterns behaftet. Ferner werden die Kosten für OI angesichts fehlender Prozesse und Erfahrungen am Anfang über den vergleichbaren Kosten des Regelprozesses liegen. Da diese Regelprozesse zudem nicht eingestellt werden dürfen und müssen, ist OI zunächst immer ein Zusatzaufwand.

Einfluss auf das bestehende Produkt-/Serviceportfolio

Ein bestehendes Portfolio an Produkten und Services kann durch Open Innovation vor allem im Hinblick auf die Verkürzung von Entwicklungszyklen, der effektvollen Anreicherung des Ideenportfolios und nicht zuletzt durch die hohe Trefferwahrscheinlichkeit bei Einbeziehung des Kunden stark profitieren. Gleichzeitig können einige neue Produktansätze zu Kannibalisierung innerhalb des Portfolios führen. Eine entsprechend ausgelegte Geschäftsfeldstrategie muss also frühzeitig festlegen, in welchen Korridoren und mit welchem Fokus entsprechende OI-Projektergebnisse gewünscht und zu fördern sind und wo es keinen Sinn macht, mehr von demselben zu kreieren.

Produkte und Services, die durch OI geschaffen wurden, haben somit einen unmittelbaren Einfluss auf Kunden und Stakeholder des Unternehmens – dieser Einfluss verstärkt sich positiv, wenn der Kunde an der Gestaltung und Erstellung des Produktes oder Prozesses selbst beteiligt war. Stakeholder können zudem einen interessanten Einfluss auf den Erfolg oder Misserfolg von Produkten und Services haben: Akteure wie z. B. NGOs oder Verbraucherschutzorganisationen können durch frühzeitige Einbindung in OI-Vorhaben Standpunkte und Erwartungen einbringen, die dem Resultat beim späteren Kunden substanzielle Vorteile im Hinblick auf Kaufpräferenzen verschafft und auch im Sinne einer Kommunikationsstrategie wertvolle Ansätze bietet.

Kernelemente einer OI-Strategie

Doch welche Elemente genau sind bei der Erstellung einer Strategie für OI nun zu beachten? Durch die Wahl der gewünschten OI-Ausrichtung (Outside-in, Inside-out oder Mischformen) und im Hinblick auf die jeweiligen wirtschaftlichen, technologischen, finanziellen, politischen und kulturellen Randbedingungen eines Unternehmens gibt es natürlich kein Patentrezept. Gleichwohl scheinen sich bestimmte Elemente und Fragestellungen bei der Festlegung einer Strategie für Open Innovation immer wieder zu finden. Im Wesentlichen sind dies folgende fünf Kernpunkte: Sicherung, Storytelling, Identifikation, Synchronisieren und Teilen.

Sicherung

Die OI-Strategie muss basierend auf der allgemeinen Geschäftsstrategie die wesentlichen Kernfelder/-kompetenzen der Geschäftstätigkeit definieren und so absichern, dass zum einen genügend Transparenz für zu integrierende Partner und Netzwerke darüber entsteht, gleichzeitig aber wesentliche Teile gegenüber dem Wettbewerb gesichert werden. Parallel dazu definiert die OI-Strategie den Umgang mit dem entstehenden Know-how bzw. wie dieses Know-how effizient und fokussiert im Unternehmen eingesetzt wird.

Ein ebenfalls wichtiger Aspekt ist die strategische Absicherung eines aufgebauten oder bestehenden Netzwerkes, sofern zum einen dadurch ein Wettbewerbsvorteil entsteht und zum anderen der Vorteil der Sicherung den Vorteil der Transparenz und Anreicherung durch Öffnung übersteigt.

Storytelling

Die OI-Strategie muss von Anfang an klare Bahnen vorgeben und diese auch ansprechend beschreiben. Nur so kann ein möglichst effizientes Ergebnis aller OI-Aktivitäten im Hinblick auf »signal-to-noise«, also die Anzahl der tatsächlich erfolgreichen Projekte gegenüber der Gesamtzahl der Projektvorschläge, gewährleistet werden. Da das Resultat von OI-Prozessen aufgrund der größeren Anzahl an Akteuren unter Umständen schlechter gesteuert werden kann, muss die Motivation und auch das beabsichtigte Ziel um so klarer formuliert und die Randbedingungen definiert werden.

Grundsätzlich muss jedoch eine zentrale Frage am Ende des Prozesses beantwortet sein: Was ändert sich für den Kunden und worin bestehen die Vorteile für ihn wie auch für das Unternehmen? Die frühzeitige Bestimmung dieser Fragestellung hilft sowohl während der Aktivitäten als Koordinatensystem als auch als Leistungsindikator nach Abschluss aller Anstrengungen.

Zum Storytelling selbst gehört natürlich auch eine klare Positionierung der OI-Aktivitäten in der Unternehmenskommunikation. Intern wie extern muss für Mitarbeiter wie Kunden und beteiligte Akteure klar sein, mit welchem Ziel und aus welcher Motivation heraus Open Innovation betrieben wird, welche Bereiche davon profitieren werden und wer die Verantwortung für die OI-Aktivitäten hat.

Identifikation

Die OI-Strategie muss strategische Partner und Netzwerke von Anfang an definieren/charakterisieren, deren Interessen bzw. Zielsetzungen kennen und mit den eigenen Zielen in Einklang bringen. Parallel dazu muss sie eine klare Aussage über die konstante Erweiterung dieser Vernetzungen machen. In diesem Kontext muss die Rolle des Unternehmens im Rahmen der OI-Aktivitäten eindeutig geklärt sein: Nimmt das Unternehmen die Rolle des Treibers ein, ist es eher ein Intermediär der Interessen und koordiniert somit die Impulse oder steht es eher passiv, quasi als Zuschauer an der Seite und beobachtet die Züge der aktiven Teilnehmer?

Wie oben bereits beschrieben beeinflusst die Auswahl der entsprechenden Partner maßgeblich das Resultat. Vor diesem Hintergrund müssen aber auch strategische Abgrenzungen zu diesen Partnern präzise definiert sein:
⇨ Wer übernimmt die Verantwortung für welche Funktionen?
⇨ Was geschieht mit dem gemeinsam erarbeiteten Wissen?
⇨ Wie lassen sich zwischen den beteiligten Partnern Synergien herstellen, die eventuell über das konkrete Projekt hinausgehen?

Ein weiterer wichtiger Aspekt der strategischen Arbeit ist im Vorfeld die Identifikation von relevantem und notwendigem Wissen in Form von Technologien, Trends oder sonstigen (Wettbewerbs-)Informationen, die als Basis für das jeweilige Vorhaben von Bedeutung sein könnten.

Synchronisieren

Die OI-Strategie muss den permanenten Abgleich mit der Außenwelt und die smarte Adaption relevanten freien Wissens als bindende Verpflichtung für alle Akteure im OI-Prozess kennzeichnen und für entsprechende Absorptionsmöglichkeiten sorgen. Dies ist im Hinblick auf die bestehende Geschwindigkeit der Wissensgenerierung und somit auch der Alterung der Wissensbasis essenziell für alle Beteiligten:

⇨ Was kann ich als »State-of-the-Art«-Grundlage annehmen?
⇨ Welche Halbwertszeit hat das Wissen in diesem Gebiet?
⇨ Welche Entwicklungszyklen herrschen in diesem Gebiet vor?

Gerade dem Wissensmanagement fällt bei Open Innovation eine tragende Unterstützungsfunktion zu. OI an sich hat das Potenzial zur sehr effizienten Innovationsgenerierung, dies funktioniert aber natürlich nur, wenn nicht mehr von denselben bzw. bereits bekannten Resultaten erarbeitet wird, sondern mit dem neuesten Wissen als Absprungbasis tatsächlich die nächste Ebene innovativer Lösungen erreicht wird.

Teilen

Die OI-Strategie muss eine klare Aussage über den Umgang mit Wissen und Kompetenzen machen, die nicht mehr Kern der Unternehmenstätigkeit sind und dennoch wirtschaftlich (oder eben im Netzwerk) genutzt werden können. OI ist ein Prozess des Gebens und

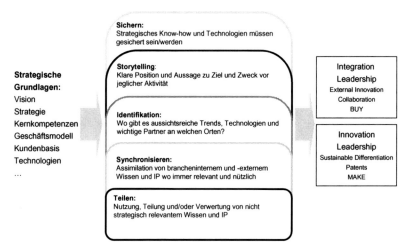

Strategische Grundlagen:
Vision
Strategie
Kernkompetenzen
Geschäftsmodell
Kundenbasis
Technologien
...

Sichern:
Strategisches Know-how und Technologien müssen gesichert sein/werden

Storytelling:
Klare Position und Aussage zu Ziel und Zweck vor jeglicher Aktivität

Identifikation:
Wo gibt es aussichtsreiche Trends, Technologien und wichtige Partner an welchen Orten?

Synchronisieren:
Assimilation von brancheninternem und -externem Wissen und IP wo immer relevant und nützlich

Teilen:
Nutzung, Teilung und/oder Verwertung von nicht strategisch relevantem Wissen und IP

Integration
Leadership
External Innovation
Collaboration
BUY

Innovation
Leadership
Sustainable Differentiation
Patents
MAKE

Abb. 3: *Einfluss von OI auf strategische Zielsetzungen*

Nehmens. Das klassische proprietäre Denken, das sich über die letzten Jahrzehnte in vielen Branchen als Grunddenkmuster etabliert hat, ermöglicht keinen wirklichen OI-Ansatz.

Demzufolge ist hier eine klare Differenzierung im Hinblick auf die IP-Strategie des Hauses zugunsten offener Standards notwendig. Im Einzelfall kann es z. B. durchaus Sinn machen, eigenes bzw. im Rahmen von OI gemeinsam erarbeitetes geistiges Eigentum wiederum neuen OI-Initiativen und Akteuren kostenfrei zur Verfügung zu stellen, da hierdurch möglicherweise ganz neue Seiten und Potenziale der IP entdeckt und gehoben werden können.

Fazit

Open Innovation ist eine spannende und interessante Bereicherung der Innovationstätigkeit eines Unternehmens, sofern gewisse Voraussetzungen geschaffen und proprietäre Einbahnstraßendenkmuster vermieden werden. Gerade deshalb sind sowohl im Hinblick auf die bestehenden Strategien wie auch auf die entsprechend zu erarbeitende

OI-Strategie besondere Maßnahmen der Abstimmung und Synchronisation notwendig.

Der bewusste Schritt zur Öffnung geschlossener Prozesse ist mit Sicherheit ein signifikanter Eingriff in die Geschäftsordnung eines Unternehmens. Ein partnerschaftliches Geben und Nehmen, auch oder speziell in Situationen, in denen nicht unbedingt die vielzitierte »Augenhöhe« besteht, ist ebenso notwendige Voraussetzung für das Gelingen wie eine auf externen Input vorbereitete Organisation.

OI bedeutet nicht zwangsläufig eine Offenlegung von z. B. internem Wissen oder Prozessen, hilft jedoch entscheidend bei der Risikominimierung und dem schnellen Zugriff auf externes Know-how. Die Verifizierung dieses Know-hows bzw. der kollaborativ erarbeiteten Resultate muss jedoch immer intern stattfinden. Gleichzeitig helfen die Erkenntnisse aus OI-Prozessen zur Einordnung der eigenen relativen Wissensposition zum besseren Markt- und Kundenverständnis und zur Risikominimierung.

Ganz gleich, ob eine Geschäftsstrategie auf Kostenführerschaft abzielt, die Differenzierung in der Nische sucht oder die Innovationsführerschaft beansprucht, OI-Methoden im inneren und äußeren Verhältnis sorgen für ein qualitatives und quantitatives Mehr an Impulsen, Ideen und Projektvorschlägen. Sind organisatorische Voraussetzungen, kulturelle Empfindlichkeiten und maßgebliche Unterstützung der Unternehmensführung erst einmal vorhanden, wird sich die Öffnung der Innovationstätigkeit sehr schnell als eine attraktive Spielart etablieren, die zwar nicht immer, aber immer öfter Anwendung finden wird.

Literatur

[1]   CHESBROUGH, H.: *Open Innovation: A New Paradigm for Understanding Industrial Innovation. In: Chesbrough, H.; Vanhaverbeke, W.; West, J. (Hrsg.): Open Innovation: Researching a New Paradigm. Oxford: Oxford University Press, 2006, S. 1-12*

Zusammenfassung

Open Innovation (OI) und somit auch die entsprechende Strategiefindung hat viele Gesichter und dadurch eine hohe Varianz in ihrer Erscheinung. Je nachdem, welche Zielsetzung ein Unternehmen mit der Anwendung von OI-Prinzipien und -methoden verfolgt, sind entsprechende Rahmenbedingungen und Wechselwirkungen mit bestehenden Unternehmensstrategien abzugleichen und anzupassen. Genauso wichtig ist jedoch auch die Berücksichtigung der vorherrschenden Unternehmens- und, soweit greifbar, der Innovationskultur, weil diese die sinnvoll anzuwendenden Methoden und (externen) Partner definiert und vorbestimmt. Sind die Instrumente und Prozesse dann genauso wie die direkten Partner und Stakeholder im Unternehmen festgelegt bzw. identifiziert, kann eine Definition und Beschreibung der Strategie im Hinblick auf Begriffsklärung, Zielsetzung, Sicherung, Kommunikation und Teilhabe an OI-Resultaten erfolgen. Durch eine entsprechende Implementierung Top-down bis hin zu einem viralen Ansatz kann dies Open Innovation zu einem neuen und anspruchsvollen Teil der Innovationskultur eines Unternehmens machen.

Methoden

Methoden und Dienstleister für die OI-Implementation

Um ein Open-Innovation-Projekt erfolgreich durchzuführen, ist sowohl die Auswahl der Methode als auch des externen Partners von herausragender Bedeutung. Intermediäre für Open Innovation (OI) besitzen die Expertise, Unternehmen zu vernetzen und den Innovationsprozess wesentlich zu beschleunigen.

In diesem Beitrag erfahren Sie:
- was die zentralen OI-Methoden sind und wie sie sich anwenden lassen,
- wie sich der Markt für Open-Innovation-Dienstleister gestaltet,
- wie der passende Service-Anbieter für ein OI-Projekt auszuwählen ist.

KATHLEEN DIENER, FRANK T. PILLER

Auf die richtige Information kommt es an

Für zahlreiche Unternehmen stellt sich die grundsätzliche Aufgabe, stetig erfolgreiche Innovationen zu generieren, um am Markt bestehen zu können. Eine hohe Innovationsfähigkeit gilt deshalb als Schlüssel für Wachstum und Unternehmenserfolg. Ein bekannter Ansatz im Innovationsmanagement, um den veränderten Marktbedingungen und der Marktdynamik gerecht zu werden, gewinnt aktuell zunehmend an Relevanz – die Einbindung externer Partner in unternehmerische Aktivitäten. Allerdings ist neu, dass Kooperationspartner längst nicht mehr nur die eigenen Zulieferer, eigenen Kunden oder bekannte Forschungseinrichtungen im Netzwerk des Unternehmens sind. Vielmehr postuliert Open Innovation, wie wir das Konzept verstehen, die Integration von Wissensquellen mit unterschiedlichster Charakteristik entlang der gesamten Unternehmensperipherie, wie beispielsweise Technologie-

Experten aus anderen Industrien, Nicht-Kunden, interessierte Nutzer, Studenten etc. Im engeren Sinn beschreibt der Begriff Open Innovation die Praxis, die Welt außerhalb des eigenen Unternehmens in die Problemlösung im Innovationsprozess einzubeziehen, statt sich nur auf die internen Fähigkeiten der eigenen Forscher und Entwickler zu verlassen [1].

Dies geschieht allerdings nicht in Form klassischer Forschungs- und Entwicklungskooperationen oder der Beauftragung von Ingenieurdienstleistern, sondern durch eine breite Suche in bzw. einen offenen Aufruf an ein großes, undefiniertes Netzwerk von Akteuren, die an der Problemlösung mitwirken sollen. Der Problemlösungsprozess ist zentral für das Hervorbringen von Innovation und durch zwei wesentliche Eigenschaften gekennzeichnet: Versuch-und-Irrtum und die Rekombination vorhandenen Wissens in einem neuen Kontext. Für modernes Innovationsmanagement bedeutet dies zum einen, den Zugang zum richtigen Wissen zu bestimmen und diese Wissensquelle dann zu aktivieren. Zum anderen wird die Fähigkeit benötigt, dieses Wissen zu transformieren und anschließend in das Unternehmen zu transferieren [2]. Zwei Informationsarten sind für erfolgreiches Innovieren besonders relevant [3, 4]:

⇨ *Bedürfnisinformation* (»need information«) sind Informationen über Kunden- und Marktbedürfnisse, also Informationen über die Präferenzen, Wünsche, Zufriedenheitsfaktoren und Kaufmotive der aktuellen und potenziellen Kunden bzw. Nutzer einer Leistung. Dabei kann es sich um Information über explizite wie auch latente Bedürfnisse handeln. Der Zugang zu Bedürfnisinformation beruht auf einer Kenntnis der Nutzungs- und Anwendungsumgebung der Abnehmer und gibt Aufschluss darüber, »was« bzw. welche Art von Kundennutzen durch ein Produkt befriedigt werden soll (Beispiele: Welche Ansprüche soll eine neue Werkzeugmaschine erfüllen? Welche Schädlinge soll ein neues Pflanzenschutzmittel unter welchen Anwendungsbedingungen bekämpfen?). Daher steht ein verbesserter Zugang zu Bedürfnisinformation für eine Erhöhung der Effektivität im Innovationsprozess [5]. Die Berücksichtigung von Kundenbedürfnissen bereits zu Beginn des Entwicklungsprozesses reduziert die Floprate und somit das Misserfolgsrisiko in der Neuproduktentwicklung drastisch, da der Prozess durch effektives Handeln im Sinne einer bedarfsgerechten Entwicklung unterstützt wird.

⇨ *Lösungsinformation* (»solution information«) beschreibt die technologischen Möglichkeiten und notwendigen Potenziale, um Kundenbedürfnisse in eine konkrete Leistung zu überführen. Hierbei ist es notwendig, nicht nur die richtige Information zu generieren, sondern vorhandene Ressourcen bei der Lösungsfindung effizient einzusetzen. Die Lösungsinformation bestimmt somit die Art und Weise, »wie« aufgedeckte Kundenbedürfnisse im Rahmen einer Neuproduktentwicklung befriedigt werden können (Beispiele: Welche Technologien können den Präzisionsgrad einer Werkzeugmaschine erreichen, den sich die Kunden wünschen? Mit welcher Molekülstruktur kann eine gewünschte Wirkung eines Pflanzenschutzmittels erzeugt werden?). Der Zugang zu Lösungsinformation und die Art und Weise, wie diese beschafft und umgesetzt wird, bestimmt die Effizienz im Innovationsprozess [5]. Im Allgemeinen gilt: Je höher der Innovationsgrad der verfolgten Innovationsidee, desto höher ist der Bedarf an Lösungsinformation aus unterschiedlichen Wissensdomänen.

Beide Informationsarten, Bedürfnis- und Lösungsinformation, bergen gleichzeitig wesentliche Quellen von Unsicherheit, nämlich aus der Erwägung heraus, ob die richtige Information auch in ausreichendem Maße vorhanden ist. Die Unsicherheit ist ein konstituierendes Merkmal bei der Beschreibung des Innovationsprozesses. Denn Unternehmen sehen sich hinsichtlich ihrer Kernkompetenzen sowie der von ihnen bedienten Zielmärkte mit diversen weiteren Arten von Unsicherheit konfrontiert: technologische, produktionsspezifische, bedürfnisspezifische sowie marktliche Unsicherheiten [6]. Der Einsatz von Open Innovation gilt als ein möglicher neuer Ansatz, diesen Unsicherheiten beizukommen. Der Vorteil einer Öffnung von Unternehmensgrenzen liegt auf der Hand, wenn wir uns die Bedeutung von Informationen und Wissen als zentrale Bestandteile im Innovationsprozess vor Augen halten. Ein Unternehmen, das beispielsweise die Schritte zur Wissensgenerierung nur rein intern vollzieht, ist zum einen auf die Wissensbasis angewiesen, die innerhalb der Unternehmensgrenzen vorhanden ist, zum anderen muss es alle Versuchs- und Evaluierungsschritte ebenfalls selbst vollziehen. Werden dagegen externe Akteure in den Problemlösungsprozess einbezogen, lässt sich dieser häufig schneller, kostengünstiger und/oder auf einem höheren Niveau durchführen. Oft wurden bestimmte Probleme bereits in einer anderen Wissensdomäne gelöst, die Lösung ist aber im Anwendungsbereich des suchenden Unternehmens nicht bekannt [7]. Ziel der Öffnung und der Zusammenarbeit mit verschiedenen externen Akteuren ist, genau dieses Wissen zur Verfügung zu stellen.

Methoden der Open Innovation

Um das benötigte externe Wissen zu identifizieren, gibt es verschiedene Methoden und Werkzeuge, wobei sich drei grundsätzliche methodische Ansätze unterscheiden lassen:
⇨ Ideenwettbewerbe,
⇨ Broadcast Search und
⇨ der Lead-User-Ansatz.

Im Folgenden werden diese drei Ansätze hinsichtlich ihrer Merkmale und Funktionsprinzipien skizziert.

Ideenwettbewerbe

Die derzeit wohl am häufigsten eingesetzte Methode ist der *Ideenwettbewerb* mit den eigenen Kunden (z. B. bei Tchibo, Dell, Swarovski, Osram, Fujitsu-Siemens, Daimler/Smart). Ein Ideenwettbewerb ist die Aufforderung eines privaten oder öffentlichen Veranstalters an die Allgemeinheit oder eine spezielle Zielgruppe, themenbezogene Beiträge innerhalb eines bestimmten Zeitraums einzureichen, die von einem Beurteilungsgremium an Hand von Beurteilungsdimensionen bewertet und leistungsorientiert prämiert werden. Das Ziel eines Ideenwettbewerbs als Ansatz von Open Innovation ist, externe Akteure wie beispielsweise Kunden oder Nutzer in die frühen Phasen des Innovationsprozesses (Ideengenerierung) zu integrieren. Der Wettbewerbscharakter soll die Kreativität und Qualität der Beiträge der Teilnehmer anregen und ihnen auch einen zusätzlichen Anreiz zur Teilnahme vermitteln. Ziel ist es, eben genau den Input von den Akteuren zu erhalten, die vorher dem Unternehmen nicht bekannt waren.

An dieser Stelle sei kurz erwähnt, dass Ideenwettbewerbe auch unternehmensintern stattfinden können. Viele Unternehmen haben heute ein Intranet-Portal, wo die Mitarbeiter Ideen und Verbesserungsvorschläge einstellen können. Meist sind diese Aktionen aber sehr breit angelegt und nicht konsequent in den Innovationsprozess integriert. Ein Ideenwettbewerb in unserem Verständnis sollte aber nicht einfach eine Art virtueller Briefkasten für Eingaben jeder Art sein, sondern einen spezifischen Input für ein konkretes Innovationsprojekt abgreifen. Ein gutes Beispiel für einen solchen fokussierten Wettbewerb, der sich aber an eine sehr breite interne Zielgruppe richtet, sind die »Innovation Jams«, die die Firma IBM unter ihren weltweiten Mitarbeitern ausrichtet. Mit Hilfe einer speziellen Web-Plattform werden hier tausende von Mitarbeitern innerhalb weniger Tage aktiviert, zu einem konkreten Problem breite Lösungen zu entwickeln. IBM war mit dieser Vorgehensweise intern bereits so erfolgreich, dass die Firma nun auch anderen Unternehmen diese »Jams« als Consulting-Dienstleistung verkauft.

Um die Interaktion zwischen dem Veranstalter und den Mitwirkenden sowie auch innerhalb der Gruppe der Mitwirkenden zu unterstützen, werden Ideenwettbewerbe heute meist internetbasiert eingesetzt. Dedizierte Plattformen zielen auf die problemlose Übertragung vorhandener Ideen und Lösungen aus der Nutzerdomäne ab. Sie bieten innovativen Nutzern einen »offenen Kanal« zum Unternehmen. Manche dieser Plattformen haben den Charakter einfacher virtueller »schwarzer

Bretter«, auf denen die Nutzer lediglich ihre Beiträge notieren können. Andere erlauben einen höheren Interaktionsgrad durch die Bereitstellung weiterer Funktionen, die beispielsweise Folgendes umfassen:

⇨ die Möglichkeit, die Ideen anderer Nutzer aufzugreifen und weiterzuentwickeln,

⇨ die Möglichkeit, andere Ideen zu bewerten und zu kommentieren,

⇨ die Bereitstellung von Anregungen, Kreativitätstechniken oder Hintergrundinformationen, um die Ideenfindung der Nutzer anzuregen und zielgerichtet auf das Problem zu lenken,

⇨ die Bereitstellung von *Toolkit*-Funktionalität, das heißt von Lösungswerkzeugen wie beispielsweise Zeichenprogrammen oder Modulbibliotheken, mit denen die Nutzer ihre Anregungen zielgerichtet umsetzen können (siehe unten),

⇨ die Weitergabe und Vernetzung der eingestellten Ideen mit internen Systemen des Unternehmens.

Ein weiteres konstitutives Merkmal von Ideenwettbewerben ist der abgeschlossene Zeitraum, innerhalb dessen die Kreativleistungen erbracht werden sollen. Er variiert je nach Aufgabenstellung: So kann sich – vor allem im künstlerischen Bereich – der Ausarbeitungszeitraum auf wenige Minuten oder gar Sekunden reduzieren, wie beispielsweise bei Wettbewerben zum Testen der spontanen Kreativität (Zeichnen, Malen, Dichten, Musizieren, Rappen etc.), bei denen unmittelbar nach der Aufgabenstellung die Erbringung erfolgt. Im betrieblichen Innovationsbereich wie auch bei Wissenschafts- und Architekturwettbewerben sind dagegen Bearbeitungszeiträume von mehreren Wochen bzw. Monaten üblich.

Trotz einer hohen Beliebtheit von Ideenwettbewerben in der Praxis, speziell im Konsumgüterbereich (siehe weiter unten Kasten »Fallbeispiel: Ein Ideenwettbewerb bei Swarovski«), finden sich auf wissenschaftlicher Seite bislang nur wenige systematische Analysen [8]. Gut untersucht hingegen sind Bewertungsmethoden von Ideenmaterial. Tatsächlich existieren im Bereich der Kreativitätsforschung zahlreiche Methoden zur verlässlichen (reliablen) Bewertung von Kreativleistungen, bei der dezidierte Aussagen zur Größe und Besetzung der Jury sowie zu den Beurteilungsdimensionen gemacht werden. Paradoxerweise erfolgt die Beurteilung von Ideen in der Praxis oft unsystematisch. Als eine Ursache erweist sich die willkürliche Besetzung des Beurteilungsgremiums sowie die Auswahl und Verwendung geeigneter Beurteilungsdimensionen.

In diesem Zusammenhang sei kurz auf die »Consensual Assessment Technique (CAT)« hingewiesen, die auf den subjektiven Urteilen von Experten basiert. Die CAT ist von der Psychologin Teresa Amabile [9] konstruiert und innerhalb der letzten Jahre stetig erprobt und weiterentwickelt worden [8]. Die Güte der Beurteilung wird dabei durch den Grad der Übereinstimmung zwischen den Beurteilern definiert. Aufbauend auf den Erfahrungen aus einer Vielzahl von Studien, innerhalb derer Kreativleistungen im künstlerischen und sprachlichen Bereich wie auch im betrieblichen Innovationskontext bewertet wurden, gibt die Forscherin die Empfehlung, dass es sich bei den Jurymitgliedern um echte Experten handeln sollte, die sich durch eine hohe Vertrautheit mit dem Untersuchungsgebiet auszeichnen. Bei Tests mit unerfahrenen Juroren oder beim gegenseitigen Beurteilen der Kreativleistungen durch die Ausführenden selbst wurden die Gütekriterien hingegen regelmäßig nicht erfüllt.

Hinsichtlich der Beurteilungsdimensionen stellt Amabile fest, dass eine Bewertung der Leistung allein anhand der Dimension »Kreativität« zu kurz greift. Vielmehr sollte die Bewertung zumindest die Dimensionen »Neuigkeitsgrad«, »Angemessenheit« und »Umsetzung« einschließen, um verschiedene Facetten des komplexen Konstrukts Kreativität zu beleuchten. Darüber hinaus stehe es dem Versuchsleiter frei, weitere der Kreativaufgabe entsprechende Bewertungsdimensionen zu ergänzen. Die Ermittlung der besten Idee kann mit Hilfe eines Punktbewertungssystems (Scoringmodell) erfolgen, wobei für jede gewählte Beurteilungsdimension eine bestimmte Anzahl an Punkten vergeben wird und sich der Gewinner aus der Gesamtpunktzahl ergibt.

Der Ideenwettbewerb ist ein sehr vielseitig einsetzbares und attraktives Instrument für Open Innovation, zumal er auch kompatibel mit anderen OI-Methoden ist und daher häufig in Kombination verwendet wird. So kann man ihn beispielsweise durch den Netnography-Ansatz ergänzen. Netnography – begrifflich abgeleitet aus der soziologischen Methode der Ethnografie – dient dazu, das Verhalten von Nutzern in Online-Communities und Foren zu beobachten und zu analysieren [10, 11]. Durch den zumeist vorliegenden kollaborativen Stil solcher Plattformen, auf denen interessierte Nutzer Erfahrungen und Ideen austauschen, werden schnell neue Inhalte und Wissen generiert sowie zukünftige Trends für die Produktentwicklung sichtbar.

Fallbeispiel: Ein Ideenwettbewerb bei Swarovski

1999 brachte das auf Kristallbearbeitung spezialisierte österreichische Unternehmen Swarovski einen Körperschmuck aus kleinen Kristallsteinen, so genannte Crystal Tattoos, auf den Markt. Nach dem ersten Erfolg lag es im Interesse des Unternehmens herauszufinden, welche Muster den Geschmack der Kunden am besten treffen und wie neue Trends aussehen könnten. Es wurde entschieden, die potenziellen Käufer an der Entwicklung neuer Tattoos zu beteiligen. Als Konsequenz veranstaltete Swarovski Anfang 2002 einen internetbasierten Ideenwettbewerb, bei dem Kunden mit Hilfe einer Interaktionsplattform Ideen für kreative neue Muster und Formen einbringen konnten. Auf der Montagefläche der Plattform konnten beliebig viele Perlen, die am Bildrand in unterschiedlichen Farben und Größen angeboten wurden, durch eine einfache Drag-and-Drop-Funktion angeordnet werden.

Der Ideenwettbewerb war über einen Zeitraum von vier Wochen zugänglich, wobei insgesamt über 300 Personen teilnahmen und über 260 verwertbare Motive entwickelt wurden. Eine interne Jury, bestehend aus Designern und Mitarbeitern der Marketingabteilung, prämierte die besten drei Kreationen mit Geldpreisen von wenigen hundert Euro. Die Auswertung aller Motive half, neue Trends, wie beispielsweise den Wunsch nach Tiermotiven, zu identifizieren. Vor dem eigentlichen Entwerfen waren die Kunden darüber hinaus gebeten worden, einen Online-Fragebogen mit Angaben zu Alter, Geschlecht, Vorlieben etc. auszufüllen. Indem die Motivideen mit den Fragebogendaten verglichen wurden, ließ sich feststellen, welcher Kundentyp welche Art von Ornament bevorzugt. So wurden nicht nur die besten Entwürfe des Ideenwettbewerbs nach geringfügiger Überarbeitung in Serie produziert und erfolgreich verkauft, sondern die Marketingmanager des Unternehmens waren auch in der Lage, speziell auf das jeweilige Kundensegment abgestimmte Produkte und zielgruppenspezifische Kommunikationskampagnen zu entwickeln. Außerdem lud man die Gewinner des Ideenwettbewerbs zu einem Innovationsworkshop ein, innerhalb dessen weitere Ideen mit den »Kundenexperten« entwickelt, aber vor allem bestehende Ideen ausführlich bewertet und diskutiert wurden. [12]

Toolkits für Kunden-Co-Creation

Ein spezieller Ansatz, der oft kostengünstiger und deshalb auch als kontinuierliche Maßnahme implementiert werden kann, ist der *Einsatz von Toolkits* für Open Innovation. Diese meist internetbasierten Instrumente unterstützen die Einbindung einer großen Zahl an externen Akteuren in verschiedene Phasen des Innovationsprozesses. Angesichts ihrer unterstützenden Funktion werden Toolkits hier somit nicht als eine eigenständige Open-Innovation-Methode verstanden.

Es gibt verschiedene Arten von Toolkits, die jedoch alle dem gleichen grundlegenden Gedankengang folgen: Klassischerweise nähert sich ein Hersteller im Entwicklungsprozess durch Variation, Kombination und Evaluation von Lösungsmöglichkeiten für ein Innovationsproblem unter iterativer Spiegelung dieser potenziellen Lösungen an die Bedürfnisse der (potenziellen) Nutzer der endgültigen Lösung an. Dieser Trial-and-Error-Prozess ist sehr aufwändig, da eine stetige Iteration und Kommunikation zwischen der Nutzer- und Herstellerdomäne nötig ist. Dieser Austausch ist aufgrund der Ortsgebundenheit von Bedürfnis- und Lösungsinformation oft durch hohe Transaktionskosten geprägt und zeitaufwändig. Toolkits für Open Innovation basieren dagegen auf der Idee, den Trial-and-Error-Prozess an die Nutzer zu übergeben. Ein Toolkit beschreibt eine Entwicklungsumgebung, die externe Akteure befähigt, ihre Bedürfnisse schrittweise in eine konkrete Lösung zu überführen, häufig ohne dabei mit dem Hersteller in persönlichen Kontakt zu treten. Dazu stellt der Hersteller eine Interaktionsplattform bereit, auf der die Nutzer selbst – innerhalb eines vorhandenen und im Toolkit abgebildeten Lösungsraumes – ihre Bedürfnisse konkretisieren und in eine fertige Lösung überführen können.

Durch Feedback und Simulation erhalten die Nutzer dabei Gelegenheit, die mögliche Lösung hinsichtlich der Ausprägungen relevanter Attribute (z. B. Design, Performance, Preis) selbst zu beurteilen. Auf diese Weise wird ein Lernprozess bei den Nutzern angestoßen, den man auch als experimentelles Vorgehen verstehen kann. Die Nutzer werden nämlich so lange mit dem Lösungsraum des Toolkits experimentieren, bis sie sich einer für sie optimalen Problemlösung angenähert haben. Das hierzu gehörende Bündel aus Bedürfnis- und Lösungsinformationen übertragen sie im Anschluss (meist automatisiert) an den Hersteller. Auf diese Weise kommt dem Hersteller nicht mehr die Aufgabe zu, Bedürfnisse der Nutzer exakt zu verstehen, selbst in eine mögliche Lösung zu übersetzen und diese dann zu evaluieren. Vielmehr muss der Hersteller »nur« die vom Nutzer selbst geschaffene Lösung produzieren und distribuieren. Da der Nutzer die Lösung aber mittels einer Interaktionsplattform des Herstellers erstellt hat, ist die Fertigungsfähigkeit oft recht einfach.

Generell lassen sich zwei generische Typen von Toolkits identifizieren, die sich hinsichtlich der Offenheit des Lösungsraums und der Phasen, in denen sie angewandt werden können, unterscheiden:

⇨ *Toolkits für User Innovation:* Diese Toolkits bieten dem Kunden sehr hohe Freiheitsgrade, was die Lösungserstellung angeht. Da dem Kunden lediglich Werkzeuge zur Erstellung von Lösungen bereitgestellt werden, beispielsweise eine Programmiersprache, ist dieses Verfahren nur für motivierte und kompetente Nutzer geeignet.

⇨ *Toolkits für User Co-Design:* Bei diesen Toolkits stellt man den Kunden in den meisten Fällen lediglich eine Art Baukasten zur Verfügung, mit dem er das fertige Produkt nach seinen Vorstellungen konfigurieren kann. Dies hat zur Folge, dass der Kunde ein Produkt nach seinen eigenen Vorstellungen entwickelt und somit seinen Nutzen potenziell erhöhen kann.

Heute werden Toolkits oft auch in Ideenwettbewerbe integriert, um Kunden dort ohne größeren Aufwand bestimmte Produktideen entwickeln zu lassen, die anschließend durch andere Kunden bewertet werden. Ein aktuelles Beispiel ist der Wettbewerb vom Autohersteller Smart, bei dem Nutzer mittels eines einfachen Grafik-Toolkits mehr als 10.000 verschiedene Designs entwickelt haben.

»Broadcast Search« – Die Ausschreibung und Lösung von technischen Problemen

Eine Form des Wettbewerbs ist die so genannte *Broadcast Search*. Obwohl dieser Ansatz die gleichen Grundprinzipien verfolgt wie der Ideenwettbewerb, soll er hier aufgrund seiner Spezifika als eine eigenständige OI-Methode betrachtet werden. Broadcast Search wird grundsätzlich in späteren Phasen des Innovationsprozesses eingesetzt und kommt dann zur Anwendung, wenn innerhalb eines breiten Felds von Problemlösern innovative Ansätze für ein technisches Problem gesucht werden. Grundlage ist dabei die offene Ausschreibung des Problems und der Versuch, vor allem Beteiligte aus anderen Branchen zur Mitwirkung zu gewinnen. Ein Ziel besteht darin, sowohl die Bandbreite (*scope*) der Problemlösung als auch die Skalierbarkeit (*scale*) der Mitwirkung zu steigern. Ein weiterer Vorteil, den das Veröffentlichen eines Problems an eine breite undefinierte Masse an Personen mit sich bringt, ist die Chance, den State-of-the-Art der eigenen Branche zu überwinden. Dieses Phänomen, auch das Problem der lokalen Suche (*local search*) genannt, bezieht sich auf eine begrenzte Lösungssuche im Innovationsprozess [7, 13]. Das heißt, es wird nur auf die Lösungswege und Ansatzpunkte zurückgegriffen, die im Unternehmen oder gar nur in der entsprechenden Abteilung bekannt sind. Dadurch werden allerdings unkonventionelle oder in anderen Feldern bereits bewährte Lösungen ausgeklammert. So führt allein interne Lösungsfindung zu oft nur inkrementellen Problemlösungen. Um diesen Engpass zu umgehen, empfiehlt sich der Einsatz von Lösungsplattformen wie InnoCentive (siehe Kasten »Fallbeispiel: InnoCentive«), NineSigma oder yet2.com. Diese OI-Variante nutzen Unternehmen in der Erwartung, auf dedizierte technologische Fragestellungen eine passende Antwort von Technologie-Experten weltweit zu erhalten.

Fallbeispiel: InnoCentive

Eine Art des Zugangs zu Lösungsinformation beschreitet das Unternehmen InnoCentive. Dabei greift es zur Lösung hoch komplexer Entwicklungsprobleme der chemischen Industrie auf externes Lösungswissen in einem sehr großen und offenen Netzwerk von Problemlösern zurück. So wird nicht ein bestimmter Experte identifiziert und beauftragt, sondern man schreibt das Problem breit in der Gruppe aller Experten aus. Diese Art der Mitwirkung externer Lösungsträger steht im Mittelpunkt unseres Verständnisses vom Zugang zu Lösungsinformation durch interaktive Wertschöpfung.

Die bisher aufgeführten Ansätze und Werkzeuge sind grundsätzlich dadurch gekennzeichnet, dass sie auf neue Informations- und Kommunikationstechnologie zurückgreifen und in der Regel internetgestützt ablaufen. Damit erklärt sich das enorme Potenzial, das aus der Vernetzung der Unternehmen mit verschiedensten Akteuren weltweit resultiert. Im Allgemeinen gilt, je ausgereifter eine solche virtuelle Plattform und deren Algorithmen sind, desto schneller erfolgt die Interaktion zur Generierung neuen Wissens zwischen den Akteuren und desto elaborierter und radikaler gestaltet sich das neue Wissen.

Der Lead-User-Ansatz

Eine weitere OI-Methode, die vorrangig von Unternehmen im Industriegüterbereich (insbesondere in Materialwirtschaft, Medizintechnik, Anlagenbau, Baumaschinen) genutzt wird, ist der Lead-User-Ansatz. Dabei wird mit wenigen hochspezialisierten Experten, die über besonderes Markt- und Lösungswissen in Analogmärkten (siehe Kasten »Suche in analogen Märkten«) verfügen, in Innovationsworkshops gemeinsam an der Lösung bestimmter Fragestellungen gearbeitet. Experten aus analogen Märkten bedeutet hier, dass diese Personen das gleiche Grundproblem haben, aber in erhöhtem Ausmaß oder unter Bedingungen, die eine Lösung schon in der Vergangenheit als sehr dringlich erscheinen ließen. Sie sind keine Nutzer oder Anwender (oder gar Kunden) aus Sicht des fokalen Herstellers.

96

Suche in analogen Märkten

Ein analoger Markt ähnelt hinsichtlich der Bedürfnisse der Nachfrager und/oder der eingesetzten Technologie dem Zielmarkt, gehört aber oft einer völlig anderen Branche an. Fortschrittliche Nutzer aus einem solchen Markt können den Innovationsprozess eines Unternehmens entscheidend unterstützen, da sich mit ihrer Hilfe Wissen aus verschiedenen Domänen kombinieren und somit der Problemlösungsraum erweitern lässt. Ein Beispiel wäre, Experten für die Auswertung von Satellitenbildern als Lead User zu nutzen, die eine innovative Lösung für die automatische Auswertung von Röntgenbildern mitentwickeln sollen.

Lead User haben dabei zwei wesentliche Eigenschaften [14, 15, 16, 17, 18, 19, 20, 21]:

⇨ Zu einem Zeitpunkt t verfügen Lead User bezüglich ihrer Anforderungen an ein Produkt über ein singuläres Bedürfnis, das sich durch kein existierendes Marktangebot befriedigen lässt. Dieses Bedürfnis wird zum Zeitpunkt t+1 für einen mehr oder weniger großen Kundenkreis ebenfalls relevant (siehe Abb. 1).

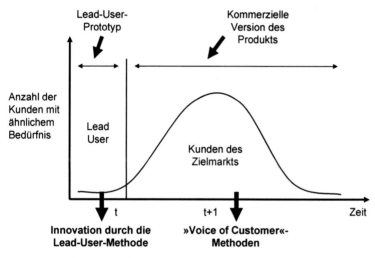

Abb. 1:   *Lead-User-Ansatz [22]*

⇨ Ihr unbefriedigtes Bedürfnis äußert sich in einer Unzufriedenheit mit dem bisherigen Marktangebot. Um dieser zu begegnen, haben Lead User sowohl die Fähigkeit als auch die Motivation, eigenständig innovative Lösungen zu entwickeln.

Das heißt, Lead User besitzen sowohl Bedürfnis- als auch Lösungsinformation. Da sie per Definition der Gesamtheit der Kunden in einem Markt voraus sind, ist ihre Zahl begrenzt. Die zentrale Herausforderung beim Lead-User-Ansatz besteht somit darin, die Charakteristika innovativer Personen an der Grundgesamtheit aller potenziellen Nutzer einer zukünftigen Innovation zu spiegeln. Ein solches Vorgehen setzt jedoch voraus, dass das Unternehmen die zukünftige Grundgesamtheit potenzieller Anwender des Innovationsvorhabens kennt. Speziell bei radikalen Innovationen und Marktinnovationen ist die Definition der Grundgesamtheit oft schwierig. Dennoch existieren bereits zwei Ansätze zur Unterstützung der Identifikation von Lead Usern:

⇨ *Screening:* Hierbei wird mittels eines Fragebogens innerhalb eines repräsentativen Teils der möglichen Nutzer bzw. innerhalb aller

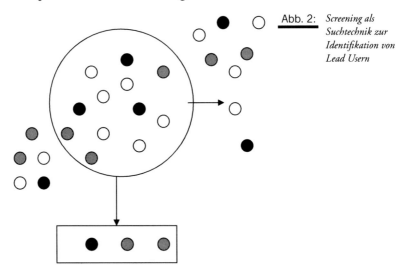

Abb. 2: *Screening als Suchtechnik zur Identifikation von Lead Usern*

möglichen Nutzer (in Abb. 2 als Kreis dargestellt) nach gesuchten innovativen Charakteristiken gefragt. Das Antwortverhalten der Teilnehmer dient als Filtergrundlage für Experten. Diese Methode eignet sich bei überschaubaren Kundengruppen oder wenn kein ausgeprägtes Netzwerk zwischen den Kunden zu beobachten ist.

⇨ *Pyramiding:* Bei diesem Vorgehen werden innovative Nutzer oder Experten gesucht und anschließend befragt, ob sie jemanden kennen, auf den die vorher festgelegten Lead-User-Eigenschaften zutreffen. Schritt für Schritt tastet man sich dann vor, bis ausreichend potenzielle Lead User gefunden sind (siehe Abb. 3). Das Pyramiding ist besonders gut geeignet, wenn aufgrund der Neuartigkeit des Marktes nicht genau abschätzbar ist, wer als Nutzer infrage kommt. Darüber hinaus sollte ein gut entwickeltes Netzwerk zwischen den Nutzern bestehen.

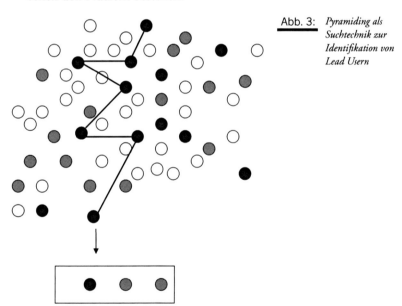

Abb. 3: *Pyramiding als Suchtechnik zur Identifikation von Lead Usern*

An dieser Stelle sei angemerkt, dass sich zur Identifikation von Lead Usern auch Ideenwettbewerbe eignen, da bei ihnen grundsätzlich ein doppelter Selektionsprozess stattfindet: Zum einen entscheiden die Teilnehmer selbst über ihre Beteiligung (Selbstselektion) am Wettbewerb, zum anderen erfolgt eine leistungsbezogene Auswahl durch die Expertenbeurteilungen der Kreativbeiträge (Fremdselektion). [8] Anders als beim Screening oder Pyramiding, bei denen geeignete Personen durch verschiedene Maßnahmen im Vorfeld der kreativen Leistungserbringung (z. B. Lead-User-Workshops) aufwändig und oft kostenintensiv durch Fremdselektion ermittelt werden müssen, findet bei Ideenwettbewerben durch die freiwillige Selbstselektion eine erste Eingrenzung des Suchfeldes und der Personenauswahl statt. Gerade durch den Einsatz von internetbasierten Lösungen können diese Prozesse kostenoptimal gestaltet werden. Ferner ist von Vorteil, dass die ausgewählten Experten bereits den Beweis ihrer Kreativität erbracht haben, während die Selektion geeigneter Lead User oft auf rein theoretischen Überlegungen basiert.

Sind die Lead User identifiziert, werden sie nun zu einem *Innovationsworkshop* eingeladen, in welchem gemeinsam Innovationsideen und -konzepte für das definierte Innovationsvorhaben entwickelt werden. Die Qualität der hier generierten Ergebnisse bestimmt den Erfolg des Lead-User-Projektes. Auch wenn es keine genaue Anleitung für den erfolgreichen Ablauf eines solchen Workshops gibt, so ist er in der Regel durch folgende Aspekte gekennzeichnet: Ein Innovationsworkshop setzt sich zusammen aus circa zehn Kunden, dem Lead-User-Team und einem erfahrenen Moderator, der den Workshop leitet. Die Dauer der Veranstaltung beträgt zwischen einem halben und zwei Tagen (abhängig von der Komplexität des Problems). Die Rolle des (externen) Moderators besteht in der Vermittlung zwischen den Beiträgen der Experten und der Unternehmensteilnehmer. Dabei leistet er auch wichtige methodische Unterstützung bei der Anregung und Strukturierung dieser Beiträge.

Der Workshop beginnt zumeist mit einem Briefing durch das Unternehmen, eine Vorstellung des grundsätzlichen Produktbereiches und einer Definition des Problems. Anschließend werden die Teilnehmer durch den gezielten Einsatz ausgewählter *Kreativitätstechniken* angeregt, in mehreren Runden eigene Ideen zur Lösung des Problems zu generieren. Sofern es dem ausrichtenden Unternehmen möglich ist, sollten noch während des Workshops unternehmensinterne Experten die entwickelten Ideen überarbeiten und auf ihre Verwendbarkeit überprüfen. Im Falle von Ideen, die sich leicht grafisch darstellen oder illustrieren lassen, sollte dies ebenfalls sofort durchgeführt werden. Hier gewonnene Erkenntnisse sind an die Workshop-Teilnehmer zurückzuleiten, um ihr Know-how bei der Evaluation zu nutzen und ihre Motivation aufrechtzuerhalten.

Die erarbeiteten Endergebnisse müssen im Anschluss ausreichend dokumentiert und vor allem auch bewertet werden. Mögliche Bewertungsmaßstäbe sind:

⇨ Marktpotenzial,

⇨ Innovationsgrad,

⇨ strategischer Fit mit Unternehmenszielen,

⇨ Kompetenz- und Kapazitäts-Fit.

Positiv bewertete Ideen sollten durch zusätzliche Workshops weiter ausgearbeitet werden, bis sie sich in den Innovationsprozess integrieren lassen.

Die Lead-User-Methode wird heutzutage sehr häufig eingesetzt. Nach unserer Erfahrung bieten derzeit allerdings viele Berater »Lead-User-Workshops« an, die im Grunde nichts anderes als klassische Fokusgruppen-Workshops sind. Das ist insofern problematisch, da Fokusgruppen in der Regel an »repräsentativen« Kunden ansetzen – die Lead-User-Methode jedoch sucht keine repräsentativen, sondern besonders fortschrittliche Nutzer (die meist auch noch keine Kunden des Unternehmens sind). Hingegen wissen wir, dass das Anwendungsspektrum eines Ideenwettbewerbs sehr breit ist [23] und von einem kontinuierlichen Einsatz als offene Plattform bis hin zu konzentrierten Aktionen für die Lösung spezifischer Problemstellungen reicht. Abbildung 4 fasst in einer Übersicht das Methodenspektrum von Open

Innovation zusammen. Die Darstellung sortiert methodische Ansätze entlang der Stufen eines klassischen Innovationsprozesses und trennt gleichzeitig nach den beiden Informationsarten Bedürfnis- und Lösungsinformation.

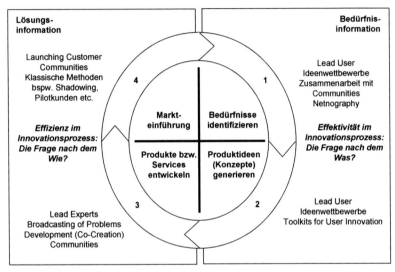

Abb. 4: *Methoden der Open Innovation im Innovationsprozess [5]*

Studie zu Open-Innovation-Intermediären

Die Herausforderung für Innovationsmanager besteht nun darin, die richtige OI-Methode für eine konkrete Problemstellung auszuwählen. Entscheidend ist dabei die Antwort auf die Frage: Wie beschaffe ich die benötigte Informationsart richtig? Die Klärung dieser Frage unterstützt gleichzeitig eine adäquate Partnerauswahl. Denn ist die zu akquirierende Informationsart bekannt, lässt sich der Kreis potenzieller externer Akteure leichter bestimmen.

Nach unserer Erfahrung jedoch stehen Innovationsmanager, die ein Open-Innovation-Projekt aufsetzen wollen, der Vielfalt an Methoden oft ratlos gegenüber, zumal häufig Unsicherheit darüber besteht, welche Kriterien für eine Open-Innovation-Projektplanung heranzuziehen sind. Abhilfe können die zahlreich spezialisierten Open-Inno-vation-Dienstleister schaffen, die als Intermediäre Unternehmen mit möglichst vielen externen Akteuren vernetzen. Diese neue Form von Knowledge-Brokern fokussiert dabei auf den systematischen Einsatz von Open-Innovation-Methoden. Aber auch hier ist die Auswahl nicht einfach und mit Fragen verbunden wie: Worin unterscheiden sich die Dienstleister, die Expertise für eine erfolgreiche Durchführung solcher Methoden anbieten? Welche Kosten verursacht ihr Engagement im Durchschnitt?

Open Innovation Accelerators

Diesen Fragen sind wir in der weltweit ersten Studie zum Markt für Open-Innovation-Dienstleister nachgegangen [24]. In dieser inter-national angelegten Befragung wurden 43 verschiedene Anbieter von Open-Innovation-Leistungen genau analysiert und verglichen. Dies ermöglichte uns auch, die verschiedenen Open-Innovation-Metho-den zu systematisieren und ihre Anwendungsgrenzen zu beschreiben. Ausgangspunkt für die Untersuchung waren einerseits die Befragung von Open-Innovation-Intermediären sowie die Analyse von Sekundär-quellen wie Internetauftritten oder Blog-Einträgen und andererseits Interviews mit annähernd hundert Experten. Auf Basis anschließender qualitativer Inhaltsanalysen und statistischer Analysen ist es uns mög-lich, ein genaues Bild der Open-Innovation-Dienstleistungslandschaft zu zeichnen.

Ein wesentlicher Vorteil einer Kooperation mit diesen Dienstleis-tern besteht darin, dass sich der Ablauf eines Open-Innovation-Pro-jektes erheblich beschleunigen und die Wahrscheinlichkeit eines In-novationserfolgs steigern lässt. Daher bezeichnen wir die Intermediäre auch als »Open Innovation Accelerators« (OIA). Ferner bringen die OIAs nicht nur Spezialwissen im Themenfeld Open Innovation mit, sondern auch eine Vielzahl an Werkzeugen, mit denen die Interaktion mit externen Akteuren effektiv und effizient gestaltet werden kann.

Beispielsweise besitzen manche Dienstleister bereits existierende und gut funktionierende Communities von spezialisierten Problemlösern, die ein Unternehmen nutzen kann, um dort eigene Fragestellungen zu veröffentlichen. Der Vorteil hierbei liegt in der besseren Kalkulierbarkeit der Kosten, denn der Aufbau einer eigenen Community ist für Unternehmen häufig mit schwer planbaren Aufwendungen verbunden. Andere Intermediäre haben eine dedizierte Social Software zur Interaktion mit externen Akteuren entwickelt, die Algorithmen zur effizienten Evaluation und Bewertung eingegangener Ideen oder Lösungsvorschläge enthält. Darüber hinaus profitieren Unternehmen von der Expertise der OIAs in Bezug auf rechtliche Rahmenbedingungen. Open-Innovation-Intermediäre können Hinweise zur Gestaltung der AGBs eines Wettbewerbs geben, haben Erfahrung mit der angemessenen Incentivierung externer Beitragender und können bei der Lizensierung externer Technologien helfen. Schließlich dienen sie als »neutrale Instanz« zwischen Wissenssuchenden und Technologieanbietern.

Der Markt der Open-Innovation-Intermediäre

Allgemein kennzeichnend für den gesamten Open-Innovation-Markt ist, dass er noch sehr jung ist. Mehr als 80 % aller Intermediäre sind erst nach dem Jahr 2000 gegründet worden, viele von ihnen in den letzten zwei bis drei Jahren [24]. Fast wöchentlich kommen neue Anbieter auf den Markt, gleichzeitig verschwinden andere wieder. Das betrifft vorrangig solche Betätigungsfelder, die stark kompetitiv und durch eine Vielzahl von Anbietern geprägt sind (wie beispielsweise das Arbeiten mit Kunden-Communities). Zu den eher beständigen Anbietern im Markt gehören einige wenige sehr etablierte Firmen wie Hyve, Idea Crossing, InnoCentive, NineSigma, Your Encore, yet2. com oder CommuniSpace. Die meisten der im Rahmen der Studie befragten Intermediäre agieren weltweit, gerade weil sie sich durch neue IuK-Technologien die Vorzüge der Virtualität zunutze machen. Bisherige Beobachtungen lassen nicht vermuten, dass Open-Innovation-

Anwendungen branchenspezifisch sind. Vielmehr sind sie problemspezifisch. Auch gibt es nur eine eingeschränkte Trennung in Dienstleister mit B-to-B- oder B-to-C-Fokus. Zentraler Ausgangspunkt zur Strukturierung und Planung eines Open-Innovation-Vorhabens ist eher die Trennung in Bedürfnis- und Lösungsinformation. Auf Basis dieser zwei Informationsarten können wir eine klare Trennung der Open-Innovation-Intermediäre entlang folgender zwei Dimensionen vornehmen:

⇨ Anbieter, die ihre Methoden eher marketingnah einsetzen (beispielsweise Ideenwettbewerbe mit Kunden) und

⇨ Dienstleister, die gezielt OI-Methoden für technische Entwicklungsprojekte anbieten (z. B. Problemlösungsplattformen oder Technologieakquise).

Typen von Open-Innovation-Intermediären

Generell können wir die Intermediäre hinsichtlich verschiedener Formen ihrer Geschäftspraktik unterscheiden. Diese Möglichkeiten variieren in erster Linie danach, wie viel Kontrolle ein Unternehmen über den Prozess der Wissensakquise ausüben möchte. Ist ein Unternehmen daran interessiert, jeden einzelnen Schritt, wie etwa die Selektion der teilnehmenden Akteure, die Formierung der Interaktionsprozesse oder die Auswahl der Beiträge, mitzubestimmen? Oder überlässt es das Problemlösen komplett dem Mechanismus der Selbstselektion? Zwischen beiden Extremen gibt es unterschiedliche Abstufungen, die individuellen Kontrollbedürfnissen hinsichtlich des eigenen Know-hows gerecht werden können. Bei der Entscheidung in Bezug auf den Grad der Kontrolle ist es wichtig zu erkennen, wie sich die Bestimmung der Offenheit übermittelter Lösungen auswirkt. So wissen wir bereits, dass eine stärkere Offenheit die Qualität der Lösungsfindung grundsätzlich erhöht. Das heißt, Kontrolle ist eine zentrale und bewusst beeinflussbare Variable eines Open-Innovation-Projektes, die allerdings die Frage nach der Preisgabe sensibler Unternehmensdaten oder die Regelung der Schutzrechte mit sich bringt. Konkretisiert wird die Kontrolle durch zwei zentrale Steuerungsmechanismen:

⇨ Zunächst kann das Vorgehen bei der Auswahl der externen Mitwirkenden festgelegt werden. Dabei haben Firmen die Wahl zwischen einer breiten, aktiven Suche nach Akteuren (bestimmte Akteure werden nach vorgegebenen Kriterien gefiltert und zur Mitwirkung eingeladen, typisch z. B. im Lead-User-Ansatz) oder einem offenen Aufruf zur Mitwirkung, auf den geeignete Akteure durch Selbstselektion reagieren.

⇨ Eine zweite Dimension der Kontrolle bildet der Zugang zu einer Open-Innovation-Plattform. Gemeint ist damit der Kreis derjenigen, die sich über eine bestimmte Problemstellung austauschen werden. Die zentrale Frage hierbei ist, ob diese Plattform allen potenziellen Akteuren offen steht oder ob die Beteiligten bestimmte Charakteristika besitzen müssen. Durch die Beantwortung dieser Frage kann ein Unternehmen den Grad der Heterogenität des zu generierenden Wissens beeinflussen.

Aus der Summe der möglichen Kombinationen beider Dimensionen ergeben sich so acht verschiedene Typen von Open Innovation Accelerators (Abb. 5). Sie beschreiben ganzheitlich das Funktionsprinzip eines Open-Innovation-Ansatzes. Folglich konnten wir feststellen, dass es nicht den einen Open-Innovation-Weg gibt, sondern dass sich dieser Ansatz mittels der aufgeführten Steuerungsmechanismen individuell an die firmenspezifischen Bedürfnisse anpassen lässt. *Type 3* etwa umfasst den klassischen Ideenwettbewerb: Hier geht es in der Regel um Zugang zu Bedürfnisinformation, die Teilnahme ist für alle Interessierten offen, und die Teilnehmer werden in Form eines offenen Aufrufs zur Mitwirkung (»open call«) rekrutiert. Anders dagegen der Lead-User-Ansatz in Analogmärkten, den wir oben beschrieben haben, der *Type 6* entspricht. Hier wird mittels »Pyramiding« eine Strategie der »offenen Suche« nach Lösungsinformation verfolgt. Der Zugang zum Open-Innovation-Projekt ist dabei restriktiert: Es dürfen nur die Akteure mitmachen, die von Unternehmen dazu eingeladen werden. Für beide

Typen gibt es nun spezialisierte OIAs, die hier Unterstützung anbieten können [24].

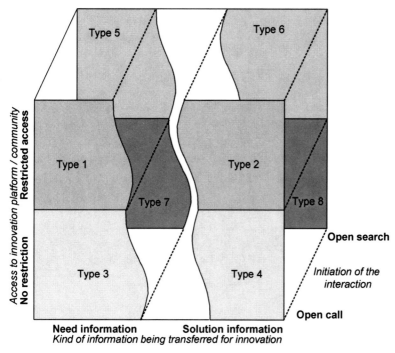

Abb. 5:   *Die Strukturierung der Open-Innovation-Intermediäre ergibt acht Typen*

Geschäftsmodelle und Kosten der Open-Innovation-Intermediäre

Was für einen Service kann ein Unternehmen von einem Open-Innovation-Anbieter erwarten? Als Antwort auf diese Frage können wir auf Basis unserer Befragung drei verschiedene Geschäftspraktiken der OIAs unterschieden:

⇨ das Management einer dedizierten *Community* oder eines Lösungsnetzwerkes, das Klienten für eine Innovationsaufgabe angeboten wird,

⇨ der Zugang zu spezieller *Software* (oft als Hosted Service) für das Ideenmanagement oder

⇨ ein eher klassischer *Beratungsansatz* auf Basis von Stundensätzen, bei dem vor allem Methoden-Know-how und spezielle Open-Innovation-Kompetenz in Form einer Beratungsleistung angeboten wird. Eine solche Leistung umfasst auch die Organisation und Moderation von Open-Innovation-Workshops.

In unserer Studie zeigt sich unter allen befragten OIAs (84 %) eine Dominanz des Community-Modells. Darüber hinaus lässt sich in 37 % aller Fälle eine Kombination aus zwei der drei Servicemöglichkeiten finden. Oftmals handelt es sich dabei um das Aufsetzen und Steuern einer Community, begleitet durch ein Beratungsangebot (Abb. 6).

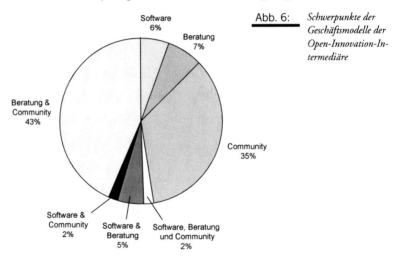

Abb. 6: *Schwerpunkte der Geschäftsmodelle der Open-Innovation-Intermediäre*

Innerhalb der drei Serviceansätze lässt sich ferner ein breites Methodenspektrum von Wettbewerben über Workshops bis hin zu Toolkits erkennen. Interessant ist, dass 43 % aller OI-Intermediäre auf eine Form des Wettbewerbs (insbesondere Ideenwettbewerbe) setzen. Ungefähr ein Drittel bieten darüber hinaus Workshops wie Brainstormings, Kreativitäts- oder spezielle Formen von Innovationsworkshops an.

Aber wie generieren Open-Innovation-Intermediäre eigentlich ihren Umsatz? Es lassen sich fünf verschiedene Arten von Profitmodellen der Dienstleister finden:

⇨ Erheben einer Lizenzgebühr auf die Produkte (insbesondere bei Softwareprodukten),

⇨ Berechnung von Personen-Tagen (vor allem im Rahmen von Beratungsleistung),

⇨ Verwendung einer Registrierung zur Mitgliedschaft (besonders im Rahmen eines Community-Managements),

⇨ Erheben einer Veröffentlichungsgebühr (Posting Fee) oder

⇨ Erheben einer Service- und Erfolgsgebühr.

Manche Intermediäre bieten eine einfache Mitgliedschaft mit Zugang zu den Basisfunktionen einer Plattform bereits für 15 US$ im Monat an. Dies umfasst beispielsweise Anbieter von Online-Brainstorming-Tools. Am teuersten sind Beratungsprojekte, die bis zu 400.000 US$ kosten können. Im Durchschnitt beträgt der Aufwand für ein komplettes Open-Innovation-Projekt aber lediglich 25.000 US$ und ist damit relativ günstig [24].

Auswahl eines geeigneten OI-Anbieters

Der Markt der Intermediäre für Open Innovation ist derzeit erst in Entstehung und noch lange nicht konsolidiert. Betrachten wir uns das Verhältnis von abgeschlossenen Projekten zur Existenzdauer eines Anbieters, besitzen die meisten der Befragten bereits gute Erfahrungen in ihrem Geschäftsfeld. Im Durchschnitt werden jährlich zwischen 75 bis 167 Projekte mit einer Dauer von drei bis zu 24 Monaten durchgeführt, wobei sich die Zeit eines Projektes vor allem durch die Art des angebotenen Services und die eingesetzte Methode bestimmt. Die Zukunft wird zeigen, welche Intermediäre das richtige Geschäftsmodell und erfolgreiche Projekte besitzen, um am Markt zu bestehen. Aufgrund des relativ niedrigen Kostenniveaus und der teilweise starken

Konkurrenz bieten sich aber für Innovationsmanager, die heute verschiedene Ansätze von Open Innovation für ihr Unternehmen pilotieren wollen, viele Möglichkeiten.

Damit eine Kooperation mit einem Open-Innovation-Anbieter erfolgreich verläuft, empfehlen wir folgende Schritte bei der Auswahl:

⇨ Bestimmen Sie zunächst die Zielfunktion für den Einsatz Ihres Open-Innovation-Projektes. Wollen Sie eher neue Kundenbedürfnisse ermitteln oder benötigen Sie technische Problemlösungen?

⇨ Auf Basis dessen definieren Sie ein konkretes Innovationsproblem oder eine Innovationsidee. Achten Sie darauf, dass es sich dabei nicht um zu generische Innovationsfragen handelt. Open Innovation funktioniert schlecht bei Fragen im Stil von »Wie kann ich die Effizienz meines Motors um 10 % erhöhen?«, sondern viel besser bei Fragen solcherart: »Wie muss ein Schmiermittel beschaffen sein, dass in meinem Motor unter Anwendungsbedingungen X und Y den Verschleiß um Faktor Z reduziert?«

⇨ Diskutieren Sie anschließend einerseits, inwiefern Sie als Unternehmen bereit sind, Information nach Außen herauszugeben, und andererseits, wie viel Einblick Sie Externen in Ihre Prozesse gewähren wollen.

⇨ Letztlich müssen Sie sich entscheiden, ob Sie notwendige Informationen selber recherchieren oder externe Akteure in irgendeiner Weise aktiv am Problemlösungsprozess beteiligen wollen.

⇨ Abschließend legen Sie für die erste Planung eine ungefähre Laufzeit und ein ungefähres Budget für das Open-Innovation-Projekt fest.

Tabelle 1 fasst noch einmal die wesentlichen Entscheidungspunkte zusammen. Die Kombination der beiden Hauptdimensionen *Initiierung der Interaktion* und *benötigte Informationsart* ergeben vier mögliche Ausgangspunkte, einen Open-Innovation-Anbieter passend zum Vorhaben zu suchen.

Tabelle 1: Vier Ansätze zur Unterstützung der Intermediärsauswahl		
Benötigte Informationsart	**Initiierung der Interaktion**	
	Offene Suche nach Wissen	**Offener Aufruf zur Mitwirkung**
Bedürfnis-information (eher Marketing)	⇨ Suche nach Trends ⇨ Integration der gesammelten Ideen in den eigenen Innovationsprozess ⇨ Methoden-Bsp.: Netnography	⇨ Aufruf zur Generierung von Ideen bzgl. einer Fragestellung ⇨ Integration selektierter Ideen oder Konzepte ⇨ Methoden-Bsp.: Ideenwettbewerbe, Workshops
Lösungs-information (eher F&E)	⇨ Suche nach spezifischem Wissen ⇨ Integration von Expertenwissen bzw. Zusammenarbeit mit Experten ⇨ Methoden-Bsp.: Lead-User-Ansatz, Technologieakquise	⇨ Aufruf zur Lösung eines konkreten technischen Problems ⇨ Integration der Problemlösung ⇨ Methoden-Bsp.: Lösungsplattformen

Literatur

[1] CHESBROUGH, HENRY W.: *The Era of Open Innovation. MIT Sloan Management Review,* 44 (3), S. 35-41, 2003

[2] CASSIMAN, BRUNO; VEUGELERS, REINHILDE: *In Search of Complementarity in Innovation Strategy: Internal R&D and External Knowledge Acquisition. Management Science, 52 (1),* S. 68-82, 2006

[3] OGAWA, SUSUMU: *Does Sticky Information Affect the Locus of Innovation? Evidence from the Japanese Convenience Store Industry. Research Policy, 26 (7 / 8), S. 777-790, 1998*

[4] VON HIPPEL, ERIC: *Economics of Product Development by Users: The Impact of »Sticky« Local Information. Management Science, 44 (5), S. 629-644, 1998*

[5] LÜTTGENS, DIRK; PILLER, FRANK T.; NEUBER, SUSANNE: *Die Intelligenz der Märkte nutzen: Open Innovation. Insights 8, BBDO Consulting, 2008*

[6] THOMKE, STEFAN: *Experimentation Matters: Unlocking the Potential of New Technologies for Innovation. Boston, MA: Harvard Business School Press, 2003*

[7]   LAKHANI, KARIM R.; JEPPESEN, LARS BO; LOHSE, PETER A.; PANETTA, JILL A.: *The Value of Openness. Scientific Problem Solving*. Harvard Business School Working Paper No. 07-050, 2007

[8]   WALCHER, DOMINIK: *Der Ideenwettbewerb als Methode der aktiven Kundenintegration: Eine empirische Untersuchung zur Eignung und Kundenverhalten mit Implikationen für den Innovationsprozess*. Dissertation, Technische Universität München: Gabler, 2007

[9]   AMABILE, TERESA M.: *Creativity in Context*. Oxford: Westview Press, 1996

[10]   KOZINETS, ROBERT V.; HEMETSBERGER, A. & SCHAU, H. J.: *The Wisdom of Consumer Crowds: Collective Innovation in the Age of Networked Marketing*. Journal of Macromarketing, 28 (4), S. 339-354, 2008

[11]   BARTL, MICHAEL; HÜCK, STEFFEN; RUPPERT, STEPHAN: *Netnography Research: Community Insights in the Cosmetic Industry*. Consumer Insights, S. 1-12, 2009

[12]   FÜLLER, JOHANN; MÜHLBACHER, HANS; RIEDER, BIRGIT: *An die Arbeit, lieber Kunde: Kunden als Entwickler*. Harvard Business Manager, 25 (5), 2003

[13]   STUART, TOBY E.; PODOLNY, JOEL M.: *Local Search and the Evolution of Technological Capabilities*. Strategic Management Journal, 17, S. 21-38, 1996

[14]   VON HIPPEL, ERIC: *Lead Users: A Source of Novel Product Concepts*. Management Science, 32 (7), S. 791-805, 1986

[15]   VON HIPPEL, ERIC: *Sticky Information and the Locus of Problem Solving*. Management Science, 40 (4), S. 429-439, 1994

[16]   HERSTATT, CORNELIUS; LÜTHJE, CHRISTIAN; LETTL, CHRISTOPHER: *Wie fortschrittliche Kunden zu Innovationen stimulieren*. Harvard Business Manager, 24 (1), S. 60-68, 2002

[17]   LILIEN, GARY; MORRISON, PAM; SEARLS, KATHLEEN; SONNACK, MARY & VON HIPPEL, ERIC: *Performance Assessment of the Lead User Idea-Generation Process for New Product Development*. Management Science, 48 (8), S. 1042-1059, 2002

[18]   LÜTHJE, CHRISTIAN; HERSTATT, CORNELIUS: *The Lead User Method: Theoretical-Empirical Foundation and Practical Implementation*. R&D Management, 34 (5), S. 549-564, 2004

[19]   URBAN, GLEN; VON HIPPEL, ERIC: *Lead User Analysis for the Development of New Industrial Products*. Management Science, 34 (5), S. 569-582, 1988

[20]   VON HIPPEL, ERIC; THOMKE, STEFAN; SONNACK, MARY: *Creating Breakthroughs at 3M*. Harvard Business Review, 77 (5), S. 47-57, 1999

[21]   WECHT, CHRISTOPH: *Das Management aktiver Kundenintegration in der Frühphase des Innovationsprozesses*. Wiesbaden: Gabler DUV, 2006.

[22]   VON HIPPEL, ERIC: *Democratizing Innovation. Cambridge, MA: MIT Press, 2005*

[23]   ERNST, HOLGER: *Virtual Customer Integration: Maximizing the Impact of Customer Integration on New Product Performance. Soenke Albers (Hg.): Cross-Functional Innovation Management, Wiesbaden: Gabler, S. 191-208, 2004*

[24]   DIENER, KATHLEEN; PILLER, FRANK T.: *The Market for Open Innovation: Increasing the Efficiency and Effectiveness of the Innovation Process. A Market Study of Open Innovation Intermediaries. Raleigh, NC: Lulu, 2010 (Download unter http://study.open-innovation.com).*

Zusammenfassung

In diesem Beitrag haben wir aktuelle Erkenntnisse zu Methoden und Intermediären von Open Innovation zusammengefasst. Open Innovation (OI) beschreibt die Öffnung der eigenen Unternehmensgrenzen und fokussiert dabei auf die Zusammenarbeit und Integration verschiedenster externer Akteure, die weit über den eigenen Kunden- oder Zuliefererkreis hinausgehen. Die Auswahl eines richtigen OI-Partners orientiert sich dabei maßgeblich an der zu lösenden Problemstellung und der damit einhergehenden Form des zu generierenden Wissens (Lösungs- versus Bedürfnisinformation). Zentrale Methoden für Open Innovation sind Ideenwettbewerbe, Broadcast Search sowie der Lead-User-Ansatz. Mit ihrer Hilfe lassen sich die beiden Informationsarten beschaffen. Da in Unternehmen oft die Expertise für die richtige Anwendung solcher Methoden fehlt, bietet der Markt für Open Innovation zahlreiche spezialisierte Anbieter. Eine direkte Kooperation zwischen Unternehmen und OI-Intermediären erhöht sowohl die Geschwindigkeit als auch die Erfolgswahrscheinlichkeit eines Open-Innovation-Projektes.

Die Erweiterung des Innovationsprozesses bei Porsche

Die Entwicklung der letzten Jahre hat zu einem verschärften Wettbewerbsdruck in der Automobilbranche geführt, auch bei den Premiumherstellern. Um ihre Chancen dennoch zu nutzen, müssen sie über den etablierten Innovationsprozess hinaus neue Ansätze verfolgen, um kundenwerte Innovationen zu generieren.

In diesem Beitrag erfahren Sie:
- inwiefern Innovationen erfolgsbestimmend sind im Premiumsegment der Automobilbranche,
- durch welche Ansätze man den Innovationsprozess im Unternehmen erweitert,
- wie sich ein Projekt für die Integration branchenfremder Innovationen gestalten lässt.

ROBERT HEISMANN

Einleitung

Gesättigte Automobilmärkte, zunehmender Preisverfall in allen Fahrzeugklassen und die ständige Erhöhung der Produktsubstanz durch serienmäßige Ausstattungsverbesserungen führen zu einem zunehmenden Verdrängungswettbewerb in der Automobilbranche. Waren bisher die Premiumhersteller von dieser Situation weitestgehend verschont, drängen neue Wettbewerber heute und noch massiver in naher Zukunft auch in Segmente der Luxus-/Premium- und Hochleistungssportwagen-Hersteller. Um dennoch am globalen Markt bestehen zu können, hat sich die Porsche AG mit ihren Premiumprodukten als Nutzenführer positioniert. Ziel dieser Strategie ist es, sich vom Mitbewerber in wesentlichen Leistungsmerkmalen deutlich abzugrenzen. Die Fahrzeuge der Porsche AG zeichnen sich durch sehr hohe Fahrleistungen bei günstigem Verbrauch, höchste Querdynamik bei guter Alltagstauglichkeit, einem einzigartigen Design, hohe Qualität und weitere unverwechselbare Merkmale aus. Diese Differenzierung spiegelt sich nicht zuletzt in den Kernmarkenwerten »Innovation, Faszination und Tradition« wider und ermöglicht so eine entsprechende Preisstellung.

Aufgrund der sehr hohen Reife des Produkts »Automobil« und den immer ähnlicheren Eigenschaften der Fahrzeuge unterschiedlicher Anbieter kann die notwendige Differenzierung nur noch durch überproportional hohen Aufwand (Entwicklungs-/Herstellkosten, Investitionen) erreicht werden.

In diesem Beitrag werden über den etablierten, konventionellen Innovationsprozess hinaus neue Ansätze beschrieben, um mit dem vorhandenen Budget kundenwerte Innovationen für zukünftige Fahrzeugprojekte zu generieren.

Die Automobilindustrie im 21. Jahrhundert – eine Branche im Umbruch

Die weltweiten Automobilmärkte befinden sich in der Sättigung (Abb. 1). Neue Wachstumsmärkte in Asien und Osteuropa können die fehlende Nachfrage auch in naher Zukunft bei weitem nicht ersetzen [1]. Als Folge steckt die gesamte Automobilbranche global in einem starken Verdrängungswettbewerb. War dieser Trend bisher nur bei Fahrzeugen der unteren und mittleren Fahrzeugklassen zu beobachten, ist mittlerweile festzustellen, dass neue Wettbewerber auch im Premiumsegment in die Märkte drängen [2].

Gesättigte Märkte und der weltweit anhaltende Ausbau der Produktionskapazitäten führen kontinuierlich zu steigenden Überkapazitäten [3]. Um die Produktion der Automobilhersteller dennoch aufrechterhalten oder gar steigern zu können, werden den Kunden zunehmend Gewinn schmälernde Rabatte gewährt. Ständige Erhöhungen der Produktsubstanz durch serienmäßige Ausstattungsverbesserungen werden nicht mehr durch äquivalente Preiserhöhungen an die Verbraucher weitergegeben. Weltweit ansteigende Produktionszahlen und hohe Herstellungs- und Produktionskosten bei geringen

Gesamte Produktion und Kapazität

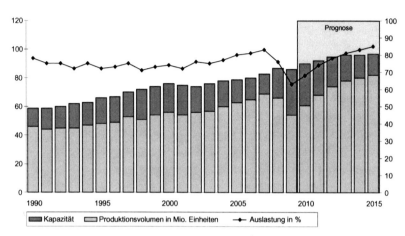

Abb. 1: *Weltweite Automobilproduktion und Überkapazitäten (PWC Automotive Institute, Q3/2009 Data Release)]*

Stückzahlen (bedingt durch weitere Segmentierung in neue, immer weniger rentable Fahrzeugnischen) machen es den etablierten Automobilherstellern zusätzlich immer schwerer, die bisher gewohnten Modellrenditen zu erreichen [2].

Innovationen als Erfolgsfaktor im Premiumsegment

Bei zunehmendem Wettbewerbsdruck haben sich in den letzten Jahren die externen Randbedingungen signifikant nachhaltig verändert. Ökonomische, demografische und soziokulturelle Einflüsse haben deutlich an Bedeutung zugenommen. Spielte in den 1980er und 1990er Jahren für die Kunden der Premium- und Luxusfahrzeuge das Thema Kraftstoffverbrauch bzw. CO_2-Emissionen eine eher untergeordnete Rolle, so müssen sich heute auch Fahrzeughalter und Fahrzeughersteller mit dem Thema der sozialen Akzeptanz ihrer Produkte mehr als bisher auseinandersetzen. Als weitere wesentliche Einflussgröße ist an dieser Stelle auch das Thema Regulatorien (neue Gesetze, Verordnungen, Richtlinien usw.) zu nennen. In verschiedenen

117

Ländern wird es in Zukunft nicht mehr oder nur noch bedingt – bei extrem hohen Strafzahlungen – möglich sein, Fahrzeuge mit überdurchschnittlichem CO_2-Ausstoß zuzulassen. Zunehmende Verschärfungen im Bereich sicherheitsrelevanter Gesetzgebungen erfordern neue Lösungen bei Einhaltung von Gewichts- und Kostenzielen. Der technologische Fortschritt und immer kürzere Entwicklungszyklen, insbesondere in der Halbleiter-Elektronik-/Kommunikationsindustrie, ermöglichen neue Funktionen, stehen aber im Widerspruch zu den langen Entwicklungszyklen in der Automobilindustrie.

Um als OEM trotz der beschriebenen Herausforderungen auch in Zukunft Produkte erfolgreich anbieten zu können, hat die Porsche AG eine Strategie gewählt, die sich von den Wettbewerbern zum Teil deutlich unterscheidet. Ziel dieser Strategie ist es, sich vom Mitbewerber in wesentlichen Leistungsmerkmalen, etwa in Bezug auf technische Gestaltung, Design, Markenimage, Service oder auch aufgrund eines einzigartigen Vertriebsnetzes, klar abzugrenzen. Entscheidend ist hierbei, dass die vom Kunden wahrgenommene Differenzierung signifikant ist, selbst wenn diese bei einem objektiven Vergleich im Einzelfall gar nicht so deutlich ausgeprägt sein kann (komparativer Konkurrenzvorteil) [4].

Somit ist es nicht das Ziel der Unternehmens- und Innovationsstrategie, in allen Produktmerkmalen eine »First Mover«-Position innezuhaben. In Abhängigkeit von den Kernmarkenwerten und externer Randbedingungen steht – je nach gewünschter Produktausprägung – vielmehr im Fokus, eine »First Mover«-, »Fast Follower«- oder »Late Follower«-Position einzunehmen. Dabei nehmen diejenigen Unternehmen- oder Unternehmensbereiche eine »First Mover«-Position ein, die mit einem neuen Produktangebot oder einer neuen Produktausprägung als erstes am Markt erscheinen und somit eine Vorreiterrolle einnehmen. Eine eher abwartende Markteinführungsstrategie bezeichnet man hingegen als »Late-Follower«-Position, die unter anderem zum Ziel hat, das technische und betriebswirtschaftliche Risiko für das Unternehmen zu minimieren.

Innovationen in der Automobilindustrie

Die Porsche AG definiert Innovationen als »kundenwerte Neuheit mit Markterfolg«. Produktinnovationen werden in Form von Komponenten oder Systemen zum großen Teil als Sonderausstattungen entwickelt und vertrieben (z. B. adaptive Fahrwerksregelsysteme, die je nach Fahrerwunsch unterschiedliche Sport- und Komfortausprägung ermöglichen). Ferner betrachtet man bei Porsche neue Fahrzeugkonzepte, die bisher nicht von anderen Herstellern angeboten werden, ebenfalls als Innovationen. Beispiele für Produktinnovationen mit unterschiedlichen Innovationsgraden sind in Abbildung 2 dargestellt.

Als USP (Unique Selling Proposition) werden Innovationen mit Alleinstellungsmerkmal definiert, die nicht zwingend als Erster im Markt, aber als Erster der jeweiligen Fahrzeugklasse angeboten werden. USPs mit hohem Innovationsgrad können eine deutliche Differenzierung gegenüber Wettbewerbern ermöglichen. USPs mit besonders hohem Innovationsgrad haben sowohl radikale Veränderungen an dem Produkt selbst als auch an bestehenden Prozessen zur Folge. Als Beispiel für eine Innovation mit höchstem Innovationsgrad ist das

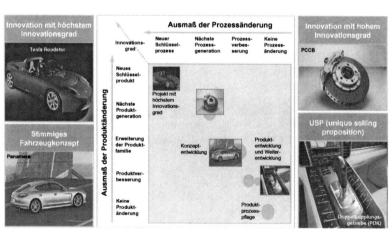

Abb. 2: *Innovationen in der Automobilindustrie*

Elektrofahrzeug zu nennen. Dieses Fahrzeug stellt ein gänzlich neues Produkt dar (Elektroantrieb, lokal emissionsfrei), das weitreichende Änderungen an bestehenden Prozessen zur Folge hat (z. B. Infrastruktur Tankstellennetz).

Der Innovationsprozess der Porsche AG

Der modellgebundene Vorentwicklungsprozess zur Realisierung kundenwerter Neuheiten mit Markterfolg ist in der frühen Entwicklungsphase der Porsche AG integriert. Dieser beginnt üblicherweise mit einer Produktidee und endet nach erfolgreichem Durchlaufen der einzelnen Phasen des Entwicklungsprozesses mit der Markteinführung.

Der Innovationsprozess der Porsche AG beschäftigt sich ausschließlich mit der Entwicklung von Produktinnovationen. Dienstleistungs- oder Prozessinnovationen wurden bisher nicht betrachtet. Der Innovationsprozess zur Angebotserweiterung von inkrementellen und radikalen Innovationen unterteilt sich dabei in drei Phasen (siehe Abb. 3):

⇨ *Impulsphase* zur Identifikation von Trends und neuen Entwicklungsschwerpunkten sowie einzelner neuer Technologien,

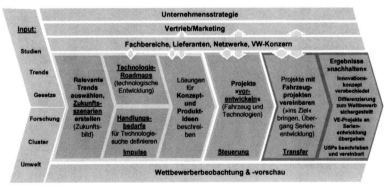

Abb. 3: *Der Innovationsprozess der Porsche AG*

⇨ *Steuerungsphase,* in der die Innovationen ausgewählt, die Entwicklung der Innovationen begonnen, regelmäßig überprüft und bis zu einem definierten Reifegrad entwickelt werden,

⇨ *Transferphase,* in der eine Einsatzvereinbarung mit einem Fahrzeugprojekt auf Basis einer Gesamtbewertung, dem Businessplan, beschlossen wird.

Mit Beginn der Konzeptentwicklung wird das Innovationsprojekt an die Serienentwicklung übergeben. Im Folgenden werden die drei Phasen des Innovationsprozesses zur Generierung neuer Produktangebote näher beschrieben.

Die Impulsphase
Der Impuls- bzw. Ideengenerierungsphase kommt eine zentrale Bedeutung bei der Erzeugung von Innovationen zu. Ausgehend von einem Zukunftsbild unter Berücksichtigung relevanter Trends, den Unternehmenszielen und der Unternehmensstrategie werden die zukünftigen Handlungsbedarfe und Suchfelder für neue bzw. laufende Vorentwicklungsprojekte abgeleitet. Auf Basis dieser Suchfelder werden die einzelnen Fachbereiche beauftragt, Lösungen bzw. Projektvorschläge zu erarbeiten.

Das Team »Innovationsimpulse« unterstützt die Fachbereiche und die Steuerungsphase bei der Generierung von Ideen und Konzepten. Die Informationen werden aus unterschiedlichen internen und externen Quellen gewonnen. Dabei greift man auf das Wissen der Fachabteilungen und der Lieferanten zurück. Im Rahmen von regelmäßig stattfindenden Workshops mit und ohne Lieferanten werden bestehende Lösungen in Frage gestellt und neue Ideen generiert.

Die Steuerungsphase
In der Steuerungsphase beginnt die eigentliche Vorentwicklung. Hier werden die Ideen, ausgehend von einer Überprüfung der grundsätzlichen Machbarkeit, so weit qualifiziert, dass eine Serientauglichkeit der Innovationen nachgewiesen werden kann.

Ziel ist, die Produktsubstanz künftiger Fahrzeuge durch profitable, direkt und indirekt kundenwerte Lösungen anzureichern. Hierfür werden die Innovationen sieben Themenfeldern zugeordnet. Diese Themenfelder decken sämtliche Fahrzeugfunktionen ab und werden durch Abteilungsleiter aus dem jeweiligen Entwicklungsbereich verantwortet. Im Rahmen regelmäßig stattfindender Treffen, an denen Vertreter aus der Forschung, Entwicklung, Produktion, des Marketings und des Vertriebs teilnehmen, werden die Innovationsprojekte bereits in einer frühen Phase des Produktentstehungsprozesses bewertet und gesteuert.

Das zuständige Steuerungsgremium, bestehend aus den oben beschriebenen Mitgliedern, priorisiert die Themen und stellt sicher, dass die Innovationsziele und notwendige »Enabler-Technologien« durch effizienten Ressourceneinsatz erreicht werden. Dabei kommt dem Auswahlprozess, der einmal im Jahr durchgeführt wird, eine besondere Bedeutung zu. Aufgrund des limitierten Entwicklungsbudgets kann nur eine begrenzte Anzahl an Vorentwicklungsprojekten begonnen bzw. weitergeführt werden. Die Projektauswahl erfolgt nach transparenten, einheitlichen Kriterien (z. B. Einsatztermin, Umsetzungswahrscheinlichkeit usw.). Es muss ausgeschlossen werden, dass Projekte sich inhaltlich überschneiden.

Die Transferphase
In der Transferphase werden die Innovationen Fahrzeugprojekten zugeordnet und im Innovationsportfolio eingetragen (siehe Abb. 4).

Es werden die relevanten Innovationen eines Fahrzeugs mit Hilfe eines Markt-/Technologie-Portfolios übersichtlich und transparent auf einen Blick abgebildet. Dazu wird auf der Waagerechten der technische Neuigkeitsgrad und auf der Hochachse das Vermarktungspotenzial dargestellt, das Portfolio in neun Quadranten unterteilt und die Innovationen entsprechend ihrer Bewertung zugeordnet. In dieser Phase wird darauf geachtet, dass die einzelnen Fahrzeugprojekte mit ausreichend Innovationen bestückt werden und dass dabei die angebotenen Innovationen zum Charakter des jeweiligen Fahrzeugs pas-

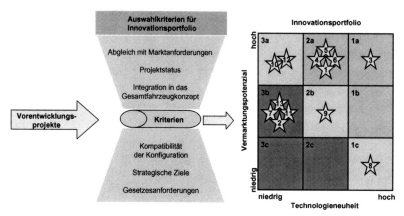

Abb. 4: *Generierung eines Innovationsportfolios für Fahrzeugprojekt*

sen. So sind z. B. innovative Fahrerassistenzsysteme, insbesondere für Fahrzeuge der Oberklasse, von besonderem Interesse, während z. B. ein neues höhenverstellbares Fahrwerk besonders für Geländelimousinen (SUVs) geeignet ist oder aktive Aerodynamikelemente (z. B. ausfahrbare Spoiler) insbesondere bei Sportwagen von hoher Bedeutung sind.

Die Bewertung des Vermarktungspotenzials der Innovationsprojekte erfolgt durch Vertreter des Fachbereichs Marketing/Vertrieb. Die Ergebnisse aus Marktforschungsuntersuchungen und Wettbewerbsanalysen bilden dafür die Basis. Der technische Neuigkeitsgrad wird durch Mitarbeiter des Entwicklungsbereichs beurteilt. Als Entscheidungsgrundlage für den Übergang in die Serienentwicklung dienen Bewertungsvorlagen, die alle Informationen über das System/die Innovation abbilden. Regelmäßig finden Fahrevents statt, die eine direkte Beurteilung der Innovationen durch die Entscheidungsträger des Unternehmens ermöglichen.

Die Transferphase bildet somit die Übergangsphase zwischen Vor- und Serienentwicklung.

Neue Ansätze zur Erweiterung des konventionellen Innovationsprozesses

Im vorherigen Abschnitt wurde im Schwerpunkt das klassische, nach innen ausgerichtete Innovationsmanagement beschrieben, das in einem klar beschriebenen Prozess neue Ideen in ein innovatives Produkt oder in ein neues Leistungsangebot überführt [5]. Ziel dieses und des folgenden Abschnitts ist es, neue Wege zur Ideengenerierung in der Impulsphase des Vorentwicklungsprozesses aufzuzeigen, die nicht mehr ihren Ursprung in den Entwicklungsleistungen des Unternehmens haben, sondern wesentlich stärker als bisher externe Quellen berücksichtigen. Diese Vorgehensweise, die weit über das klassische, weitestgehend unternehmensinterne Innovationsmanagement hinausgeht, ist bisher in der Automobilindustrie nur wenig verbreitet. In anderen Industriebranchen (z. B. in der Lebensmittelindustrie) hingegen nutzt man diesen Ansatz bereits sehr intensiv, um neue Produkt- und Dienstleistungsangebote zu generieren.

Diese Vorgehensweise beschreibt einen wesentlich breiteren und offeneren Such- und Lösungsprozess, der zwischen mehreren Teilnehmern (unternehmensintern und -extern) abläuft. Durch die Öffnung des Innovationsprozesses und die Einbindung von externen Akteuren besteht die Möglichkeit, eine wesentlich größere Wissensbasis zu erfassen, als dies beim geschlossenen Innovationsprozess der Fall ist. Hierdurch ergeben sich in der frühen Phase des Innovationsprozesses neue Chancen zur Ideengenerierung [6].

Lead-User-Methode

Es ist vermehrt festzustellen, dass Kunden selbstständig aktiv werden und Modifikationen an bestehenden Produkten durchführen [7, 8]. Die Integration dieser Kunden in den Innovationsprozess bzw. die stärkere Berücksichtigung der Kundenbedürfnisse in der Impulsphase bieten großes Potenzial zur Generierung von neuen Produktideen. Während die Erfassung und Analyse von Kundenbedürfnissen mit Hilfe von Marktforschungsuntersuchungen in der Regel zu kontinuierlichen Verbesserungen an bestehenden Produkten führt, soll das Lead-User-Verfahren zu tatsächlichen Durchbruchsinnovationen verhelfen [9].

Eric von Hippel betont, dass Lead User in unterschiedlichen Produktbereichen weitestgehend eigenständig in der Lage sind, Produkte für den Eigenbedarf zu modifizieren oder sogar ohne Mitwirkung eines produzierenden Unternehmens zu entwickeln [10].
Lead User sind durch zwei wesentliche Merkmale charakterisiert [11]:

⇨ Sie erkennen frühzeitiger als die Masse der Kunden die Bedürfnisse, die sich zukünftig am Markt durchsetzen werden (Trendführerschaf). Sie können sich in die Handlungsbedarfe des Markts von morgen hineinversetzen. In welchem Stadium der Produktentwicklung sie tätig sind, wird aus Abbildung 5 ersichtlich.

⇨ Lead User profitieren in hohem Maße von Innovationen, die ihre speziellen Probleme lösen bzw. ihre Bedürfnisse befriedigen. Der für die Lead User zu erwartende Nutzen kann so groß sein, dass sie aufgrund des bisher am Markt nicht angebotenen Produkts oder Dienstes von sich heraus innovativ tätig werden.

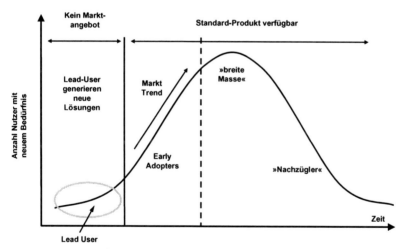

Abb. 5:   *Lead User im Entwicklungsprozess (in Anlehnung an [13], S. 130)*

Lüthje hat in Untersuchungen herausgefunden, welche Merkmale einen starken, mittleren und schwachen Einfluss auf die Innovationsaktivitäten für Kunden haben [12]. Demnach haben *neue Bedürfnisse* einen starken Einfluss, *Unzufriedenheit, Verwendungswissen und Objektwissen* einen mittleren Einfluss und *intrinsische/extrinsische Motivation* einen geringen Einfluss auf die Innovationsaktivitäten der Kunden.

Beim Lead-User-Ansatz geht es also um die Einbeziehung fortschrittlicher Kunden in die Wertschöpfung eines Unternehmens bzw. die Nutzung des kreativen Potenzials zur Schaffung neuer Lösungsansätze [13]. Dabei ist zu beobachten, dass diese Kunden die erbrachte Leistung freiwillig und ohne erkennbare Gegenleistung dem herstellenden Unternehmen zur Verfügung stellen. Wie in Studien belegt wurde, hat die Interaktion mit Lead Usern bei der Generierung von neuen Produktideen einen positiven Einfluss auf den Erfolg des Produktes [14].

Die Lead-User-Methode wird in der Literatur häufig in folgende Phasen unterteilt (vgl. Abb. 6):

⇨ 1. Projektinitiierung,

⇨ 2. Identifikation von Trends und Bedürfnissen,

⇨ 3. Identifikation der Lead User und

⇨ 4. Entwicklung von Produktkonzepten [13].

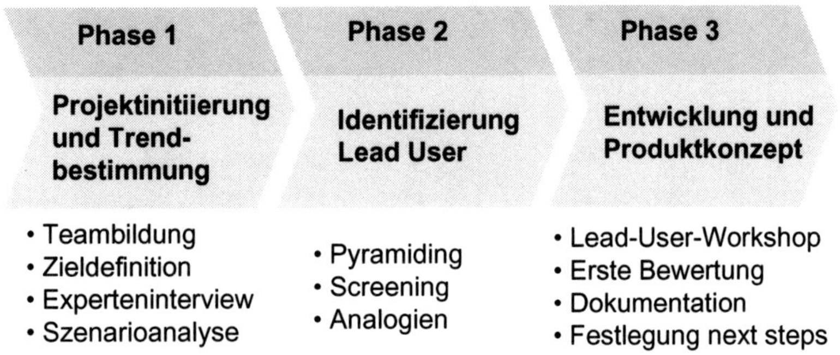

Phase 1	Phase 2	Phase 3
Projektinitiierung und Trendbestimmung	Identifizierung Lead User	Entwicklung und Produktkonzept
• Teambildung • Zieldefinition • Experteninterview • Szenarioanalyse	• Pyramiding • Screening • Analogien	• Lead-User-Workshop • Erste Bewertung • Dokumentation • Festlegung next steps

Abb. 6:   *Phasen der Lead-User-Methode (Quelle: Eigene Darstellung in Anlehnung an [11], S. 62)*

Im Weiteren sollen nur die Phasen 1, 3 und 4 eingehender betrachtet werden. Die zweite Phase der Trendanalyse lässt sich zwar ebenfalls im Rahmen des Lead-User-Verfahrens erfassen, wird aber in vielen Unternehmen intern, insbesondere durch Einbindung des Topmanagements, durchgeführt [15].

Nachfolgend werden zunächst die Phasen beschrieben, Beispiele zur Anwendung der Lead-User-Methode werden dann weiter unten beschrieben.

Phase 1: Projektinitiierung

Zur Auswahl der in Betracht kommenden Lead User sind im ersten Schritt die technologischen Strömungen zu bestimmen, in denen die betreffenden Nutzer vermutlich die führende Rolle einnehmen. Dazu ist zunächst ein unternehmensinternes Team mit erfahrenen Mitarbeitern der F&E-Abteilungen, der Fertigung und des Marketings/ Vertriebs festzulegen. Zur Erfassung der benötigten Informationen bieten sich insbesondere Expertengespräche an. Zu beachten ist dabei, dass bei den Ansprechpartnern nicht nur Produkt- und Technologieerkenntnisse vorhanden sind, sondern auch Know-how über Abnehmerbranchen, Markttrends sowie über rechtliche und gesellschaftliche Entwicklungen vorliegt. Weiterhin sollten diese potenziellen Experten eine ausreichende fachliche Kompetenz bei der Konzeption von Problemlösungen für neue Produkte haben [16].

Phase 2: Identifikation der Lead User

Zunächst gilt es festzulegen, welche Merkmale die Lead User für das zu untersuchende Problem aufweisen sollten. Diese Merkmale betreffen zum einen die Aktivitäten der Anwender zur Verbesserung der bestehenden Lösungen. Als weiterer Indikator ist die Unzufriedenheit der Nutzer mit bestehenden Angeboten zu nennen, kombiniert mit hoher Bereitschaft, sich aktiv in die Arbeit an neuartigen Lösungen einzubringen [17]. Die daraus resultierende extrinsische Motivation spiegelt sich in der Erwartung der Kunden wider, die neuartige Lösung selbst nutzen zu können [13, 18]. Als schwieriges Unterfangen erweist sich dabei die Identifikation jener Lead User, die für die Entwicklung von Innovationen mit besonders hohem Innovationsgrad geeignet sind. Da radikale Innovationen per Definition noch nicht am Markt existieren, liegen hier deutlich weniger Informationen über in Frage kommende Kunden vor.

Zur Identifikation der Lead User gibt es verschiedene Möglichkeiten. Das *Screening* bietet sich an, wenn die Anzahl der Kunden überschaubar ist und eine vollständige Erfassung aller Anwender möglich ist [11]. Hierbei werden alle Kunden erfasst und die Lead User ausgewählt. Beim so genannten *Pyraminding-* oder *Networking-Ansatz* ist der in Frage kommende Kundenstamm wesentlich größer, so dass eine Erfassung aller Anwender nicht möglich ist. Statt dessen nutzt man bei dieser Vorgehensweise die Vernetzung der Kunden untereinander. Dazu wird ähnlich wie beim Screening zunächst eine Teilmenge zur Identifikation von wenigen Lead Usern erfasst. Im Anschluss werden diese Kunden nach möglichen weiteren Kandidaten aus ihrem Netzwerk befragt, so dass sich – wie bei einem Schneeballeffekt – sukzessiv eine große Anzahl Lead User ermitteln lässt.

Als weitere Varianten zur Identifikation von Lead Usern kann man auch *Ideenwettbewerbe* und so genannte *virtuelle Börsen,* also Aufrufe zur Mitarbeit, die im Internet gestellt werden, einsetzen [13]. Ferner kann in vergleichbaren anderen Bereichen, in denen ähnliche Herausforderungen wie im eigentlichen Suchfeld vorliegen, nach Lead Usern gesucht werden.

Phase 3: Entwicklung von Produktkonzepten
Die identifizierten Kandidaten werden nun durch das Unternehmen zu einem Lead-User-Workshop eingeladen, in dem die Innovationsideen generiert werden sollen. Das Arbeitsergebnis dieses Workshops stellt im Grunde das Gesamtergebnis der Lead-User-Methode dar. Die Vorgehensweise zur Ausrichtung eines erfolgreichen Workshops wird im Folgenden kurz erläutert.

Der Workshop setzt sich aus circa acht bis zwölf Personen zusammen: den oben beschriebenen Mitarbeitern des Unternehmens (siehe

Phase 1), einem erfahrenen Moderator und den Lead-Usern [19]. Die Dauer ist zumeist auf ein bis zwei Tage beschränkt. Der Moderator, der in der Regel nicht ein Mitarbeiter des Unternehmens ist, hat während des Workshops die Aufgabe, zwischen den Beiträgen der Lead User und den Mitarbeitern des Unternehmens zu vermitteln. Er sollte über die erforderlichen Kenntnisse zur Methodik, zu Kreativitätstechniken und zur Strukturierung des Problems bzw. der Vorgehensweise verfügen. Der Erfolg des Workshops ist in entscheidendem Maße abhängig von einer spannungsfreien und offenen Atmosphäre. Nicht selten wird diesem Punkt bei der Planung des Workshops zu wenig Beachtung geschenkt mit der Folge, dass sich aufgrund immer wieder auftretender Konflikte keine verwertbaren Ergebnisse erarbeiten lassen [20]. Diesen Punkt sollte man besonders berücksichtigen und bei der Auswahl der Teilnehmer auf eine gewünschte Heterogenität achten.

Der Workshop beginnt mit einer Vorstellung der Ausgangssituation und der Zielsetzung. Im Anschluss werden unter Zuhilfenahme von Kreativitätstechniken Lösungen in Gruppenarbeiten erarbeitet. Nach Vorstellung der Problemlösungsvorschläge durch die einzelnen Gruppen besteht die Möglichkeit, die Ergebnisse durch die Mitarbeiter des Unternehmens mit Expertenwissen in einer ersten Schleife zu bewerten. Hierdurch ergibt sich die Möglichkeit, nicht zielführende Ideen auszufiltern. Als Bewertungskriterien können beispielsweise das Marktpotenzial, der Innovationsgrad und der Fit mit der Unternehmensstrategie herangezogen werden. Dies kann zunächst grob erfolgen. Durch Zuordnung der generierten Ideen in ein Portfolio kann eine quantifizierbare Bewertung erfolgen [21]. Die erarbeiteten Ergebnisse sollten vollständig in einem Maßnahmenkatalog mit Festlegung der nächsten Schritte, inklusive Verantwortung und Abarbeitungstermin, dokumentiert werden [20]. Die so erarbeiteten Ansätze können dann im weiteren Verlauf in den unternehmensinternen Innovationsprozess einfließen.

Zu den oben beschriebenen Vorteilen der Lead-User-Methode sind zudem reduzierte Entwicklungskosten und -zeiten zu nennen [16]. Dennoch soll nicht verschwiegen werden, dass die Methode nicht für jeden Produktentwicklungsprozess anwendbar ist. So ist dieses Verfahren bei sehr komplexen Komponenten, Systemen oder Funktionen, die sich bereits in einem sehr hohen Entwicklungsstadium befinden (z. B. Motoren, Getriebe, Fahrwerkskomponenten usw.) und mit denen der Kunde nicht in direkten Kontakt tritt bzw. die Kundeneinsichten begrenzt sind, weniger geeignet (siehe dazu unten den Abschnitt »Grenzen der Lead-User-Methode«).

Praxis-Beispiel I

Im Folgenden wird ein Vorschlag erarbeitet, wie sich ein Lead-User-Workshop zur Generierung innovativer Produktideen gestalten lässt. Dazu wird die zuvor beschriebene Vorgehensweise angewendet.

Projektinitiierung
Zu Beginn wird, wie oben beschrieben, ein unternehmensinternes Team mit Besetzung aus erfahrenen Mitarbeitern aus den Bereichen Forschung & Entwicklung, Vertrieb/Marketing, Produktion, Strategieentwicklung, Einkauf und Innovationsmanagement zusammengestellt. In diesem Beispiel sollten zum Thema »Antriebskonzepte für zukünftige Mobilitätskonzepte« unter anderem Mitarbeiter aus den Bereichen elektrischer/verbrennungs-motorischer/alternativer Antrieb, Fahrzeugarchitektur, Energiespeicherung und Energiemanagement Mitglieder des Kernteams sein. Trotz dieser Spezialisierung sollte jedoch auch ein breites Wissen zu gesellschaftlichen und marktrelevanten Trends sowie rechtlichen Entwicklungen bei einigen Teilnehmern vorliegen [22]. Dies könnte im hier beschriebenen Beispiel Know-how über ökologische Trends, zukünftige gesetzliche Rahmenbedingungen bezüglich CO_2-Emissionen und gesellschaftspolitische Strömungen, insbesondere in Lead-Märkten, sein. Daher kommt der Auswahl des Teilnehmerkreises eine besondere Bedeutung zu. Alle Teilnehmer sollten ein gemeinsames Verständnis im Hinblick auf die Zieldefinition bzw. den Lösungsraum haben.

Identifikation der Lead User

Die Motivation der Lead User, bestehende Produkte zu modifizieren bzw. alternative Lösungen zu erarbeiten, wurde oben beschrieben. Aufgrund der hohen Anzahl der Fahrzeugnutzer ist eine Selektion nach dem *Screening-Ansatz* via Fragebogen nicht möglich. Allerdings bieten Internet-Foren eine gute Basis, erste Kontakte zu relevanten Lead Usern aufzubauen. So werden z. B. auf den Internet-Seiten der Auto- und Motor-Community »Motor-Talk.de« Themengebiete wie beispielsweise alternative Antriebssysteme diskutiert (Abb. 7).

Sind erste Lead User identifiziert, so kann der *Pyraminding- oder Networking-Ansatz* verfolgt werden. Dazu werden die in den Internet-Foren identifizierten Lead User nach weiteren Personen befragt, die ähnliche innovative Charakteristika aufweisen (Schneeballeffekt).

Lead-User-Workshop

Nach Herleitung des Zukunftsbildes sollte allen Teilnehmern das Ziel bzw. der Lösungsraum des Workshops klar sein. Bei der Suche nach »Antriebskonzepten für zukünftige Mobilitätskonzepte« kann das Team in zwei Gruppen aufgeteilt werden. Eine Gruppe kann z. B. die Themen »alternative Energiespeicherung«, die andere »alternative Energiewandlung« bearbeiten. Nach Vorstellung der erarbeiteten Ergebnisse sollte ausreichend Zeit für Diskussionen und Bewertungen

Abb. 7: *Internet-Forum »Motor-Talk« (Quelle: Motor-Talk)*

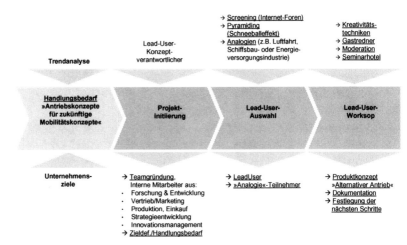

Abb. 8: *Die Lead-User-Methode zur Generierung innovativer Produktideen am Beispiel »Antriebskonzepte für zukünftige Mobilitätskonzepte«*

eingeplant werden [22]. Klare, gemeinsam vereinbarte Spielregeln helfen bei der Durchführung des Workshops [20].

Ein Vorgehen zur Gestaltung eines Lead-User-Workshops »Antriebskonzepte für zukünftige Mobilitätskonzepte« ist in Abbildung 8 dargestellt.

Praxis-Beispiel II

Im Vertriebsbereich eines OEMs wurde bereits ein Lead-User-Pilotprojekt zur Generierung von Fahrerassistenz- und Telematikfunktionen durchgeführt [23]. Die Ziele dieses Projekts waren:

⇨ Erschließung bisher relativ ungenutzter Innovationsquellen,

⇨ Identifikation von Lead Usern,

⇨ Integration der Kundenbedürfnisse von der Idee bis zum Produkt,

⇨ Kundeneinbindung durch Involvement in den Innovationsprozess.

Dazu wurden im ersten Schritt potenzielle Internetseiten, Communities und Foren identifiziert, die von der anvisierten Zielgruppe aufgerufen werden. Als Zielgruppe kamen Teilnehmer mit einer Affinität zu Technik und Autos in Frage [10]. Auf den ausgewählten Seiten wurden Banner platziert. Durch eine Verlinkung konnte man auf die Startseite des so genannten »Customer Innovation Lab Projekts« gelangen.

Durch die Online-Kampagne und Mund-zu-Mund-Propaganda auch in anderen Internet-Foren (Schneeballeffekt), haben innerhalb von vier Monaten 1.045 Personen am Customer Innovation Lab teilgenommen. Nach Anmeldung konnten verschiedene Funktionen eingespeist bzw. bereits bestehende Funktionen bewertet werden. Auf diesem Weg wurden 215 Ideen eingesandt, 8 Ideen im weiteren Verlauf verfolgt und schließlich 2 Ideen in Funktionen im Fahrzeug umgesetzt. Im nächsten Schritt wurden die relevanten Lead User identifiziert. Dabei hat man die Personen angesprochen, die bei der Ideengenerierung durch ein besonders hohes Interesse an dem Thema auffielen, sich außerordentlich stark beteiligten oder sehr innovative Ideen einspeisten. Anschließend wurden die ausgewählten Teilnehmer zu einem Lead-User-Workshop eingeladen. Im Rahmen dieses Workshops wurden die generierten Funktionen im Fahrzeug umgesetzt, getestet und weiter optimiert. Anschließend erfolgte eine Marktanalyse.

Grenzen der Lead-User-Methode

Die Lead-User-Methode ist nicht bei allen Produktentwicklungsaktivitäten sinnvoll einsetzbar. Ausschlaggebend ist, dass der Kunde die Funktion mit der Ausführung in Verbindung setzen kann (gleicher Abstraktionslevel). Dies ist beispielsweise der Fall bei Kundenkontaktschnittstellen im Bereich Service (z. B. zur Optimierung des Kundenservice beim Autohändler), internetbasierten Anwendungen (z. B. ein verbesserter, detaillierter Fahrzeugproduktkonfigurator mit unterschiedlichen Animationsmöglichkeiten) oder bei Softwareumfängen, die der Kunde während des Lebenszyklus des Fahrzeugs für die Individualisierung erwerben kann. Weitere Anwendungsfälle lassen sich im Rahmen eines Lead-User-Workshops ermitteln.

Bei der Entwicklung »reiner« Produktinnovationen wäre eine Einbindung der Kunden z. B. bei der Gestaltung von Anzeigebedienkonzepten oder bei der Anbindung von externen Elektronikkomponenten (z. B. PDA, iPod usw.) ebenfalls sinnvoll.

Bei sehr komplexen Komponenten, Systemen oder Funktionen, die sich bereits in einem sehr hohen Entwicklungsstadium befinden (z. B. Verbrennungsverfahren, Getriebe, Fahrwerkskomponenten usw.) und mit denen der Kunde nicht in direkten Kontakt tritt, ist dessen Einbindung mit Hilfe der Lead-User-Methode zur Ideengenerierung nur bedingt möglich [11]. Hier sollte man statt dessen auf die vorhandene Kernkompetenz der Spezialisten des Unternehmens zurückgreifen.

Die Literatur gibt allerdings keine übereinstimmende Meinung zu den Grenzen der Lead-User-Methode wieder. Während einige Autoren der Auffassung sind, dass eine Kundeneinbindung bei sehr weitentwickelten und hoch komplexen Produkten weniger sinnvoll ist, gibt es auch Untersuchungen, die gerade für diese Bereiche in einer Kundeneinbindung mehr Chancen für die Ideengenerierung und -findung sehen [11, 24].

In jedem Fall ist ausgehend von einem »Technikangebot« der tatsächlich vorliegende Kundennutzen immer wieder kritisch zu hinterfragen, da ansonsten die Gefahr besteht, dass bei dieser Vorgehensweise Komponenten bzw. Funktionen zu aufwendig gestaltet und zu wenig an den tatsächlichen Kundenbedürfnissen ausgerichtet werden.

Die Lead-User-Methode kann letztlich den bestehenden »konventionellen« Innovationsprozess ergänzen, sollte diesen aber keinesfalls ablösen. Das Verfahren bietet neue Möglichkeiten zur Generierung inkrementeller als auch radikaler Innovationen [21, 25].

Eine weitere Möglichkeit, den konventionellen Innovationsprozess zu erweitern, besteht darin, branchenfremde Innovationen zu integrieren. Wie das gelingen kann, soll anhand des nachfolgenden Modells verdeutlicht werden.

Modell zur Integration branchenfremder Innovationen

Auf der Basis verschiedener theoretischer Ansätze, die im Folgenden kurz aufgeführt werden, ist im Rahmen einer Diplomarbeit ein Modell erarbeitet worden [26], das die Generierung von Innovationen in Zusammenarbeit mit branchenfremden Kooperationspartnern anstrebt [26]. Als Grundlage dazu dienen der »CrossNovation«-Ansatz von Gassmann, der ein Prozessmodell zur erfolgreichen Einbindung branchenfremder Partner im Innovationsmanagement definiert [27], sowie das Modell der »Optimal Cognitive Distance« von Nooteboom, das davon ausgeht, dass zwischen Kooperationspartnern Unterschiede hinsichtlich ihrer Denkmuster und Lösungswege existieren. Von dieser »Cognitive Distance« hängt die Aufnahmefähigkeit der Kooperationspartner und der Neuheitswert der Ideen ab [28].

Ein weiterer wichtiger Ansatz – das »External Sourcing Continuum« von Nambisan – befasst sich mit der Frage, welchen Reifegrad das Kooperationsprojekt hat und wie dieser das Risiko, die Zeit bis zum Markteintritt und die Kosten beeinflusst [29]. Der »Co-Development«-Ansatz von Chesbrough schließlich diskutiert, welche Relevanz die zu integrierende Innovationsleistung für das Kernunternehmen hat und welches Verhalten hinsichtlich des Kooperationsgrades nötig ist. [30]

Anforderungen
Die wichtigste Anforderung an das Modell ist, aktiv in Branchen mit anderen Technologieportfolios und aus dem Blickwinkel eines Kooperationspartners zu innovativen Ideen und deren technologischer Umsetzung zu gelangen.

Ziel des Modells soll die Generierung von Ideen sein, die sich auf Technologien oder Wirkprinzipien des branchenfremden Kooperationspartners stützen. Folglich muss ein Beziehungsansatz entwickelt werden, der die beiden Kooperationspartner über ihre Wirkprinzipien und Technologien in Zusammenhang bringt. Der beiderseitige Nutzen ist dabei eine zentrale Anforderung. Insofern muss das Modell so

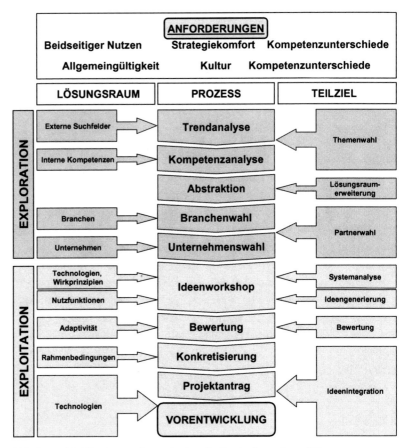

Abb. 9: *Modellstruktur zur Integration branchenfremder Innovationen [26]*

abgestimmt sein, dass beide Partner einen Vorteil aus der Zusammenarbeit ziehen können.

Modellstruktur
Die einzelnen Elemente des Kooperationsprozesses, die in den nachfolgenden Abschnitten erläutert werden, sind in Prozessschritte, Teilziele und Lösungsräume unterteilt (siehe Abb. 9).

136

Teilziele

Themenwahl

Hier gilt es, Themen auszusuchen, die attraktiv für das Unternehmen sind, aber nicht zu seinen Kernkompetenzen gehören. Grundgedanke ist, dass in solchen Suchfeldern das größte Potenzial für neue Ideen zu erwarten ist. Um der Kundenorientierung gerecht zu werden und zukünftige Anforderungen erfassen zu können, führt man zunächst eine Trendanalyse durch: In Abstimmung mit dem Vertrieb wird untersucht, welche Marktanforderungen für künftige Produkte an Bedeutung gewinnen werden. Aus diesen Rahmenbedingungen lassen sich dann die Suchfelder ableiten, die diese Anforderungen abdecken. Eine anschließende Kompetenzanalyse stellt die Suchfelder dann mit den im Unternehmen vorhandenen Fähigkeiten in Beziehung.

Lösungsraumerweiterung

Um den Lösungsraum für potenzielle Branchen möglichst groß zu gestalten, wird zunächst eine Abstraktion durchgeführt, die auch Gassmann in seinem CrossNovation-Ansatz anführt. Die in der Kompetenzanalyse ermittelten Fähigkeiten und Fertigkeiten werden dabei so weit generalisiert, dass kein direkter Zusammenhang mehr mit der ursprünglichen Industrie besteht [27]. Dies könnte z. B. beim Thema Energiemanagement (Verteilung der Energieströmung im Fahrzeug) durch eine Abstraktion auf die theoretische Ebene erfolgen. Durch eine anschließende Analogiebetrachtung könnten sich ähnliche Fragestellungen etwa aus der Schiffbauindustrie ergeben. Das Ergebnis bildet im weiteren Vorgehen die Basis für die Auswahl der Branche, in der nach Kooperationspartnern gesucht wird.

Partnerwahl

Die abstrahierten Fähigkeiten und Fertigkeiten sollten möglichst zu den Kernkompetenzen des Kooperationspartners zählen, um auf diese Weise die Kompetenzlücke im eigenen Unternehmen zu schließen. Darüber hinaus sollten beide Seiten ein grundsätzlich ähnliches Verständnis von Kundenanforderungen und deren Befriedigung haben, wodurch sich die Chance erhöht, geeignete Ideen zu finden und ihre Übertragbarkeit und Integration ins eigene Unternehmen zu sichern. Sowohl in Bezug auf die verwendete Terminologie als auch auf das technologische Verständnis müssen gemeinsame Schnittmengen zwischen den Branchen bestehen, um zu effektiven Resultaten gelangen zu können.

Systemanalyse
Im Rahmen des Workshops werden den Teilnehmern zunächst die Produkte des Kooperationspartners vorgestellt und anschließend im Hinblick auf ihre Funktionsweisen und Wirkprinzipien analysiert. Sollten bereits in dieser Phase Ideen gefunden werden, so sind diese zu dokumentieren und im weiteren Verlauf zu berücksichtigen. Den zweiten Analyseteil bildet ein Brainstorming, das Zusammenhänge zwischen Nutzeranforderungen und Technologien/Wirkprinzipien herstellen soll.

Ideengenerierung
Die Ideengenerierung ist der wichtigste Teil des gesamten Modells. Welche Funktionen lassen sich mit den ermittelten Technologien und Wirkprinzipien auf das Kernunternehmen übertragen? Dabei ist es denkbar, dass die gleiche Funktion in einem neuen Kontext zum Einsatz kommt oder dass die technische Basis völlig neue Funktionen erfüllt. Projektziel ist die Übertragung von Technologien vor dem Hintergrund des gewählten Themenfeldes.

Bewertung
Im Rahmen der Ideenbewertung stehen zwei Fragen im Mittelpunkt:
⇨ Wie lassen sich die Technologien und Wirkprinzipien, die die Basis für die im Workshop entwickelten Ideen darstellen, in ein Fahrzeug integrieren?
⇨ Bieten die Funktionen den Anwendern einen Mehrwert sowie einen Neuheitswert?

In die Beantwortung bzw. Diskussion dieser Fragen werden die relevanten Fachabteilungen sowie der Vertrieb mit einbezogen. Erachten beide Seiten die Ideen als Erfolg versprechend, werden diese weiter verfolgt.

Ideenintegration
Die Ideenintegration bildet das Bindeglied zum klassischen Entwicklungsprozess im Kernunternehmen, da in diesem Prozessschritt die extern generierten Ansätze im Unternehmen weiter verarbeitet werden sollen. Im Rahmen der Ideeneinbringung erfolgt ein Entwicklungsantrag der positiv bewerteten Ideen mit Angabe aller Projektinhalte.

Pilotprojekt
Das Pilotprojekt ist die Umsetzung des oben beschriebenen Modells mit dem Ziel, aus dem externen Einfluss des branchenfremden Partners neue Produktinnovationen abzuleiten. Das hier geschilderte Pilotprojekt gliedert sich in die beiden Hauptprozesse Exploration und Exploitation.

Exploration
Im Rahmen dieses Prozesses wurde zuerst das Suchfeld definiert. Dazu ermittelte das Innovationsmanagement in Abstimmung mit dem Vertrieb die zukünftigen Produktanforderungen und stufte die Interaktion zwischen Mensch und Fahrzeug als wichtigen Trend ein, bei dem nicht zwangsläufig die Kernkompetenzen der Automobilindustrie im Mittelpunkt stehen. Davon erwartete man ein gutes Synergiepotenzial. Somit wurde das Thema »Interaktion Mensch-Maschine« als Suchfeld für das Pilotprojekt ausgewählt.

Aus den Entwicklungsfeldern im Bereich der Vorentwicklung der Porsche AG ergaben sich die konkreten Anforderungen bezüglich des Themenfeldes »Interaktion«:
⇨ anmutige, intuitive Bedienung der Fahrerassistenz-, Komfort- und Multimediafunktionen,
⇨ möglichst wenig Ablenkung von der Straße,
⇨ Fahrerrückmeldung und -entlastung.

Diese Anforderungen wurden sodann auf ein branchenunabhängiges Niveau abstrahiert. Gesucht wurde demnach eine Interaktionsumgebung, die

⇨ die Konzentration auf das Wesentliche ermöglicht,
⇨ wichtige Informationen selektiert, aufbereitet und darbietet,
⇨ eine angenehme Atmosphäre erzeugt,
⇨ den Nutzer nicht überfordert und nicht ermüden lässt.

Auf Basis dieser verallgemeinerten Anforderungen wurden im nächsten Schritt potenzielle Branchen untersucht, die auf diesem Gebiet ihre Kernkompetenzen haben. Die größte Übereinstimmung fand man schließlich bei der Medizintechnikbranche. Ihre Kernkompetenzen liegen in der Interaktion zwischen Chirurgen und den Instrumenten und Geräten im Operationssaal. Die Medizintechnikbranche hat ein vergleichbares Technologieverständnis und setzt auf Produktinnovationen. Darüber hinaus ist auch ein entsprechendes Bewusstsein von Qualität und Zuverlässigkeit vorhanden.

Ähnlich wie in der Automobilbranche basieren ferner die Wettbewerbsvorteile in der Medizintechnik auf Patenten, einem Technologievorsprung und dem Know-how des Unternehmens.

Auf Basis dieser Überlegungen entschied man sich dazu, in der Medizintechnikbranche nach einem Kooperationspartner für das Pilotprojekt zu suchen. Dabei galt es, ein Unternehmen zu finden, das sich insbesondere mit der Systemintegration im Operationssaal und

Abb. 10:   *OP versus Fahrzeugcockpit*

der Interaktion der Chirurgen mit den verschiedenen Instrumenten, Geräten und Funktionalitäten befasst.

Ausgewählt wurde schließlich ein Partner, der Hersteller von Endoskopen für Humanmedizin und industriellen Anwendungen ist und dem unter anderem Geschäftsfelder in den Bereichen Life Science und Fotografie gehören.

Exploitation

Nachdem auch auf Seiten des Kooperationspartners Interesse an dem Pilotprojekt vorhanden war, wurde ein ganztägiger gemeinsamer Ideenworkshop durchgeführt. Neben dem Vorteil, zusätzliche Anwendungen eigener Technologien zu erschließen, wurde vom Projektpartner eine Werbewirkung sowie der Lerneffekt bezüglich der Methoden angeführt. Teilnehmer des Workshops waren Führungskräfte aus den Bereichen Entwicklung und Vertrieb der beiden Kooperationspartner.

Zu Beginn des Workshops wurden der Demonstrations-OP und ein spezielles Interaktionskonzept des Kooperationspartners besichtigt. Als ein Beispiel ist hier die Zentralsteuerung der chirurgischen Instrumente und des Operationstisches per Touchscreen zu nennen. Nach der Begutachtung, in der bereits erste spontane Ideen zu Übertragungsmöglichkeiten kamen, wurden die Anforderungen der Chirurgen bezüglich des OPs unter Interaktionsgesichtspunkten in einer Gruppendiskussion erfasst und strukturiert. Die Anforderungen sind aus den Bereichen Informationsgewinnung, -verarbeitung und -ausgabe, angepasste Ergonomie und Umgebung, Steuerung von Funktionen und Image/Systemlieferant gestellt worden. Auf Basis der Anforderungen identifizierte man entsprechende technische Funktionen, z. B. eine Kombination aus Miniaturkamera und Bildverarbeitungssoftware. Als Abschluss der Systemanalyse bildete man aus den gewonnenen Anforderungen-/Funktionen-/Beziehungen Cluster ähnlicher Funktionalitäten. In einer anschließenden Kreativitätsphase wurden darauf aufbauend Ideen zum Übertragen der Technologien ins Automobil entwickelt. Die in dieser Phase generierten Ideen wurden im Anschluss gemeinsam diskutiert und wiederum geclustert.

Die auf diese Weise erzeugten Ideen auf dem Gebiet »Interaktion« führten zu einem zusätzlichen Input von Funktionen im Fahrzeug. Die Fachbereiche der Vorentwicklung beurteilten die Erfolg versprechenden Ideen und ließen die Ergebnisse in den Aufbau neuer Projekte einfließen. Zu den Ergebnissen zählen folgende Ideen: Einsatz von Kameras zur Unterstützung der Fahrwerksregelung, an Fahrsituation angepasste Anzeigen ähnlich wie Touchscreens im OP, flexible Anzeigenbefestigung zur optimalen Anpassung des Fahrersichtfeldes, Einsatz von Lichtkonzepten zur Konzentrationssteigerung, Entscheidungsunterstützung durch Fahrzeugüberwachung, sowie Video-Dokumentation von Fahrten.

Auch das Partnerunternehmen konnte von der Teilnahme an dem Workshop profitieren und Einblicke in das methodische Vorgehen im Rahmen des Innovationsmanagements gewinnen. Der Projekterfolg ist somit für beide Seiten als positiv zu bewerten.

Lessons learned

Neben den gewonnenen Ideen zur Übertragung von Wirkprinzipien und Technologien aus der Medizintechnikbranche in die Automobilbranche ließen sich im Verlauf des Pilotprojektes und während des durchgeführten Workshops auch wichtige Erkenntnisse zum Verbesserungspotenzial des oben beschriebenen Modellentwurfes ermitteln. Diese werden im Folgenden kurz beschrieben.

Da beide Kooperationspartner aus verschiedenen Branchen stammen, sind dem einen wie dem anderen die jeweils branchenfremden Sachverhalte und Vorgehensweisen nicht bekannt. Daher ist das gegenseitige Kennenlernen und das Verständnis für die existierenden Herausforderungen ein wichtiger Teil des Projektes.

Die Produkte des Kooperationspartners vor Ort zu begutachten, ist bereits ein wichtiger Impuls für die Ideenfindung. Aus diesem Grunde sollte man zum einen in der Systemanalyse immer eine Produktbesichtigung durchführen und zum anderen die schon hier entstehenden Ideen für die spätere Diskussion dokumentieren.

Im Rahmen des Pilotworkshops wurde festgestellt, dass die Kompetenz der Workshopteilnehmer zur Generierung neuer Produktideen zum Teil nicht ausreichend vorhanden war. Daher sollte diesem Punkt bei der Planung des Workshops und der Auswahl der Teilnehmer mehr Beachtung gewidmet werden, da die Kompetenzen der Workshopteilnehmer für eine hohe Ideenqualität von zentraler Bedeutung sind. Der Kreativteil des Workshops war ursprünglich ausschließlich als Diskussionsrunde geplant. Bereits zu Beginn des Kreativteils kam die Anregung, einen persönlichen Teil der Diskussion voranzustellen, um so die während der vorhergegangenen Teilschritte entstandenen Ideen zu dokumentieren und diese Ideen im Anschluss zu diskutieren.

Im Anschluss an die Ideengenerierung und -clusterung wurden die entwickelten Ideen nach Neuheit und Übertragbarkeit mit den Workshopteilnehmern bewertet. Für die Bewertung der Ideen ist jedoch die Porsche-Sicht wesentlich wichtiger als die Sicht des Partners. Da die zur Porsche-seitigen Bewertung notwendigen Kompetenzen durch die Teilnehmer jedoch nicht vollständig abgedeckt werden konnten, musste eine Bewertung im Nachgang an den Workshop durchgeführt werden. Dies erfolgte innerhalb der Fachabteilungen des Entwicklungsbereichs der Porsche AG.

Literatur

[1]   HÜBNER, HEINZ: *Integratives Innovationsmanagement. Berlin: Erich Schmidt Verlag, 2002*

[2]   BECKER, HELMUT: *Auf Crashkurs, Automobilindustrie im globalen Verdrängungswettbewerb. Berlin: Springer Verlag, 2007*

[3]   STEIN, CHRISTOPH: *Satt und depressiv – Der Markt für langlebige Konsumgüter in Deutschland ist satt. Dies gilt nicht nur für Automobile. Die Folge ist eine lang anhaltende Stagnation. www.heise.de/tp/r4/artikel/22/22729/1.html, Abrufdatum: 21.12.2007.*

[4]   MEYER-KRAHMER, FRIEDER: *Die »Innovative Gesellschaft« als Voraussetzung für Lead-Märkte: Neue Ergebnisse der Innovationsforschung. In: Die innovative Gesellschaft: Nachfrage für Lead-Märkte von morgen. Bundesministerium für Wirtschaft und Technologie, Fachtagung Berlin, 19.04.2002.*

[5]   DISSELKAMP, MARCUS: *Innovationsmanagement – Instrumente und Methoden zur Umsetzung im Unternehmen. Wiesbaden: Gabler Verlag, 2005*

[6] CHESBROUGH, HENRY W.: *Open Innovation: The new imperative for creating and profiting from technology.* Boston (MA): Harvard Business School Press, 2003

[7] LILIEN L. GARY; MORRISON, PAMELA D.; SEARLS, KATHLEEN; SONNACK, MARY; von HIPPEL, ERIC: *Performance Assessment of Lead User idea generation process for new product development.* In: Management Science, Jg. 48, Nr. 8, 2002

[8] SCHWINGER, DIRK: *Vom Kunden zum Entwickler: qualitative Expertenbefragungen als Grundlage der Übersetzung von Marktanforderungen in Entwicklungsanforderungen am Beispiel der Automobilindustrie.* Stuttgart: ibedem-Verlag, 2005

[9] LÜTHJE, CHRISTIAN; HERSTATT, CORNELIUS: *The lead user method: an outline of empirical findings and issues for future research.* In: R&D Management, Jg. 34, Nr. 5, 2004

[10] VON HIPPEL, ERIC: *Democratizing Innovation.* Cambridge, London: MIT Press, 2005

[11] HERSTATT, CORNELIUS; LÜTHJE, CHRISTIAN, LETTL CHRISTOPHER: *Fortschrittliche Kunden zu Breakthrough-Innovationen stimulieren.* In: Herstatt, Cornelius; Verworn, Birgitt: Management der frühen Innovationsphasen, Wiesbaden: Gabler Verlag, 2003

[12] LÜTHJE, CHRISTIAN: *Kundenorientierung im Innovationsprozess – Eine Untersuchung der Kunden-Hersteller-Interaktion in Konsumgütermärkten.* Wiesbaden: Deutscher Universitätsverlag, 2000

[13] REICHWALD, RALF; PILLER, FRANK: *Interaktive Wertschöpfung: Open Innovation, Individualisierung und neue Formen der Arbeitsteilung.* Wiesbaden: Gabler Verlag, 2006

[14] GRUNER, KJELL E., HOMBURG, CHRISTIAN: *Does customer interaction enhance new product success?* In: Journal of Business Research, Jg. 49, 2006

[15] BUCK, ALEX; HERMANN, CHRISTOPH; LUBKOWITZ, DIRK: *Handbuch Trendmanagement: Innovation und Ästhetik als Grundlage unternehmerischer Erfolge, Frankfurter Allgemeine Zeitung.* Frankfurt am Main: Verlagbereich Buch, 1998

[16] HERSTATT, CORNELIUS: *Dialog mit Kunden und Lead-User Management in der Innovationspraxis, in: Barske, H.; Gerybadze, A.; Hünninghausen, L.; Sommerlatte, T. (Hrsg.): Das innovative Unternehmen. Digitale Fachbibliothek.* Düsseldorf: Symposion Publishing, 2003

[17] von HIPPEL, ERIC: *Lead Users: A source of novel product concepts.* In: Management Science, Vol. 32, No. 7, 1986

[18] COOPER, PAUL: *A study of innovators' experience of new product innovation in organisation.* In: R&D Management, Jg. 35, Nr. 5, 2005

[19] LÜTHJE, CHRISTIAN: *Der Weg zum kundenorientierten Produkt, in: Barske, H.; Gerybadze, A.; Hünninghausen, L.; Sommerlatte, T. (Hrsg.): Das innovative Unternehmen. Digitale Fachbibliothek auf USB-Stick.* Düsseldorf: Symposion Publishing, 2009

[20]   PALME, KLAUS: *Moderationstechniken für Kreativitätsschöpfung, in: Barske, H.; Gerybadze, A.; Hünninghausen, L.; Sommerlatte, T. (Hrsg.): Das innovative Unternehmen. Digitale Fachbibliothek auf USB-Stick. Düsseldorf: Symposion Publishing, 2009*

[21]   HELM, ROLAND: *Planung und Vermarktung von Innovationen: Die Präferenz von Konsumenten für verschiedene Innovationsumfänge unter Berücksichtigung des optimalen Simulationsniveaus und marktbezogener Einflussfaktoren, Stuttgart: Schäfer-Poeschel Verlag, 2001*

[22]   KLEINSCHMIDT, ELKO J.; GESCHKA, HORST; COOPER, ROBERT G.: *Erfolgsfaktor Markt, Berlin, Heidelberg, New York: Springer Verlag, 1996*

[23]   JOKISCH, MARC: *Active Integration of Users into the Innovation Process of a Manufacturer – the BMW Customer Innovation Lap, Dissertation LMU München, München: Verlag Dr.-Hut, 2007*

[24]   KOHN, STEFAN; NIETHAMMER, RENE: *Kundeneinbindung in den Innovationsprozess, in: Barske, H.; Gerybadze, A.; Hünninghausen, L.; Sommerlatte, T. (Hrsg.): Das innovative Unternehmen. Digitale Fachbibliothek auf USB-Stick. Düsseldorf: Symposion Publishing, 2009*

[25]   NAGEL, ROLF: *Lead User Innovation, Entwicklungskooperationen am Beispiel der Industrie elektronischer Leiterplatinen. Wiesbaden: Deutscher Universitäts-Verlag, 1993*

[26]   HUTSCHEK, ULRICH: *Einbindung branchenfremder Unternehmen im Innovationsmanagement der frühen Produktentwicklungsphasen eines Automobilherstellers (Diplomarbeit). Universität Stuttgart, 2009*

[27]   GASSMANN, O.; ZESCHKY, M.: *Radikale Innovation ist nicht planbar wie ein Produktionsprozess. In: Innovation Management, H. 3, 2007, S. 8-10*

[28]   NOOTEBOOM, BART; VANHAVERBEKE, WIM; DUYSTERS, GEERT; GILSING, VICTOR; VAN DEN OORT, AD: *Optimal cognitive distance and absorptive capacity. In: Research Policy, Jg. 36, H. 7, 2007, S. 1016-1034*

[29]   NAMBISAN, S.; SAWHNEY, M.: *A Buyer's Guide to the Innovation Bazaar. In: Harvard Business Review, H. Juni 2007, S. 109-118*

[30]   CHESBROUGH, H.W.; SCHWARTZ, K.: *Innovating Business Models with co-development Partnerships. In: Research Technology Management, H. January-February 2007, S. 55-59*

[31]   Price Waterhouse Coopers: *Zukunft in Bewegung – Die Automobilindustrie im Spannungsfeld zwischen Chancen und alten Strukturen, Studie, 2009*

Zusammenfassung

Zunehmender Kostendruck, sich auflösende Branchengrenzen und neue Wettbewerber zwingen die Automobilindustrie immer mehr, erfolgreiche Innovationen in kürzeren Zeiträumen in neuen Fahrzeugen den Kunden anzubieten.

Ein klar strukturierter Innovationsprozess, der es ermöglicht, alle beteiligten Unternehmensbereiche miteinander zu vernetzen, ist dazu eine wesentliche Voraussetzung. Ein entscheidender Erfolgsfaktor wird zukünftig dabei sein, gesellschaftliche, sozioökologische und -ökonomische Trends und die sich daraus abgeleiteten Kundenwünsche frühzeitig zu erkennen. Es ist davon auszugehen, dass diejenigen Unternehmen sich einen Vorteil verschaffen, die bei immer kürzeren Entwicklungszyklen passende Produkte oder Dienstleistungen am Markt anbieten können.

Die beschriebenen Beispiele zur Generierung innovativer Produktangebote durch Öffnung des Lösungsraums gehen weit über den »konventionellen« Innovationsprozesses hinaus. Die aufgeführten Ansätze können den bestehenden Innovationsprozess ergänzen, sollen diesen aber keinesfalls ersetzen. Das Verfahren bietet neue Möglichkeiten zur Generierung inkrementeller als auch radikaler Innovationen. Dabei ist je nach Fragestellung zu entscheiden, welcher Ansatz zur Öffnung des Innovationsprozesses unter Berücksichtigung des Nutzen-/Aufwand-Verhältnisses zu wählen ist.

Öffnung des Innovationsprozesses: Erfahrungen bei Volkswagen

Ständige Innovationen sind für die Automobilindustrie ein Muss, daher setzt die Branche zunehmend auf den Ausbau von Open Innovation. Dieser Beitrag reflektiert Erfahrungen bei der Öffnung des Volkswagen-Innovationsprozesses und zeigt Chancen, mögliche Grenzen und Ansätze zur Weiterentwicklung auf.

In diesem Beitrag erfahren Sie:
- wie Volkswagen Open Innovation eingeführt hat,
- welche Erfahrungen mit den Maßnahmen Forum Innovation, ConceptTeams und Kunden-Innovationsworkshops gewonnen wurden,
- welche Möglichkeiten und Grenzen von Open Innovation dabei erkennbar sind.

Joachim Müller

Innovation als Voraussetzung

Die Automobilindustrie ist für viele Experten und Beobachter einer der großen Innovationstreiber in Deutschland und weltweit (vgl. [21]). Vor diesem Hintergrund ist verständlich, dass die beständige Einführung von Neuerungen zum wichtigsten Erfolgsfaktor der Branche gezählt wird: »Innovationen sind die einzige Möglichkeit, um den globalen Herausforderungen in der Branche begegnen zu können. Ohne Innovationen der Automobilindustrie ist das gesamte Konzept individueller Mobilität gefährdet.« [15]

Der hohe Stellenwert von Innovationen spiegelt sich unter anderem darin wider, dass sie in heutigen Lehrbüchern als Kernbereich von Automobilherstellern (OEM – Original Equipment Manufacturer) aufgeführt wird (vgl. [25], S. 40). Dementsprechend ist ein systematischer Innovationsprozess mit einem eigenen Innovationsmanagement sowohl bei den OEM als auch bei wichtigen Lieferanten weit verbreitet. Nicht zuletzt lässt sich die große Bedeutung von Innovationen und Innovationsprozessen bei deutschen Automobilherstellern im Vergleich zu anderen Industrien auch daran erkennen, dass in den bisher fünf Jahrgängen des Wettbewerbs »Best Innovator« bereits zweimal Automobilhersteller als »Best Innovator« ausgezeichnet wurden (vgl. [2]).

Der Druck, Innovationen generieren zu müssen, entsteht aber auch aus den Erfordernissen der heutigen Wettbewerbssituation: »Die Automobilindustrie befindet sich in der Produktivitätszange: Steigenden F&E-Kosten stehen sinkende Erlöse gegenüber, wodurch die Produktivität von Innovationen abnimmt. [...] Damit die Unternehmen ihre aktuelle Marktstellung halten können, müssen sie ihre Innovationsfähigkeit und ihre Kosteneffizienz steigern.« ([12], S. 278)

Vertreter des Open-Innovation-Ansatzes versprechen Lösungen in dieser Situation des »abnehmenden Grenznutzens von Innovationen«, allerdings verbunden mit Forderungen nach einer umfassenden operationalen Veränderung des Produktentstehungsprozesses, damit sich die Potenziale von Open Innovation (OI) auch tatsächlich optimal nutzen lassen (vgl. [12]), S. 332).

Die nachfolgende Betrachtung von Open Innovation in der Automobilindustrie beschreibt den aktuellen Stand aus Sicht von Theorie und Praxis. Eine Kurzdarstellung des Volkswagen Innovationsprozesses sowie des Vorgehens zur Ableitung von Open-Innovation-Maßnahmen zeigen den Kontext auf, in dem Open Innovation bei Volkswagen besteht. Dabei werden die eingesetzten Instrumente Forum Innovation, ConceptTeams und Kunden-Innovationsworkshops ausführlich erläutert, um im Zuge dessen die Möglichkeiten zur Umsetzung von Open-Innovation-Konzepten, die praktischen Erfahrungen und Herausforderungen und mögliche Entwicklungslinien zu beleuchten.

Die Automobilindustrie und Open Innovation

Der Stellenwert von Open Innovation in der Automobilindustrie lässt sich einerseits nach der theoretischen Relevanz und andererseits nach der praktischen Bedeutung ermessen.

Ausgehend von den Kriterien hinsichtlich der entscheidenden Trends und Entwicklungen (vgl. [9], S. 224 f.) ist die theoretische Relevanz von Open Innovation für die Automobilindustrie sehr hoch und wird sich zukünftig noch verstärken (Abb. 1).

Dieser Einschätzung steht eine Bestandsaufnahme der Bekanntheit und Verbreitung von Open Innovation in der Automobilindustrie gegenüber. Als Ergebnis einer Untersuchung von Miller wird der Innovationsprozess in der Automobilindustrie weitgehend dem Closed-Innovation-Modell zugeordnet (vgl. [12], S. 81/82). Open-Innovation-Aktivitäten der deutschen Automobilindustrie sind durchaus bekannt, aber sie scheinen sporadisch zu sein. Es gibt einige Beispiele wie die »Virtuelle Innovationsagentur« von BMW, das »BMW Technology Office« und das »Volkswagen Electronics Research Lab« in Palo Alto sowie das »Daimler Research and Technology Center

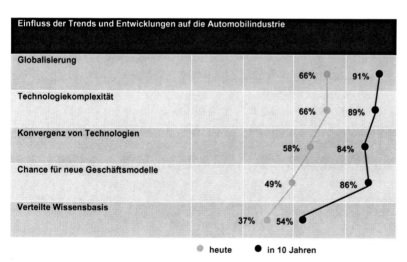

Abb. 1:   *Relevanz von Open Innovation für die Automobilindustrie (nach [13], S. 161)*

North America«. In den Darstellungen des Innovationsprozesses erscheinen externe Quellen jedoch selten (in [8] sind sie zumindest als Input erwähnt). Eine systematische Ableitung mit durchgängigen, institutionalisierten Prozessen scheint kaum etabliert. Dies zeigt sich in gewissem Maße auch daran, dass teilweise einfache Illustrationswettbewerbe zur Dekoration der Fahrzeugaußenhaut bereits als Open Innovation bezeichnet werden.

Vor diesem Hintergrund wird deutlich, dass Open Innovation in der Automobilindustrie noch am Anfang steht. Allerdings wird die Notwendigkeit zur Auseinandersetzung mit diesem Ansatz und seinen Methoden dringender, da andere Industrien damit bereits erfolgreich sind und darüber hinaus die Kundinnen und Kunden angesichts ihrer Erfahrungen mit anderen Konsumprodukten ihre Einbeziehung einfordern bzw. durch Blogs, Foren usw. selbstständig Verbesserungsvorschläge diskutieren.

Der Volkswagen-Innovationsprozess

Der Innovationsprozess bei Volkswagen gliedert sich in sechs Phasen und entspricht grundsätzlich einem Stage-Gate-Prozess (vgl. Abb. 2).

In der Phase (1) »Innovationsstrategie/-ziele« wird die langfristige Ausrichtung festgelegt auf Basis der langfristigen Unternehmensziele, dem Markenleitbild und unter Berücksichtigung von Produktstrategie und langfristigen Trends. Die Phasen (2) »Ideengenerierung«, (3) »Bewertung, Priorisierung, Budgetierung« und (4) »Innovationsrealisierung & -controlling« werden jährlich revolvierend durchlaufen mit einem Planungshorizont von circa zehn Jahren. Ein wesentliches

Abb. 2:   *Der Volkswagen-Innovationsprozess*

150

Werkzeug sind hierbei strategische Roadmaps. Die Phase (5) »Einsteuerung in Fahrzeugprojekte« ist Ergebnis der Verknüpfung der strategischen und langfristigen Phasen mit Fahrzeugprojekten. Die Phase (6) »Vertrieb und Kommunikation« umfasst schließlich eine Langfristplanung der Kommunikationsstrategie und Einzelmaßnahmen mit Fahrzeugprojekten.

Für alle Phasen gibt es jeweils einzelne Stage-Gate-Prozesse und zugehörige Gremien. Wichtig für den Erfolg des Innovationsprozesses ist ein geschäftsbereichsübergreifendes Vorgehen mit Anbindung an das Topmanagement.

Die Phasen (2) »Ideengenerierung« bis (4) »Einsteuerung in Fahrzeugprojekte« lassen sich insgesamt vereinfacht als Innovationsprozess nach dem Modell des Innovation Funnel (»Innovationstrichter«) betrachten, das heißt, in den Innovationsprozess geht eine Vielzahl von Ideen hinein, aus denen ein kleiner Teil ausgewählt wird, deutlich weniger in Produktentwicklungen umgesetzt und letztendlich einige in Form neuer Produkte auf den Markt gebracht werden. Eine weitere Differenzierung, z. B. bezüglich einer analytischen Ausrichtung mit Innovationsstrategie, soll hier nicht weiter vertieft werden (vgl. z. B. die Unterscheidung in »Idea-driven«, »Research-driven«, »Analysis-driven« bei [14], S. 8).

Die genannten Prozessschritte werden vorwiegend innerhalb des Unternehmens durchlaufen, daher kann man sie als Phasen innerhalb eines Closed-Innovation-Modells verstehen. Aus theoretischer Perspektive satteln Open-Innovation-Maßnahmen auf einem Closed-Innovation-Prozess auf. »Historisch-praktisch« entsteht Open Innovation teilweise ohne tieferen theoretischen Hintergrund oder als bewusste Open-Innovation-Maßnahme. Im Folgenden wird die Entstehung von OI-Maßnahmen bei Volkswagen beleuchtet.

Die Ableitung von Open-Innovation-Maßnahmen

Auch bei Volkswagen wird Open Innovation weiter ausgebaut. An dieser Stelle lässt sich natürlich nur eine Auswahl der Aktivitäten bei Volkswagen vorstellen, die im Rahmen des Innovations- und des Pro-

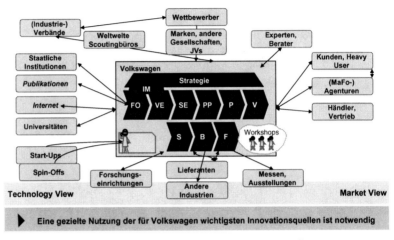

Abb. 3: *Arbeitsmodell zur Erfassung der Innovationsquellen (Quelle: Volkswagen, interne Unterlage, Wolfsburg 2008)*

duktentstehungsprozesses durchgeführt werden. Einen – qualitativen – Eindruck der Fülle an Maßnahmen bei Volkswagen lässt weiter unten Abbildung 4 erahnen.

In den letzten Jahren hat Volkswagen seinen Innovationsprozess neu ausgerichtet und im Zuge dessen Prozessphasen, Gremien und Maßnahmen und Einzelprozesse erfasst. Ein wichtiger Aspekt war die Systematisierung der Innovationsquellen. Für die Analyse wurde dabei ein Modell des Unternehmens als in die Umwelt eingebettetes System mit verschiedenen Innovationsquellen verwendet (Abb. 3).

Die bestehenden und möglichen Methoden der Innovationsgenerierung wurden nach folgenden Kriterien eingeordnet und bewertet (siehe Abb. 4):

⇨ nach der Quelle (interne F&E-Aktivitäten, Lieferanten, andere Industrien, Kundinnen und Kunden usw.),

⇨ der internen oder externen Initiative und

⇨ dem möglichen Reifegrad ihrer Ergebnisse (Strategisches Themenfeld, Roadmap-Handlungsfeld, Lösungsidee/Vorentwicklungsprojekt, einbaufähiges Innovationskonzept).

152

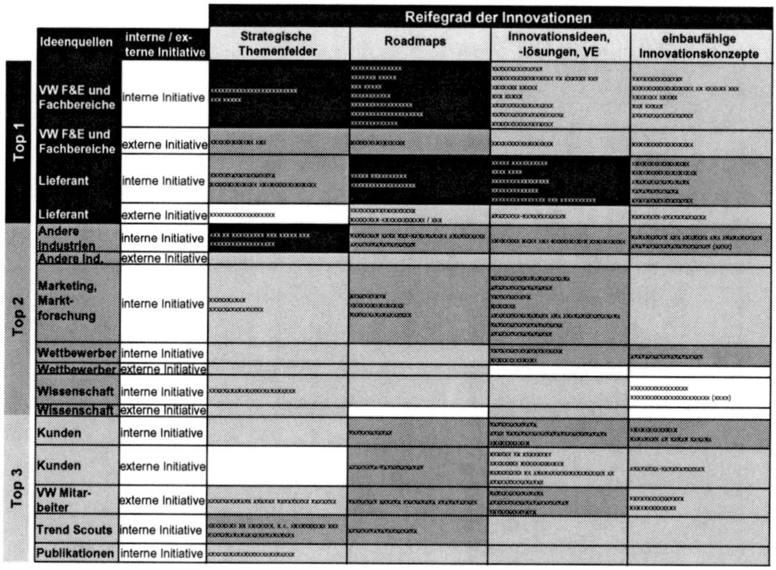

	Ideenquellen	interne / externe Initiative	Reifegrad der Innovationen			
			Strategische Themenfelder	Roadmaps	Innovationsideen, -lösungen, VE	einbaufähige Innovationskonzepte
Top 1	VW F&E und Fachbereiche	interne Initiative	xxxxx	xxxxx	xxxxx	xxxxx
Top 1	VW F&E und Fachbereiche	externe Initiative	xxxxx	xxxxx	xxxxx	xxxxx
Top 1	Lieferant	interne Initiative	xxxxx	xxxxx	xxxxx	xxxxx
Top 1	Lieferant	externe Initiative	xxxxx	xxxxx	xxxxx	xxxxx
Top 2	Andere Industrien	interne Initiative	xxxxx	xxxxx	xxxxx	xxxxx
Top 2	Andere Ind.	externe Initiative				
Top 2	Marketing, Marktforschung	interne Initiative	xxxxx	xxxxx	xxxxx	
Top 2	Wettbewerber	interne Initiative			xxxxx	xxxxx
Top 2	Wettbewerber	externe Initiative				
Top 2	Wissenschaft	interne Initiative	xxxxx			xxxxx
Top 2	Wissenschaft	externe Initiative				xxxxx
Top 3	Kunden	interne Initiative		xxxxx	xxxxx	xxxxx
Top 3	Kunden	externe Initiative		xxxxx	xxxxx	xxxxx
Top 3	VW Mitarbeiter	externe Initiative	xxxxx	xxxxx	xxxxx	xxxxx
Top 3	Trend Scouts	interne Initiative	xxxxx	xxxxx		
Top 3	Publikationen	interne Initiative	xxxxx			

Abb. 4: *Priorisierungssystematik der Innovationsquellen (Volkswagen, Interne Unterlage, Wolfsburg 2008)*

In Interviews mit internen Experten aus Beschaffung, Vertrieb, Marketing, Forschung und Entwicklung u.a. wurden die Methoden hinsichtlich ihrer Effektivität und Effizienz für Volkswagen bewertet und priorisiert. Die Priorisierung erfolgte im Dialog von Innovationsmanagement und Prozessbeteiligten mit den Experten, indem man gemeinsam die Chancen auf innovative Lösungen und die Möglichkeiten zur praktischen Umsetzung abwog.

Unter der Voraussetzung eines klassischen Closed-Innovation-Prozesses überrascht es nicht, dass die unternehmenseigenen Aktivitäten der Forschung und Entwicklung und die des gegenwärtigen direkten Umfeldes relativ hoch priorisiert wurden. Dies stimmt in gewisser Hinsicht mit den Ergebnissen der branchenweiten Untersuchung von Miller überein (vgl. [13], S. 167), der in seiner Studie eine Konzentration in der Nutzung auf Quellen aus dem unmittelbaren Umfeld festgestellt hat. Nur die niedrige Priorität der Kundenintegration als Ideenquelle steht in Widerspruch zu den Studienergebnissen. Dies wird jedoch durch die höhere Priorisierung von Methoden des Marketings und der Marktforschung relativiert.

Ziel der Bewertungssystematik war die pragmatische Identifikation hochpriorisierter Handlungsfelder, ohne dabei Anspruch auf absolute Vollständigkeit zu erheben. Die Aktualisierung und Ergänzung der Methodiken zur Integration von Innovationsquellen wird im Rahmen einer regelmäßigen Überarbeitung durchgeführt. Auf dieser Basis und unter Berücksichtigung neuer Erkenntnisse werden zusätzliche Maßnahmen abgeleitet, bestehende Maßnahmen überprüft und gegebenenfalls Vorschläge zur Verbesserung diskutiert.

Die Untersuchung nach Innovationsquellen, die Modelldarstellung und die Maßnahmenübersicht gehen davon aus, dass die Innovationsgenerierung im Wesentlichen intern unter Einbindung externer Quellen erfolgt. Dies entspricht einem »Outside-In«-Prozess nach Gassmann ([9]). Die Erweiterung um die externe Vermarktung interner Ideen (»Inside-Out«) oder sogar die Kombination der beiden Prozesse zu einem »Coupled«-Prozess waren bisher nicht Betrachtungsgegenstand. Ausgewählte Ansätze und Entwicklungen in diese Richtung werden in den nachfolgenden Abschnitten aufgezeigt.

Open-Innovation-Maßnahmen bei Volkswagen

Die im Folgenden dargestellten Instrumente Forum Innovation, ConceptTeams und Kunden-Innovationsworkshops rücken unterschiedliche Aspekte von Open Innovation in den Blick.

Forum Innovation

Das Forum Innovation mit Lieferanten (FIN) entstand vor dem Hintergrund der Veränderungen in der Lieferantenlandschaft (vgl. [17]) als eine gemeinsame Topmanagement-Initiative der Geschäftsbereiche Beschaffung und Entwicklung. Neben den Foren Materialkosten und Lieferantenqualität ist das FIN ein weiterer Baustein einer Beschaffungsstrategie, um Lieferanten verstärkt in Unternehmensprozesse einzubinden. Aus Sicht der Technischen Entwicklung werden Lieferanten früher als üblich über die explizite Abfrage innovativer Lösungen in den Prozess einbezogen. Statt einer eher sequenziellen Vorgehensweise wird durch den gemeinsamen, parallelen Prozess von Beschaffung und Entwicklung eine höhere Durchgängigkeit von Vorentwicklung bis Serienentwicklung ermöglicht. Die Serienentwicklung kann so z. B. mit dem gleichen Partner fortgeführt werden, der auch für die Vorentwicklung oder Konzeptentwicklung zuständig war.

Das Forum Innovation ist wesentlich durch den Wettbewerb charakterisiert, an dem sich verschiedene Lieferanten beteiligen. Volkswagen gibt dabei die konkreten Themenfelder bzw. Aufgabenstellungen vor (ausgewählt durch die F&E-Fachbereiche in Abstimmung mit den anderen am Innovationsprozess beteiligten Bereichen). Sodann werden die Lieferanten in einem gemeinsamen Abstimmungsprozess der Volkswagen-Bereiche benannt und von der Beschaffung angefragt. Der Lieferantenwettbewerb beginnt mit einer Auftaktveranstaltung (Kick-off), bei der Vertreter aller Lieferanten für alle Aufgabenstellungen anwesend sind. Dadurch können die Teilnehmer die Breite der Themen erkennen und die Situation des Wettbewerbs unmittelbar erfahren. Der Wettbewerb ist auf ungefähr sechs Monate angelegt und umfasst verschiedene Einzelpräsentationen der Lieferanten und einen parallelen Begutachtungs- und Bewertungsprozess auf Seiten von Volkswagen. Am Ende steht eine gemeinsame Entscheidung der Volkswagen-Geschäftsbereiche, die auf einer systematischen Bewertung der technischen und wirtschaftlichen Aspekte sowie des Kundennutzens basiert.

Das Forum Innovation ist ein Baustein des gesamten Volkswagen-Innovationsprozesses und lässt sich dort den Phasen der Ideengenerierung und Priorisierung zuordnen. Teilweise werden hier auch schon erste Schritte in Richtung Innovationsrealisierung unternommen.

Der Prozess Forum Innovation wird seit vier Jahren durchgeführt mit bisher insgesamt 14 Themenstellungen und mehr als 120 Lie-

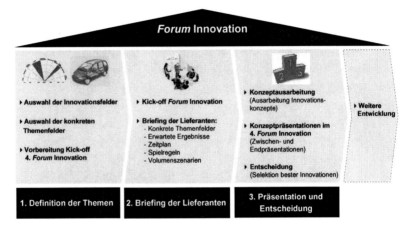

Abb. 5:   *Der Prozess »Forum Innovation mit Lieferanten«*

feranten. Alle Bauteile entwickelnden Fachbereiche der technischen Entwicklung (Aggregate-, Aufbau-, Elektr(on)ik- und Fahrwerkentwicklung) haben sich am Forum beteiligt. Neben den Beteiligten aus Beschaffung und Entwicklung wurden Vertreter von Vertrieb Marketing, Qualitätssicherung, Design und der Konzernforschung einbezogen. Der Innovationsgrad unter dem Aspekt der zeitlichen Reichweite in die Zukunft lag zwischen vier bis circa zehn Jahren. Bis dato erfolgte bei vier Themenstellungen die Serienumsetzung, für drei Aufgaben wurden hingegen keine befriedigenden Lösungen gefunden, so dass keine weitergehende Umsetzung möglich war. Die restlichen waren oder sind in der Vorentwicklung.

Das Forum Innovation hat wesentliche Vorteile für Volkswagen. Neben einer Marktübersicht über Lieferanten und ihren Technologiestand erweitert sich das Wissen bei Volkswagen innerhalb des Prozesses. Das gemeinsame Vorgehen der verschiedenen Fach- und Geschäftsbereiche mit einer gemeinsamen Bewertungssystematik erhöht die Transparenz und das gegenseitige Verständnis, reduziert dadurch Reibungsverluste in der weiteren Umsetzung und erhöht damit die Umsetzungsgeschwindigkeit.

Für die beteiligten Lieferanten bestehen Vorteile in der Möglichkeit, innovative Lösungen unabhängig von Serienverhandlungen zu präsentieren. Als Ergebnis des Wettbewerbs wird eine positive bzw. negative Entscheidung deutlich kommuniziert, so dass der Lieferant sein Wettbewerbsumfeld sieht und Hinweise auf seine Wettbewerbsfähigkeit erhält. Nach einem positiven Ergebnis reduzieren sich die Risiken von Änderungsschleifen. Neuen oder unbekannten Lieferanten eröffnen sich teilweise sogar gänzlich neue Geschäftsfelder und Geschäftsbeziehungen.

Trotz der grundsätzlichen Vorteile besteht in einer Reihe von Punkten Verbesserungspotenzial. Entsprechende Aspekte werden im Folgenden dargestellt.

So ist das Forum Innovation unter anderem ein Prozess zum Transfer von Sticky Information und Tacit Knowledge. Sticky lässt sich hierbei mit »klebrig« übersetzen und bezieht sich auf Informationen, die schwer zu transferieren sind: »Often the information used in technical problem solving is costly to acquire, transfer, and use in a new location is, in our terms, 'sticky.' […] We define the stickiness of a given unit of information in a given instance as the incremental expenditure required to transfer that unit of information to a specified locus in a form usable by a given information seeker.« ([10] S.429f)

Mit Tacit Knowledge wird implizites Wissen verstanden, das nicht klar und deutlich artikuliert bzw. dokumentiert ist oder eventuell gar nicht artikuliert werden kann ([16]). Damit ergeben sich Aufwände für die Bereitstellung oder auch die Aufnahme von Informationen.

Wie für einen Marktwettbewerb üblich stehen die Akteure in einer ungleichen Beziehung als Käufer (OEM) und Verkäufer (Lieferanten) bzw. in einer Beziehung als Wettbewerber (Lieferanten). Käufer-Verkäufer-Beziehungen sind in der Regel durch ein grundsätzliches Misstrauen charakterisiert. Die Kombination von problematischem bzw. aufwändigem Informationstransfer und kritischen Beziehungen führt zu bestimmten Widersprüchen:

⇨ Für eine Entscheidung durch Volkswagen ist aus Sicht der Lieferanten »zu viel« preiszugeben. *Aber* ohne diese Preisgabe ist für Volkswagen eine Entscheidung nicht möglich.

⇨ Für eine detaillierte Bearbeitung gibt Volkswagen konkrete Aufgaben und Anforderungen vor und schränkt dadurch den Lösungsraum ein. *Aber* ohne solche Vorgaben kann die Themenstellung nicht bearbeitet werden.

Weitere Schwierigkeiten bestehen für den Lieferanten im Risiko des »öffentlichen Scheiterns« sowie im unentgeltlichen Aufwand für seine Arbeit im Rahmen des Wettbewerbs.

Die angesprochenen Schwierigkeiten lassen sich mit verschiedenen Maßnahmen angehen. Explizite Spielregeln und Geheimhaltungsvereinbarungen klären das Verfahren in Bezug auf Schutzrechte und die Vergütung von Aufwendungen während des Wettbewerbs. Bei Zwischen- und Endpräsentationen werden Anregungen der Lieferanten aufgenommen und Fragestellungen gemeinsam diskutiert. Die Abstimmungen zwischen den einzelnen Lieferanten und Volkswagen finden immer gesondert statt. Für Volkswagen ist die Sicherstellung einer getrennten Behandlung der Informationen unterschiedlicher Lieferanten von höchster Priorität.

Ein weiterer Aspekt ist die bewusste Einbeziehung unbekannter, neuer und kleinerer Lieferanten sowie die Abfrage der internationalen Einkaufsniederlassungen (»International Purchasing Offices«) von Volkswagen, um auch mögliche internationale Lieferanten einzubinden. Allerdings ist dabei auch zu klären, inwiefern das mögliche höhere Innovationspotenzial kleiner, neuer, unbekannter oder internationaler Lieferanten die erhöhten praktischen Herausforderungen, die in der Zusammenarbeit zu meistern sind, rechtfertigen. Die Herausforderungen beginnen mit CAD-Formaten und dem gesicherten Datenverkehr, der Berücksichtigung von Volkswagen-Vorschriften und reichen bis zu fehlendem Projektmanagement-Know-how. Etablierte Lieferanten haben dahingehend eine größere Routine in der Zusammenarbeit und Umsetzung für Volkswagen.

158

Aus dem Blickwinkel der Theorie stellt das Forum Innovation einen Outside-in-Prozess dar. Durch die Integration externen Wissens werden die Vorteile einer verkürzten Entwicklungszeit (Time-to-market), Kostensenkungen und Risikoreduktion sowie eine höhere Marktakzeptanz des neuen Produkts (Fit-to-market) erwartet.

Die praxisorientierte Binnenbetrachtung des Prozesses zeigt, dass sich verkürzte Entwicklungszeiten durchaus erreichen lassen. Auch die Risikoreduktion spielt eine gewisse Rolle. Wichtigster Grund für die Durchführung der Maßnahme Forum Innovation ist jedoch die erhöhte Effektivität der technischen Lösungen. Beim Fit-to-market hat sich hingegen meist gezeigt, dass Lieferanten nur selten zusätzliches Wissen über die Anforderungen der Endkunden und entsprechende Lösungen beisteuern konnten. Marktakzeptanz zu schaffen, ist somit meist Aufgabe des OEM, wobei Lieferanten hier durchaus Unterstützung geben können.

Im Sinne der weiteren Verbesserung des FIN und als Weiterentwicklung im Rahmen von Open Innovation sind verschiedene Ansatzpunkte denkbar. So sind zwar verschiedene Erweiterungen durch die Öffnung der Fragestellung und die Erweiterung des Teilnehmerkreises vorstellbar und theoretisch wären hier auch deutliche Potenziale zu erwarten. Aber einer schlichten Erhöhung der Themenanzahl, der einbezogenen Lieferanten oder der Frequenz steht schon allein die Absorptive Capacity entgegen, das heißt die (begrenzte) Fähigkeit des Unternehmens, externe Impulse zu verarbeiten (vgl. [11], S. 107). Ferner hat die praktische Erfahrung im Rahmen des Forum Innovation gezeigt, dass für Lieferanten der Umgang mit relativ unspezifischen Fragestellungen gewisse Schwierigkeiten bereitet. Ein offener Lösungsraum kann infolgedessen eher zu Orientierungslosigkeit als zu kreativer Freiheit führen.

Die Ableitung möglicher Lösungen z. B. aus einer Handlungsfeldvorgabe von Kunden- oder Marktanforderungen (»bequemerer Einstieg«) erscheint auch nicht sinnvoll, da Lieferanten nur eingeschränkt auf den Endkunden ausgerichtet sind – ihr Kunde ist schließlich der OEM. Darüber hinaus agiert ein Lieferant auf Basis seiner verfügbaren Ressourcen, was neben Anlagen und Personal auch Technologien oder Technologieplattformen einschließt. Initiativen von Lieferanten, die von der Orientierung am Endkunden ausgehend Lösungsvorschläge erarbeiten, stoßen dagegen auf Schwierigkeiten beim OEM. Dies lässt sich mit den grundsätzlichen Schwierigkeiten des Informationstransfers begründen: Die erarbeiteten Lösungsvorschläge müssen von der Herleitung über die Technologie bis zu einzelnen technischen Festlegungen vom OEM nachvollzogen werden. Die Spezifikationen stammen nicht von ihm, sodass unter Umständen OEM-Anforderungen nicht berücksichtigt sind oder Schwierigkeiten in der Fahrzeugintegration ausgeblendet werden. Nicht zuletzt ist psychologisch begründet auch mit einer »Not-Invented-Here«-Haltung beim OEM zu rechnen.

Die Optimierung des Forum Innovation wird von weiteren Maßnahmen flankiert, die die genannten Herausforderungen ergänzend aufnehmen.

ConceptTeams

ConceptTeams sind als eine Kreativitäts- und Förderungsmaßnahme für Volkswagen-Mitarbeiter gegründet worden, um mittelfristige Ideen und Lösungen für Fahrzeugkonzepte zu erarbeiten. Als kleine, autonome Einheit ist ein ConceptTeam die Simulation eines Start-ups für drei oder sechs Monate – allerdings ohne vergleichbare unternehmerische Risiken oder Gewinnaussichten. Die Aufgabenstellung ist zwar vorgegeben, aber neben technischen Lösungsansätzen werden auch Elemente eines Businessplans abverlangt. ConceptTeams ergänzen als geschäftsbereichsübergreifende Arbeitsgruppen, die für kurze Zeit mit einer weiter gefassten Aufgabenstellung betraut sind, den normalen Innovationsprozess.

Die Anbindung an das Topmanagement, das bei der Themenauswahl und bei der Ergebnisbewertung ausschlaggebend ist, unterstützt den Prozess ConceptTeams. Ein Thema erhält auf diese Weise eine entsprechende Bekanntheit, zudem motiviert die Aussicht auf einen Vorstandsauftritt die Mitglieder des Teams. Nicht zuletzt wird die spätere Einsteuerung der Ergebnisse in den Entwicklungsprozess bzw. in das Unternehmen unterstützt.

Anders als bei einem Start-up arbeiten die Mitglieder eines ConceptTeams weiterhin in ihrem »normalen Job« – allerdings nur zur Hälfte. Die verbleibende Zeit wird eigenverantwortlich für die Aufgabe eingesetzt. Jedes ConceptTeam bekommt zunächst einen Auftrag für drei Monate. Danach werden die Ergebnisse dieser ersten Phase im Steuerkreis ConceptTeams dem Vorstand und Topmanagement vorgestellt. Dieses Gremium besteht aus dem Vorstand der Entwicklung als Vorsitzendem, dem Vorstand Komponentenwerke und Topmanagern aus Forschung, Marketing Vertrieb, Produktmanagement, Konzeptentwicklung, Entwicklung Elektr(on)ik usw. Nach Begutachtung der Ergebnisse der ersten Phase kann eine zweite Phase zur weiteren Ausarbeitung beauftragt werden. Damit ist dann eine bestimmte Zielrichtung zur technischen und wirtschaftlichen Vertiefung der Lösungsansätze, zur Vorbereitung der Umsetzung oder zum Aufbau von Mustern oder Konzeptprototypen verbunden.

Mittlerweile haben neun ConceptTeams jeweils eine Aufgabenstellung bearbeitet. Die Aufgabenstellungen forderten Lösungskonzepte für innovative Antriebe oder Kraftstoffe, für die Befriedigung von Bedürfnissen besonderer Kundengruppen bis zu spezifischen Ausprägungen von Fahrzeugeigenschaften. Die Hälfte der ConceptTeams

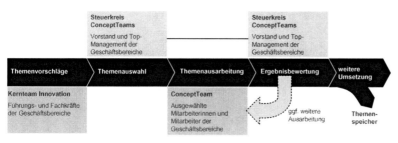

Abb. 6: *Der Prozess »ConceptTeams«*

erhielt den Auftrag für eine zweite Phase. Im Rahmen dieser zweiten Phase wurden mehrere Konzeptträger oder -prototypen aufgebaut. Mit dem »Side-Step«, einem elektrisch angetriebenen Roller, wurde das Ergebnis eines ConceptTeams öffentlich auf der IAA 2009 vorgestellt (Abb. 7). Solche Lösungen haben sogar Potenzial in Richtung eines Spin-off für das Unternehmen.

ConceptTeams intensivieren die Ideengenerierung – sowohl durch den engen Austausch zwischen den Teammitgliedern mit unterschiedlichen fachlichen Hintergründen als auch durch den relativ kurzen Zeitraum von drei Monaten und die Ergebnispräsentation vor dem Vorstand. Die hohe Eigenverantwortung fördert eine übergreifende,

Abb. 7: *Dr. Ulrich Hackenberg, Volkswagen-Vorstand Entwicklung, mit dem Side-Step des ConceptTeam Mikromobilität auf der IAA 2009*

unternehmerische Perspektive jenseits des Fachbereichs. Darüber hinaus werden Kreativitätsmaßnahmen unterstützt wie z. B. Brainstormings, Kundenbefragungen und der Austausch mit Universitäten und Forschungseinrichtungen.

Um ein »Not-Invented-Here«-Syndrom zu vermeiden, kommen die Mitglieder der ConceptTeams idealerweise aus den Bereichen, die später für die weitere Verfolgung und gegebenenfalls spätere Umsetzung zuständig sind. Das lässt sich nicht durchgängig sicherstellen, da die Aufgabenstellungen bewusst ein breites Lösungsfeld zulassen. Außerdem werden oftmals erweiterte, übergreifende Lösungen generiert, die sich nicht einzelnen Bereichen zuordnen lassen, sondern entweder eine Bearbeitung über Bereichsgrenzen hinweg erfordern oder gar den Aufbau neuer Strukturen bedeuten können.

Die Konzepte und Vorschläge der ConceptTeams entfalten eine Dynamik mit der Tendenz, die Grenzen des Unternehmen bzw. des aktuellen Businessmodells zu überschreiten. So reichen einige Vorschläge von einer Schwerpunktverschiebung weg vom Auto hin zu After-Sales-Services, über radikale Veränderungen der Fertigungstiefe bis zu einem gänzlich anderen Produktportfolio. In gewissem Maße wird dadurch der Bedarf nach Open Innovation unterstützt. Die Anbindung an das Topmanagement ist dabei eine Chance, weil so aus gesamtunternehmerischer Perspektive und Verantwortung geurteilt und entschieden werden kann. Die damit einhergehende Aufmerksamkeit von oben kann – zumindest theoretisch – die Risikofreude des ConceptTeams einschränken, da Vorschläge für gravierende, revolutionäre Änderungen mit einer kritischen Begutachtung rechnen müssen. Dies bezieht sich auch darauf, wenn unvermittelt der Übergang zu einem Open-Innovation-Geschäftsmodell anempfohlen würde.

Chesbrough (vgl. [7], S. 110 ff., v.a. S. 132) beschreibt für den Weg von Closed Innovation zu Open Innovation sechs Business-Modell-Typen. Dabei reicht die Spanne von einem stark geschlossenen Business-Modell (»Undifferentiated: commodity, no differentiation, … Example: most restaurants«) über verschiedene Zwischenstufen (»Differentiated; Segmented; Externally aware«) zu einem Business-

Modell mit integrierten Open-Innovation-Maßnahmen (»Integrated with business model: external sources routinely uitilized to fuel …business model, …company becomes a systems integrator of internal and external technologies«) bis hin zur maximalen Ausbaustufe (»Platform player shapes market:…ultimate stage – an ideal, company … benefits from investment of others in the platform; … ecosystem created«).

Will ein Unternehmen sich anhand dieser Typologie selbst verorten, muss damit nicht zugleich die Notwendigkeit einer Bewegung hin zur maximalen der Öffnung des Innovationsprozesses anzuvisieren sein. Vielmehr ist es für jedes Unternehmen wichtig, einen angemessenen Weg zwischen radikalem Innovationsanspruch und sinnvoller Realisierung zu finden.

Eine der Herausforderungen für den ConceptTeam-Prozess ist die adäquate Umsetzung von Spin-off-ähnlichen Konzepten. Hier sind geeignete Prozesse und Finanzierungsmodelle im Aufbau, um die Umsetzung sicherzustellen und letztlich Make-or-Sell-Entscheidungen zu fällen. Dies entspricht einem Schritt zu einem pro-aktiven Inside-out-Prozess (vgl. [9]).

Volkswagen baut den Prozess ConceptTeams weiter aus und verbessert ihn. So wurde er beispielsweise seit Anfang des Jahres 2010 auf eine globale Stufe gehoben, das heißt, die weltweiten Entwicklungsstandorte in den USA, Mexiko, Brasilien, Südafrika, China, Russland und Indien reichen Themenvorschläge ein, die dann jeweils vor Ort von einem ConceptTeamGlobal bearbeitet werden.

Um die aufgezeigten Herausforderungen meistern zu können, wird der Prozess angepasst wie auch das Vorgehen für die Erstellung von Themenvorschlägen und die Einbindung der aufnehmenden Fach- und Geschäftsbereiche. Dazu werden nicht zuletzt auch die Ideenquellen für Themenvorschläge erweitert. Ein Beispiel dafür ist die Einbeziehung von spezifisch geförderten Mitarbeitergruppen wie etwa den Mentees. Dabei handelt es sich um Mitarbeiterinnen von Volkswagen, die an einem Mentoring-Programm teilnehmen, das seit 1998 die systematische Erhöhung des Frauenanteils im Management

verfolgt (vgl. [22]), um auf diese Weise die traditionell männlich dominierte Perspektive zu erweitern.
Die Einbindung Externer wird im Folgenden für die frühe Phase eines Fahrzeugprojektes eingehender untersucht.

Kunden-Innovationsworkshops

Innovationsworkshops unter Kundenbeteiligung sind als Fortentwicklung interner Brainstorming-Workshops entstanden. Im Rahmen einer kundenorientierten Entwicklung wurden zunächst so genannte Kundenvergleichsfahrten durchgeführt. Dabei wurden den Kundinnen und Kunden für einige Wochen verschiedene (Wettbewerbs-) Fahrzeuge zur Verfügung gestellt, um diese im Alltag erleben und eine entsprechende Expertise im Umgang mit ihnen entwickeln zu können. Ziel dieser Maßnahme war es, aus den Erfahrungen der Kunden Eigenschaften zukünftiger Fahrzeuge zu definieren.

Daran anknüpfend wurden Kunden-Innovationsworkshops für mehrere Fahrzeugprojekte in der Konzeptphase durchgeführt. Diese Workshops waren Brainstormings unter gleichberechtigter Beteiligung von Volkswagen-Entwicklern und Kunden. In Verbindung mit den Kundenvergleichsfahrten waren die Kundinnen und Kunden nach statistischen Kriterien der Ziel-Kundensegmente ausgewählt worden, das heißt nach Lebensalter, Familiensituation, Einkommen, Fahrzeugvorbesitz usw. Dieses Vorgehen entspricht dem so genannten Manufacturer-Active-Paradigm (MAP), bei dem Innovation Aufgabe des Herstellers ist und er selbst Informationen über Marktbedürfnisse in innovative Lösungen umsetzt. Ein Vorgehen im Rahmen von Open Innovation sollte allerdings eher als »Interaktive Wertschöpfung« unter dem Customer-Active-Paradigm (CAP) gestaltet werden (vgl. [18], S. 135 ff.), wonach der Kunde auch als Quelle von Lösungsideen wahrgenommen wird. Während der Maßnahme der Vergleichsfahrt war den Kunden Volkswagen als Auftraggeber nicht bekannt. Erst für den Kunden-Innovationsworkshop offenbarte sich das Unternehmen.

Anreiz für die Teilnahme an den Innovationsworkshops war eine für Kundenbefragungen übliche Aufwandsentschädigung. Die Workshops dauerten jeweils vier Stunden und erfolgten im Anschluss an die Abschlussveranstaltung der Kundenvergleichsfahrt mit mehreren Gruppen von jeweils circa 12 Personen.

Bei einem dieser Workshops wurden fast 400 Anregungen notiert, die anschließend in rund 50 Ideen und beinahe 350 Kommentare unterteilt wurden. 150 Anregungen konzentrierten sich thematisch auf zehn Cluster. Ungefähr 30 Themen wurden weiterbetrachtet. Nur eine einstellige Anzahl an Ideen ist schließlich im Serienfahrzeug zu finden, wobei teilweise Lösungen aus höheren Fahrzeugklassen übernommen wurden.

Die Hinweise, Anforderungen und Ideen aus Kundensicht waren durchaus anregend und haben den Entwicklern Anstöße für die Fahrzeugausgestaltung gegeben und bei der Beschreibung von Use Cases usw. geholfen. Es zeigte sich, dass die Sammlung konkreter Anforderungen in der direkten Konfrontation mit Kundinnen und Kunden beeindruckender ist als eine Marktforschungsaussage auf dem Papier.

Unter den Anregungen aus Kundensicht war die Anzahl der Ideen in Richtung neuartiger Nutzung bzw. neuer Funktionen allerdings sehr überschaubar und sehr abstrakt gehalten. Statt dessen dominierten Lösungswünsche für aktuelle Probleme der Bedienung, der Einstellung von z. B. Sitz und Lenkrad oder spezifische Unzulänglichkeiten. Der Grund dafür mag zum einen in der intensiven Beschäftigung mit einer Vielzahl von Fahrzeugen im Rahmen der Kundenvergleichsfahrt liegen. Zum anderen mag – trotz einer längeren methodischen Erläuterung – das Vorgehen des Brainstormings für die Kundinnen und Kunden zu ungewohnt gewesen sein. Dass sie dabei Lösungen von Wettbewerbern anführten, war für die Sammlung von Hinweisen sicherlich berechtigt, aber nur bedingt geeignet für das Generieren innovativer Lösungen.

Die Innovationsworkshops verfolgten als Hauptziel die Erweiterung der Bedürfnisinformationen und damit einhergehend eine Ausweitung des Lösungsraumes. Das Brainstorming bezog sich allerdings mehr oder minder auf das ganze Fahrzeug. Womöglich wäre hier eine Konzentration auf relevante Teilbereiche sinnvoller gewesen, um zielgerichtetere Innovationsansätze erzeugen zu können.

Zwar entspricht die Öffnung des Innovationsprozess für Kundinnen und Kunden der Intention von Open Innovation. Allerdings wurde im Falle der Innovationsworkshops unterstellt, dass die Kunden statistisch-repräsentativ die jeweiligen Anforderungen ihrer Zielgruppe bzw. ihres Milieus offenbaren würden. Diese Annahme führte teilweise dazu, dass kundenseitig genannte Bedürfnisse nach ihrer Allgemeingültigkeit abgeklopft oder umgekehrt bereits als allgemeingültig vorausgesetzt wurden, weil die Anwesenden ja statistisch abgesichert ausgewählt worden waren. Hier gilt es zu beachten, dass individuelle Äußerungen in Bezug auf ihre Repräsentativität zu bewerten sind.

Das Unternehmen hat die Innovationsworkshops mehrere Wochen lang vorbereitet. Die anschließende Auswertung, Bewertung und Konkretisierung der Ideen nahm ebenfalls einige Wochen in Anspruch. Dieser ausgiebigen Beschäftigung durch die Entwickler steht eine relativ kurze Einbeziehung der Kundinnen und Kunden entgegen. Trotz ihrer intensiven Beschäftigung mit Fahrzeugen im Rahmen der Kundenvergleichsfahrt, ihren dahingehenden Bedürfnissen und Ansprüchen bleibt die Formulierung von Anforderungen und noch mehr die Lösungssuche nur eine Episode im Leben der Kunden. Für die Entwickler hingegen ist eine derartige Lösungssuche Teil ihres Berufsalltags. Sie müssen nachhaltige, reproduzierbare und wirtschaftliche Lösungen für eine Vielzahl von Kunden realisieren. Diese industrielle Serienumsetzung ist aufwändig, iterativ und hinreichend langwierig. Aus der unmittelbaren Kundenperspektive werden hingegen sofortige Lösungen gefordert. Das einzelne Kundenbedürfnis könnte durchaus durch ein Unikat befriedigt werden, wobei im Einzelfall teilweise individuelle Provisorien akzeptiert würden, die allerdings nur geringere Qualitätsanforderungen erfüllten (vgl. [4], S. 23).

Nicht zuletzt sind Probleme der lokalen Suche (»Local Search Bias«) (vgl. [18], S. 67) aufgetreten. Dies bezieht sich auf den begrenzten Blickwinkel auf den bekannten Lösungsraum, etwa wenn Wettbewerberlösungen angeführt wurden oder auf vergangene Erfahrungen verwiesen wurde. Implizit unterstellte man dabei ein Kompetenzgefälle: die Spezialisten der Entwicklung contra die Kunden als Laien. Weder wurde die Spezialisierung der Entwickler hinterfragt noch berücksichtigte man ein mögliches Lösungswissen der Kundinnen und Kunden. Dies lag an der Auswahl der Kundinnen und Kunden und einer Herangehensweise nach dem Manufacturer-Active-Paradigm.

Da hier »Sticky Information« mit teilweise impliziten Voraussetzungen zu transferieren war, kam es in der anschließenden Umsetzung zu Informationsverlusten und Missverständnissen. Das lag an der Art der Dokumentation und an Unterschieden zwischen Workshopteilnehmenden und späteren Umsetzenden. Nicht zuletzt traten »Not-Invented-Here«-Probleme auf. Dabei bestanden Schwierigkeiten, eine grobe Idee in Verknüpfung mit Kundenbedürfnissen und unabhängig von – für Entwickler »evidenten« – technischen, physikalischen oder finanziellen Einschränkungen zu bewerten und zu berücksichtigen.

Die obige Betrachtung zeigt teilweise die theoretischen Überlegungen von Open Innovation bzw. der interaktiven Wertschöpfung auf (vgl. [18]). Auf dieser Basis lassen sich Verbesserungen ableiten. Eine wesentliche Entscheidung ist die zwischen dem Manufacturer-Active-Paradigm und dem Customer-Active-Paradigm. Wenn man von den Kundinnen und Kunden vor allem abstrakte Bedürfnisinformationen erhalten und verwenden möchte, dann sind diese über geeignete Maßnahmen zu untersuchen. Hier helfen klassische Kundenbefragungen oder auch ethnografische Untersuchungen, bei denen Kundinnen und Kunden in ihrer Lebenswelt besucht, beobachtet und befragt werden. Wenn hingegen vor allem Lösungsinformationen im Zusammenspiel mit der Bedürfnissituation adäquat ausgesuchter Kunden gemeinsam entwickelt werden sollen, dann ist ein gleichberechtigtes Vorgehen notwendig, das diesen Kunden eine entsprechende Rolle als Mitentwickler eröffnet. Ein wichtiger Ansatz in dieser Richtung ist das Vorgehen mit Lead Usern.

Es hat sich gezeigt, dass die analoge Weiterentwicklung einer Methode zur internen Ideengenerierung nicht ausreicht, um Informationen der Kundenbedürfnisse angemessen zu berücksichtigen und sinnvolle Lösungsinformationen abzuleiten. Workshops zur Innovationsgenerierung werden mit ausgewählten Kundinnen und Kunden durchgeführt. Ein lösungsfokussiertes Vorgehen berücksichtigt die Qualifikationen und Fähigkeiten in der technischen Umsetzung und die spezifische (»Unikat«-)Situation bei vorhandenen »Bastellösungen«.

Möglichkeiten zur Umsetzung von Open Innovation in der Automobilindustrie

Es kann hier nicht endgültig abgeschätzt werden, welche Chancen ein Unternehmen wohl hätte, das »bei Null« mit der Einführung eines integrierten Open-Innovation-Prozesses beginnen würde. Für die Automobilindustrie scheint ein solches Vorgehen jedoch schwer vorstellbar. Der einzige Versuch in diese Richtung war das Projekt Open Source Car »OScar« ([19]), das mit einem Open-Source-Ansatz auf einer Internetplattform eine Fahrzeugentwicklung aufbauen wollte, sodass allen Interessierten die Mitarbeit möglich wäre. Dieser Versuch ist nach derzeit erkennbaren Anzeichen gescheitert.

Open Innovation benötigt Unternehmen, deren Mitarbeiterinnen und Mitarbeiter die Kompetenzen und Kapazitäten haben, externen Input absorbieren, verstehen und verarbeiten zu können. Für die Umsetzung von Open Innovation bietet es sich an, bereits eingesetzte bzw. laufende Innovationsmaßnahmen und -prozesse nach ihrer Nähe zu Open Innovation zu begutachten. Darauf aufbauend lassen sich dann weitere Anforderungen an entsprechende Open-Innovation-Maßnahmen berücksichtigen. Dies kann einem Re-Engineering der bestehenden Prozesse gleichkommen – mit der Chance, dass vorherige Schwierigkeiten erkannt und aus dem Weg geräumt werden.

Für die »Absorptive Capacity« ist auch die Kompatibilität mit Erfahrungswelten und der Unternehmenskultur relevant, so sind unterschiedliche Unternehmenskulturen und kulturelle Unterschiede oft genug schon ein Hinderungsgrund für traditionelle Merger zwischen Unternehmen. Dahingehende Schwierigkeiten werden noch verschärft bei Prozessen mit »Tacit Knowledge« oder bei asymmetrischen Beziehungen. Damit erscheinen webbasierte Lösungen fragwürdig. Wie bei internen »Virtual R&D Teams« ist damit die »Absorptive Capacity« unter anderem in Dimensionen zu betrachten wie explizites Wissen vs. »Tacit Knowledge«, Ressourcenbündelung von Komplementarität bis Redundanz, gegenseitige Abhängigkeit bzw. Unabhängigkeit und Innovationsgrad von inkrementeller bis radikaler Innovation (vgl. [6], S. 127ff).

Da Open Innovation insgesamt eine Neigung zur Redundanz (»Wisdom of the Crowd«) und Dezentralisierung hat, ist hier eine Kosten-/Nutzenabschätzung notwendig. Dabei ist der Zugewinn durch die Erschließung vielversprechender zusätzlicher Lösungsquellen durch ein webbasiertes Vorgehen mit dem möglichen Verlust von gegebenenfalls impliziten Informationen abzuwägen. Nicht zuletzt ist zu berücksichtigen, ob durch ein webbasiertes Vorgehen ein hinreichendes gegenseitiges Vertrauensverhältnis aufgebaut werden kann.

Wenn keine geeigneten Ansatzpunkte auf Basis von Maßnahmen des internen (Closed) Innovationsprozesses erkennbar sind, lassen sich neue Prozesse Top-down einführen. Dabei können bewusst Intermediäre eingesetzt werden. Deren Prozess-Know-how hilft zunächst bei der Etablierung von Innovationswettbewerben oder Lead-User-Workshops (vgl. [5]).

Ein Vorgehen nach den obigen Empfehlungen unterstellt eine schrittweise Öffnung des Innovationsprozesses. Damit wird aber kein langsam tastendes Trial-and-Error-Vorgehen gefordert. Vielmehr ist eine Gesamtperspektive sinnvoll, die das Inventar an Maßnahmen geeignet priorisiert.

Grenzen von Open Innovation

Open Innovation ist aus der Fortsetzung des kundenorientierten Innovationsprozesses und des Netzwerkansatzes, des »Extended Enterprise«, entstanden (vgl. [20], S. 20). Die Umsetzung erfolgt sowohl vor dem Hintergrund der Theorien wie auch teilweise ohne äußeren Einfluss aus sich heraus. Bei der Umsetzung von Open Innovation darf allerdings nicht vergessen werden, dass die Theorie auf – durchaus empirisch abgeleiteten – Modellen und damit Vereinfachungen basiert. In der Realität ist ein Unternehmen nicht von seiner Umwelt abgetrennt, sondern vielfältig nach außen verknüpft (vgl. [20], S. 148). Neben dem engeren Wertschöpfungsprozess hat der »Metabolismus« eines Unternehmens auch immer weitere »Öffnungen«. Ein Unternehmen ist darüber hinaus ein soziales Gebilde, dessen Elemente zu einem gewissen Grad autonom agieren.

Obwohl Open Innovation die Stellen der Wertschöpfung erweitert, liegt der Fokus der Kostenbetrachtung auf jeweils einem Unternehmen. Ob dadurch die Wertschöpfung gesamtwirtschaftlich oder -gesellschaftlich erhöht wird oder ob Kosten vergesellschaftet und Gewinne privatisiert werden, wurde bisher noch nicht untersucht. Konkret wird sich die nachhaltige Tragbarkeit von Open Innovation daran zeigen, ob z. B. in Lead-User-Workshops auch zukünftig Lösungsinformationen kostenlos zur Verfügung gestellt werden (»Free Revealing«). Beispielsweise entwickeln sich im Software-Bereich hier Geschäftsmodelle, die einer Entwicklergemeinschaft auch Einkommen ermöglichen.

Ausblick bei Volkswagen

Die Darstellung hat deutlich gemacht, dass Open Innovation sowohl aus Top-down-Maßnahmen entsteht als auch aus der Eigendynamik von Innovationsprozessen.

Die obigen Erläuterungen zu den Maßnahmen Forum Innovation, ConceptTeams und Innovationsworkshops mit Kundinnen und Kunden bedeuten keine uneingeschränkte Unterstützung von Einschätzungen, die in Open Innovation ein »Game Change« sehen. So vergleicht z. B. James McGroddy von IBM den Wechsel von Closed zu Open Innovation mit dem Übergang von Schach zu Poker: »In a new market, you have to plan your technology entirely differently. You're not playing chess anymore; now you're playing poker. You don't know all the information in advance. Instead, you have to decide whether to spend additional money and stay in the game to see the next card.« ([4])

Nicht zuletzt sieht u. a. Chesbrough [7] einen Übergang zu – radikal – anderen neuen Geschäftsmodellen durch Open Innovation. In die gleiche Richtung äußert sich Ili in seiner Ausarbeitung für die Automobilindustrie: »Open Innovation bedeutet zudem die Erneuerung des eigenen Geschäftsmodells. [...] Ein offenes Geschäftsmodell erfordert nach Chesbrough die Öffnung der eigenen Unternehmensgrenzen, damit mehr Ideen und Technologien in das Unternehmen von außerhalb einfließen und gleichzeitig aber auch aus dem Unternehmen ausströmen können.« ([11], S. 29)

Open Innovation ist für Automobilunternehmen wie Volkswagen relevant. Es sind jedoch auch Besonderheiten anzurechnen, die z. B. in einer OECD-Studie zum Ausdruck kommen. Dort wird auf die Unterschiede zwischen Industrien mit unterschiedlichen Life Cycles und verschiedenen Intellectual-Property-Strategien hingewiesen (vgl. [3], S. 10). Ferner sind Art und Umfang des Anlagevermögens zu berücksichtigen. Bei einer hohen Kapitalbindung in physischen Anlagen wie in der Automobilindustrie ist es zum Schutz dieses Vermögens nicht sinnvoll, sich nach allen Seiten zu öffnen. Open Innovation oder gar Open Source erscheint bei Software einfacher zu realisieren als beim Automobil – oder bei Hardware generell.

Schließlich gilt es, Open Innovation als eine von vielen Maßnahmen zur Optimierung des Geschäftsmodells zu verstehen, wobei der Fokus vor allem auf dem Produktentstehungsprozess liegt. Entsprechend lässt sich mit Piller auch zwischen Open Innovation und Mass Customization unterscheiden (vgl. [18]).

Volkswagen wird seinen Innovationsprozess weiterentwickeln – auch und gerade in Richtung Open Innovation. Das Unternehmen nutzt darüber hinaus weitere Ansätze und Methoden, um seine Produkte und Prozesse zu verbessern. Ein wesentliches Element ist dabei der Baukasten-Ansatz, der für eine Vielzahl von Fahrzeugen Synergien schafft durch eine standardisierte Fahrzeugarchitektur und die

Verwendungen von Modulen. Auf der Prozessseite werden mit dem Volkswagen-Weg entscheidende Schritte in der Produktivitäts- und Effizienzsteigerung erreicht.

Literatur

[1]   ALBERS, A.; ILI, S.; MILLER, A.: *Open Innovation in the Automotive Industry, R&D Management, Special Issue: Open R&D and Open Innovation, 39.1. (2009)*

[2]   A.T. KEARNEY: *Best Innovator 2008; http://www.atkearney.de/content/veranstaltungen/index. php*

[3]   DE BACKER, K.; CERVANTES, M.; ELS VAN DE VELDE, E. MARTINEZ C. (Hg.): *Open Innovation in Global Networks. OECD-Publishing 2008 http://browse.oecdbookshop.org/oecd/pdfs/ browseit/9208071E.PDF*

[4]   BLEY, S.: *Open Innovation in der Automobilindustrie. Möglichkeiten und Grenzen. Saarbrücken 2009*

[5]   BLEY, S.: *Innovationswettbewerb und Open Innovation. In: Gundlach, C.; Glanz, A.; Gutsche, J. (Hg.): Die frühe Innovationsphase. Methoden und Strategien für die Vorentwicklung. Düsseldorf 2010, S. 299-326*

[6]   BOUTELLIER, R.; GASSMANN, O.; VON ZEDTWITZ, M.: *Managing Global Innovation. Uncovering the Secrets of Future Competitiveness. Berlin, Heidelberg 3. Aufl. 2008*

[7]   CHESBROUGH, H.: *Open Business Models: How to Thrive in the New Innovation Landscape. Cambridge, MA 2006*

[8]   ERTL, M.: *Das Innovationsmanagement der BMW Group. Strategie, Ziele und Prozesse. In: Engel, K.; Nippa M. (Hg.): Innovationsmanagement. Von der Idee zum erfolgreichen Produkt. Heidelberg, New York 2007, S. 61-74*

[9]   GASSMANN, O.: *Opening up the innovation process: towards an agenda. In: R&D Management, 36.3. (2006), 223-228; http://www.alexandria.unisg.ch/publications/29184*

[10] VON HIPPEL, E.: *«Sticky Information» and the Locus of Problem Solving: Implications for Innovation. In: Management Science 40.4. (1994), S. 429-439.*

[11] ILI, S.: *Open Innovation in der Automobilindustrie. Strategien zur Steigerung der FuE-Produktivität. Dissertation, Universität Karlsruhe 2009*

[12] ILI, S.: *Open Innovation – Risiken erkennen, Chancen nutzen. In: Gundlach, C.; Glanz, A.; Gutsche, J. (Hg.): Die frühe Innovationsphase. Methoden und Strategien für die Vorentwicklung. Düsseldorf 2010, S. 277-298*

[13] MILLER, S.: *Open Innovation in der deutschen Automobilindustrie: Innovation des Geschäfts-modells zur Steigerung der Wettbewerbsfähigkeit. Diplomarbeit 2008, zit. nach [11]*

[14] NILSSON, P. I.; ACHTERT, M.; GROSSESCHMIDT, H.: *Pathways to Innovation Excellence. Results of a Global Study by Arthur D. Little. Arthur D. Little 2010; http://www.adl.com/reports.html?&no_cache=1&view=469*

[15] OLIVER WYMAN: *2015 Car Innovation. Innovationsmanagement in der Automobilindustrie. Atlanta u.a. 2007; http://www.car-innovation.de/pdf/studie_car_innovation_2015.pdf*

[16] POLANYI, M.: *The Tacit Dimension. Chicago, London [1966] 2009*

[17] RADTKE, P.; ABELE, E.; ZIELKE, A. E.: *Die smarte Revolution in der Automobilindustrie. Das Auto der Zukunft – Optionen für Hersteller – Chancen für Zulieferer. Wien 2004*

[18] REICHWALD, R.; PILLER, F.: *Interaktive Wertschöpfung. Open Innovation, Individualisierung und neue Formen der Arbeitsteilung. Wiesbaden 2 Aufl. 2009*

[19] *http://www.theoscarproject.org/*

[20] TIDD, J.; BESSANT, J.: *Managing Innovation. Integrating Technological, Market and Organizational Change. New York u.a. 2009.*

[21] *Verband der Deutschen Automobilindustrie: Wissmann: Automobilindustrie ist wichtigs-ter Innovationstreiber. Pressemitteilung 27.12.2009; http://www.vda.de/de/meldungen/news/20091227.html*

[22] *Volkswagen: Mentoring bei Volkswagen. Pressemeldung 31.03.2010; http://www.volkswagen.de/etc/medialib/vwcms/virtualmaster/de/Unternehmen/karriere/sondertemplates/downloadcen-ter.Par.0029.File.pdf/2010-03-31_das_mentoring-programm.pdf*

[23] WALLENTOWITZ, H.; FREIALDENHOVEN, A.; OLSCHEWSKI, I.: *Strategien in der Automobilin-dustrie. Technologietrends und Marktentwicklungen. Wiesbaden 2009*

Zusammenfassung

Open Innovation wird in der Automobilindustrie ausgebaut und in den nächsten Jahren an Wichtigkeit gewinnen. Am Beispiel von drei Maßnahmen bei Volkswagen, dem Forum Innovation mit Lieferanten, den Volkswagen ConceptTeams und Innovationsworkshops mit Kundinnen und Kunden, werden die Erfahrungen und Entwicklungsmöglichkeiten diskutiert. Dabei wird deutlich, dass die Instrumente nicht endgültig festgelegt sind, sondern sich für die praktische Umsetzung von Open Innovation in verschiedene Richtungen weiterentwickeln lassen. Open Innovation wird das Geschäftsmodell in der Automobilindustrie verändern, ist jedoch immer im Zusammenhang mit anderen Maßnahmen zur Effizienzsteigerung, zur Erhöhung von Kundenwert und Erfüllung gesetzlicher und gesellschaftlicher Anforderungen zu sehen. Somit ist Open Innovation zwar nicht das Schwert, das den gordischen Knoten aus Kostendruck, verstärkten Anforderungen und erhöhter Komplexität zerschlagen kann, aber ohne diesen Ansatz fehlt ein wesentliches Werkzeug.

Der »Connect + Develop« -Ansatz bei Wella und P&G

Wenn es darum geht, die eigenen begrenzten F&E-Kapazitäten zu erweitern, kann Open Innovation das Mittel der Wahl sein. Der Beitrag beschreibt, wie das Haarpflegeunternehmen Wella Open Innovation in verschiedener Weise angewandt hat und auch nach der Übernahme durch Procter & Gamble erfolgreich fortsetzt.

In diesem Beitrag erfahren Sie:
- welche Methoden man bei Wella zur Einbindung externen Know-hows nutzte,
- wie man nach der Übernahme durch Procter und Gamble den Open-Innovation-Prozess fortführt,
- was die notwendigen Voraussetzungen sind, um Open Innovation erfolgreich umzusetzen.

THOMAS CLAUSEN

Open Innovation bei Wella

In ihrem Buch »The Game Changer« beschreiben A. G. Lafley, vormals Vorstandsvorsitzender von Procter & Gamble, und Ram Charan, Unternehmensberater und Autor, [1] sehr anschaulich, dass es besser sei, wenn 1,5 Millionen externe Wissenschaftler mit relevantem Know-how für das eigene Unternehmen arbeiten als gegen dieses. Offenkundig lässt sich diese Feststellung unabhängig von der Größe der unternehmensinternen F&E treffen, gilt aber in besonderem Maße auch für Wella mit seinen begrenzten eigenen Ressourcen. Intensive eigene Forschungsaktivitäten wurden dort auf Gebiete konzentriert, die das Kerngeschäft unterstützten und für die externes Know-how nur eingeschränkt verfügbar war. Beispiele hierfür sind die Haarfarbforschung oder die Keratinforschung als Basis des Verständnisses, wie Haarkosmetikprodukte wirken. Andere Forschungsbereiche wie Biochemie, Polymere oder Tenside konnten dagegen leichter durch externe Kooperationen verstärkt werden. Zudem handelt es sich hier um derart weite Bereiche, dass diese mit dem beschränkten Ressourceneinsatz eines Unternehmens niemals vollständig abgedeckt werden könnten. Darüber hinaus wird in der Literatur beschrieben, dass etwa 80 % aller Innovationen Rekombinationen von bekanntem Wissen sind. [2] Auch dieser Punkt belegt, dass sich durch den Einbezug von Nachbartechnologien sowie von Lieferanten und Kunden die Effizienz der eigenen F&E erheblich verbessern lässt. Um diese Seite abzudecken, bestand bei Wella ein »Technologie-Scouting« in Form einer Stabsstelle mit direkter Berichtslinie an den Leiter F&E. Aufgabe dieser Stelle war es, Nachbartechnologien zu sondieren, neue, möglicherweise interessante Technologien aufzuspüren und Kontakte zu externen Wissenschaftlern und Institutionen aufzubauen.

Open Innovation mit Lieferanten

Die Zusammenarbeit mit Lieferanten ist für das Unternehmen aus verschiedenen Aspekten heraus interessant. Einerseits wird die eigene Kapazität im Forschungs- und/oder Entwicklungsbereich erweitert, andererseits werden in der Folge aber auch Synergien im Bereich der Herstellung bei dem Lieferanten möglich. So wurde bei Wella über viele Jahre an einem Forschungsprojekt gearbeitet, um modifizierte Derivate des Chitosans in kosmetischen Formulierungen einzusetzen (vgl. z. B. [3]). Chitosan ist ein in der Natur vorkommendes Polymer, das sich leicht in großen Mengen aus Chitin herstellen lässt. Chitin wiederum ist ein nachwachsender Rohstoff wie Cellulose und kann mit ähnlichen Modifizierungsverfahren wie diese zu vielen Derivaten mit breiten Anwendungsgebieten verarbeitet werden.

Was bei Wella zunächst als ein reines Forschungsprojekt begann, konnte erst dann als ein in marktfähigen Produkten einsetzbarer Rohstoff verwertet werden, als man eine entsprechende Kooperation mit einem Hersteller einging. Um diesen finden zu können, rekurierte man auf die chemische Strukturähnlichkeit zwischen Chitin und Cellulose. So führte die gezielte Ansprache verschiedener Cellulose-Verarbeiter zu einem Partner, der über das Know-how und die Anlagen verfügt, um Cellulosederivate zu erzeugen. So konnte durch die Zusammenarbeit das entsprechende Chitosanderivat technisch hergestellt werden – und zwar zu wirtschaftlich interessanten Kosten. Möglich war dies dadurch, da man sowohl die Forschungsergebnisse von Wella einbringen als auch die Erfahrungen und Technologien des Herstellers nutzen konnte.

Der Aufbau einer eigenen Fertigungsanlage für die Chitosanderivate wäre für Wella hingegen völlig unrentabel gewesen. Und auch der Rohstofflieferant hätte das in der Kosmetik einsetzbare Derivat nicht produzieren können ohne die begleitende Unterstützung durch die Wella-Forschung, die eine iterative Verbesserung des Herstellungsprozesses ermöglichte, um die notwendige Qualität zu erreichen.

Die hier skizzierte Zusammenarbeit ist in einem wesentlichen Punkt auf viele weitere Fälle übertragbar. Häufig besteht nämlich das grundsätzliche Problem, dass für innovative Produkte auch neue Rohstoffe oder neuartige Komponenten benötigt werden. Diese entstehen in der Regel in der Forschungs- und Entwicklungsabteilung und müssen für die Produktion dann in größerem technischem Maßstab hergestellt werden, was bereits bei der Entwicklung berücksichtigt und eingeplant werden muss. Die Folgekosten für die Herstellung der Komponenten können sehr hoch werden, wenn man nicht auf vorhandene Anlagen und die Rohstoffbasis des Herstellers zurückgreifen kann. Aus diesem Grunde ist eine Zusammenarbeit in der Entwicklung nicht nur ressourcenschonender und projektbeschleunigend, sondern kann prinzipiell über die wirtschaftliche Umsetzbarkeit einer Innovation entscheiden.

Ein weiteres positives Beispiel aus dem Bereich der Produktentwicklung von Wella stellt die Entwicklung der »Inspire«-Haarfarbe dar. Auch diese Technologie wurde gemeinsam mit einem externen Partner erarbeitet, nämlich einem für Wella bereits tätigen Lieferanten. Dieser hatte seine Granulierungstechnik weiterentwickelt und einen Prozess erarbeitet, mit dem sich Produkte sehr unterschiedlicher Konsistenz in rieselfähige Granulate umwandeln lassen. Allerdings gab es dafür zu diesem Zeitpunkt nur wenige Anwendungen, weshalb der Lieferant auf der Suche nach neuartigen Produktideen war. Der in einem gemeinsamen Brainstorming entwickelte Gedanke war nun, ein konventionelles Haarfärbemittel durch diesen Prozess in ein Granulat umzuarbeiten, um auf diese Weise neue Anwendungsformen und damit auch neuartige Services für den Friseur zu entwickeln.

Dieser Weg war nie zuvor beschritten worden, da herkömmliche Haarfarben empfindlich gegenüber Luftsauerstoff sind und somit luftdicht verpackt werden müssen. Die meistverbreitete Handelsform sind Cremes, die in Tuben vermarket werden. Es galt daher bislang als sehr unwahrscheinlich, dass sich der Granulierungsprozess mit diesen empfindlichen Produkten erfolgreich durchführen lassen würde. Darüber hinaus war davon auszugehen, dass ein eventuell herstellbares Produkt in kürzester Zeit an der Luft oxidieren und damit zerstört werden würde. Da zudem bei Wella nur wenig Erfahrung mit Granulierungsprozessen vorlag, wären entsprechende Entwicklungsversuche mit hoher Wahrscheinlichkeit gescheitert.

Tatsächlich zeigten sich bei ersten Versuchen mit dem Prozess des Lieferanten Erfolg versprechende Ergebnisse, die zum Anlass für ein gemeinsames Projekt genommen wurden. Am Ende dieser Zusammenarbeit stand ein völlig neuartiges Granulat, bei dem der Friseur wie bei einem Aquarell-Malkasten die Möglichkeit hat, jede erdenkliche Haarfarbennuance für seine Kundin zu mischen [4]. Im Ergebnis entsteht so ein völlig neuer Service für eine frei individualisierbare Haarfärbung, über den die Kundin schließlich auch an »ihren« Friseur gebunden wird. Das Können des Friseurs in Bezug auf die spezielle Farbmischung sowie die Möglichkeit, die Farbe vor den Augen der Kundin gleichsam zu »zelebrieren«, sind wesentliche Bestandteile des Konzepts und des Farbergebnisses.

Da sich aufgrund der neuen Darreichungsform die Tube als konventionelle Verpackung von Haarfarben nicht mehr verwenden ließ, wurde im Rahmen des Projektes auch die Entwicklung einer völlig neuartigen Verpackung erforderlich. Dabei musste ein Konzept erarbeitet werden, das es ermöglicht, mit den begrenzten Möglichkeiten in einem Friseursalon kleine Mengen an Granulat sicher und reproduzierbar abzumessen. In der Folge wurden durchsichtige Kunststoffbehälter entwickelt, aus denen sich das rieselfähige Granulat leicht in ebenfalls neu geformte Messbecher dosieren lässt. Auch dieses Verpackungskonzept wurde inklusive der Umsetzung gemeinsam mit Lieferanten verwirklicht.

Open Innovation mit Universitäten

Wella hat über viele Jahre mit Universitäten und Forschungsinstituten zusammengearbeitet. Dabei wurde ein weites Feld abgedeckt, das von der Entwicklung von Messmethoden an Haaren, der Erforschung von wissenschaftlichen Zusammenhängen bei der Produktanwendung bis zur Produktentwicklung reichte. So gab es beispielsweise eine langjährige Kooperation mit der Technischen Universität Darmstadt auf dem Gebiet der organischen Chemie. Das Arbeitsgebiet lag im Bereich der Synthese neuer Haarfarbstoffe.

Haarfarben sind ein sehr bedeutendes Geschäftsfeld für Wella. Das Know-how auf diesem Gebiet ist indessen sehr speziell und wurde in nur wenigen Industrieunternehmen über viele Jahre aufgebaut. Die intensive Beschäftigung mit diesem Gebiet in Forschung, Produktentwicklung und Produktsicherheit ist notwendig, da das spezialisierte Wissen außerhalb der Unternehmen nur sehr eingeschränkt zur Verfügung steht und damit auch kompetente Kooperationspartner nur in sehr begrenztem Maße vorhanden sind. Dies bezieht sich auf alle Entwicklungsstufen neuer Farbstoffe: von der Planung neuer Strukturen, der Umsetzung in neue Moleküle im Labor über die toxikologische und dermatologische Untersuchung bis hin zum Einsatz in den verschiedensten Produkten.

Die Technische Universität Darmstadt (TUD) dagegen verfügt über fundiertes Wissen auf den Gebieten verschiedenster Heterocyclen, ringförmiger Strukturen, die über Kohlenstoff hinaus beispielsweise Stickstoff enthalten. Über viele Jahre wurde diese Gruppe durch einen hochkarätig besetzten Lehrstuhl für Organische Chemie an der TUD vertreten. Eine spezielle Klasse dieser Verbindungen wurde bis dahin nicht in Haarfarben eingesetzt; sie erschien Wella aber aufgrund theoretischer Überlegungen interessant. Dies ergab sich aufgrund eines Vergleiches der Elektronendichteverteilung in bekannten, in Produkten eingesetzten, aromatischen Verbindungen mit Vorhersagen für diese neuartigen Heterocyclen.

Der Kontakt zwischen beiden Partnern entstand aus einer Servicedienstleistung. Verschiedene spektroskopische Methoden waren bei Wella zu diesem Zeitpunkt noch nicht etabliert und die TUD führte diese Messungen auftragsbezogen durch. Daraus ergaben sich Gespräche über mögliche weitergehende Kooperationen, die schließlich zu einem Projekt führten. Die Zusammenarbeit beider Partner kombinierte in synergistischer Weise das grundlegende Verständnis der Haarfarb-Chemie und das Farbstoff-Know-how von Wella mit den Erfahrungen und Möglichkeiten der Hochschule auf dem Gebiet der Heterocyclen-Synthese. Darüber hinaus war es möglich, die Forschungsgebiete in mehreren Promotionen zu bearbeiten, was einerseits einer Erweiterung der eigenen Ressourcen gleichkam und gleichzeitig dem Lehrstuhl der Universität half, Doktoranden zu finanzieren und diese an sich zu binden.

Das Ergebnis dieser Kooperation war die erfolgreiche Erschließung einer neuartigen Klasse von chemischen Strukturen mit völlig neuen Eigenschaften für die Haarfärbung. Mit internem Know-how wurde dann die weitere Entwicklung einer besonders geeigneten Substanz bis zum Einsatz in Haarfarben vorangetrieben [5]. Schließlich konnten auf dieser Basis neue, rote Haarfarben mit einer bis dahin nie gekannten Brillanz und Haltbarkeit hergestellt werden. Die Markteinführung dieser Produkte war eine kleine Revolution (»Red-volution«) und führte zu einer signifikanten Ausweitung der Marktanteile für Wella im Bereich der oxidativen Haarfarben dank klarer Verbrauchervorteile für Friseure und Kunden.

Möglich wurde dieser Erfolg durch eine intensive und offene Zusammenarbeit. Die Mitarbeiter(innen) der Universität hatten freien Zugang zu den Wella-Labors und haben auch zuweilen dort gearbeitet, insbesondere wenn es um anwendungstechnische Fragen ging. Auch die Universität war sehr kooperativ – die Inhalte der Arbeiten wurden eng abgesprochen. Dies sicherte sowohl den wissenschaftlichen Anspruch der Promotionsarbeiten als auch die Berücksichtigung der Ziele von Wella. Die Untersuchung und Aufklärung der Reaktionsmechanismen half beiden Seiten, die Chemie dieser Verbindungen besser zu verstehen, während gleichzeitig wirtschaftlich verwertbare Ergebnisse entstanden.

Produktentwicklung mit Lead Usern

Die oben beschriebenen Beispiele sind im Wesentlichen getrieben durch »Technology Push«. Das heißt, aus dem Bereich F&E heraus wurden gemeinsam mit Partnern Projekte vorangetrieben, die technisch interessant und möglich waren. Erfolgreiche Innovation muss sich aber am Markt durchsetzen. Insofern ist die Berücksichtigung des Verbrauchernutzens bei der Erarbeitung von neuen Produkten eine absolute Notwendigkeit. Die erfolgreichsten Produkte und Dienstleistungen entstehen immer dann, wenn neuartige Entwicklungen auf ein (zumindest latentes) Verbraucherbedürfnis treffen. Ein möglicher Weg, um dieses Ziel zu erreichen, ist die Zusammenarbeit mit Lead Usern [6].

Wesentlicher Geschäftszweig von Wella ist das Friseurgeschäft, und externe Friseure spielen schon seit mehreren Jahrzehnten eine zentrale Rolle in der Produktentwicklung. Insofern wird das Lead-User-Konzept seit Langem erfolgreich angewandt, allerdings ohne dabei den Begriff »Lead User« explizit zu verwenden.

Diese Zusammenarbeit begann häufig dadurch, dass eine Einzelperson von außen Kontakt mit dem Unternehmen aufnahm. In der Regel handelte es sich dabei um einen kreativen Friseur, der »etwas erfunden« hatte. Aus diesen Einzelaktivitäten entwickelte sich über die Jahre eine Kooperation mit wenigen vertraglich gebundenen Friseuren, aus der bereits viele neue Produkte und Dienstleistungen hervorgegangen sind. Das Spektrum deckt den gesamten Salonbereich ab und reicht von fertig entwickelten Friseurgeräten über neue Produkte, die beispielsweise durch Mischen von Pflege- und Stylingprodukten entstehen, bis zu neuen Servicekonzepten.

Ein Beispiel für eine solche Zusammenarbeit mit einem externen Friseur war die Weiterentwicklung einer Dauerwelle, die auch stabile großlockige Wellen zuließ (»Varioform«). Von dem Friseur kamen dabei wesentliche Elemente der Serviceidee und grobe Vorstellungen zum Produkt, während Wella mit dem Know-how von Produktentwicklung und Fachtrainern das dazu passende Produkt entwickelte und die problemlose Anwendung des Konzepts in der Breite des Marktes sicherstellte.

Trotz des erfolgreichen Einbezugs von Lead Usern hatte diese Vorgehensweise auch Nachteile. So zeigte sich bald, dass gerade die Fokussierung auf wenige »Kreative« zu bestimmten Einschränkungen führte, da diese Personen im Verlaufe der intensiven Zusammenarbeit allmählich begannen, Wella-interne Sichtweisen zu adaptieren, und damit ihre externe Sicht zumindest teilweise verloren. Darüber hinaus wurde das Potenzial des Lead-User-Konzeptes nicht vollständig ausgenutzt. Der Fokus lag im Wesentlichen auf punktuellem Input dieser einzelnen Lead User – es gab keinen systematischen Prozess der gemeinsamen und gezielt projektbezogenen Ideen-Entwicklung. Darüber hinaus zeigte sich, dass sich der Ideenreichtum dieser wenigen Personen über die Zeit der mehrjährigen Zusammenarbeit erschöpfte.

Daher wurde in der Folge eine Organisation aufgebaut, die eine systematische Zusammenarbeit mit externen Friseuren auf globaler Basis ermöglicht. Zu diesem Zweck weitete man die Kooperation mit einzelnen kreativen Friseuren zu einem Netzwerk aus. Für die Produktentwicklung bestanden bereits F&E-Friseursalons in verschiedenen Ländern innerhalb und außerhalb Europas. Diese »Basisstationen« wurden dann genutzt, um vor Ort Arbeitskreise mit externen Friseuren zu gründen. Bei der Auswahl wurde einerseits auf kreative Teilnehmer geachtet, andererseits aber auch das Spektrum an typischen Friseursalons der jeweiligen Länder abgebildet. Vertreten sind sowohl niedrigpreisige als auch High-Class-Salons oder landestypische Eigenarten wie Barber Shops. Die Nutzung dieser externen Kontakte erfolgt auf verschiedenste Art und Weise. Zum Teil erhalten wir wie in Deutschland »unaufgefordert« Ideen und Vorschläge, zum anderen werden aber auch gezielt Workshops durchgeführt, um in Suchfeldern systematisch Problemlösungen zu erarbeiten. Darüber hinaus lassen sich relativ schnell, kostengünstig und vertraulich neue Konzepte mit Marktteilnehmern, die einen Salon wirtschaftlich führen müssen, im ersten Ansatz kritisch überprüfen. Auch diese Vorgehensweise hat sich bewährt: Viele neue Produkt- und Serviceideen, aber auch kleine Verbesserungen und Weiterentwicklungen stammen aus diesen Quellen.

Connect + Develop – Open Innovation bei Procter & Gamble

Open Innovation wurde bei Procter & Gamble zum »Programm«, als der damalige Vorstandsvorsitzende A.G. Lafley 2001 forderte, dass 50 Prozent aller Innovationen durch Zusammenarbeit mit Externen erarbeitet werden sollten. Nur sechs Jahre später war dieses Ziel bereits erreicht.

Basis all dieser Aktivitäten ist der Leitsatz »Consumer is Boss«, entsprechend haben sich alle Innovationen am Verbrauchernutzen auszurichten. Dies erlaubt auch eine leichtere Umsetzung und höhere Akzeptanz des Open-Innovation-Modells, denn mit dem Verbraucher im Mittelpunkt wird es leichter zu akzeptieren, dass Innovation nicht nur aus eigener »großartiger« F&E entsteht, sondern durch verschiedenartigsten Input von außen, insbesondere auch von der großen Masse an Verbrauchern.

Das Schlagwort für Open Innovation bei P&G ist »Connect + Develop« (C+D). Der Gedanke dabei ist, dass P&G Ideen, Vorschläge und Technologien aufnimmt aus allen möglichen Quellen, wie etwa Verbraucher, Lieferanten, Forschungsinstitute, Handelspartner oder

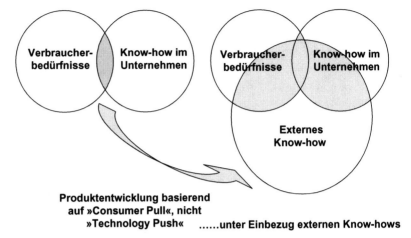

Produktentwicklung basierend
auf »Consumer Pull«, nicht
»Technology Push«   ......unter Einbezug externen Know-hows

Abb. 1:   *Multiplikation des Inputs für Innovation durch Open Innovation im Vergleich zu ausschließlich interner F&E-Aktivität*

Einzelerfinder (*connect*). In der Regel ist dieser externe Input aber weiterzuentwickeln zu einem marktfähigen Produkt (*develop*).

Zu der Frage »Was kann P&G leisten?« kam somit der Punkt hinzu: »Wie kann die Außenwelt uns helfen, mehr zu leisten?« Basis ist dabei der Verbrauchernutzen, der die Entwicklung antreibt, nicht die Technologie als »push« (siehe Abb. 1).

Die hohe Bedeutung, die P&G dem »Connect + Develop«-Input für Innovationen beimisst, lässt sich an der Gestaltung der Website erkennen. Bereits auf der Homepage von P&G findet man den Link für »Partners and Suppliers«, der direkt zu C+D führt [7]. Bob McDonald, heutiger CEO des Unternehmens, wirbt dort um Partnerschaft mit »den besten Innovatoren«; zudem erklärt der Chief Technology Officer diesen Ansatz und stellt dar, warum ein potenzieller Innovator bevorzugt mit P&G zusammenarbeiten sollte.

Vision und Ziele des »Connect + Develop«-Ansatzes sind:

⇨ »P&G's Netzwerk von Partnern und Lieferanten ist von essenzieller Bedeutung für den langfristigen Erfolg des Unternehmens und [...] den Anspruch, Markenprodukte und Dienstleistungen von überlegener Qualität und hohem Nutzwert anzubieten, die das Leben der Verbraucher in aller Welt verbessern – jetzt und für zukünftige Generationen«.

⇨ »P&G beschleunigt die internen F&E-Aktivitäten, indem weltweit die Fähigkeiten und existierenden Innovationen von Einzelpersonen, Instituten und Firmen genutzt werden. Durch diese Zusammenarbeit mit Experten und ‚Innovatoren' entstehen neue Produkte, die zu vernünftigen Kosten die Bedürfnisse von Verbrauchern erfüllen. P&G baut ein globales Innovations-Netzwerk mit den besten Experten und Institutionen auf, um eine beiderseitig erfolgreiche Zusammenarbeit zu begründen, die zu neuen Produkten und kontinuierlicher Verbesserung bestehender Produkte führt.« [7]

Dabei wird ein breites Feld möglicher Kooperationsmöglichkeiten beschrieben. Es geht um neue Produkte und Services, Verpackung, Design, Geschäftsmodelle, bis hin zu Warenzeichen, Methoden der Verbraucherforschung und der Analytik. Im Zentrum all dieser Aspekte steht dabei immer, wie sich der Nutzen für den Verbraucher steigern lässt: entweder direkt durch neue bzw. verbesserte Produkte und Services oder durch indirekten Einfluss auf die Verbesserung von Effektivität und Effizienz interner Prozesse.

Auf der Website wird dies folgendermaßen beschrieben: »Haben Sie eine Produktidee oder ein Produkt, das die Spielregeln ändert, oder eine Technologie, eine Methode, eine Markenidee, eine Verpackung oder ein Design, das zu neuen Produkten oder Services führen könnte, die Verbrauchern das Leben erleichtern könnten? Haben Sie Ideen zu existierenden P&G-Produkten? Wenn das so ist, würden wir gern mit Ihnen partnerschaftlich zusammenarbeiten!«

Deutlich steht der Verbrauchernutzen im Vordergrund und nicht bloß das technologisch Machbare. Außerdem geht es um diejenigen Verbraucher, die P&G anspricht – man fokussiert also klar auf die Geschäftsfelder von P&G. Zu diesem gerichteten Interesse an Input gehört natürlich, dass ein potenzieller Erfinder bzw. Innovator auch tatsächlich weiß, was P&G sucht. Deshalb gibt es eine ausführliche und detaillierte Liste der »P&G Needs«. Hier ist im Einzelnen beschrieben, auf welchen Gebieten Bedarf an externer Hilfe besteht, wiederum immer im Hinblick darauf, ein Verbraucherbedürfnis zu befriedigen.

Weiterhin sind Vorschläge insbesondere dann interessant und weiterführend, wenn sie über das interne Know-how hinausgehen, das in der Firma sowieso vorhanden ist. Damit ein potenzieller Ideenlieferant dies einschätzen kann, muss er Anhaltspunkte darüber bekommen, wo die Stärken und die Arbeitsschwerpunkte innerhalb der Forschung & Entwicklung bei P&G liegen. Auch dies wird ausführlich beschrieben und veröffentlicht. Außerdem wird an Beispielen möglicher interessanter Felder illustriert, wie breit das potenzielle Suchfeld ist. Das folgende Zitat führt beispielhaft solche Anhaltspunkte auf:
»Wir suchen:
⇨ ein nicht Erdöl-basierendes Polymer auf nachwachsender Rohstoffbasis,
⇨ analytische Methoden, um Geschmack und Geruch objektiv zu messen,
⇨ Hilfe bei dem Design von Einfülldüsen für Produkte und Verpackungen,
⇨ gesundheitsrelevante Lösungen bezogen auf Verdauungsprobleme,
⇨ Verbesserungen in der Zahnfleischgesundheit und darüber hinaus
⇨ ganz allgemein Innovationen zur Verbesserung des Aussehens.«

Wie eingangs bereits beschrieben gibt es eine zweite große Gruppe von Input-Lieferanten für Innovationen: die Hersteller, die Lieferanten und die Handelsunternehmen, mit denen ein Unternehmen arbeitet. Während Rohstoffhersteller und externe Dienstleister Einblick haben in die Herstellung und das Design der Produkte, hat der Handel den direkten Kontakt zum Endverbraucher am »Point of Sale«. Diese unterschiedlichen Sichtweisen führen zu weiteren interessanten Impulsen. P&G hat daher für diese Gruppe einen speziellen Bereich der Website zur Verfügung gestellt. Derzeitige Lieferanten oder Unternehmen, die gern mit P&G zusammenarbeiten möchten, können dort gezielt Produkte und Dienstleistungen anbieten. Obgleich die genannten Gruppen häufig ohnehin direkten Kontakt zum Unternehmen haben, hat dieser strukturierte Ansatz den Vorteil, dass keine Ideen verloren gehen und dass sie im Unternehmen an die richtige Stelle adressiert werden.

In der beschriebenen Vorgehensweise von P&G wird externes Wissen aus den unterschiedlichsten Quellen in den Innovationsprozess integriert. Es handelt sich folglich um einen *Outside-in-Prozess* (vgl. z. B. [2]), der häufig als Ausgangspunkt von Open Innovation anzusehen ist. Er integriert Know-how von Kunden, Lieferanten und externen Partnern wie Universitäten oder Einzelexperten, um neue Produkte zu schaffen oder die Qualität und die Geschwindigkeit der Entwicklung von Innovationen zu erhöhen.

Daneben gibt es aber auch den *Inside-out-Prozess*, der den umgekehrten Fall darstellt und bei dem internes Wissen extern vermarktet wird. Unternehmen nutzen diesen Prozess zum Beispiel, um Lizenzgebühren für Patente bzw. Innovationen einzunehmen, die in der operativen Geschäftstätigkeit nicht angewandt werden können, für Dritte aber interessant sind. Gegebenenfalls können durch größere Produktionsmengen an Verpackungen und Rohstoffen auch Kosten gesenkt werden oder neue Geschäftsfelder gemeinsam mit Partnern entwickelt werden. Auch diese Richtung von Open Innovation wird bei Procter & Gamble praktiziert, wie die Beispiele im nachfolgenden Kasten aufzeigen.

Es ist kein Geheimnis, dass durch die gezielte Einbindung von Lead Usern und Verbrauchern Wettbewerbsvorteile entstehen können, weshalb auch immer mehr Unternehmen diesen Ansatz nutzen. In der Zwischenzeit ist aber eine weitere Entwicklung, quasi die nächste Stufe, zu beobachten: Die Kommunikation zwischen Verbrauchern und zu Verbrauchern ändert sich grundsätzlich. Interaktives Web 2.0, YouTube, Twitter, Facebook Communities und ähnliche Medien sind allesamt Plattformen, über die in zunehmendem Maße auch Meinungen zu Produkten und Marken gebildet werden.

Beispiele für erfolgreiche Produkteinführungen durch den »Connect + Develop«-Ansatz [8]:

Outside-in

⇨ Olaz®: Die »Olaz Regenerist«-Reihe ist eine wesentliche Säule der globalen Marke Olay®/Olaz® mit über 2 Milliarden US$ Umsatz. Das Wirkprinzip beruht auf einer neuen Peptid-Technology, die von einer kleinen Kosmetik-Firma in Frankreich entwickelt wurde und die dann für Olaz gemeinsam umgesetzt wurde.

⇨ Oral-B® Pulsonic® Zahnbürste: Die Pulsonic Technology wurde von P&G in Partnerschaft mit einer führenden japanischen Firma entwickelt. Im Vergleich zu einer Inhouse-Entwicklung verkürzte sich die Entwicklungszeit auf die Hälfte – die Zahnbürste war weniger als ein Jahr nach dem ersten Gespräch auf dem Markt.

⇨ Pringles® Stix: Ein großer japanischer Lebensmittelhersteller vermarktete Stick-Snacks in Japan. P&G erkannte die breitere Distributionsmöglichkeit und ging eine Partnerschaft mit dem japanischen Unternehmen ein. P&G liefert Marketing, Vertrieb und Marke, während das externe Unternehmen das Produkt und die Weiterentwicklung beiträgt. Beide Partner profitieren von der breiteren Distribution und dem Ausbau der Marke Pringles.

Inside-out

⇨ Deodorant-Verpackung: P&G hatte eine innovative Deo-Verpackung entwickelt und nutzt diese für eigene Produkte. Nach Markteinführung hatten sowohl Konkurrenzunternehmen als auch der Verpackungshersteller Interesse an Lizenzen. P&G vergab diese Lizenzen und sorgte insgesamt für eine Win-win-win-Situation: So profitiert P&G sowohl von Zahlungen als auch von niedrigeren Verpackungskosten aufgrund der insgesamt höheren Stückzahlen. Der Verpackungshersteller macht mehr Umsatz durch mehr Verpackungen und die Mitbewerber erzielen weitere Erlöse aufgrund der zusätzlichen innovativen Produkte in ihrem Sortiment.

⇨ Verkauf einer nicht genutzten Technologie: P&G hatte in langjähriger Arbeit eine Technologie entwickelt, um aus nachwachsenden Rohstoffen neuartige Biopolymere herzustellen. Da P&G aber kein Hersteller von Kunststoffen ist, wurde die Erfindung nicht genutzt, bis sich schließlich eine externe Firma für sie zu interessieren begann. In der Folge veräußerte P&G die Entwicklung an diese Firma, die nun entsprechende Polymere herstellen wird.

Diese Kommunikationsformen können in kürzester Zeit Marken aufbauen, aber auch zerstören. Gleichzeitig sind dies allerdings auch Instrumente, mit denen Unternehmen Kontakt zu engagierten Verbrauchern aufnehmen und wertvollen Input für die Weiterentwicklung von Produkten gewinnen können. Solche Verbraucher sind häufig nicht nur an passiver Mitwirkung interessiert, sondern wollen vom Unternehmen in die Entwicklung »ihres Produktes« einbezogen werden [9]. Hier handelt es sich um ein zusätzliches Potenzial an Lead Usern, die nicht einmal gesucht werden müssen – diese Lead User finden das Unternehmen.

Voraussetzungen für Open Innovation

Die erfolgreiche Umsetzung des Open-Innovation-Konzepts führt zu klaren Wettbewerbsvorteilen durch die größere Basis an Input für Innovationen und die Nutzung des fast unerschöpflichen Potenzials an Experten und Know-how außerhalb des Unternehmens. Zudem sollte sich die Effizienz von F&E im Sinne von Output-Kosten-Relation verbessern.

Die Umsetzung von Open Innovation in der beschriebenen Form ist aber nur möglich, wenn sich zugleich die Unternehmenskultur grundlegend ändert. Voraussetzung hierfür ist das klare Bekenntnis der Unternehmensleitung zu dieser Vorgehensweise und das Bewusstsein, dass dazu auch Prozesse im Unternehmen verändert und neu gestaltet werden müssen.

Darüber hinaus stehen dem hohen Nutzen von Open Innovation im Hinblick auf Innovations-Input auch potenzielle Risiken gegenüber: So hat die notwendige Offenheit bei einem zielgerichteten »Connect + Develop«-Ansatz bestimmte Einschränkungen in Bezug auf die Vertraulichkeit der Informationen zur Folge, werden doch sowohl die Suchgebiete als auch die Fähigkeiten der internen F&E publik gemacht. Dies gibt natürlich auch der Konkurrenz entsprechende Anregungen, da sich Rückschlüsse auf die Innovationsstrategie und geplante neue Produkte und Services des Unternehmens ableiten lassen. Trotz dieser Transparenz für andere wurde bei P&G entschieden, diesen Weg zu gehen. Der Gedanke dabei ist, dass durch die hohe Qualifikation von eigenen F&E-Mitarbeitern und die Zusammenarbeit mit den besten Externen Produkte und Dienstleistungen entstehen, die gegenüber der Konkurrenz zunächst einen Wettbewerbsvorteil darstellen. Dieser Vorteil ergibt sich auch durch die Beschleunigung des Gesamtprozesses, so dass damit die Geschwindigkeit zu einem wesentlichen Erfolgsfaktor wird. P&G erachtet all diese Vorteile für entscheidender als ein Gewinn durch Geheimniskrämerei. Ferner haben diese Aspekte auch einen höheren Stellenwert gegenüber der Möglichkeit, Neuheiten durch »intellectual property rights«, also z. B. Patente, zu schützen. Einerseits erweitert Open Innovation die eigene Schutzrechtspalette um die Möglichkeit, Schutzrechte von außen zu erwerben und zu nutzen. Andererseits sind viele gute Lösungen, speziell im Bereich der kontinuierlichen Verbesserung von Produkten und insbesondere, wenn sie aus dem Open-Innovation-Bereich mit Verbrauchern kommen, ohnehin häufig schwer durch Patente abzusichern. Auch hier hilft es nur, schneller zu sein als die Konkurrenz – sozusagen den nächsten Schritt getan zu haben, bevor die anderen kopieren.

Im Folgenden werden einige zentrale Voraussetzungen für das erfolgreiche Umsetzen des Open-Innovation-Ansatzes dargestellt, wie sie sich aus der Praxis bei Wella und P&G ergeben haben.

Wesentlich ist dabei, dass zum einen im Unternehmen über alle Hierarchieebenen hinweg eine offene Grundhaltung zu Innovationen von außen vorherrschen sollte. Zum anderen sollte allen Beteiligten bewusst sein, dass Open Innovation immer auch internen Aufwand bedeutet. Diese beiden Voraussetzungen werden häufig unterschätzt:

⇨ Das Unternehmen muss offen sein für Ideen von außen. Es darf kein »Not-invented-here-Syndrom« geben – also die Nichtbeachtung von bereits existierendem Wissen jenseits der Unternehmensgrenzen. Hilfreich ist dabei ein klares Verständnis, dass am Ende der Erfolg zählt, und nicht, woher die Idee kam. Diese Kulturänderung weg von einem »Elfenbeinturm-Denken« ist auf allen Hierarchiestufen notwendig. Ideen von außen müssen nicht nur in das Unternehmen hineingebracht werden, sie müssen auch mit dem gleichen Willen zum Erfolg wie interne Projekte von allen Beteiligten umgesetzt werden.

⇨ Die Notwendigkeit von Open Innovation als Erfolgsfaktor sowie die damit verbundene Offenheit muss deshalb Top-down gewollt sein, gegebenenfalls ist ein »Machtpromotor« erforderlich, der das Vorhaben durch seine Autorität unterstützt – im Falle P&Gs hatte der damalige CEO Lafley diese Rolle wahrgenommen.

⇨ Open Innovation und erfolgreiche Zusammenarbeit mit Externen erzeugt internen Aufwand und ein internes Projekt. Durch eine »Scouting«-Funktion lassen sich sehr gut externe Kontakte knüpfen und auch Projektvorschläge in das Unternehmen hineintragen. Dies ist ein guter Einstieg, kann aber nicht die operative Projektarbeit leisten. Ohne interne Begleitung/Bearbeitung und ohne die Integration in die Systeme des Unternehmens wird ein Projekt scheitern oder sehr verzögert werden. Dies gilt auch für vermeintliche »ready cooked«-Lösungen, also weit entwickelte (fast) markteinführungsreife Produkte.

⇨ Erfolgsfaktoren für die erfolgreiche Umsetzung sind:
  – interne Prozesse, die sicherstellen, dass externer Input systematisch in die Arbeit der Organisation eingebunden wird: externe Projektvorschläge, Ideen und auch fertige Lösungen müssen in Bewertungsrunden die gleichen Chancen haben wie interne Projekte; die beste Lösung muss gewinnen,
  – die Abwicklung als strukturiertes Projekt, in dem interner und externer Aufwand geplant werden,
  – die Bereitstellung der notwendigen Ressourcen in Bezug auf Mitarbeiter, Arbeitsmittel und Budget,
  – ein engagierter interner Projektleiter, der von dem Projekt überzeugt ist und dieses zusammen mit Externen zum Erfolg führen *will*.

⇨ Für eine systematische, nachhaltige Open-Innovation-Strategie ist es erforderlich, dass man für potenzielle Partner der bevorzugte Ansprechpartner ist. Dazu muss eine Beziehung bzw. eine Bindung zu den Innovatoren außerhalb der Firma aufgebaut werden. Es muss eine Vertrauensbasis geschaffen werden und sehr deutlich sein, dass eine Zusammenarbeit zum beiderseitigen Nutzen gewollt ist, kein »Über-den-Tisch-Ziehen«.

⇨ Die externen Partner benötigen eine klare Vorstellung von dem, was gesucht ist – daher ist die Kommunikation nach außen von hoher Bedeutung.

⇨ Innerhalb des Unternehmens muss das eindeutige Verständnis herrschen, dass Open Innovation kein Outsourcing ist, sondern eine Zusammenarbeit mit Externen, um die eigenen Grenzen zu überwinden und zusätzliche Erfolge zu erzielen.

⇨ Positive Beispiele sollten herausgestellt und Erfolge auf diesem Gebiet belohnt werden.

⇨ Schließlich: Die richtigen Partner müssen aktiv gesucht und gegebenenfalls an das Unternehmen gebunden werden. Auch diese Aktivität ist nicht ohne Aufwand und erfordert eine entsprechende Organisation.

Literatur

[1] LAFLEY, ALAN G.; CHARAN, RAM (Hrsg.): *The Game Changer. New York: Crown Business,* 2008

[2] GASSMANN, OLIVER; ENKEL, ELLEN: *Open Innovation. Die Öffnung des Innovationsprozesses erhöht das Innovationspotential. In: zfo, 75. Jg. (2006) Heft 3, S. 132-138*

[3] LANG, GÜNTHER; WENDEL, HARALD; KONRAD, EUGEN: *Schutzrecht DE 3501891, Kosmetische Mittel auf der Basis von quaternären Chitosanderivaten, neue quaternäre Hydroxypropyl-substituierte Chitosanderivate sowie Verfahren zu ihrer Herstellung. Wella, Pr. 22.01.1985*

[4] SCHMENGER, JÜRGEN; BRAUN, PETRA; ENGLISCH, WOLFRAM: *Schutzrecht DE 10347242. Farbstoffhaltige Pellets zum Färben von Keratinfasern. Wella, Pr. 10.10.2003*

[5] CLAUSEN, THOMAS; KERN, UTE; NEUNHOEFFER, HANS: *Schutzrecht DE 3843892, Oxidationshaarfärbemittel mit einem Gehalt an Diaminopyrazolderivaten und neue Diaminopyrazolderivate. Wella, Pr. 24.12.1988*

[6] von HIPPEL, ERIC (Hrsg.): *Novel Product Concepts from Lead Users; Segmenting Users by Experience. Cambridge: Marketing Science Institute, 1984; sowie: von Hippel, Eric (Hrsg.): Democratizing Innovation. Cambridge: The MIT Press, 2005*

[7] Procter & Gamble: *Connect + Develop-Homepage. Online unter URL: https://www.pgconnectdevelop.com/pg-connection-portal/ctx/noauth/PortalHome.do (Abrufdatum: 13.04.2010)*

[8] Procter & Gamble: *Connect + Develop-Homepage. Online unter URL: https://www. pgconnectdevelop.com/pg-connection-portal/ctx/noauth/0_0_1_4_83_4_6.do (Abrufdatum: 13.04.2010)*

[9] REICHWALD, RALF; PILLER, FRANK: *Interaktive Wertschöpfung: Open Innovation, Individualisierung und neue Formen der Arbeitsteilung. Wiesbaden: Gabler Verlag, 2. Auflage, 2009*

Zusammenfassung

Open Innovation diente bei Wella zwei verschiedenen Zielen: Der Gedanke war einerseits, die beschränkten F&E-Kapazitäten einer etwa im Vergleich zu L'Oréal oder P&G kleinen Organisation durch externe Kooperationen zu erweitern. Dies galt insbesondere auch für den Forschungsbereich, speziell auf Gebieten, die intern nur unzureichend abgedeckt werden konnten. Andererseits wurden in den Produktentwicklungsprozess in hohem Maße Kunden, speziell Friseure, einbezogen. Aus der Zusammenarbeit mit einzelnen kreativen Friseuren entwickelte sich ein systematisches Lead-User-Konzept. Durch internationale Friseurarbeitskreise konnten sowohl Anregungen aus den Märkten aufgenommen werden, wie auch intern entwickelte Konzepte mit ausgewählten Externen auf Machbarkeit überprüft werden.

Procter & Gamble, ein in der Vergangenheit in F&E wenig offenes Unternehmen, hat in den letzten Jahren einen radikalen Wandel vollzogen. Mit A.G. Lafley als CEO wurde 2001 das Ziel gesetzt und 2007 auch erreicht, die Hälfte aller neu in den Markt eingeführten Innovationen mit Open Innovation zu erarbeiten. Dieses hochgesteckte quantitative Ziel führte zu einer schnellen Öffnung des Unternehmens und in der Folge zu einer Vielzahl von Produktneueinführungen.

Prozesse

Technology Orchestration

Das größte Potenzial von Open Innovation liegt in der Nutzung von neuem, externem Wissen, um im Unternehmen radikale Innovationen zu generieren. Doch wie lassen sich bestehende Unternehmensprozesse, die vor allem vorhandene Ressourcen und Kompetenzen effizient verwerten, mit Impulsen von außen vereinbaren?

In diesem Beitrag erfahren Sie:
- weshalb bestehende Unternehmensprozesse die Verwertung neuer externer Ideen erschweren,
- wie man externe Innovationsimpulse kategorisiert und definiert,
- wie sich externe Innovationen mit bestehenden Prozessen vereinbaren lassen.

ALEXANDER STERN

Neue Strategien für die Integration von externen Impulsen in bestehende Prozesse

Die Einsicht, dass technologieintensive Unternehmen ihre Forschungs- und Entwicklungsaktivitäten (F&E) nicht völlig autark organisieren können, ist sicher nicht neu. Seit den 1960er Jahren steigt die Zahl F&E-bezogener strategischer Allianzen. Ferner sind Outsourcing und globale F&E-Netzwerke für die meisten multinationalen Unternehmen als Wettbewerbsbasis nicht mehr wegzudenken. Daher ist das Prinzip von Open Innovation (OI) eigentlich ein Sammelbegriff für bereits bekannte Theorien und Konzepte. Dennoch stellt der OI-Ansatz einen wichtigen Durchbruch in der Innovationsforschung dar. Statt die Alternative zwischen Markt und Hierarchie einzig unter dem Aspekt von Transaktionskosten zu betrachten, konzentriert sich Open Innovation darüber hinaus auf die technologischen Chancen im Markt. Dies bedeutet, dass OI den wachsenden Markt für Innovation als externe Basis insbesondere für radikalere Neuerungen begreift, die Wachstum und strategische Neuausrichtung ermöglichen. Aber die Frage, ob sich durch eine stärkere Nutzung externer Innovationsquellen tatsächlich neue Impulse beziehen lassen, die nicht nur inkrementelle Verbesserungen sind, sondern als tragfähige Grundlage für neues, langfristiges Wachstum und damit langfristige Wettbewerbsvorteile dienen können, ist weitaus problematischer, als bisher in der OI-Literatur beschrieben.

Die Problematik bei der effizienten Nutzung externer, radikaler Innovation liegt an der beschränkten Bandbreite der bestehenden Routinen und Prozesse. Je reifer die Unternehmung, desto weniger flexibel sind bestehende Routinen und Prozesse für Wissen, das sich nicht ohne weiteres mit diesen Abläufen und Verfahren in Einklang bringen lässt. Mit fortschreitendem Alter manifestiert sich dies in organisationaler *Trägheit* und *Pfad-Abhängigkeit*. Beide Begriffe umschreiben das Dilemma, dass Unternehmen oftmals nicht mehr vom bereits eingeschlagenen Weg abweichen können und meist zu statisch sind, um sich an mögliche Veränderungen kritischer Umstände anzupassen. Daher liegt das zentrale Problem darin, radikales externes Wissen mit bestehenden Routinen zu vereinbaren. Der britische Innovationsexperte Keith Pavitt formulierte dies so: »Firms rarely fail because of an inability to master a new field of technology, but because they do not succeed in matching the firm's systems of coordination and control to the nature of the available technological opportunities.« (vgl. [11], S. 433)

Die im Unternehmen existierenden Routinen, Prozesse, Systeme und Strukturen werden systematisch vereint und sind gebündelt durch das Zielsystem. Da das übergeordnete Ziel von Unternehmen die Profitmaximierung ist, gilt für die Gesamtheit der Routinen und Prozesse das Prinzip der Effizienzsteigerung, wodurch die Verwertung der bestehenden Ressourcen und Güter im Vordergrund steht. Mit zunehmender Reife des Unternehmens verändert sich der Innovationsfokus deshalb von anfänglicher Produktinnovation zu effizienzsteigender Prozessinnovation. Abernathy und Utterback (vgl.

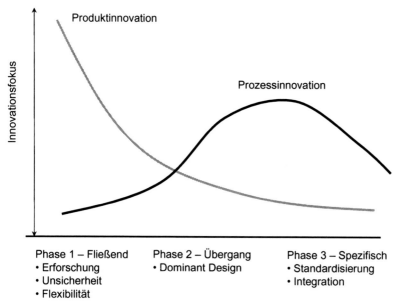

Phase 1 – Fließend
• Erforschung
• Unsicherheit
• Flexibilität

Phase 2 – Übergang
• Dominant Design

Phase 3 – Spezifisch
• Standardisierung
• Integration

Abb. 1:   *Innovation Lifecycle Modell*

[1]) haben diese Entwicklung treffend mit ihrem *Innovation Lifecycle Modell* beschrieben. Abbildung 1 zeigt, dass Unternehmen zunächst eine *fließende Phase* durchlaufen. Diese Phase zeichnet sich durch einen starken Fokus auf die Erforschung neuer Lösungsansätze und Produktinnovationen aus, des Weiteren herrscht hohe Unsicherheit aber auch ein hohes Maß an Flexibilität. Anschließend durchschreiten Unternehmen eine *Übergangsphase*, in der sich aus anfänglich unterschiedlichen Design- und Lösungsansätzen ein Standard herausbildet. In der dritten *Phase Spezifisch* setzt sich schließlich die Standardisierung auf alle Aspekte des Produkts bzw. auf Prozesse beispielsweise in der Produktion fort.

Die Tatsache, dass Routinen und Prozesse sich mit zunehmender Reife des Unternehmens optimaler Effizienz annähern, hat weitreichende Implikationen für Open Innovation. Wie bereits einige Innovationsforscher erkannt haben (vgl. [6]), nutzen Unternehmen

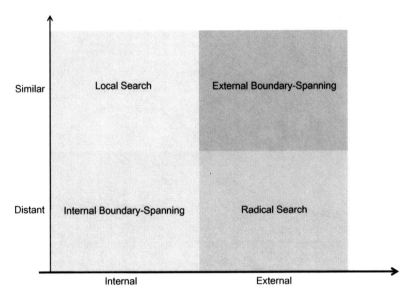

Abb. 2: *Suchfelder für Innovationen*

nahezu ausschließlich externe Quellen, die sich im bestehenden organisationalen und technologischen Kontext befinden, also bestehende Lieferanten, Kunden und Partner. Die in Abbildung 2 aufgeführte Typologie veranschaulicht den vorherrschenden Fokus bei der externen Innovationssuche.

Local Search bezieht sich auf die Suche bei unternehmensinternen Quellen, die über ähnliche Technologie verfügen. *Internal Boundary-Spanning* meint interne Innovationsquellen, jedoch nicht unmittelbar verwandte Technologie. *External Boundary-Spanning* bezieht sich auf externe Quellen, die jedoch verwandte Technologie liefern, wie beispielsweise Universitäten, bestehende Lieferanten oder Kunden. *Radical Search* schließlich richtet sich auf externe Innovationsquellen, die gleichzeitig über nicht unmittelbar verwandte Technologie verfügen.

Dieser Quadrant bietet das größtmögliche Potenzial für wirklich neuartige Wissenskombinationen und damit für Innovation (vgl. [14]).

Obwohl externes Wissen von außerhalb des bestehenden Tech-
nologiekontexts radikale statt inkrementelle Innovation oder bloße
Imitation begünstigt, führt organisationale Trägheit dazu, dass lokaler
Innovation der Vorzug gegeben wird. Selbst bei Unternehmen, die
bereits Open Innovation praktizieren, sind Suchprozesse und -mecha-
nismen auf externes Wissen so ausgelegt, dass sie sich innerhalb der
bestehenden »Bahn« bewegen. So zeigten beispielsweise Rosenkopf
und Almeida im Jahr 2003 durch eine umfangreiche Studie auf, dass
strategische Allianzen führender Halbleiterhersteller zwar dem Wis-
sensfluss innerhalb der Branche dienten, branchen- und technologie-
fernes Wissen dadurch aber nicht erschlossen wurde (vgl. [15]). Auch
bei Procter & Gamble, einem der Pioniere von Open Innovation,
begrenzt sich die Suche auf so genannte »ready-to-go«-Lösungen, die
relativ unproblematisch mit den bestehenden Routinen vereinbart
werden können (vgl. [7]).

Eine der wichtigsten Fragen in der Open-Innovation-Forschung
ist daher, wie Unternehmen radikales externes Wissen mit den bestehenden Routinen und Prozessen kombinieren können. David Teece
prägte für diesen Vorgang den Begriff *Orchestration* (vgl. [17]), der
nicht nur die Suche nach neuen Innovationen meint, sondern zudem
die Kombination mit bestehenden Kompetenzen und Ressourcen für
Wachstum und Anpassung an externe Veränderung. Eine zentrale Fähigkeit, die Unternehmen entwickeln müssen, um radikales externes
Wissen für Innovation und Wachstum nutzen zu können, ist daher
Technology Orchestration. Sie besteht aus zwei Komponenten: Auf der
einen Seite gilt es, die im Unternehmen bestehenden Routinen zu
kennen, sodass sie gegebenenfalls angepasst oder verändert werden
können. Auf der anderen Seite muss ein Unternehmen sich darüber
im Klaren sein, welche Art von Wissen es wo und wie sucht. Deshalb
ist es sinnvoll, im Folgenden eine genauere Wissensdefinition statt der
geläufigen Unterscheidung inkrementell/radikal abzuleiten.

Was ist neu – und wie sehr?

Rosenkopf und Nerkar (vgl. [14], S. 289) betonen, dass die Neuartigkeit von Wissen ein Kontinuum darstellt, welches sich aus der
Diskrepanz zwischen bestehender und externer Technologiebasis
ergibt. Das heißt, dass sich manche externen Innovationsquellen weitgehend ähnlich sind, während im Extremfall keinerlei technologische
Überschneidungen existieren. Die Neuartigkeit von externem Wissen
und damit einhergehend die Entfernung zum bestehenden technologischen und organisationalen Kontext im Unternehmen lässt sich aber
nicht nur anhand der Dimension Technologie messen. Die folgende
Definition von neuem Wissen misst Neuartigkeit entlang der Dimensionen (1) Unsicherheit, (2) begrenzte Kommunizierbarkeit, (3)
technologischer Distanz, (4) kognitiver Distanz, (5) institutioneller
Distanz und (6) geografischer Distanz.

Unsicherheit

Der Ökonom John Kenneth Galbraith (vgl. [5], S. 36-37) definierte
Unsicherheit als »the difference between the amount of information
required and the amount of information possessed by the organization.« Der Innovationsprozess ist immer mit einem hohen Maß an
Unsicherheit verbunden, was Investitionsentscheidungen stark erschwert. Je weiter entfernt neues Wissen vom Status Quo ist, desto
größer ist diese Ungewissheit ausgeprägt. Der bekannte italienische
Innovationsforscher Giovanni Dosi (vgl. [4], S. 1134) spricht hier
von »starker Unsicherheit«, »whereby the list of possible events is un-
known and one does not know either the consequences of particular
actions for any given event.« Diese starke Unsicherheit bezieht sich
auf Technologie, Markt und Geschäftsmodell. Im Anfangsstadium
einer Erfindung oder Entwicklung entstehen oft ähnliche Lösungsansätze. Welcher technischer Ansatz sich letztendlich in einem »Standard War« durchsetzt, ist a priori schwer zu bestimmen. Natürlich
lassen sich bei neuem Wissen anfangs auch mögliche Marktgröße

und Wachstumspotenzial nicht mit Sicherheit abschätzen. Ferner hat insbesondere die Vielzahl gescheiterter Internet-Start-ups gezeigt, dass trotz technischer Dominanz und umfassender Nachfrage das Geschäftsmodell hochgradig undurchsichtig und riskant sein kann. Unsicherheit im Geschäftsmodell bedeutet, dass, obwohl alle anderen Aspekte des Geschäfts ausgereift sind, weitgehend Unklarheit darüber besteht, wie und woher Gewinn generiert werden kann.

Begrenzte Kommunizierbarkeit (Tacitness)

In den frühen Entwicklungsstadien ist es schwierig, Wissen zu kodifizieren und zu kommunizieren. Neue technische Entwicklungen sind unter Umständen noch nicht dokumentiert und existieren ausschließlich in den Köpfen der Erfinder. Außerdem können Sprachbarrieren die effektive Übertragung von Wissen erschweren. Ein weiteres Problem ergibt sich aus der begrenzten »Anwendbarkeit« (*Appropriability*) von neuem Wissen (vgl. [17]). Solange neues Wissen nicht ausreichend dokumentiert werden kann, fehlt die Grundlage für die Sicherung des geistigen Eigentums durch entsprechenden rechtlichen Schutz. Dadurch entsteht für den Erfinder ein Dilemma, denn einerseits verhindert fehlender Patentschutz die vollständige Beschreibung einer neuen Entwicklung, andererseits lässt sich die Entwicklung nicht verständlich mit unvollständiger Information kommunizieren.

Technologische Distanz

Technologische Distanz ist eine subjektive Einschätzung der Kompatibilität von externem Wissen und der bestehenden Wissensbasis. Technologische Distanz lässt sich anhand der wissenschaftlichen Prinzipien festmachen, die die bestehende Technologiebasis untermauern. Des Weiteren lässt sich technologische Distanz anhand der Kompatibilität mit bestehenden Produktionsprozessen bestimmen. Zwar gewährleistet eine hohe technologische Distanz externen Wissens einen hohen Innovationsgrad, erschwert aber zugleich die Verwertung dieses Wissens. Im Extremfall müssen daher für technologisch entferntes Wissen neue F&E-, Produktions- und Vermarktungskapazitäten aufgebaut werden.

Kognitive Distanz

»Cognition denotes a broad range of mental activity, including proprioception, perception, sense-making, categorization, inference, value judgments, emotions, and feelings, which all build on each other«, schreibt Bart Nooteboom (vgl. [10], S. 1017). Kognitive Distanz lässt sich in der Diskrepanz zwischen der Denkweise des bestehenden Unternehmens und einer Wissensquelle definieren. Unterschiede in mentalen Modellen bergen ein hohes Maß an Potenzial für Innovation. Ein Grund für die Einrichtung so genannter »R&D Listening Posts« an Orten wie dem kalifornischen Silicon Valley ist auch, dass man sich die dortige Denkweise aneignet, um beispielsweise alternative Lösungsansätze zu finden oder unterschiedliche Perspektiven aufzunehmen für frische Ideen. Auch im Hinblick auf kognitive Distanz gilt, dass ein hoher Grad an Distanz das höchste Innovationspotenzial verspricht, aber auch deutliche Schwierigkeiten bei der Integration und »Orchestration« nach sich zieht.

Institutionelle Distanz

Institutionen beziehen sich hier im ökonomischen und politikwissenschaftlichen Sinne auf das formelle und informelle Regelwerk eines gesellschaftlichen Raumes. Der formelle Rahmen schließt Regeln und Gesetze ein. Informelle Institutionen bestehen aus gesellschaftlichen Verhaltensregeln, Normen und Werten. Unterschiede in der Gesetzgebung und damit ein gewisser Grad an institutioneller Distanz stellen unter Umständen eine Basis für Innovation dar. Im gleichen Maß ergeben sich neue Impulse aus Unterschieden in gesellschaftlichen Normen. Teilweise sind sowohl formelle als auch informelle institutionale Unterschiede ein Trendbarometer für bestimmte Entwicklungen. Für die bereits erwähnten R&D Listening Posts bietet Kalifornien daher wiederum auch in dieser Hinsicht auf dem Gebiet der Klimaschutzgesetzgebung oder der sozialen Werteverschiebung ein ideales Umfeld für neue Impulse.

Tabelle 1: Verschiedene Dimensionen von neuem Wissen

Unsicherheit	⇨ Technischer Standard oder »Dominant Design« noch unsicher
	⇨ Marktgröße und -wachstum unbestimmt
	⇨ Geschäftsmodell unzureichend definiert
Begrenzte Kommunizierbarkeit (Tacitness)	⇨ Missverständlich/Spezifisch
	⇨ Sprachunterschiede
	⇨ Wichtigkeit »reicher« Kommunikationskanäle
	⇨ Schutzmöglichkeiten für geistiges Eigentum schwach ausgeprägt
Technologische Distanz	⇨ Diskrepanz wissenschaftlicher Grundlagen
	⇨ Diskrepanz Produkttechnologie
	⇨ Nicht-Kompatibilität mit bestehenden Produktionsanlagen
Kognitive Distanz	⇨ Diskrepanz mentaler Modelle und Denkmuster
	⇨ Diskrepanz von Problemlösungsansätzen
Institutionelle Distanz	⇨ Diskrepanz von formellem Gesetz- und Regelwerk
	⇨ Diskrepanz von informellen Normen, Gewohnheiten und Werten
Geografische Distanz	⇨ Räumliche Distanz
	⇨ Zeitunterschied
	⇨ Reisezeit

Geografische Distanz

Geografische Distanz ist die räumliche oder physische Entfernung zwischen ökonomischen Akteuren (vgl. [2], S. 69). Verschiedene wirtschaftswissenschaftliche Forschungsbereiche betonen die Wichtigkeit räumlicher Nähe für den Erfolg von F&E-Kollaborationsprojekten (vgl. [9]). Durch geografische Nähe wird häufiger, enger Kontakt und intensive Kommunikation möglich, eine wichtige Voraussetzung für die Verbreitung von tazitem bzw. implizitem Wissen. Geografische Nähe geht jedoch meist einher mit geringer Distanz in den anderen Dimensionen, die bisher adressiert wurden. Im Umkehrschluss ist daher geografische Distanz mit höherem Innovationspotenzial verbunden, da Wissen von geografisch entfernten Orten sich in vielen Dimensionen vom Status quo unterscheidet. Das Hauptproblem besteht aber in der Frage, wie sich die geografische Distanz überbrücken lässt,

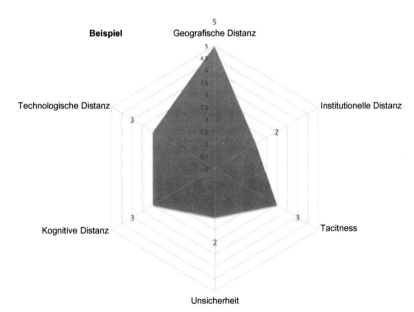

Abb. 3: *Radarchart für die verschiedenen Dimensionen von neuem Wissen*

da intensive, reiche Kommunikation weiterhin wichtig ist. Es hat sich gezeigt, dass trotz moderner Kommunikationstechnologie häufiger persönlicher Kontakt zu Innovationsquellen nötig ist, was sich jedoch in hohen Reisekosten niederschlägt.

Um die vorgestellten Dimensionen der Neuartigkeit oder Distanz von externem Wissen anschaulich darzustellen, empfiehlt sich ein Radarchart. In Abbildung 3 steht ein Wert von (1) für sehr niedrig, während ein Wert von (5) für sehr hoch steht.

Die Auswirkungen bestehender Routinen im Innovationsprozess auf die Integration neuen Wissens

Als zweite Komponente bei der Orchestrierung von neuem Wissen und bestehenden Prozessen und Routinen ist es sinnvoll, die Auswirkungen jedes Prozessschrittes im Innovationsprozess auf die erfolgreiche Integration darzustellen. Wie bereits erwähnt, suchen Unternehmen tendenziell lokal nach neuem Wissen. Die Gründe für diese »Local Search Bias« sind vielfältig und ziehen sich durch die gesamte Innovationsprozesskette (Abb. 4).

Selektion/Ressourcenallokation

Die Arbeitsteiligkeit in Unternehmen führt zu Prinzipal-Agent-Problemen. So sind Anreizsysteme derart gestaltet, dass Manager ihren größten Vorteil aus der Förderung ihrer eigenen Karriere ziehen. Besonders bei der Entscheidung über radikale Innovationsprojekte

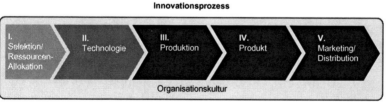

Abb. 4:   *Generischer Innovationsprozess*

tritt das Prinzipal-Agent-Problem auf. Falls der Erfolg von Innovationsprojekten nicht an die Entlohnung gekoppelt ist, haben Manager einen größeren Vorteil davon, riskante Projekte abzubrechen, um durch einen möglichen Misserfolg der eigenen Laufbahn nicht zu schaden. Radikalere Projekte, die zwar bei Erfolg einen überdurchschnittlichen Gewinn versprechen, aber gleichzeitig mit hohem Misserfolgsrisiko behaftet sind, werden daher von karriereorientierten Managern gemieden.

Auch der formelle Controlling- und Budgetierungsprozess tut sich schwer mit radikalen Innovationen, da Kosten und Gewinnpotenzial nicht akkurat eingeschätzt werden können. Oft werden Innovationen mit den gleichen Messzahlen wie inkrementelle Projekte beurteilt, wodurch sie deutlich schlechter abschneiden. Ferner fließen oftmals »Sunk Costs«, also Ausgaben für Anlagen oder Sonstiges, die nicht abgeschrieben werden können, in Investitionsrechnungen ein, obwohl sie dort nichts zu suchen haben. Der Integration neuen Wissens wirkt auch die Tendenz entgegen, so genannte Opportunitätskosten auszublenden, die entstehen, falls ein Projekt *nicht* realisiert wird. Gerade bei radikalen Innovationen können die Kosten, um einen verpassten First-Mover-Vorteil aufzuholen, enorm sein. Negativ auf die Integration neuen Wissens wirkt sich auch die so genannte »Anti-Cannibilization Bias« aus. Unter Umständen fühlen sich bestehende Unternehmensbereiche von neuen Entwicklungen bedroht, da sie diese obsolet machen könnten. Dies kann zu einer voreingenommenen Abwehrhaltung und Ablehnung führen.

Technologie

Mit fortschreitender Reife ist auch die Technologie, über die ein Unternehmen verfügt, mehr und mehr standardisiert. Standardisierung ermöglicht effiziente Kommunikation beispielsweise mit Lieferanten. Des Weiteren schrumpfen die Differenzierungspotenziale, da Produktmerkmale konvergieren. Aus diesem Grunde outsourcen Unternehmen große Teile ihrer Technologie. Dieser Fokus auf Kernkompetenzen schränkt aber die Bandbreite für neues Wissen ein, da die entsprechende Kompetenz im Unternehmen stark begrenzt ist.

Produktion

Mit fortschreitendem Alter standardisiert ein Unternehmen zunehmend seine Technologie und fokussiert sich immer stärker auf Effizienzsteigerungen. Statt Produktinnovation betreibt es immer vehementer Prozessinnovationen. In der Automobilindustrie folgte beispielsweise auf einige wenige Jahrzehnte kontinuierlicher Produktneuerungen in Antriebstechnik, Komfort und Sicherheit eine Phase der Prozessinnovation, die mit Fords Fließband begann, in Japan zu Kaizen und TQM führte und auch heute die Wettbewerbsbestrebungen der Hersteller beherrscht. Dieser Effizienzfokus zieht eine umfassende und strikte Reglementierung nach sich und weitet sich allmählich auf alle anderen Unternehmensbereiche aus, bis hin zu einem Innovationsmanagement, das immer stärker Effizienz steigernde Methoden wie Innovationsportfolios nutzt. Diese Maßnahmen schützen zwar vor Risiko, schließen aber gleichzeitig die Integration und Verwertung von neuem, radikalem Wissen aus.

Produkt

Genau wie die Technologie, die die Basis für Produkte und Dienstleistungen bildet, entsteht auch für Produkte und Dienstleistungen ein dominantes Design. Da das Know-how und die Technologie universell verfügbar sind, gestaltet sich die Aufrechterhaltung der Wettbewerbsposition äußerst schwierig. Die klassische Strategielehre (vgl. [12]) weist auf die Wichtigkeit von Differenzierung durch Kostenvorteile oder auf Grund von deutlicher Produktvorteile/Marketing-Maßnahmen hin. Damit sehen sich Unternehmen dem Druck ausgesetzt, Technologien in bestehende Produkte oder Dienstleistungen zu

integrieren, die oft allein der Differenzierung dienen. Dieser Zwang
zur inkrementellen Innovation verhindert jedoch die Exploration von
neuem Wissen, das sich in völlig neuen Produkten auswirken könnte.

Marketing/Distribution

In seiner umfassenden Studie zur Halbleiterindustrie betont auch der
bekannte Innovationsforscher Clayton Christensen von der Harvard
Business School das nach ihm benannte »Innovator's Dilemma« (vgl.
[15]). Seine zentrale These beschäftigt sich mit dem Effekt, den der
bestehende Markt und Kundenstamm auf die Innovationsfähigkeit
eines Unternehmens hat. Christensen zeigt, wie Unternehmen ihre
Produkte immer mehr auf die anspruchsvollste Kundenschicht konzentrieren, ein Segment, das ständige Updates und eine weit über-
durchschnittliche Performance der Produkte erwartet. Dies führt
zu enormem Overengineering, oder wie es Christensen ausdrückt:
»Overshooting«. Nur solche Ideen, die die Ansprüche des Topseg-
ments erfüllen, werden berücksichtigt, während man die Bedürfnisse
anderer Kundensegmente ausblendet. Ein Beispiel für dieses Dilemma
ist die zögerliche Adoption der E-Fahrzeuge in der Automobilindustrie. Viele Hersteller bewerteten neue vollelektrische Fahrzeugdesigns
anhand von Kriterien die vom anspruchsvollsten Kundensegment abgeleitet worden sind. Neben Beschleunigung, Höchstgeschwindigkeit
oder Sicherheit betrifft dies vor allem die Reichweite des Fahrzeugs.
Dass E-Cars aber auch für bestimmte Zielgruppen interessant sind,
die geringere Ansprüche an ein solches Fahrzeug haben, wurde deshalb zunächst von neuen Start-ups ausgenutzt. Tesla Motors aus Palo
Alto war beispielsweise ein früher Pionier, dessen Roadster zwar mit
Beschleunigungswerten vergleichbar mit dem Porsche 911 GT2 auf-
warten konnte, jedoch nur auf kurze Stadtfahrten ausgelegt war.
Auch das Beispiel der Wii-Plattform verdeutlicht dieses Dilemma.
Während sich die großen Spielekonsolen über viele Jahre hinweg
bei Grafik, Prozessorleistung und anspruchsvollsten Gaming-Titeln

ständig übertrumpften, fand Wii-Hersteller Nintendo einen Ausweg aus dem Teufelskreis und adressierte mit einfacher Grafik und neuem Bedienkonzept ein bisher völlig unterschätztes Kundensegment außerhalb der Hardcore-Gaming-Community.

Organisationskultur

Neben den formellen Innovationsprozessen spielt auch die Unternehmenskultur eine zentrale Rolle bei der Fähigkeit, externes Wissen zu nutzen. Die Organisations- bzw. Unternehmenskultur lässt sich als die gemeinsamen Denk-und Glaubensmuster der individuellen Mitglieder definieren (vgl. [16], S. 33). Durch Sozialisierungsprozesse werden alte wie neue Arbeitnehmer in eine unternehmensinterne, so genannte »Dominante Logik« indoktriniert (vgl. [13]). Diese dominante Logik tritt beispielsweise in Heuristiken zu Tage, das heißt Daumenregeln getreu dem Motto »so haben wir das schon immer gemacht und machen es auch weiter so«. Unternehmensintern entwickeln sich auch bestimmte Kommunikationsformen, was sich selbst auf die Sprache auswirkt. Obwohl die interne Kommunikation dadurch effizienter wird, erschwert sich die Kommunikation mit außen.

Während feste Denkmuster im Übrigen die Arbeit an Regelprozessen unterstützen, grenzen sie neue Ideen oder Impulse, die sich damit nicht erfassen lassen können, aus. So entstehen nicht-rationale Vorurteile gegenüber Neuem. Die bekannteste Form solcher Abwehrreaktionen ist das vieldiskutierte »Not-Invented-Here«-Syndrom (vgl. [8]). Nach langjähriger Tätigkeit auf einem bestimmten Fachgebiet entwickeln Mitarbeiter den Anspruch auf ein absolutes Wissensmonopol innerhalb ihres Gebietes und lehnen neues Wissen von außerhalb meist schon im Voraus ab.

Handlungsempfehlungen

Bei der Suche, Integration und Verwertung von externem Wissen gilt es daher, zunächst die Eigenschaften von neuen Ideen zu beachten.

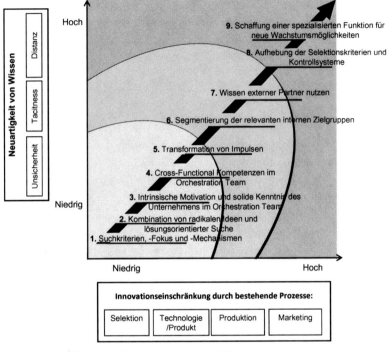

Abb. 5:   *Staffelung von Technology-Orchestration-Maßnahmen*

Zum einen sind sie durch ein hohes Maß an Unsicherheit und damit einhergehend, hohem Investitionsrisiko, gekennzeichnet. Außerdem sind Ideen im frühen Stadium nur schwer kommunizierbar. Zum anderen bedeutet das Adjektiv *neu*, dass innovatives Wissen sich vom bestehenden technologischen, institutionellen, kognitiven, technologischen und geografischen Kontext unterscheidet. Demgegenüber stehen die vorhandenen Unternehmensprozesse, die auf Effizienzsteigerung und optimale Bewirtschaftung bestehender Ressourcen ausgerichtet sind, was sich von Ressourcenallokation bis hin zum Marketing aber auch in der informellen Unternehmenskultur bemerkbar macht.

Für die effektive Nutzung von externem Wissen nicht nur für inkrementelle Verbesserung, sondern insbesondere für radikale Neuerungen ist es daher unverzichtbar, Innovationsimpulse mit den bestehenden Prozessen abzugleichen, zu orchestrieren. Dabei ist es sinnvoll, die Maßnahmen für erfolgreiche Technology Orchestration nach Neuartigkeit externen Wissens und dem Ausmaß der Einschränkung durch gegenwärtige Routinen zu staffeln. Abbildung 5 verdeutlicht, wie die Maßnahmen, die der Verwertung von externem Wissen dienen, in Abhängigkeit beider Dimensionen immer stärkere Eingriffe und Anpassung des Regelbetriebs nach sich ziehen.

In Abhängigkeit des gewünschten Innovationsgehalts, das heißt der Neuartigkeit und Durchlässigkeit für Innovation im Unternehmen, lassen sich entsprechende Maßnahmen schrittweise formulieren. Die ersten sechs der beschriebenen Maßnahmen zielen auf Nutzung der bestehenden Routinen ab, während die letzten drei für radikalere Ideen nötig sind.

Suchkriterien, Suchfokus und -Mechanismen

Die schiere Masse externer Suchmöglichkeiten wird die Kapazität jeder Funktion übersteigen, die mit Suche und Integration äußerer Wissensimpulse betraut ist. Daher empfiehlt sich eine exakte Kalibrierung des gewünschten Innovationsgrads mit strategischen Zielen. Bei der BMW Group tat sich das Innovationsmanagement teilweise damit schwer, bei der ersten Generation der Virtuellen Innovations-Agentur (VIA), die 2001 live ging, die große Anzahl von heterogenen Ideen aus der ganzen Welt mit entsprechenden internen Abnehmern abzugleichen. Natürlich sind zu genaue Suchkriterien für radikale Innovation genauso wenig förderlich. Abgeleitet von Suchkriterien lässt sich der lokale Fokus der Suche bestimmen. Wenn es um neues Wissen aus den Bereichen IT, Entertainment oder Consumer Electronics geht, bedient sich BMW beispielsweise des Technology Offices in Palo Alto. Je nachdem, wie die identifizierten Impulse geartet sind, empfiehlt sich letztendlich der angemessene Such- und Transfermechanismus. Dieser Mechanismus kann dann entsprechend aus einem Webportal, Lead-User-Workshops oder Corporate Venturing bestehen.

Kombination von radikalen Ideen und lösungsorientierter Suche

Oftmals erfolgt die Suche und der Transfer von neuen Ideen isoliert vom Regelbetrieb. Bei der Organisation von Technology Orchestration ist es aber ratsam, sowohl radikale Ideen als auch Lösungen für bestehende Probleme zu finden. Damit wird der Prozess des Abgleichs von externen Ideen und interner Organisation wie folgt verbessert: Erstens verschafft sich die Abteilung oder Funktion, die mit Suche und Transfer betraut ist, Anerkennung und Legitimation der Kollegen. Zu leicht kann ein Innovationsteam als Elfenbeinturm oder Ingenieursspielplatz verunglimpft werden, was der Kooperation mit den Fachbereichen wenig zuträglich ist. Zweitens verschafft sich der Technology Orchestrator damit ein internes Netzwerk, was es ihm zukünftig ermöglicht, Widerstände zu adressieren und komplementäre Kompetenzen im Unternehmen für den effektiven Transfer ausfindig zu machen. BMWs Palo Alto Technology Office hat durch eine solche Aufteilung einen äußerst effizienten Prozess schaffen können. Im Tech Office stammen 50 % der Ideen von unabhängiger Suche der Mitarbeiter des Scouting-Teams, die restlichen 50 % kommen aus der Suche nach Lösungen für Entwicklungsfragen aus dem zentralen Entwicklungsressort in München.

Intrinsische Motivation und solide Kenntnis des Unternehmens im Innovationsteam

Eine wichtige Voraussetzung für die Abteilung oder Funktion, die mit Suche und Transfer betraut ist, ist eine solide Kenntnis der formellen und informellen Prozesse im Unternehmen. Nur so lässt sich extern gewonnenes Wissen mit internen Kompetenzen abgleichen, und nur so kann man dieses Wissen mit den internen Zielsystemen vereinbaren. Die Mitglieder einer Technology-Orchestration-Einheit benötigen außerdem eine gut ausgebildete Kenntnis der Unternehmenskultur. So wird sichergestellt, dass man mit internen Ansprechpartnern die gleiche »Sprache« spricht. Auch können politische Gefüge eingeschätzt und genutzt werden. Ein gut ausgeprägtes internes Netzwerk kann Vorurteilen wie »Not-Invented-Here« entgegenwirken, da Mitglieder einer Orchestration-Einheit für die Relevanz und Qualität des zu vermittelnden Wissens mit ihrem eigenen Ruf und Ansehen bürgen. Hinsichtlich des Anreizsystems einer Orchestration-Einheit ist zu beachten, dass die Mitglieder über eine stark ausgeprägte intrinsische Motivation verfügen sollten. Da das Team eine Funktion erfüllt, die unter Umständen die Möglichkeiten zur eigenen Karriereförderung einschränkt, werden Mitglieder benötigt, die sich wirklicher Innovation und Unternehmertum verschrieben haben. Wenn dagegen für eine separate Innovationseinheit besondere, höher eingestufte oder an Erfolg gekoppelte Anreizsysteme geschaffen werden, ist die Gefahr groß, dass die restliche Organisation den Innovatoren dies ankreidet. Ein gutes Beispiel für beide Maßnahmen ist das BMW Group Palo Alto Technology Office. Voraussetzung für den Einsatz im Tech Office sind mindestens 5 Jahre Arbeitserfahrung in Forschung oder Entwicklung bei BMW. Da die Tech-Office-Ingenieure umfangreiche Re-Location und eine Auszeit im Karrierekarussell im zentralen F&E-Zentrum in Kauf nehmen, sind sie in hohem Maße intrinsisch motiviert und von den Innovationsmöglichkeiten im Silicon Valley begeistert.

Generalisten statt Spezialisten – Cross-Functional-Kompetenzen im Orchestration-Team

Eine Funktion, die mit Technology Orchestration betraut ist, kann sich nicht einseitig auf eine bestimmte Thematik spezialisieren. Wenn neues Wissen gesucht und transferiert werden soll, bietet es sich an, verschiedene Kompetenzen und Fähigkeiten im Team zu vereinen. Nur so lassen sich Impulse verschiedenster Art erkennen, abschätzen und qualifiziert weiterleiten. Falls intern diese Kompetenzen nicht verfügbar sind, sollte das Team entsprechend verstärkt werden. Auch hier hat BMW Groups Tech Office eine optimale Lösung gefunden.

Dort bringt man nahezu alle Kompetenzen des zentralen Forschungs- und Innovationszentrums (FIZ) zusammen. Verstärkt wird die Mannschaft durch lokale Spezialisten, die über Expertenwissen in den vorherrschenden Disziplinen im Silicon Valley verfügen. Idealerweise sollte das Team aber auch mit Marketingexperten oder Strategen ergänzt werden. Besonders für Innovationsideen, bei denen sich die kommerzielle Anwendung noch nicht erschließt, können erste Marktabschätzungen vorgenommen und Geschäftsmodelle eruiert werden.

Transformation von Impulsen für besseres Verständnis und Akzeptanz

Eine hohe Anzahl heterogener Ideen stellt die Orchestration-Einheit vor das Problem, dass interne Empfänger sich mit dem Verständnis schwer tun. Die erste Version der Virtuellen Innovations-Agentur (VIA) stand oft genau vor dieser Schwierigkeit. Teilweise erreichten das Innovationsmanagement Patentschriften in ungebräuchlichen Fremdsprachen, teils komplizierte Zeichnungen. Bei der Überarbeitung der VIA lag ein Hauptaugenmerk auf der Standardisierung des Outputs, der intern weitergeleitet wurde. So wurden eingereichte Ideen für interne Nutzer in leicht zugänglichen »Steckbriefen« formatiert, oft illustriert mit Bildern und Grafiken. Um mit den bestehenden Prozessen und internen Kommunikationsstandards konform zu gehen, ist es daher unverzichtbar, externes Wissen und Impulse zu transformieren, damit Verständnis und Relevanz gewährleistet sind.

Segmentierung der relevanten internen Zielgruppen und reiche Kommunikationskanäle

Neben der Transformation gesammelter Impulse muss sichergestellt werden, dass man die richtigen Ansprechpartner innerhalb des Unternehmens identifiziert. Die Orchestration-Funktion muss wissen, wo sich die relevanten Kompetenzen im Unternehmen finden lassen, die das gewonnene Wissen intern weitertreiben und verwerten. Je nach Neuartigkeitsgrad variieren die internen Zielgruppen für gesammelte externe Impulse. Bei radikalen Impulsen sind strategische, längerfristig ausgerichtete Stellen gefragt, bei Dingen, die sich weitestgehend auf den Regelbetrieb beziehen, entsprechende Fachstellen.

Wichtig für das interne »Marketing« externer Innovationen ist auch das Kommunikationsmedium. Besonders hat sich dabei der Kontakt »Face-to-Face« als unverzichtbar erwiesen. Nur durch persönlichen Kontakt lassen sich komplexe Sachverhalte eingehend vermitteln. Ferner hat die Forschung gezeigt, dass Face-to-Face gegenseitiges Vertrauen schafft. Nur auf Grund dieser Vertrauensbasis werden Ideen, die mitunter hochgradig riskant und weitestgehend unbekannt sind, intern angenommen.

Die bisher diskutierten Maßnahmen für eine effektive Orchestration externen Wissens und interner Prozesse bewegen sich im Rahmen der bestehenden Möglichkeiten im Unternehmen. Je radikaler externes Wissen ist, desto mehr beschränkt sich die interne Verwertungsbandbreite. Insbesondere das bestehende Geschäftsmodell, das sich in den Controlling- und Budgetierungsprozessen am deutlichsten zeigt, verhindert die Verwertung externen Wissens außerhalb eines gewissen Innovationsgrades. Wo interne Kompetenz fehlt, bietet es sich an, über externe Partner Möglichkeiten für die Realisierung und Vermarktung neuer Impulse zu finden. In manchen Fällen ist es auch ratsam, das bestehende Kontroll- und Zielsystem außer Kraft zu setzen und alternative Budgetquellen bereitzustellen. In extremen Fällen muss eine Funktion geschaffen werden, die sich ausschließlich um die Realisierung und Verwertung radikaler Projekte kümmert.

Komplementäres Wissen externer Partner nutzen

Der führende Automobilzulieferer Webasto war einer der Pioniere bei der Nutzung des Wissens besonders innovativer Kunden, so genannter Lead User. Um beispielsweise ein durch Lead User generiertes multifunktionales Heckkonzept realisieren zu können, holte Webasto Ingenieure von ThyssenKrupp mit ins Boot, die die nötige Expertise in hochbelastbaren Werkstoffen mitbrachten. Auch BMW verließ sich bei der Integration einer Google-Suchfunktion im Auto auf das Know-how des Softwareherstellers bei der gemeinsamen Vorentwicklung. Wichtig für eine derartige Kooperation ist natürlich eine rechtliche Basis, die allen involvierten Partnern im Sinne einer Win-Win-Situation nützt. Positiver Nebeneffekt der Kooperation mit angesehenen und respektierten Partnern ist auch die deutlich höhere Legitimation und Glaubwürdigkeit eines Innovationsprojekts.

Aufhebung der Selektionskriterien und Kontrollsysteme für radikale Projekte

Budgetierungs- und Kontrollsysteme dienen der Minimierung von Risiken bei der Ressourcenallokation. Risikobehaftete Projekte bedürfen daher alternativer Finanzierungsquellen. Bei BMW verfügen die Entwicklungsfachbereiche z. B. über einen finanziellen Spielraum, über den sie frei verfügen können. Auch das BMW Tech Office nutzt diesen Freiraum als mögliche Budgetquelle für seine Projektideen aus dem Silicon Valley. Obwohl sich solche Freiräume in einzelnen Entwicklungsfachbereichen bewährt haben, beispielsweise um so genannte U-Boot-Projekte (also »Hobbyprojekte«, die Ingenieure nebenher in ihrer Freizeit betreiben) zu fördern, fehlt es oft an der nötigen Weitsicht, da jeder Bereich begrenzt rational handelt. Um dem entgegenzuwirken, ist es ratsam, von einer strategischen, zentralen Funktion Kapital bereitzustellen. IBM praktiziert dies zum Beispiel im Rahmen des von ihm entwickelten »Innovation Jam«, bei dem die generierten Ideen von einer Art interner Venturing-Funktion finanziert werden.

Schaffung einer spezialisierten Funktion für neue Wachstumsmöglichkeiten

Besonders wenn Risikokapital in irgendeiner Form intern bereit gestellt wird, muss dieses auch strategisch gesteuert werden. Sobald extern beschaffte Innovationsimpulse die bestehenden technischen Kompetenzen übersteigen, muss man eine zentrale Funktion einrichten, die anhand der vielversprechendsten Themen Projekte verwirklicht, welche die Basis für völlig neue Geschäftsbereiche schaffen. So hat Daimler beispielsweise eine Organisationseinheit eingeführt, die direkt dem Vorstand untersteht und für die Entwicklung neuer Geschäftsmodelle zuständig ist. In einer solchen Einheit könnten auch, wie in der Open-Innovation-Forschung suggeriert, Projekte, die sich intern letztlich nicht ausschöpfen lassen, extern verwertet werden.

Literatur

[1]   ABERNATHY, W. J.; UTTERBACK, J. M.: *Patterns of Industrial Revolution. Technology Review, 1978, S. 41-47*

[2]   BOSCHMA, R.: *Proximity and innovation: a critical assessment. Regional Studies, 39 (2005), S. 61-74*

[3]   CHRISTENSEN, C.: *The Innovator's Dilemma. Boston, MA: Harvard Business School Press, 1997*

[4]   DOSI, G.: *Sources, procedures, and microeconomic effects of innovation. Journal of Economic Literature, 26 (1988), S. 1120-1171*

[5]   GALBRAITH, J.: *Designing Complex Organizations. Reading, MA: Addison-Wesley Publishing, 1973*

[6]   HENDERSON, R. M.; COCKBURN, I.: *Measuring competence? Exploring firm effects in pharmaceutical research. Strategic Management Journal, 15 (1994), S. 63-84*

[7]   HUSTON, L.; SAKKAB, N.: *Connect and Develop: Inside Procter and Gamble's New Model For Innovation. Harvard Business Review (March 2006), S. 58-66*

[8]   KATZ, R.; ALLEN, T.: *Investigating the Not Invented Here (NIH) Syndrome: A look at the performance, tenure, and communication patterns of 50 R&D project groups. R&D Management, 1982, S. 7-19*

[9]   MARSHALL, A.: *Principles of Economics. London: Macmillan, 1920*

[10]   NOOTEBOOM, B.; VAN HAVERBEKE, W.; DUYSTERS, G.; GILSING, V.; VAN DEN OORD, A.: *Optimal Cognitive Distance and Absorptive Capacity. Research Policy, 36 (2007), S. 1016-1034*

[11]   PAVITT, K.: *Technologies, products and organization in the innovating firm: what adam smith tells and joseph schumpeter doesn't. Industrial and Corporate Change, 7 (1998), S. 433-452*

[12]   PORTER, M.: *Competitive Advantage. New York: Free Press, 1985*

[13]   PRAHALAD, R.; BETTIS, R.: *The dominant logic: a new linkage between diversity and performance. Strategic Management Journal , 7 (1986), S. 485-501*

[14]   ROSENKOPF, L.; NERKAR, A.: *Beyond local search: boundary-spanning, exploration and impact in the optical disc industry. Strategic Management Journal, 22 (2001), S. 287-306*

[15]   ROSENKOPF, L.; ALMEIDA, P.: *Overcoming local search through alliances and mobility. Management Science, 49 (2003), S. 751-766*

[16]   SCHWARTZ, H.; DAVIS, S.: *Matching corporate culture and business strategy. Organizational Dynamics, 1981, S. 30-48*

[17]   TEECE, D. J.: *Dynamic Capabilities. New York: Oxford University Press, 2009*

Zusammenfassung

Um Innovation von außerhalb für wirklich radikale Innovation nutzen zu können, müssen Unternehmen interne Prozesse und Routinen und externes Wissen abgleichen, koordinieren und abstimmen. Je radikaler externe Innovationsimpulse sind, desto höher ist bekannterweise das Innovationspotenzial. Insofern aber interne Prozesse nicht entsprechend flexibel verändert und angepasst werden, gestaltet sich die Nutzung und letztendliche Vermarktung als schwierig. Mit steigendem Innovationsgrad kommen Unternehmen daher nicht umhin, konkrete strategische Entscheidungen zu treffen, welcher Grad an Innovation nötig und verträglich ist. Ferner gilt es, radikales Wissen gezielt mit internen Kompetenzen abzugleichen. Des Weiteren kann es zwingend sein, alternative Budgetierungsprozesse zu schaffen. Im Extremfall müssen radikale Innovationprojekte gänzlich außerhalb der Regelprozesse abgewickelt werden. Im Innovationsmanagement ist die Erschließung neuer Technologien oft nicht das Problem. Viel schwieriger ist es jedoch, neue Technologien mit den bestehenden Systemen und Prozessen zu vereinbaren. Dieser Beitrag basiert auf neuesten Erkenntnissen aus der Theorie und Praxis und gibt Aufschluss darüber, wie dieses Dilemma überwunden werden kann.

Swarovski: Mit Netzwerken Innovationsprozesse steuern

Interne F&E-Aktivitäten sind nicht durch Open Innovation ersetzbar. Aber die Fähigkeit zu interner Netzwerkbildung ist ein zentraler Enabler für erfolgreiche OI-Prozesse. Das Beispiel des INNOnetzwerks von Swarovski zeigt, wie sich adäquate Netzwerkstrukturen für den Prozess des Innovierens umsetzen lassen.

In diesem Beitrag erfahren Sie:
- was man unter Netzwerken versteht und wie sie sich zur Prozesssteuerung einsetzen lassen,
- wie das Unternehmen Swarovski sein INNOnetzwerk entwickelt hat,
- wodurch sich das zukunftsgerichtete Innovationsmanagement bei Swarovski auszeichnet.

HANNES ERLER, DORIS WILHELMER

Ein neues Paradigma: Weiches Steuern von Innovationsprozessen

Die aus der fortschreitenden Globalisierung resultierenden Unvorhersehbarkeiten von Krisenmustern und Innovationspfaden haben den Änderungsdruck auf Unternehmen im Kontext undurchschaubarer Abhängigkeitsbeziehungen weiter erhöht. Das stellt vorhandene Steuerungsmechanismen und -medien auf den Prüfstand: Lineare Steuerungsinitiativen Top-down führen oft zu raschen, einfachen Lösungen, die jedoch häufig auch nicht intendierte negative Auswirkungen haben und unerwartet hohe Folgekosten auf ökonomischer, sozialer und ökologischer Ebene verursachen. Eine strikte Orientierung am eigenen Nutzen funktioniert zumeist nur noch auf Basis exzellenter Kenntnisse von Interessen und Bedürfnislagen der Wettbewerber, Kunden, Regulatoren etc.

225

Die Suche nach neuen Koordinations- und Steuerungsformen wird in der Literatur als »Revolution der Organisation« bezeichnet, innerhalb deren sich eine Umstellung weg von Bürokratie und Fließband hin zu einem offenen Netzwerk von Information, Kommunikation und Produktion vollzieht. Diese »Revolution« hat die Leitidee des 19. Jahrhunderts »*Wer arbeitet, produziert*« transformiert in die Devise »*Wer arbeitet, kommuniziert*« [1]. Kommunikation und Kooperation sind eine mögliche und attraktive Form, um mit Komplexität, Vielfalt und Krisen produktiv umzugehen. Durch sie können Personen und Organisationen etwas erreichen, das sie alleine nicht schaffen würden. Zu diesem Zweck verbinden sie ihre Interessen und Ressourcen [10].

Dieses neue Paradigma lenkt die Aufmerksamkeit der Wirtschaft bei ihrer Suche nach neuen Möglichkeiten des Komplexitätsmanagements erstmals auf so genannte weiche Steuerungsmechanismen. Darunter verstehen wir sowohl ein Schaffen attraktiver Rahmenbedingungen für innovatives und effektives Arbeiten [32] als auch »Governance« im Sinne einer dialogischen Entwicklung und Umsetzung kraftvoller, handlungsanleitender Visionen, Leitbilder etc. [18]. Bottom-up und Top-down entwickelte »Landkarten« (z. B. Visionen, Leitbilder etc.) helfen einzelnen Entscheidungsträgern und Topexperten sowie dezentralen Teams und Organisationseinheiten dabei, neue Anforderungen in ihrem Umfeld rasch in ihrer Bedeutsamkeit wahr- und aufzunehmen und in Entscheidungen und Handlungen umzusetzen. »Weiches Steuern« funktioniert auf Basis von Kommunikation und Vertrauen und ermöglicht den Austausch von Ressourcen in »Aushandlungsprozessen auf Augenhöhe«. Es stärkt die Fähigkeit von Personen und Teams zur »Selbstführung« und »Selbstverantwortung« dadurch, dass jeder an seinem Platz, in seiner Funktion die gemeinsam angestrebten »Zukünfte« realisiert. Dem Schaffen und Ausbauen koordinierender Rahmenbedingungen und vertrauensbasierter Vernetzungsfähigkeiten wird in der Managementliteratur der letzten Jahre eine erhöhte Bedeutung beigemessen ([2], [7]).

Der vorliegende Beitrag beschreibt, wie sich mit Hilfe von Netzwerken Innovationsprozesse wiederkehrend öffnen und schließen und dabei weich steuern lassen. Dazu wird in einem ersten Schritt auf die Definition und Funktionsweise von Netzwerken eingegangen, um im Anschluss daran anhand einer Case Study Kontext, Entwicklung, Implementierungsschritte und Arbeitsweise des »*INNOnetzwerks* im Swarovski-Konzern« zu beschreiben. Effektivität und Nachhaltigkeit dieses neuen Steuerungsmediums werden dabei anhand konkreter Ergebnisse illustriert.

Dabei orientieren sich die Ausführungen an folgenden drei Leitfragen: Wie lassen sich *interne und externe Innovationsakteure* so miteinander verbinden, dass sie aus Eigenmotivation heraus Entre- und Intrapreneurship-Rollen im Unternehmen übernehmen? Wie können betriebswirtschaftliche und prozessorientierte Methoden bei der Realisierung der weichen Steuerungsmechanismen so kombiniert werden, dass »strategisches Steuern aus der Zukunft« möglich wird? Wie können industrielle Erfahrung und angewandte Forschung einander bei der Implementierung und Auswertung neuartiger Steuerungsmechanismen ergänzen?

Begriffsdefinition: Woran erkennen wir »Netzwerke«?

Wie unten noch zu zeigen sein wird, spielen insbesondere Netzwerke eine zentrale Rolle im Auf- und Ausbau innovationsfördernder Strukturen in einem Unternehmen. Daher soll zunächst erläutert werden, was man organisationssoziologisch unter einem Netzwerk versteht und wie es funktionieren kann.

Mitchell definiert Netzwerke als ein spezifisches Set an Verbindungen zwischen einer definierten Anzahl von Akteuren mit der zusätzlichen Eigenschaft, dass die Charakteristik dieser Verbindungen als Gesamtsystem zur Interpretation des sozialen Verhaltens der einzelnen, involvierten Akteure genutzt werden kann ([17], S. 2). Zugleich sind diese Akteure in einer nicht linearen Weise miteinander verbunden. Existierende Feedbackschleifen zwischen den Akteuren können positive oder negative Auswirkungen auf das gesamte Systemverhalten generieren. Akteure in komplexen Systemen passen sich an ihre Rahmenbedingungen mit Hilfe von »Selbstorganisationsprozessen« [16] an. Das zeit- und kontextabhängige Verhalten komplexer sozialer Systeme weist dabei unterschiedliche Phasen auf: Im Anfang brechen oft Routinen als Orientierung gebende Muster auf und führen zunächst zu einem anscheinend ungeregelten Zustand, der aber in der Folge aus sich heraus ein neues, kollektives Verhalten als emergentes Phänomen erzeugen kann.

In jüngster Zeit werden Netzwerke als Koordinationsmedien jenseits von Markt und Hierarchie genutzt: Auf Basis empirischer Daten können wir sagen, dass Unternehmen wissenschaftliches und technisches Know-how von externen Quellen und öffentlichen Forschungsorganisationen benötigen und suchen. Um Innovationen zu stimulieren, fokussieren politische Entscheidungsträger und Manager darauf, Kooperationssettings zur Entwicklung von Wissen anzubieten, um damit einen rascheren Übergang von neuartigem Wissen in Produktionsprozesse, Produkte und Dienstleistungen zu fördern. Das führt dazu, dass gerade Netzwerke zwischen Wissenschaft und Industrie, Kunden und Produzenten, sektoralen Clustern sowie öffentlich-private Partnerschaften immer stärker an Bedeutung gewinnen: Netzwerke zeigen als eine spezifische Ausprägung komplexer sozialer Systeme ähnliche Eigenschaften, Strukturen und Pfade wie wir sie in unserer realen Welt wiederfinden. Daher sind sie sehr geeignet für die »Governance« komplexer sozialer Systeme jenseits von Markt und Hierarchie.

Mitchell weist darauf hin, dass es zwischen den gewählten Netzwerkstrukturen und den in ihnen stattfindenden Aktivitäten eine wechselseitige Abhängigkeit gibt, die man anhand konkreter Case Studies verstehen lernen sollte [17]. Eine vergleichbar relevante Interdependenz würde zwischen der gewählten Netzwerkstruktur und der jeweiligen Entwicklungsdynamik des internen oder externen Netzwerkes liegen. Es gibt also keine »Netzwerke an sich«, sondern Netzwerkstrukturen mit Rollen und Spielregeln, die im jeweiligen Umfeld anlass- und bedarfsorientiert auszugestalten sind und dabei den Kontext für mögliche Entwicklungen und Aktivitäten abstecken.

Netzwerke können also nicht 1:1 als Instrumente für die Intervention in und die Ausrichtung von komplexen sozialen Systemen verwendet werden. Sollen sie als zieldienliche Instrumente wirken können, dann sind sie kontextabhängig zu designen und – je nach Veränderungen der Bedarfslage im Unternehmen – zu verändern. Ihre Entwicklung stellt die Konstitution eines eigenständig wirkenden, sozialen Subsystems innerhalb des Gesamtsystems der Organisation dar. Sydow und Windeler ([27], S. 11-23) empfehlen daher, dass beim Einrichten und »Organisieren« von Steuerung in einer Netzwerkarchitektur folgende Widersprüche und Leitdifferenzen beachtet werden sollten

⇨ *Kooperation* im Sinne der Neuausrichtung von (eher) konkurrierenden auf (eher) kooperierende Beziehungen,

⇨ *Vertrauen* (jenseits von Markt und Hierarchie) – im Sinne der Investition in die Entwicklung und das Wachstum von Vertrauen,

⇨ *Commitment* im Sinne der Reduktion opportunistischen Verhaltens; an dessen Stelle tritt das Entwickeln wechselseitiger, ökonomischer und persönlicher Bindungen als Signal für Interesse an einer langfristigen Partnerschaft,

⇨ *Zuverlässigkeit* einerseits im Sinne einer sorgfältigen Auswahl passender Netzwerkpartner und andererseits durch konsequentes Aufbauen von wertschätzender Offenheit gegenüber Ungewohntem und Neuem (»open mind«) innerhalb von Kommunikationsprozessen,

⇨ *Verhandeln* im Sinne des Problemlösens und Balancierens ausgeglichener Einzelinteressen in Verhandlungen zwischen Netzwerkpartnern,

⇨ *Dauerhafte Partnerschaft aufbauen* als Beziehungsqualität zwischen Netzwerkpartnern im Sinne des »Netzwerkens als Prozess«; empfohlen wird dabei, die Visionen und inneren Leitwerte einzelner Partner zu erheben und zu adressieren und dabei zentrale Netzwerkpartner vom gemeinsamen Nutzen des Netzwerkes zu überzeugen,

⇨ *Systematischer Erkenntnisgewinn in die Funktionsweise von Netzwerken* durch das Entwickeln adäquater Netzwerkstrukturen für spezifische Netzwerkaktivitäten sowie durch die Auswahl passender Rollen und Prozesse, um adäquate Netzwerkstrukturen umsetzen zu können.

Sydow [27] verweist auch darauf, dass – unter Berücksichtigung der Aspekte von Macht und Herrschaft in Netzwerken – ein wesentlicher Erfolgsfaktor für gelingende Netzwerksteuerung in einem immer wieder zu leistenden Ausbalancieren der Gegensätze »Vertrauen und Kontrolle«, »Autonomie und Abhängigkeit« sowie »Kooperation und Wettbewerb« bestehe. In diesem Sinne können die oben genannten Merkmale erfolgreichen Netzwerkens nur als Empfehlung für ein kontextabhängiges Gestalten interner und externer Netzwerke gesehen werden.

Nutzen und Grenzen von Netzwerken als weiches Steuerungsmedium

Organisationen lernen dann schneller und effektiver als ihre Konkurrenten, wenn sie zum einen das Lernen lernen und zum anderen klare strategische Entscheidungen darüber fällen, was sie vorrangig lernen wollen ([32], S. 60). Wie aber kann man das »Lernen« in Strukturen einbauen?

Der Soziologe und Managementkybernetiker Helmut Willke ist der Ansicht, es müssten Komponenten erfunden werden, welche die starre, normative Rasterung der Strukturen durchbrechen, ohne sie dabei völlig aufzulösen. Das würde durch eine informelle Organisation, Querschnittsfunktionen, Task Forces und Netzwerke gefördert werden ([33], S. 61).

Netzwerke bieten eine von mehreren möglichen Antworten auf die Anforderung, starre, normative Regelungen zu durchbrechen, ohne Strukturen aufzulösen: Sie schaffen Optionen, um voneinander zu profitieren und gemeinsam Leistungen zu realisieren. Sie erschaffen ein eigenes soziales System, das sich durch Vision und Zielsetzungen, Spielregeln und Strukturen von den darin beteiligten Organisationen unterscheidet. Netzwerke entstehen dann, wenn sich Organisationen aufmachen, Probleme gemeinsam anzugehen und zu lösen. Netzwerke als Kooperationssysteme werden nicht von außen verordnet oder in die Welt gesetzt, sondern entstehen in einem Prozess. Sie sind emergent und fragil und erfordern ein konstruktives Umgehen mit Unterschieden. Es gibt sie nur, solange sie von den Mitgliedern gewollt, koordiniert und aufrechterhalten werden [11].

Eine Grundvoraussetzung für die Mitgliedschaft besteht im egoistischen Nutzenkalkül. Letztendlich ist es der Eigennutzen der Mitglieder, der ein Netzwerk konstituiert. Wird dieser Nutzen als Möglichkeit prinzipiell wahrgenommen (Business Case eines Netzwerkes), dann resultieren daraus die erforderlichen Inputs der Mitgliederorganisationen, die diesen Nutzen dadurch zugleich realisieren. Auf diese Weise sind Kooperation und Konkurrenz, Eigensinn und Gemeinsamkeit im Sinne eines zivilisierten Egoismus immer wieder neu auszubalancieren [13].

Allerdings führen nicht alle Netzwerkaktivitäten auch tatsächlich zu einer engeren Zusammenarbeit. Oft scheinen die Optionen nicht attraktiv genug oder die Beteiligten sind nicht in der Lage, sie gemeinsam zu realisieren. Die konkrete Leistungsfähigkeit des Netzwerkes besteht darin, als Möglichkeitsraum für die Realisierung eines gemeinsamen Nutzens zu fungieren. Damit erfordern sie einen Prozess der Grenzziehung und Ausdifferenzierung in Bezug auf gemeinsame Entscheidungsfindungen und andere Verbindlichkeiten. Der Möglichkeitsraum in Bezug auf die Teilnahme an einer Region, in einem Land oder in der Welt wird abgegrenzt, um bestimmte Ziele und Nutzenerwartungen der Teilnehmer realistisch zu machen.

Netzwerke leben vom Engagement vieler und vom Erarbeiten differenzierter Ergebnisse und Produkte, die im Sinne einer sich verstärkenden Schleife auf das Netzwerk zurückwirken. Je kreativer und Nutzen stiftender die Arbeit im Netzwerk vorankommt, desto stärker wächst seine Attraktivität für die Mitglieder und deren relevante Umwelten. Was Netzwerke voranbringt, sind konkrete, sinnlich erfahrbare Ergebnisse, die in der Regel arbeitsteilig erbracht werden ([10], S. 115). Was die Teilnahme an Netzwerken so interessant macht, ist die fachlich attraktive Aufgabenstellung, die Möglichkeit zur Mitbestimmung in relevanten Fragestellungen, verantwortliche Positionen für Themen und Ergebnisse, Entwicklungschancen für professionelle Karrieren, persönlich wertvoll erlebte Arbeitsbeziehungen, erlebte Responsivität und Wertschätzung gegenüber erbrachten Beiträgen und eine Arbeitskultur, die neben dem inhaltlichen Ertrag auch Spaß und Freude ermöglicht [10]. Dabei lässt sich durch Involvieren von Personen in Schlüsselaktivitäten und Entscheidungen die Identifikation und letztlich auch die Bereitschaft, aktive Beiträge zu leisten, deutlich erhöhen. Leitfragen dabei sind:

⇨ Wie werden möglichst viele, unterschiedliche Arbeitsformen möglichst breit geöffnet?

⇨ Welche Personen können bei welchen Themen durch welche Arbeitsformen eingebunden werden, sodass ihr Engagement einen Mehrwert für das Netzwerk als Kommunikationssystem stiftet?

Angelehnt an angloamerikanische Erfahrungen des Community Building empfiehlt die interdisziplinäre Forschung und Fortbildung der Universität Klagenfurt (iff / OE-GD) ein möglichst frühzeitiges Einsetzen von Teams auf der Arbeitsebene, da hier neue Vernetzungen entstehen und bestehende weiter vertieft sowie übergreifende Sichtweisen aller gefördert werden. Mentale Modelle werden in Diskursen aufeinander bezogen und in einen Transformationsprozess übergeleitet. Konkrete Kooperationserfahrungen erhöhen Vertrauen zwischen und neue Entwicklungschancen für die einzelnen Mitglieder. Wertschätzender Umgang, zielorientierte Meetings, das Bearbeiten von Differenzen und Konflikten und die transparente Durchführung von Entscheidungsprozessen: Das bewusste Gestalten der Art des Kooperationssystems bestimmt hier ganz wesentlich die Attraktivität und den tatsächlich realisierten, inhaltlichen und ökonomischen Mehrwert der Netzwerke ([10], S. 117).

Littmann und Jansen [15] charakterisieren Netzwerke als »Oszillodoxe«: Kaum hat man sie beschrieben, entziehen sie sich der Festlegung – eine Kraft, die sich verändernden Verhältnissen gegenüber besonders anpassungs- und lernfähig macht. Und zugleich sind Netzwerke organisierte Sozialsysteme – ohne eine eigenständige Organisation zu sein. Neue Organisationen wie Spin-offs etc. können das Ergebnis dieses Kooperationssystems sein. Die notwendige Leistung der Systembildung gilt sowohl für Netzwerke als auch für Leistungsverbünde. Nur die Spielregeln zur Realisierung der Bedürfnisse und Interessen von Netzwerken werden andere sein als die für Leistungsverbünde.

Zu den Stärken von Netzwerken als Umsetzungsinstrument »weicher Steuerung« gehört also, dass sie der Organisation verloren gegangene Informationen und Kooperationsqualitäten wieder verfügbar machen. Durch das Lernen der Personen im Netzwerk werden nicht nur neue Informationen, sondern auch veränderte Beobachtungs- und Selektionsgewohnheiten in die Organisationseinheiten zurückgetragen. Das erhöht die Änderungsmotivation im Unternehmen immer mit Blickrichtung auf den gesamtunternehmerischen Erfolg. Netzwerke bringen dort Flexibilität ins Gesamtsystem, wo Strukturen starr und dysfunktional geworden sind. Sie stoßen die Weiterentwicklung von Unternehmen von innen heraus an, indem sie die Strukturen, deren Lücken sie komplementär kompensieren, elastischer, geschmeidiger und damit stabiler machen. Ihre eigene Änderungsenergie beziehen Netzwerke aus der Fähigkeit zur Neutralität und Flexibilität gegenüber spezifischen Inhalten und Strukturen: Diese Fähigkeit muss als Fähigkeit zur Selbststeuerung des Netzwerkes – mit Blick auf Unternehmensziele und sich ändernde Umweltbedingungen – im Prozess vertrauensbasierter Reflexionen zwischen den Personen (Netzwerkteilnehmer) immer wieder hergestellt werden. Das erfordert ein klares, persönliches Commitment der Teilnehmer zum Netzwerk und seinen Partnern.

Als Schwäche von Netzwerkorganisationen kann gesehen werden, dass ihre Existenz von der gelingenden Reflexion blinder Flecken abhängt. Ihre Selbststeuerungsfähigkeit im Sinne lückenkonfigurierten Agierens wird dabei zum zentralen Erfolgsfaktor. Es gibt Netzwerke nur solange, wie sie ihren Netzwerkteilnehmern und der Gesamtorganisation einen klaren Nutzen bringen. Sie erfordern von ihren Teilnehmern eine hohe persönliche Reife und Selbstständigkeit in der

Form, dass sie sich in ihrem täglichen Handeln als Führungskräfte und Experten in Frage stellen können müssen. Zugleich wird von ihnen eine neuartige Loyalität verlangt: Sie müssen immer wieder in eine kritische Distanz zu ihrer Herkunftsorganisation treten können, um blinde Flecken zu orten und neue Beobachtungs- und Handlungsperspektiven »einspielen zu können«: Positive Änderungsprozesse können nur aus einer reflexiven Distanz heraus angestoßen und verfolgt werden.

Netzwerke setzen bei Personen als Change Agents innerhalb von Organisationen an. Was die Organisation nicht mehr oder noch nicht leisten kann, wird durch ein Netzwerk hoch engagierter und begabter Personen kompensiert. Netzwerke bieten Personen als weiches Steuerungsmedium keine Sicherheit und Komfortzonen und sie sind keine auf Dauer gestellte strukturelle Lösung. Stattdessen erfordern sie eine permanente Wachsamkeit ihrer Teilnehmer und Untergruppen, um brisante Anforderungen erkennen und beantworten zu können. Neben Rollenflexibilität und der Fähigkeit zur Selbstdistanzierung erfordern Netzwerke von den beteiligten Personen eine hohe Selbststeuerungsfähigkeit, sodass sie Situationen eigener Selbstüberforderung rechtzeitig erkennen und Burnouts entgegenwirken können. Da die Effektivität von Netzwerken an den Handlungen ihrer zentralen Akteure hängt, kann deren Ausfall durch Selbstüberforderung für Netzwerke letal wirken. Das wiederum erfordert auf einer Beziehungsebene einen sorgfältigen Umgang der Personen miteinander.

Von ihrer Funktionalität erfüllen Netzwerke wie das *INNOnetzwerk* von Swarovski die Rolle »sozialer Cockpits« für Organisationen: Sie helfen beim Steuern durch unwegsames Gelände, bringen eine realistischere Selbsteinschätzung, anregende Ideen, zukunftsorientierte Perspektiven und motivieren zum hohen persönlichen Einsatz, wie nun in der nachfolgenden Fallstudie beschrieben wird.

Ausgangssituation Swarovski

D. Swarovski & Co. ist Weltmarktführer im Bereich des geschliffenen Kristalls. Der multinationale Konzern mit 24.800 Mitarbeitern, über

1.800 eigenen Boutiquen und Partnerboutiquen sowie Fertigungsstätten in 18 Ländern baut seine Weltmarktführerschaft auf den Fähigkeiten auf, innovative Produkte und Dienstleistungen hervorzubringen und die eigene starke Marke beständig weiterzuentwickeln. Unter dem wachsenden Druck, sich dem immer rascher verändernden Marktumfeld anpassen zu müssen, hat das Unternehmen in den letzten Jahren neue Wege im Bereich des Innovationsmanagements beschritten. Dazu zählen neben der Fokussierung auf Prozesse zur zeit- und qualitätsgerechten Umsetzung von Innovationsprojekten und der Einführung von so genannten »Heavy Weight«-Teamstrukturen (also auf spezielle Innovationsprojekte ausgerichtete Entwicklerteams mit crossfunktionaler Zusammensetzung und vollzeitlicher Beteiligung) [29] vor allem auch die Implementierung neuartiger »weicher Steuermechanismen«.

Im Bereich des EDV-gestützten Ideenmanagements hat Swarovski bereits vor Jahren erkannt, dass das Wissen der Mitarbeiter eine nahezu unerschöpfliche Quelle für gute Ideen sowie deren Bewertung und Weiterentwicklung darstellt. Mit der Einführung der so genannten *i-flash Ideencommunity* wurden mit Hilfe einer »virtuellen Vernetzung« regionale und sprachliche Barrieren im Konzern schnell überwunden und eine erste Einbindung der »Mitarbeiter aus aller Welt« in einen interaktiven Austausch zu aktuellen Innovationsthemen erfolgreich gefördert. Die i-flash Community bildet mittlerweile eine beliebte, zentrale Anlauf- und Tauschzentrale für neue Ideen und unterstützt die Mitarbeiter dabei, sich mit ihrer Kreativität und Inspiration auch während des operativen Alltags aktiv in das Innovationsgeschehen einzubringen [6].

Der eingangs erwähnte Paradigmenwechsel hin zu einem erhöhten Wettbewerbsvorteil »durch Kommunikation« erfordert eine im Konzern möglichst breit akzeptierte, neutrale Koordinations- und Integrationsfunktion.

Zur Integration und Kanalisierung der unterschiedlichsten Innovationsaktivitäten rief Swarovski mit der Abteilung *i-LAB* (Innovationslaboratorium) eine neue Organisationseinheit ins Leben: Das i-

LAB unterstützt gemäß der Swarovski-Unternehmenskultur sowohl die laufende Weiterentwicklung vorhandener als auch die Implementierung neuer Innovationssysteme und -methoden, indem es die Kommunikationen über die verschiedenen Ebenen und Bereiche koordiniert. Es organisiert dabei einen Selbstoptimierungsprozess, der alle Phasen des Innovationsprozesses von der Ideengenerierung, über die Unterstützung der Auswahl bis hin zur Überleitung von Prototypen in die Serienentwicklung umfasst. Ergänzend dazu hat das i-LAB die Aufgabe, Ideen in der Frühphase ihrer Entstehung aufzugreifen, gemeinsam mit Verbündeten aus verschiedensten Unternehmensbereichen in Form von »Inkubationsprojekten« zu visualisieren und den entsprechenden Entscheidern in den verschiedenen Geschäftseinheiten als vielversprechende Invention vorzustellen. Die Rolle und Vorgehensweise des i-LAB wurde in den letzten Jahren mehrfach als Best-Practice-Beispiel in der Industrie angeführt und publiziert ([4], S. 145-146; [5], S. 2-3).

Voraussetzung: eine Ideen und Innovationen fördernde Intrapreneurship-Kultur

Am Anfang jeder erfolgreichen Unternehmensgründung steht eine gelungene Produktidee, die dann mit Konsequenz, überdurchschnittlichem Know-how und Begabung des Gründers zur Ausführung gelangt. Der Ansporn, *der Beste* sein zu wollen, führt dabei meist zu einer Hochspezialisierung in einem Teilbereich (z. B. Technologie, Verfahren etc.). Das Bestreben jedes Pioniers und Gründers ist, seinem Unternehmen sein unverwechselbares Markenzeichen aufzudrücken [19] und als öffentliche Person auch kulturell und politisch Einfluss nehmen zu können ([33], S. 255 ff.). Für den Unternehmer bildet der Erfolg des Unternehmens den primären Lebensinhalt, während das Unternehmen gleichsam einen Kapitän hat, der seine gesamte Energie für dessen Fortbestand einsetzt. Für eine erfolgreiche Weiterentwicklung der Familienunternehmen nach ihrer Pionierphase ist entscheidend, wie im Unternehmen differenzierte Führungsstrukturen aufgebaut und gemanagt werden.

Familienunternehmen gehen von emotional tief verankerten Beziehungen ihrer Mitarbeiter an das Unternehmen aus und unterstellen, dass jede Person auch ohne explizite Kommunikation weiß, was von ihr erwartet wird. Für Mitarbeiter hat das den Vorteil, dass sie auf ihrem Gebiet ein außergewöhnlich hohes Maß an Eigenständigkeit und persönlicher Verantwortungsübernahme erwerben können ([33], S. 109). Das schafft auch in global agierenden Konzernen Freiräume und Flexibilität nach innen und außen dort, wo andere Großunternehmen in einem Übermaß an Regeln, Ordnung und Strategien ein Immunsystem gegenüber Chaos und Entwicklung ausgebildet haben.

Überregulation fördert das Nichtsehen von dem, was die Organisation nicht sieht: Das Sanktionieren von Regelüberschreitungen unterbindet Beobachtungen und Fragestellungen, die Wissen um robuste Zukunftstrends oder vorhandene Ressourcen an die Stelle blinder Flecke treten lassen (vgl. [32], S. 62). Ein Charakteristikum von Familienunternehmen ist, dass sie jenseits von Überregulation über das Anbieten klarer Visionen und Freiräume immer wieder Entwicklungen provozieren, die nicht geplant sind, aber auch nicht behindert werden.

Der Unternehmensgründer als zeitloser Innovationsträger

Im Jahr 1895 übersiedelte Daniel Swarovski I mit seiner genialen Erfindung, einer Maschine zum Schleifen und Polieren von Kristallen, von Böhmen in den Tiroler Ort Wattens. Seine *revolutionäre mechanische Schleifmethode* bildete damals als *Prozessinnovation* die Basis einer Erfolgsgeschichte, die das Unternehmen heute zum weltweit führenden Hersteller von präzise geschliffenem Kristall und zum Inspirator für Mode- und Schmuckdesigner ebenso wie Lichtplaner, Raumgestalter und Architekten macht. Darüber hinaus wird Daniel Swarovski durch seine Aussagen zum achtsamen Umgang mit den Bedürfnissen von Personen, und hier vor allem von Mitarbeitern über die reine Jobsatisfaktion hinaus, als Vorreiter der *sozialen Innovation* angesehen.

Forderungen des Gründers Daniel Swarovski nach laufender Selbstveränderung und sozialer Innovation

Daniel Swarowski I
(1862-1956)

⇨ »Jede neue Zeitepoche bringt neue Möglichkeiten zur Betätigung und Entfaltung mit sich.«

⇨ »Die Entwicklung kennt keinen Stillstand. Neuerungen auf einem Gebiet geben die Grundlagen zu weiteren Neuerungen auf anderen Gebieten.«

⇨ »Es heißt nur, immer wach zu sein und die Bereitschaft zu haben, das sich Bietende im rechten Sinne zu nützen.«

⇨ »Voraussetzung eines jeden dauerhaften Erfolges jedoch ist das Bestreben, nicht nur an sich selbst, sondern vor allem auch an die Mitmenschen zu denken. Dort, wo das erfüllt wird, wird auch der Segen nicht ausbleiben.«

Durch seine (überlieferten) Aussagen prägt der Visionär und Humanist Daniel Swarovski noch heute die zentralen Leitwerte des innovativen Milieus des Konzerns. Die Unternehmenskommunikation verwendet diese Leitwerte richtungsweisend zur Stärkung der unternehmerischen Kernkompetenz und Innovationsfähigkeit. Aktuelle Innovationserfolge werden in dieser Tradition als »genutzte Chancen der Entfaltung in der Gegenwart« über die internen Kommunikationsmedien verbreitet und die Learnings daraus als positive Beispiele für das Zusammenwirken der Innovationsakteure im Geiste Daniel Swarovskis vermittelt. Im Sinne einer langfristigen Kontinuität wird dabei die »Weiterpflege« der Innovationskultur als ein »Veredeln« verstanden. Indem die Mitarbeiter entlang dieser Leitwerte sichtbar zum Erfolg des Konzerns beitragen und dafür auch persönliche Anerkennung bekommen, werden sie in ihrer intrinsischen Motivation und damit auch in ihrer Kreativität und Erfolgsorientierung unterstützt: Sie übernehmen die Rolle von Intrapreneuren, also Unternehmern im Unternehmen, und treiben die Entwicklung des Konzerns von ihrer jeweiligen Funktion her konsequent weiter. Ergänzend dazu entwickelt die Unternehmerfamilie Swarovski die Grundgedanken Daniel Swarovskis ständig weiter.

Das INNOnetzwerk als Plattform zur Realisierung der Swarovski-Leitwerte

Zwei- bis dreimal im Jahr werden Innovationsakteure, das sind Vertreter aus den zentralen Kernbereichen für Innovation, wie F&E, Produktentwicklung oder Marketing, zu Veranstaltungen des *Swarovski-INNOnetzwerks* eingeladen, um über die Grenzen von Professionen, Business Units und Ebenen hinaus sowohl an dringlichen Fragen als auch an Zukunftsthemen zu arbeiten. Im Rahmen strategischer Suchfelder identifizieren sie dabei aus der Kundenperspektive heraus sowohl »*inkrementelle Anforderungen*« an Produkt- und Dienstleistungsoptimierungen als auch radikale Zukunftsideen und benennen Themenverantwortliche und Projektmentoren, die innerhalb »kollaborativer Seilschaften« und offizieller Projektstrukturen die Ideen bis hin zum Rollout am Markt weitertragen sollen. Indem informelle und formale Kompetenzen, Ressourcen und Handlungsspielräume miteinander verknüpft werden, lassen sich alle verfügbaren ökonomischen und sozialen Ressourcen aktivieren, um verantwortliche Topexperten und Entscheidungsträger auf die Umsetzung zentraler Kernthemen des Konzerns zu fokussieren.

Die Mentorenrolle für die in den Netzwerktreffen entstehenden Ideen und in der Folge umgesetzten Innovationen übernimmt die so genannte *Steuerungsgruppe* des INNOnetzwerks. Mitglieder dieser Gruppe sind Innovationsmanager aus den einzelnen Business Units sowie Entscheidungsträger aus Forschung, Produktion und Produktentwicklung. Sie entwickeln, implementieren und standardisieren u.a. auch gemeinsam neue Steuerungsmethoden des Innovationsmanagements und evaluieren laufend deren Umsetzungserfolg. Auf diese Weise entstand z. B. das »House of Innovation« als Visualisierung eines erstmals konzernweit eingesetzten Innovation Projektportfoliomanagements. Dieses trug dazu bei, strategische Innovationsvorhaben und -initiativen der einzelnen Business Units unternehmensweit sichtbar und damit auch steuerbar zu machen. Ergänzend dazu überprüft die *Steuerungsgruppe* in enger Tuchfühlung mit den Topmanagern der

Business Units und der Technik sowohl Nutzen als auch Machbarkeit von Ideen und gelaunchten Innovationen. Dadurch wird verhindert, dass sich der Innovationsprozess von den tatsächlichen Businessanforderungen zu weit entfernt.

An der Nahtstelle zur formalen Hierarchie des Topmanagements sorgt die Steuerungsgruppe regelmäßig für eine Überprüfung und Kanalisierung der prinzipiellen Ausrichtung aller Innovationsinitiativen auf Basis eines vom INNOnetzwerk ausformulierten Leitbildes. Dieses Leitbild definiert die Rolle des Netzwerks als *vielfältigen Nutzen stiftenden Enabler* der Innovationsaktivitäten aller Swarovski-Mitarbeiter und -Organisationsbereiche. Indem die *Steuerungsgruppe* mit dem Topmanagement kontinuierlich Auftragsklärungen durchführt und ergänzend dazu alle INNOnetzwerktätigkeiten an den prinzipiellen Leitwerten ausrichtet, hilft sie, dezentral vorhandene Strategien zu einem konzernweit klaren Rahmen übergreifender Suchfelder zu verdichten. Dabei übernimmt sie eine Navigationsfunktion für Intrapreneure, Projektteams und informelle Gruppierungen, die ihre Inventionen erfolgreich auf den Markt hinaus »treiben« wollen.

Ergänzend dazu übernimmt die Steuerungsgruppe Leadership-Verantwortung, indem sie anlassbezogen Kommunikationssettings schafft oder Koordinationsaufgaben übernimmt, die Innovationsakteure in ihrer Motivation und Verantwortungsübernahme für erfolgswahrscheinliche Innovationsprozesse unterstützen.

Auf diese Weise wird die Innovationskultur ständig neu erleb- und gestaltbar gemacht. Den Erkenntnissen aus der Organisationsentwicklung, Betroffene zu Beteiligten zu machen und dadurch ihr volles kreatives Potenzial zur Entfaltung zu bringen, wird auf diese Weise gezielt Rechnung getragen.

Entwicklungsphasen –
Das Swarovski-INNOnetzwerk (er-)findet sich neu

Die Geschichte des INNOnetzwerks beginnt im Jahr 2007: Interviews mit Leitern der Business Units und Technikfunktionen ergaben, dass im global agierenden Konzern ein intensiver, interner Wettbewerb zwischen einzelnen marktorientierten Business Units (BUs) stattfand. Erfahrungen hatten gezeigt, dass ökonomisch hervorragende Ergebnisse im Zuge periodisch durchgeführter Umstrukturierungen nicht nur das Überleben, sondern auch das weitere Wachstum der jeweiligen BU garantierten konnte – wenn auch auf Kosten der weniger aussichtsreichen Organisationseinheiten, die früher oder später verkleinert und am Ende mit einer der erfolgreichen Business Units fusioniert wurden.

Die Organisationseinheit »Technik«, die man zur Gründerzeit in der Tradition des *Technology Push* als Kernkompetenz und Grundlage für den Wirtschaftserfolg des Unternehmens ansah, musste zunehmend als Diener vieler Herren nach neuen Möglichkeiten der Priorisierung von Innovationsprojekten Ausschau halten. Zugleich hatte sie dem alten Auftrag der Geheimhaltung von Kernkompetenzen und technologischer Brillanz zu folgen, indem sie Inventionen und technologische Neuerungen schützte, was wiederum die Business Units oftmals als Vorenthalten wichtiger Wettbewerbsvorteile interpretierten. Die damalige Strategie, durch Diskretion und Geheimhaltung eine technologische und qualitative Gleichschaltung mit Wettbewerbern zu vermeiden, war intern plötzlich zu einem problematischen Verhalten geworden. Das war augenscheinlich keine attraktive Ausgangslage für übergreifende Kooperationen – und bildete dennoch den Nährboden für die Erkenntnis, dass ohne solche Kooperationen der Erfolg des gesamten Konzerns langfristig in Gefahr geraten konnte.

241

Phase (1) 2007 – Case for Action:
Innovationsmanager bauen neue Brücken

In dieser Zeit wurden von den Leitern der Business Units dezentrale »Innovationsmanager« implementiert. Einige BUs hatten erkannt, dass die Fortsetzung ihres Erfolgs künftig stärker als bisher direkt mit ihrer Innovationsfähigkeit verknüpft sein würde. Das traditionell sehr klare Bekenntnis von Geschäftsführung und Topmanagement zur Innovation breitete sich im Gesamtkonzern immer stärker aus und spannte einen innovationsförderlichen Raum auf: Junge, hoch begabte und international versierte Intrapreneure übernahmen diese Funktion, ergänzend zu ihrer disziplinären und inhaltlichen Managementaufgabe (z. B. Produkt-, Applikationsmanagement etc.). Im Dienste der einzelnen Business Units sollten sie vorhandene Inventionen möglichst rasch in ihrem technologischen und ökonomischen Potenzial überprüfen und erfolgreich auf den jeweiligen Märkten platzieren.

Damit standen die Innovationsmanager innerhalb kürzester Zeit vor folgenden Fragestellungen, die keiner von ihnen alleine klären konnte:

⇨ Ist die auf den ersten Blick attraktiv erscheinende Produktidee bereits von einer anderen Business Unit aufgegriffen und weitgehend realisiert worden?

⇨ Gibt es für die Realisierung erster Prototypen genügend technologisches Know-how im Konzern oder muss in Grundlagenforschung investiert werden?

⇨ Zahlt sich die Investition von Ressourcen in Bezug auf den erwarteten Gewinn am Markt aus oder sollte man mit Blick auf die Realisierung ökonomischer Business-Ziele anderen Produktideen nachgehen?

Da alle Innovationsmanager »der ersten Stunde« etwa zur selben Zeit ihre neuen Aufgaben übernahmen, konnte keiner von ihnen auf einen spezifischen zeitlichen oder sozialen Vorteil zurückgreifen. Damit fanden sich alle innerhalb kürzester Zeit »ähnlichen Fragestellungen« gegenüber und stießen zugleich bei Versuchen formaler Kontaktaufnahmen mit den zuständigen Entscheidungsträgern auf freundlich abwartendes Schweigen.

Diese Situation versprach zunächst wenig hilfreich zu sein, um die einzelnen Geschäftseinheiten zu einem rascheren und effektiveren Innovieren zu befähigen.

Zum selben Zeitpunkt gelangen dem *Vice President of Innovation* der Aufbau und die Implementierung der oben bereits erwähnten Front-End-Funktion *i-LAB*. Diese sollte einem Versiegen revolutionärer Ideen im operativ schnell getakteten Technikbereich gegensteuern. Der erste Schritt bestand darin, einen Freiraum zum Entwickeln und Testen »schräger« und »völlig neuartiger« Modelle zu schaffen und diese dann dem Topmanagement als attraktive Prototypen anzubieten. Erste Prototypen wurden wohlwollend mit dem Hinweis kommentiert, dass diese Entwicklungen zu fern vom Markt weder die Kundenbedürfnisse noch die Anforderungen der Business Units treffen würden. Der Konkurrenzdruck der Business Units am internen und externen Markt verlange nicht nach radikalen, ungewöhnlichen Lösungen für die Zukunft, sondern nach inkrementellen Verbesserungen (z. B. in Bezug auf Nicht-Zerkratzbarkeit, dauerhafter Applikation auf unterschiedlichsten Materialien) bei der Realisierung zeitnaher Inventionen in kürzester Zeit. Damit war das i-LAB zwar ein gern gesehener Reflexionspartner, aber zugleich im »Not-Invented-Here«-Syndrom gefangen und in seiner Wirksamkeit vorerst stark eingeschränkt.

Es gibt keine Wirklichkeit ohne einen Beobachter und dessen Motiv: Die zentrale Aufgabe des i-LAB in dieser Zeit bestand darin, das »zu fern vom Markt« als »Freiraum haben für« wahrzunehmen und zu nutzen. Die Positionierung des i-LAB in der Grauzone zwischen allen Technologien und Märkten ermöglichte es ihm, eine neutrale Koordinationsfunktion für übergreifende Kooperationen innerhalb eines stark Konkurrenz getriebenen internen Marktes einzunehmen. Seine neu gewonnene Produktions- und Marktferne wirkte in dieser Situation entlastend und Vertrauen schaffend im informellen Beziehungsgeflecht des Konzerns. Alles war gleich – und doch komplett verändert. In unzähligen Abstimmungsgesprächen mit den Unternehmensbereichen erlangte das i-LAB in kurzer Zeit ein gutes »Gespür« für die alltäglichen Sorgen und Wünsche der Business Units. Im Wissen um die Handlungs- und Denkweise der F&E und der Produktentwicklung erwarb es die Fähigkeit, die unterschiedlichen Marktlogiken der Business Units besser zu verstehen und uneigennützig als Übersetzer zwischen ihnen zu agieren.

Sowohl dem i-LAB als auch den Innovationsmanagern der Business Units war klar, dass in diesem komplexen und unübersichtlichen Umfeld Erfolg nur gemeinsam realisiert werden konnte. Auf der Suche nach Vertrauenspartnern für rasche, übergreifende Klärungsprozesse entstand 2007 in Gesprächen zwischen dem Vice President of Innovation und einigen funktionsspezifischen Innovationsmanagern der Business Units erstmals die Idee, ein übergreifendes INNOnetzwerk in Swarovski aufzusetzen. Dieses sollte allen Business Units sowie dem Technologiebereich aktiv nutzen und damit für den gesamten Konzern einen Qualitätssprung in Bezug auf »Prozesse organisationalen Innovierens« bringen. Durch diesen Schritt erwarteten sich alle die rasche Verwirklichung von Abstimmungs- und Klärungsprozessen für funktionale und übergreifende strategische Innovationsinitiativen, ohne dabei in das operative Tagesgeschäft der einzelnen Funktionsbereiche einzugreifen oder es gar zu stören. Entsprechend sollten die Themen und Aktivitäten des INNOnetzwerkes nicht über Topdown-Aufträge des Topmanagements, sondern aus der freiwilligen Teilnahme und den Bedürfnissen und Anforderungen der einzelnen Netzwerkpartner als Repräsentanten der Business Units und Technologiebereiche gespeist werden. Jedes Netzwerkmitglied sollte dadurch seine operativen und strategischen Aufgaben besser und effektiver als alleine bewerkstelligen können. Im Sinne eines lückenkonfigurierten Vorgehens [29] sollte das INNOnetzwerk dort aktiv werden, wo innerhalb oder zwischen den einzelnen Unternehmensfunktionen Potenziale und Chancen brach lagen. Zweck und Ziel des Netzwerks bestand damit in dem von seinen Partnern wahrgenommenen Nutzen sowie in konkreten Innovationen und anderen wahrnehmbaren Erfolgen für den Konzern.

Anstelle fester Verbindungen über Rollen, Dienstwege und Routinen erwies sich eine lose Kopplung zwischen den Innovationsakteuren [24] als minimale Startbasis und zugleich als Erfolgsrezept für das Funktionieren der neutralen Koordinationsfunktion des Netzwerks. Ziel war nicht Einfluss- und Machtzuwachs, sondern Nutzen und Gewinn aller beteiligten Netzwerkpartner und des Swarovski-Konzerns. Die Existenzberechtigung und der »Netzwerk Zweck« des Netzwerks waren auf kontext- und zeitspezifische »Bedarfe« der Innovationsakteure und nicht auf den offiziellen Auftrag des Topmanagements aufgebaut. Netzwerke sind damit fragil und stabil zugleich:

⇨ fragil, weil sie nicht in der Hierarchie strukturell verankert sind und jederzeit beendet werden können, wenn sich keiner mehr einen Nutzen von ihnen verspricht;

⇨ stabil, weil sie nutzengetrieben sofort auf Änderungen reagieren und dysfunktionale Strukturen verändern – im Unterschied zur Linienorganisation.

Was schwer möglich war, nämlich die Einführung einer zentralen Koordinations- und Steuerungsfunktion aller Innovationstätigkeiten, entstand hier also jenseits aller Hierarchie selbstorganisiert.

Sehr gute Erfahrungen gab es mit der »U-Boot-Strategie« [32], das heißt, in einem besonders geeigneten Bereich ein bescheidenes Pilotprojekt mit guten Aussichten auf Erfolg und Quick Wins zu starten – und das Ganze erst dann publik zu machen (»aufzutauchen«), wenn es funktioniert. Dabei geht es darum, geeignete Anknüpfungspunkte zu »verwandten« Innovationsträgern (Organisationsentwicklung, Human Resources, strategisches Controlling, Kommunikation, Produktmanagement etc.) im Unternehmen zu finden und zur wechselseitigen »Stärkung« der vorhandenen »Stärken« ([32], S. 71) zu nutzen.

In diesem Sinne lud der Vice President of Innovation eine komplementäre Innovationsforscherin und -beraterin für Netzwerk- und Organisationsentwicklung sowie einen Organisationsentwickler als »Berater Staff« ein, um mit den Innovationsmanagern (Intrapreneur-Team) und einer Anzahl engagierter Produktmanager, Produktent-

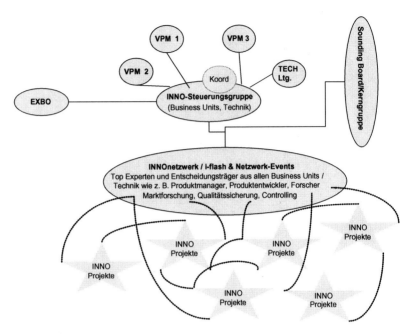

Abb. 1: *Swarovski-INNOarchitektur – Aufgaben und Rollen*

wickler, Topexperten, i-LAB-Mitarbeiter etc. (INNOkernteam) über eine für Swarovski zieldienliche soziale und zeitliche Innovationsarchitektur nachzudenken.

Aus den unterschiedlichsten Perspektiven möglicher interner und externer Auftraggeber und Kunden wurden Nutzen stiftende Ziele und Anforderungen für das INNOnetzwerk erhoben sowie eine gemeinsame Vision und ein Leitbild entwickelt. Darauf aufbauend wurden Rollen und Spielregeln zweckmäßiger Netzwerkfunktionen hinterfragt und zwischen den Beteiligten ausgehandelt.

Am Ende dieser ersten Netzwerkentwicklungsphase gelang dem Intrapreneur-Team die Implementierung von vier INNO-Funktionen:

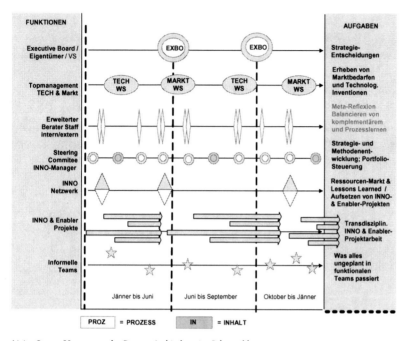

Abb. 2:   *Umsetzung der Prozess-Architektur im Jahreszyklus*

⇨ *Steuerungsgruppe,*
⇨ *Kernteam,*
⇨ *INNOnetzwerk* und
⇨ *Koordinator* der INNOarchitektur.

Vor allem die Frage, wer die Architektur des gesamten INNOnetzwerks koordinieren soll, wurde von den Akteuren in Anbetracht der internen Konkurrenz um Märkte und Kompetenzen mit sozialem Fingerspitzengefühl gelöst. Man beschrieb zunächst die Koordinationsfunktion hinsichtlich der Aufgaben und Anforderungen und lud anschließend die Mitglieder der Steuerungsgruppe ein, sich darum zu bewerben.

Dieses Verfahren ermöglichte es auch dem Vice President of Innovation, sein Interesse an einer neutralen Koordinationstätigkeit bereichsübergreifender INNOaktivitäten explizit zu bekunden (was

247

er informell bereits getan hatte) und sich offiziell darum zu bewerben. Ohne seine Initiativen wäre das Intrapreneur-Team nicht bis zu diesem Status einer selbstorganisierten Ausdifferenzierung und Arbeitsfähigkeit gelangt. Im Einklang mit den real erlebten, guten Erfahrungen und der Beschreibung, warum er diese Koordinationsfunktion in welcher Weise gerne weiter ausüben würde, wurde seine Bewerbung von allen erleichtert aufgenommen. Im Zuge der INNOnetzwerk-Arbeit wurde dieses »Bewerbungsverfahren« um die Koordinationsfunktion dann noch einmal wiederholt und dabei diese Aufgabe noch einmal an den Vice President of Innovation übertragen. Damit waren die Leitwerte »Nutzen der Netzwerkpartner als Zweck«, »Teilnahme auf freiwilliger Basis«, »vertrauensbasiert« und »weiche Steuerung über Vision/Leitbild« erfolgreich umgesetzt worden. Der Begriff »INNO-architektur« bedeutet in diesem Zusammenhang, dass Rollen und Spielregeln nicht innerhalb der Struktur der Hierarchie »auf Zeit« gestellt werden, sondern mit Blick auf Veränderungen in den jeweiligen Umfeldern rasch und flexibel angepasst werden [30].

Phase (2) 2008 – Eine Gruppe übernimmt die Selbst- und Netzwerksteuerung und steckt einen ersten, strategischen Rahmen ab
Die erste Aufgabe des Netzwerks bestand nun darin, die konzernweite Ausgangsposition hinsichtlich vorhandener Ziele, Methoden, Steuerungsinstrumente und Projekte etc. zu sondieren. Alle Mitglieder der Steuerungsgruppe waren sich einig, dass es Swarovski nicht an Kreativität und Know-how mangeln würde, sondern an einer gemeinsamen, thematisch-strategischen Ausrichtung aller unternehmensweiten Innovationsinitiativen. Eine solche Ausrichtung könnte einen effektiveren und ökonomisch vertretbareren Ressourceneinsatz ermöglichen. Zugleich entstand dabei die Einführung und Konsolidierung der INNOnetzwerkarchitektur.

Im Rahmen mehrerer Meetings der Steuerungsgruppe wurde es für die Innovationsmanager der einzelnen Business Units erstmals möglich, sich über die unterschiedlichen Ziele und Strategien ihrer Geschäftseinheiten auszutauschen und erste, mögliche Synergien zu definieren. Ein Ergebnis davon war eine konzernübergreifende Landkarte relevanter strategischer Suchfelder für alle Business Units. Dieses erste gemeinsame Navigationsinstrument der Steuerungsgruppe diente als Systematik für das Erheben und Verorten strategisch relevanter *INNOideen* und *INNOprojekte* innerhalb der einzelnen Business Units sowie im INNOnetzwerk. Sechs zwischen den Bereichen vereinbarte Innovationsthemen – basierend auf einer Evaluation der Kernkompetenzen und einer Betrachtung von zukünftigen Wachstumsmärkten – waren in der Landkarte definiert. Darüber hinaus sollten die übergreifenden Folgeprojekte zur detaillierten Entwicklung und Implementierung von der Steuerungsgruppe unterstützt und effektiver in den Markt gebracht werden. Parallel dazu wurde das vom i-LAB entwickelte, Intranet gestützte Vernetzungstool *i-flash* zur Belebung des konzernweiten Ideenmanagements weiter ausgebaut und mit Hilfe des INNOnetzwerks weltweit eingeführt. Innerhalb kürzester Zeit konnte sich die i-flash Community an regem Zuspruch von Swarovski-Mitarbeitern aus allen Niederlassungen und Kontinenten erfreuen. Das virtuell gestützte *INNOnetzwerk* war damit bereits in vollem Gange.

Willke zufolge greift das Zusammentragen von Daten alleine zu kurz. Es gehe vielmehr darum, die Lernerfahrungen füreinander lesbar, nachvollziehbar und verstehbar zu machen. Erst in der gemeinsamen Interpretation von Daten entsteht Information, die handlungsanleitend wirkt ([32], S. 73): Kommunikation legt fest, welches Wissen, welche Expertise und welche Kernkompetenzen für die Organisation von strategischer Bedeutung sind.

In diesem Sinne verfolgte und unterstützte die Steuerungsgruppe auch den nächsten Schritt, nämlich ein Portfoliomanagement als Steuerungsinstrument einzuführen. Ein Fachberater wurde vom Executive Board mit der Einführung des Portfoliomanagements beauftragt und konnte innerhalb kürzester Zeit auf die volle Unterstützung der Steuerungsgruppe zählen. Das Herstellen von Transparenz über alle Innovationstätigkeiten im Konzern war auch hier Projektziel. Entsprechend engagierte sich auch die Steuerungsgruppe dabei, Informationen zu erheben und eine konzernweite Roadmap für INNO-Projekte computergestützt aufzubereiten. Innerhalb einer einjährigen intensiven Arbeit konnte so das »House of Innovation« als übergreifendes Controlling- und Steuerungsinstrument entwickelt und von der Steuerungsgruppe dem Executive Board vorgestellt werden.

Phase (3) 2008 – Wie das INNOnetzwerk zu einem Sounding Board und das Executive Board zum Motor für weitere Schritte werden

Die Entwicklung und erfolgreiche Markteinführung von Innovationen brauchen einen Rahmen und eine Ausrichtung, um ökonomischen Erfolg generieren zu können. Entsprechend bestand die zentrale Aufgabe der Steuerungsgruppe innerhalb der Phase (2) darin, Elemente einer Kontextsteuerung ([32], [30]) des Innovationsprozesses aufzubauen und zu implementieren. Ergänzend zum bereits eingeführten Stage-Gate-Modell [5] war es darum gegangen, durch das Herstellen von Transparenz einen strategischen Dialog über die gemeinsame Ausrichtung der Innovationsaktivitäten zu initiieren. Dieses Vorhaben wurde zur Kernaufgabe der Phase (3), die sich an folgenden Leitfragen orientierte:

⇨ Passen die übergreifenden strategischen Suchfelder für die Bereiche und Innovationsakteure?

⇨ Wie werden die unterschiedliche zeitliche Fristigkeit und die thematische Gewichtung der Innovationsprojekte, die im »House of Innovation« sichtbar wird, in den einzelnen Unternehmensbereichen gesehen und interpretiert?

⇨ Was tut sich im Bereich neuer Geschäftsmodelle und Licencing out (Open Innovation)?

⇨ Welche Lessons Learned gibt es in den einzelnen Bereichen aus Kooperationen mit strategischen Partnern?

⇨ Was sehen »wir als Steuerungsgruppe« nicht, was wir sehen sollten, um zum allseitigen Nutzen aktiv sein zu können?

Das INNOnetzwerk erwies sich bei der Klärung dieser Fragestellungen und dem Rückspiegeln von Feedback zu den erarbeiteten Zwischenergebnissen als *Sounding Board* (Resonanzboden) für die Steuerungsgruppe: Unternehmensinterne Trends und Positionen in Bezug auf die konzernweit erhobenen Produkt-, Support-, Enabler-Projekte wurden ebenso rasch sichtbar wie der reichhaltige Pool an Know-how und Projektideen im Rahmen der erarbeiteten strategischen Suchfelder. Die Funktion einer »Competence Source« des INNOnetzwerks war bei thematisch ausgerichteten Netzwerktreffen sehr gut beobachtbar. In diesen Treffen entstanden innerhalb weniger Stunden gemeinsame Projekt-Roadmaps, von denen einige im Zeitraum von einem Jahr ökonomisch erfolgreich am Markt positioniert werden konnten. Zugleich war das INNOnetzwerk Zeuge sowohl für die sichtbare Umsetzung der mit der Steuerungsgruppe entwickelten Netzwerk-Vision als auch für die erreichten Zwischenergebnisse und neuen, vereinbarten Methoden und Qualitätsstandards.

Für den strategischen Dialog über die Ausrichtung der Innovationsinitiativen wurde das *Executive Board* zu einem zentralen Gesprächspartner und Mentor der Steuergruppe. Dem INNOnetzwerk war es im bisherigen Prozess über die Steuerungsgruppe gelungen, in seinem Bemühen um übergreifende Transparenz und Steuerung erstmals wahrgenommen zu werden:

⇨ als *Akteur* beim Entwickeln strategischer Suchfelder,
⇨ als *Enabler* beim Einführen der Portfoliomanagement-Steuerung,
⇨ als *Interpreter* erster Ergebnisse in Richtung zieldienlicher nächster Schritte.

In der Kommunikation mit dem Executive Board wurde das INNOnetzwerk über die Steuerungsgruppe zugleich auch als bereichsübergreifend abgestimmt agierendes *Team* sichtbar, das alle vorhandenen Initiativen und Ergebnisse zur Verbesserung des Innovationsprozesses aufgriff. Wozu sollte das Executive Board eine zentrale Funktion einführen, wenn es schon sichtbar eine informelle Koordinationsplattform gab, die ohne zusätzlichem Aufwand und Kosten wunderbar arbeitete?

Das positive Feedback des Executive Boards auf die bisherigen Ergebnisse verstärkte die Motivation in der Steuerungsgruppe und die Freude an der Weiterentwicklung der INNOarchitektur und INNO-instrumente: Zur anfangs eher »marktlastigen« Besetzung kamen mit der F&E-Abteilung und der Produktentwicklung Bereiche hinzu, die für die Umsetzung der Innovationsprojekte von zentraler Bedeutung waren. Die Steuerungsgruppe war stabil genug geworden, um durch diese Integration die notwendigen strukturellen Widersprüche von Technology Push einerseits und Market Pull andererseits aktiv in ihre eigenen Reihen zu holen.

Phase (4) 2009/10: Eine Krise als Bühnenbildner für Breakthroughs
Im Jahr 2009 erreichte die globale Finanzkrise Swarovski und führte dort unter anderem zu Personalabbau- und Restrukturierungsmaß-nahmen. Auch die Teams der Innovationsmanager wurden zum Teil reduziert und der Druck, über Innovationen einen Turnaround für den Konzern zu schaffen, wuchs weiter an. Nervosität und operative Hektik im Umfeld gehörten zum Unternehmensalltag. Auch die Steuerungsgruppe musste sich in dieser Phase neu bewähren und Ant-worten auf Fragen wie den folgenden finden: Wie können wir uns als INNOmanager gegenseitig in der Steuerungsgruppe darin unterstüt-zen, erfolgreich durch die Turbulenzen der Finanzkrise zu navigieren? Können wir die Krise als Chance nutzen und wenn ja, wie? Wird es die INNOarchitektur nach der Krise noch geben – und wenn ja, in welcher Weise?

Die Krise wirkte sich auch auf die Kohäsion der Steuerungsgrup-pe aus: Die regelmäßigen Treffen fanden weiter statt, wobei einzelne INNOmanager nicht immer dabei sein konnten. Das gemeinsame Nachdenken über konzernweite Entwicklungen und konkrete wech-selseitige Unterstützungsmöglichkeiten wurde nicht nur als entlastend erlebt, sondern schweißte die Netzwerkpartner als Steuerungsgruppe weiter zusammen. Die Flexibilität des Netzwerkes stand erstmals auf dem Prüfstand...

Aus den strategischen Dialogen zwischen der Steuerungsgruppe und den Vice Presidents of Marketing (VPMs) resultierte eine Liste von Business Needs als Aufgabenstellungen für das INNOnetzwerk. In mittlerweile guter Tradition nahm die Steuerungsgruppe die Rückmeldungen positiv auf und legte diese direkt in der Planung eines *Open Space* um: Gefragt waren Themen und Projektideen rund um die Business Needs mit Schwerpunkt auf Quick Wins und der Möglichkeit, auftauchende Ideen für radikale Innovationen für die Zukunft »mitzunehmen«. Das war die Stunde des INNOnetzwerks: Über 70 Personen spiegelten in kurzer Zeit zu den VPM-Forderungen analoge Fragestellungen und fanden sich darüber hinaus zu intensiv diskutierenden transdisziplinären Gruppen zusammen, in denen Projektideen zu Fragestellungen und Zielen geschärft und im Rahmen eines interaktiven »Ergebnis Marktplatzes« allen zugänglich gemacht wurden.

Die kollektive Weisheit der Großgruppe hatte auf die Fragestellungen und Anforderungen der VPMs reagiert und in kürzester Zeit originelle und solide Innovationsvorhaben hervorgebracht. Dieser *INNOspace* ging nicht nur in einer begeisterten Stimmung zu Ende, sondern führte in der Folge zu Projektergebnissen, die von VPMs und Executive Board erleichtert und positiv aufgenommen wurden. »*Ja, genau so, genau das haben wir gemeint… super verwendbare Ergebnisse!*« kam als Feedback über informelle Kanäle an die Steuerungsgruppe zurück.

Dadurch war es dem INNOnetzwerk gelungen, als Competence Source für Swarovski aktiv durchzustarten und als wirksames Instrument zur Krisenbewältigung in Erscheinung zu treten. In dieser Situation bezog das INNOnetzwerk seine Stabilität aus seiner breiten Basis an unterschiedlichsten Experten und Entscheidungsträgern aller Bereiche sowie aus seiner Unabhängigkeit von einzelnen, zentralen Akteuren. In Reaktion zu den erzielten Ergebnissen kamen erstmals wohlwollende Feedbacks einzelner Business-Unit-Verantwortlicher zur Steuerungsgruppe zurück. In einer Zeit der Krise, Unsicherheit und beginnenden Demotivation ermöglichte der INNOspace somit das kollektive Erlebnis von Kompetenz, Gestaltungsspielraum und

Begeisterung. Allen war klar: So einem Umfeld konnte die Krise nicht wirklich etwas anhaben! Zuversichtlich und mit einer klaren Ausrichtung auf die Notwendigkeit der raschen Umsetzung hochspannender Projekte gingen die einzelnen Akteure gut gelaunt in ihre Bereiche zurück. Einige Zeit später stieg die Marktnachfrage wieder an und die Verkaufsziffern kletterten in zufriedenstellende Höhen. Aus heutiger Sicht waren mehrere Faktoren für den erfolgreichen Beitrag des INNOnetzwerks zur Krisenbewältigung zentral:

⇨ Vertrauen und die wechselseitige Unterstützung in der Steuerungsgruppe,

⇨ Das Einverständnis der Steuerungsgruppe damit, einzelne Mitglieder in Würdigung ihres hervorragenden Einsatzes ziehen bzw. sich auf Zeit (mit Rückfahrt-Ticket) zurückziehen zu lassen, ohne dass damit die Gruppe als Ganzes in Frage gestellt wurde,

⇨ die Fähigkeit, dringliche Anforderungen und Kritik seitens der Verantwortlichen der Business Units zu verstehen, positiv aufzugreifen und als Fragestellungen an den Kompetenzpool der Großgruppe (50 bis 80 Personen) weiterzugeben,

⇨ das netzwerkweite Sichtbarwerden vorhandener Kompetenzen und Kreativität, das im Rahmen des INNOspace positive Feedbackschleifen auslöste und Begeisterung und Freude am gemeinsamen Innovieren in Swarovski zurückbrachte.

Das INNOnetzwerk hatte damit seine erste Feuerprobe mit Bravour bestanden.

Das i-LAB selber agierte in dieser Zeit als stabilisierender Pol: der i-LAB-Leiter und INNOnetzwerk-Koordinator in Personalunion hielt inmitten eines turbulenten Umfeldes den Rahmen der INNO-architektur und damit auch der Steuerungsgruppe aufrecht und trieb durch konsequentes Erinnern aller Netzwerkpartner an Zwischenergebnisse und nächste Ziele die Umsetzung des Ausbaus übergreifender INNOinstrumente und -prozesse voran.

Ende 2009 hatte auch die Steuerungsgruppe die Krise positiv überstanden. Neue Abgesandte der Business Units schlossen sich im Auftrag ihrer Vice Presidents of Marketing den Meetings an und brachten mit vertrauten und überraschenden Fragen neuen Wind in die Diskussionen. Noch einmal wurde dabei klar: Die Koordination der Steuerungsgruppe basiert auf Vertrauen, Selbstverpflichtung und Eigenengagement aller Netzwerkpartner. Das läuft den Erwartungshaltungen in der Tradition straffer Top-down-Steuerungsmechanismen in hierarchischen Organisationen klar zuwider. Die Arbeit im Netzwerk macht somit spür- und sichtbar einen Unterschied zu den täglichen Linienaufgaben [3] ihrer Mitglieder.

Dem INNOnetzwerk war die Selbstkonstitution als eigenständiges soziales System mit eigenen Rollen und Spielregeln, das heißt die Schaffung einer eigenen Netzwerkkultur, gelungen.

Phase (5) 2010: »Wenn du ein Schiff bauen willst, ...

...so trommle nicht Männer zusammen, um Holz zu beschaffen, Werkzeuge vorzubereiten, Aufgaben zu vergeben und die Arbeit einzuteilen, sondern lehre die Männer die Sehnsucht nach dem weiten endlosen Meer.« [8] Saint-Exuperys oft zitierte Erkenntnis veranschaulicht im übertragenen Sinne gut, was zum Motor für den Aufbau und das Überleben des INNOnetzwerks auch in einer krisenhaften Zeit geworden ist: ein festes Überzeugtsein vom inspirierenden Innovieren in Kooperation mit interessanten und hoch motivierten jungen Partnern sowie die hohe Identifikation mit der Kultur von Swarovski.

Ergänzend zu dieser weichen, intrinsischen Steuerung über Leitbild, Vision und Begeisterung für das Innovieren erwies sich das i-LAB als neutraler Netzwerkknoten und stabilisierendes Element für Aufbau und Weiterentwicklung auch in turbulenten Zeiten. Diese Stabilität erwuchs aus persönlichem Vertrauen und Selbstverpflichtung und ermöglichte ein enges Kooperieren und Zusammenstehen innerhalb der Steuerungsgruppe, während sich zugleich ihre Zusammensetzung veränderte.

Als »Strategic Intelligence«-Funktion des Gesamtnetzwerkes konnte sich die Steuerungsgruppe flexibel den neuen Anforderungen aus dem Umfeld anpassen, ohne dabei Zuverlässigkeit, Vertrauensbeziehungen und die Ausrichtung auf das Kanalisieren und Unterstützen konzernweiter Innovationsprozesse aufs Spiel setzen zu müssen. Sie ging sehr achtsam bei der Organisation von Großgruppenveranstaltungen vor, indem sie relevante Konzernwidersprüche im Teilnehmerkreis der einzelnen Netzwerkmeetings abbildete und so ein tieferes Verständnis der einzelnen Feedbacks und Forderungen aus den Business Units gewinnen konnte. Vor allem der Vorrang von Personen als »Experten für ihr Umfeld, für Kunden, Technologien und Märkte« jenseits formaler Repräsentationspflichten der Hierarchie erleichterte den offenen Austausch über vorhandene Sorgen, Schwierigkeiten, Wünsche, Ideen und Visionen.

Wichtig zu sehen ist, dass eine Kooperation eine eigenständige Struktur benötigt, die sie zu Beginn nicht hat. Baut sie nur auf den Organisationen der Beteiligten und ihrer Kulturen auf, dann lässt sich eine adäquate Form der Selbststeuerung nicht herausbilden. Vielmehr kann man eine geeignete Form für die gewünschte Kooperation nur prozessual gewinnen ([10], S. 111). Um Kooperationen zu organisieren, ist vorab ein Satz an Spielregeln zu vereinbaren, der das bisherige Handeln aller Beteiligten neu definiert und Verbindlichkeit untereinander erzeugt. Die Spielregeln legen eine kommunikative Unterscheidung zwischen innen und außen fest und erhöhen die wechselseitige Selbstbezüglichkeit des Systems. Gemeinsame Beobachtungs- und Bewertungsdifferenzen unterstützen gemeinsames Handeln und kreieren im Tun neue Strukturen.

Netzwerke bedürfen einer zentralen Koordinationsfunktion, eines Knotens im Netzwerk, der nicht nur Partialinteressen vertritt, sondern – wie das i-LAB – Koordinationsleistungen für das Gesamtsystem erbringt, um die organisierenden Strukturen und verschiedenen Funktionen des Netzwerkes sowie die Bereitstellung von Serviceleistungen und die operative Steuerung aufrechtzuerhalten. In einer solchen Koordinationszentrale laufen die inhaltlichen, strategischen und organisatorischen Fäden zusammen, sie überblickt die Gesamtsituation und die Komplexität des Netzwerkes und erkennt im besten Fall rechtzeitig Handlungs- und Steuerungserfordernisse. Ein so verstandenes Netzwerkmanagement wirkt sich stabilisierend auf das soziale System aus. Primär geht es um die Befähigung der Mitglieder, die erforderlichen Kommunikations- und Entscheidungsprozesse produktiv zu gestalten und die Durchführung konkreter Projekte und Programme zu unterstützen. Die Koordinationszentrale fungiert dabei wie »ein Server im Netz« ([10], S. 123 ff.).

Ferner gilt es, Ziele und Rahmenbedingungen der Kooperation zu setzen, die Ergebnisse der praktischen Arbeit in verbindliche Entscheidungen zu überführen und die Form der Entscheidungsfindung kooperativ anzulegen. Konsens ist dabei die bevorzugte Strategie für vertrauensbasierte Entscheidungen. Im Falle des INNOnetzwerks von Swarovski übernahm die Steuerungsgruppe diese Aufgaben.

Die D:Light Watch als Beispiel für eine erfolgreiche Umsetzung

Als Beispiel für eine gelungene Innovation sei an dieser Stelle das Konzept der so genannten »D:Light« angeführt. Es handelt sich dabei um ein völlig neuartiges, avantgardistisches Uhrenkonzept, (siehe Abb. 3), das durch funkelnden Kristall, zeitgenössische Uhrmacherkunst, leistungsstarke Technologie und modernes Design die Welten von Schmuck- und Uhrenindustrie miteinander kombiniert.

Die Darstellung der Zeit bleibt dabei auf den ersten Blick verborgen. Erst eine leichte Berührung des ovalen Druckknopfes offenbart die Funktionsweise des versteckten, exklusiv entwickelten Uhrwerks. Die Kristalle vollziehen einen magischen Farbwandel und zeigen die genauen Stunden und Minuten durch Einzelansteuerung an. Nach einigen Augenblicken verflüchtigt sich die Zeitdarstellung wieder und die Uhr kehrt zu ihrem ursprünglichen Erscheinungsbild, einem Schmuckarmband, zurück.

2009 wurde die futuristische Uhr bei der Uhrenmesse BASELWORLD erstmals präsentiert und 2010 mit dem »Red Dot Design Award« ausgezeichnet. Damit stach sie unter den mehr als 12.000

Abb. 3: *»D:Light«*
Uhr

Produkten aus 60 Ländern hervor und reiht sich in die Liste der echten Designklassiker weltweit ein. Der Preis wird von einer internationalen Jury seit 1955 jährlich vergeben.

Das Konzept für die D:Light ging durch alle Stufen der beschriebenen Innovationsprozesse- und Enabler. Von der Idee aus der i-flash Community, über die frühzeitige, vernetzte Zusammenarbeit zwischen F&E, Produktentwicklung und Innovationsmanagement innerhalb des INNOnetzwerks bis hin zur Vermarktung über eine eigene Geschäftseinheit.

Führen aus der Zukunft –
Drei Dimensionen für weiche Steuerung
Weiche Steuerung und damit auch Netzwerkmanagement setzen daran an, Perspektiven zu verändern und in zieldienliches Handeln umzusetzen:

⇨ Statt auf operative Kurzfristigkeit zu fokussieren, beobachtet und modelliert man langfristige Trends und Zukunftsszenarien.
⇨ Statt interne Routinen zu kontrollieren, nimmt man veränderte, externe Kontexte und deren Anforderungen an die Veränderung interner Strukturen und Prozesse in den Blick.

⇨ Weiche Steuerung braucht einen spezifischen Management-Modus, der dem permanenten Umgang mit Komplexität und Ungewissheit angemessen ist.

Führen aus der Zukunft verändert Prozesse, Systeme und Ausrichtungen

Es geht letztlich darum, sich in einem großenteils unbekannten Gelände mit unerwarteten Hindernissen strategisch zu positionieren. Erst die Kooperation mit anderen Organisationen und Institutionen ermöglicht es einem Unternehmen, die Positionierung eigener Wissens- und Servicedienstleistungen, eigener Produkte und Verfahren zu vergleichen und zu überprüfen.

Zukunftsentwürfe, die in dialogischen Stakeholderprozessen entwickelt worden sind, ermöglichen beides: eine langfristige strategische Orientierung des eigenen INNOmanagements an sektoralen (regionalen, nationalen) Innovationspfaden und die Neupositionierung des Unternehmens im Hinblick auf den eigenen Unternehmenszweck und handlungsleitende Werte und Kernkompetenzen (= Corporate Value Foresight). Dieser Prozess, noch vor spezifischen strategischen Zielen zunächst eine gemeinsame Vision zu entwickeln, zielt laut Willke ([31], S. 49) nicht auf Linientreue und Gruppendruck hinsichtlich einer Verhaltensänderung von außen ab, sondern auf folgende Erkenntnis: »Wenn eine echte Vision vorhanden ist (im Gegensatz zu den allseits bekannten »Visions-Erklärungen«), wachsen die Menschen über sich selbst hinaus: Sie lernen aus eigenem Antrieb und nicht, weil man es ihnen aufträgt.« ([22], S. 18)

Eine Vision als weiches Instrument der Steuerung kann nicht von oben verordnet werden. Sie muss aus einem gemeinschaftlichen Dialog entstehen ([31], S. 50). Aus den unterschiedlichsten Blickwinkeln her Bilder einer wünschenswerten Zukunft in die Vision einer attraktiven Zukunft zu verdichten, ist Ziel und Ergebnis einer gelingenden

Kommunikation, die es schafft »das Gesamtsystem einer Organisation in einen Raum zu holen« [21].

Führen aus der Zukunft hält in der Gegenwart aus dem Blickwinkel einer wünschenswerten Zukunft nach Stellen Ausschau, wo Steuerung ihre Interventionen als Hebel ansetzen kann: Konkret bedeutet das, mit Hilfe strategischer Planungs- und Controlling-Prozesse die Geschäftsprozesse weg von vergangenen Ereignissen hin auf Zukunftsszenarien auszurichten. Strategische Planung kann nur in engem Zusammenspiel mit zukunftsorientiertem Controlling und flexibler Budgetierung erfolgen ([32], S. 63). Das führt zu Steuerungsformen »beyond budgeting« z. B. ohne Jahresbudgets aber mit Rolling Forecasts, um die Geschäftsentwicklung gegenwartsnah abbilden zu können. Da Zukunft aber nicht vorhersehbar, sondern nur gemeinsam gestaltbar ist, bedeutet das, sich für ein Navigieren durch Ungewissheit und Unsicherheit zu entscheiden. Dieses Arbeiten mit Unvorhersehbarkeiten erfordert neue, offenere und flexiblere Systeme strategischer Steuerung.

Das INNOnetzwerk hat einen ersten Schritt in diese Richtung geleistet, indem es ein Portfoliomanagement eingeführt hat, mit dem sich auf Basis konzernweiter Transparenz zukunftsrelevante, übergreifende und damit verbindende Projekte aufsetzen lassen.

Normative, rückwärtsgewandte und damit Entwicklung hemmende Erwartungshaltungen zu verabschieden und sich einem neuen Freiraum für Wissensbasierung zuzuwenden – bei gleichzeitigem Balancieren von Chaos und Ordnung –, das sind nach Willke ([32], S. 62) Symbole einer kognitiven Wende im strategischen Denken, die sich ähnlich der Revolution der Kommunikation [1] gegenwärtig vollzieht.

Kontextsteuerung als Voraussetzung für den Aufbau interner Netzwerke

Kontextsteuerung wird nach Willke nur im Zusammenspiel einzelner Organisationen mit ihren relevanten Umwelten verständlich:

Der Fokus liegt dabei auf der Gestaltung der System-Umwelt-Beziehungen. Zwar verfügen Organisationen im Sinne einer operativen Geschlossenheit [16] über eine Eigenlogik, nach der sie funktionieren. Zugleich kann man sie in ihrer Funktionsweise nicht unabhängig von ihrem jeweiligen politischen, ökonomischen, gesellschaftlichen und natürlichen Umfeld verstehen (vgl. [31], S. 45). Das macht »Steuern« wie auch »Lernen« zu relationalen Größen, die nur in Beziehung etwa zu den Zielen und der Vision einer Organisation konkretisiert werden können: Kontextsteuerung im Sinne Willkes [32] zielt unter diesem Blickwinkel also auf das Herstellen von »änderungsförderlichen Rahmenbedingungen« ab. Nicht die Änderung an sich, sondern der im jeweiligen Kontext dadurch zu erwartende Nutzen dient als Attraktor dafür, alte Routinen über Bord zu werfen und Suchprozesse nach neuen Lösungswegen zu starten.

Was war aber im Falle Swarovskis der erwartete Nutzen dafür, nach neuen Abstimmungs- und Koordinierungsmedien zu suchen? Der starke ökonomische Erfolgsdruck der Shareholder und die hohe Autonomie und Wettbewerbsorientierung der einzelnen Business Units schafften innerhalb des Unternehmens einen Bedarf nach übergreifender Abstimmung und Steuerung: Obwohl nicht intendiert wirkte sich dieser Kontext positiv auf die Einführung des INNO-netzwerks aus. Dieses brachte wieder Vertrauen und wechselseitiges Verstehen als komplementäre Qualitäten in die bestehenden Kooperationen ein. Ergänzend dazu kompensierte das INNOnetzwerk das »zu wenig an« transdisziplinärer, bereichsübergreifender Kooperation: Wird einzelnen Akteuren klar, dass persönlicher Erfolg in einem komplexen internationalen Umfeld nur über intensive Kooperation realisierbar ist, dann wird die Suche nach neuartigen Koordinationsmedien zu einem echten Erfahrungs- und Informationsaustausch und damit zu einem erfolgskritischen Faktor. Personen leisten hier für den Gesamtkonzern etwas, was die Organisationseinheiten inzwischen oft bereits verlernt haben. Und diese Art der Problemlösung des INNO-netzwerks steht wiederum ganz in der personenzentrierten Tradition des Familienunternehmens Swarovski.

Systemische Prinzipien für weiche Steuerung

Die Paradoxie von Management und Führung besteht darin, dass sich Manager dort verantwortlich für das Zustandekommen von Entscheidungen fühlen, wo keine Person allein sachgerecht entscheiden kann ([24], S. 23). Ein Manager befindet sich im Grunde in der Rolle eines Jongleurs, der mehrere Bälle gleichzeitig in der Luft zu halten hat. Als Teil des Kommunikationssystems, das er zu steuern versucht, kann er nicht alles alleine tun – und muss es auch nicht. Der Manager kann aufgrund seiner exponierten Rolle nur die Aufmerksamkeit vieler auf sich konzentrieren und damit Orientierung geben bei der Auswahl dessen, was für das Unternehmen »wichtig« und was »weniger wichtig« ist. Zu den »Prinzipien systemischen Managements« ([32], S. 107) zählen dabei unter anderem Aspekte wie:

⇨ Entwickeln neuartiger Beobachtungsroutinen: Beobachtungen schaffen Realitäten. Ich kann nur sehen, was meine *Instrumente* beobachten können.

⇨ Dezentrale Organisationseinheiten brauchen verteilte Führung – und intelligente Führung muss die Teile wieder zusammenführen.

⇨ Verteilung von Expertise schafft Grenznutzen – durch Weitergabe von Wissen entsteht neuartiges Wissen auf beiden Seiten.

⇨ In komplexen Systemen gibt es nur Selbststeuerung (Personen, Organisationseinheiten etc.) und Kontextsteuerung über den erwarteten Nutzen im Umfeld.

⇨ Komplexe Organisationen haben kein Optimum. Zu jeder unterschiedlichen Zeit gibt es unterschiedliche Optima – daher ist wichtig, die Systemdynamik zu verstehen und zu gestalten.

⇨ Das Geheimnis von Führung liegt nicht im Schaffen von Ordnung, sondern in der Kompetenz im Umgang mit Ungleichgewichten, Ungewissheit und Unvorhersehbarkeit.

⇨ Organisationen steuern heißt, Kommunikationen zu steuern über den Aufbau von Architekturen und Spielregeln, die vorhandenes Wissen in kollektive Abläufe transformieren – unabhängig von ihren innovativen Autoren und Gründern.

⇨ Führung muss mit Personen und Mustern umgehen können und den Zusammenhang zwischen beiden gestalten.

Gängige INNO-Management-Modelle stoßen an ihre Grenze

Laut Willke werden Prozesse des Innovierens von Organisationen oft etwa durch folgende Fehlentwicklungen behindert:

⇨ IT-Lösung statt Kulturveränderung (Technologiedominanz und Instrumentenfixierung),

⇨ Top-down-Lösung statt gut platzierter Pilotprojekte (Standardlösungen statt Diagnose und Maßschneiderung),

⇨ Kurzfristige Lösung statt geduldiger Stärkung (Ergebnisorientierung statt nachhaltiges Prozessieren),

⇨ Anwendung einer Toolbox statt Entwicklung angepasster Instrumente.

Klassische Managementfehler bei der Kontextsteuerung von Innovation bestehen – neben der bereits oben genannten Instrumentenfixierung und Technologiedominanz – in der Missachtung von Vertrauen und Lösen nicht existenter Probleme ([32], S. 67). Diese Auflistung ergänzen wir auf Basis empirischer Befunde [30] wie folgt:

⇨ Implementieren einer Innovationsmanagement Funktion innerhalb der traditionellen Linienfunktion – möglichst am unteren Ende der Hierarchie. Das zwingt sie zum Kampf um Einfluss und Ressourcen und verunmöglicht die Übernahme einer neutralen, bereichs- und organisationsübergreifender Koordinationsfunktion.

⇨ Erfolgreichen Querdenkern und dem unternehmensweit akzeptierten Koordinator eine glänzende Karriere im Topmanagement anbieten: Das bringt sie dazu, für ihre neue Teilfunktion Position zu beziehen und den Blick auf den Gesamtnutzen rasch zu verlernen.

⇨ INNOmanagern den Eindruck geben, dass sie mit ihren Lösungsvorschlägen als Einzige immer ins Schwarze treffen: Das erhöht ihre Kritikunfähigkeit und ihren Glauben, dass andere bei ihnen, aber sie selber nie bei und mit anderen lernen können.

Demgegenüber wirken neuartige Organisationsformen wie das Swarovski-INNOnetzwerk kulturändernd und entfalten ihre Wirksamkeit über einen längeren Zeitraum hinweg. Sie beginnen oft als U-Boot im Abseits von Hierarchie und Macht innerhalb der Grauzone informeller Kommunikationsstrukturen und funktionieren auf Basis horizontaler vertrauensbasierter Beziehungen:

In Kooperationen kann man das eigene Verhalten nicht an der gewohnten Über- und Unterordnung orientieren oder auf die indifferenten Beziehungen zwischen Käufer und Verkäufer setzen. Jeder muss sich als Kooperationspartner auch auf die Interessen und die Handlungsbedingungen der anderen Beteiligten einlassen und sie nicht nur taktisch in sein Kalkül einbeziehen. Alle Beteiligten müssen die Spannung zwischen den Interessen und Erfahrungen innerhalb der Kooperation und den abgrenzenden, oft konkurrierenden Kräften in der eigenen Heimatorganisation aushalten. Organisationen und ihre Führungskräfte, die sich auf Kooperation einlassen, brauchen strategische Reife und längerfristige Nutzenorientierung. Die handelnden Akteure brauchen Rückendeckung der Leitungskräfte und Spielraum zugleich, um in der Kooperation handlungsfähig zu bleiben. In diesem Sinne können verblüffte Rückmeldungen neuer Mitglieder der Steuerungsgruppe zur »Kooperationskultur auf einer Augenhöhe« als Erfolgshinweis dafür gesehen werden, dass ihre Erwartungsenttäuschung in Richtung einer straffen, Top-down-Organisation als Indiz für das erfolgreiche Ausbilden einer funktionierenden, eigenständigen Swarovski-Netzwerkkultur gesehen werden darf.

Kooperationen ermöglichen es, Eigenleistung und Autonomie von Organisationen zu respektieren und gleichzeitig neue Verbindungen zu schaffen und Ressourcen für maßgeschneiderte Lösungen zu verknüpfen. Kooperationen verbinden ohne zu unterwerfen. Das Swarovski-INNOnetzwerk bezog und bezieht ja gerade seinen »Netzwerkzweck« aus dem Respektieren der Autonomie und des Eigennutzens der einzelnen Business Units und dem Schaffen und Nutzbarmachen neuer Kooperationsverbindungen und Ressourcen.

Cluster stellen wahrscheinlich die älteste Form erfolgreichen Vernetzens dar: Ihre Synergien nutzend haben es ganze Regionen und Branchen zu wirtschaftlicher Blüte gebracht. Regierungen fördern regionale und branchenspezifische Cluster als Netzwerke zur Optionenerweiterung durch konkrete Kooperationen zwischen Betrieben, Bildungs- und Fördereinrichtungen sowie Institutionen der öffentlichen Verwaltung.

Der Paradigmenwechsel des Swarovski-INNOmanagements

Der Zugang weicher Steuerung eröffnet für Swarovski neue Navigationsräume jenseits von operativen »Entweder-oder-Entscheidungen« und Idealbildungen wie »Wahrheit«, »Vorhersagbarkeit«, »Fehlerfreiheit« etc. [25] Paul Watzlawik würde in der Frage »Paradigmenwechsel« Bescheidenheit einmahnen: Es gibt keine gute Lösung an sich, sondern immer nur eine spezifische Lösung für bestimmte Anliegen und Kontexte. Nicht die Lösung des Problems steht im Mittelpunkt der Handlungen, sondern die Problematisierung der Lösung, wodurch der Blick auch wieder auf andere Lösungsmöglichkeiten gelenkt werden kann (vgl. [28].

Natürlich können wir die Elemente »INNOarchitektur«, Steuerung über Vision und Leitbild, Nutzen von negativen Feedbacks und Krisen als wichtige Informationen für erfolgreiche Neupositionierungen etc. als Erfolgsfaktoren des neuartigen INNOnetzwerkens anpreisen. Der Erfolg von Gestern kann aber im Sinne von Watzlawik der Misserfolg von morgen werden. In diesem Sinne bleibt uns an dieser Stelle nur der Wunsch, dass es dem Swarovski-INNOnetzwerk auch künftig gelingen möge, eigene Lösungen zur rechten Zeit immer wieder zu problematisieren und in neue Lösungswege weiter zu entwickeln, um auf diese Weise seine Flexibilität und seinen Kontextbezug aufrecht erhalten zu können.

An dieser Stelle wollen wir der Geschäftsführung von Swarovski, die sowohl die Entwicklung des Netzwerkes als auch der vorliegenden Lessons-learned-Publikation unterstützt hat, herzlich danken.

Literatur

[1]   BAECKER, D.: *Durch diesen schönen Fehler mit sich selbst bekannt gemacht: In: Baecker, D.:*
       Organisation und Management. Frankfurt/M.: Suhrkamp, 2003, S. 18-40

[2]   BARSH, JOANNA; CAPOZZI, MARLA; DAVIDSON, JONATHAN: *Leadership and Innovation.*
       The McKinsey Quarterly 2008 Nr.1

[3]   BATESON, G.: *Ökologie des Geistes. Frankfurt: Suhrkamp Verlag, 1983*

[4]   COOPER, R.; EDGETT, S.: *»Generating Breakthrough New Product Ideas«, Product*
       Development Institute, Canada, 2007

[5]   COOPER, R.: *»The Innovators« – Conversation on the cutting edge (April 2007);*
       http://www.stage-gate.net/downloads/working_papers/wp_27.pdf

[6]   ERLER, HANNES; FÜLLER JOHANN; RIEGLER, MARKUS: *Die Swarovski i-flash Community. In:*
       Zerfaß; Ansgar; Möslein, Kathrin (Hg.): Kommunikation als Erfolgsfaktor im Innovations-
       management – Strategien im Zeitalter der Open Innovation. Wiesbaden: Verlag Gabler, 2009

[7]   EBERSBERGER, B.; HERSTAD, S.: *Product innovation and the complementarities of external*
       interfaces. Management Center Innsbruck, mimeo, 2009

[8]   SAINT-EXUPÉRY, ANTOINE DE: *Die Stadt in der Wüste. Düsseldorf: Karl Rauch Verlag, 1939*
       [9] Foerster, H. v.: Entdecken oder Erfinden? In: Mohler, A.; Gumin, H. (Hrsg): Einführung
       in den Konstruktivismus. München, 1985

[10]   GROSSMANN, R.; LOBNIG, H.; SCALA, K.: *Kooperationen im Public Management. Theorie*
       und Praxis erfolgreicher Organisationsentwicklung in Leistungsverbünden, Netzwerken und
       Fusionen. München: Juventa Verlag, 2007

[11]   GRAY, B.; WOOD, D. J.: *Collaborative alliances: Moving from practice to theory. In: Journal*
       of applied Behavioral Science, No. 27(1), 1991, S. 2-21

[12]   HERSTAD, S.; BLOCH, C. W.; EBERSBERGER, B.; VAN DE VELDE, E.: *Open Innovation and*
       Globalization; Theory, Evidence and Implications. Helsinki, 2008. Retrieved from http://
       www.visioneranet.org/files/391/openING_report_final.pdf

[13]   HUXHAM, C.; VANGEN, S.: *Enacting Leadership for Collaborative Advantage. University of*
       Strathclyde Business School, Working Paper Series Paper No. 2002 – 19R, 2002

[14] LEITNER, K. H.; WEBER, M.; FRÖHLICH, J.: *Innovationsforschung und Technologiepolitik in Österreich. Neue Perspektiven und Gestaltungsmöglichkeiten. Innsbruck u.a.: StudienVerlag, 2009*

[15] LITTMANN, P.; JANSEN, S. A.: *Oszillodox. Virtualisierung – die permanente Neuerfindung der Organisation. Stuttgart: Klett-Cotta, 2000*

[16] MATURANA, H.; VARELA, F. J.: *Der Baum der Erkenntnis. Die biologischen Wurzeln des menschlichen Erkennens. München: Goldmann Verlag, genehmigte TB-Ausgabe, 3. Auflage 1991*

[17] MITCHELL, J. C.: *The concept and use of social networks. In: Mitchell, J. C. (Hrsg): Social networks in urban situations. Manchester, 1969*

[18] RHODES , R. A. W: *The new Governance. Governing without government. Political Studies 44 (1996), S. 652-667*

[19] SCHEIN, E. H: *Organizational Culture and Leadership: A Dynamic View. Jossey-Bass, San Francisco, CA, 1985*

[20] SCHMIDT, G.: *Liebesaffären zwischen Problem und Lösung. Hypnosystemisches Arbeiten in schwierigen Kontexten. Heidelberg: Carl Auer Verlag, 2004*

[21] SELIGER, R.: *Einführung in Großgruppen-Methoden. Heidelberg: Carl Auer Systeme Verlag, 2008*

[22] SENGE, P. M.: *Die fünfte Disziplin. Kunst und Praxis der lernenden Organisation. Stuttgart: Klett-Cotta, 1996*

[23] SIMON, F. B.; WIMMER, R.; GROTH, T.: *Mehr-Generationen Familienunternehmen. Erfolgsgeheimnisse von Oetker, Haniel u.a. Heidelberg: Carl Auer Systeme Verlag 2005*

[24] SIMON, F. B.: *Gemeinsam sind wir blöd!? Die Intelligenz von Unternehmen, Managern und Märkten. Heidelberg: Carl Auer Verlag, 2004*

[25] SPARRER, I.; VARGA VON KIBED, M.: *Ganz im Gegenteil für Querdenker und solche, die es werden wollen. Tetralemmarbeit und andere Grundformen systemischer Strukturaufstellungen. Heidelberg: Carl Auer Systeme Verlag, 1995*

[26] STEINLE, ANDREAS; MIJNALS, PATRICK; MUCKENSCHNABL, SUSANNE: *Praxis Guide Crossinnovations. Zukunftsinstitut GmbH, 2009*

[27] SYDOW, J.; WINDELER, A.: *Steuerung von Netzwerken. Konzepte und Praktiken. Wiesbaden: Westdeutscher Verlag GmbH, 2000*

[28] WATZLAWIK, P.: *Anleitung zum Unglücklichsein. München: Piper, 1983*

[29] WHEELWRIGHT, STEVEN C.; KIM, B. CLARK: *Revolutionizing Product Development. New York: The Free Press, 1996*

[30]   WILHELMER, D.: *Erinnerung an eine bessere Zukunft. Syntax für eine komplementäre Innovationsberatung. Heidelberg: Carl Auer Systeme Verlag 2009*

[31]   WILLKE, H.: *Systemisches Wissensmanagement. Stuttgart: Lucius und Lucius 1998*

[32]   WILLKE, H.: *Einführung in das systemische Wissensmanagement. Heidelberg: Carl Auer Systeme Verlag 2004*

[33]   WIMMER, R. u.a.: *Familienunternehmen – Auslaufmodell oder Erfolgstyp? Wiesbaden: Gabler Verlag 1996*

Zusammenfassung

In Zeiten globaler Krisen und erhöhten Änderungsdrucks wird die Fähigkeit zur Netzwerkbildung zum zentralen Ermöglicher für erfolgreiche Open-Innovation-Prozesse. Neuartige Organisationsformen wie das Swarovski-INNOnetzwerk wirken dabei kulturändernd und entfalten ihre Wirksamkeit über einen längeren Zeitraum hinweg. Dabei bezieht das INNOnetzwerk als weiches Steuerungsinstrument seinen »Netzwerkzweck« aus dem Respektieren der Autonomie und des Eigennutzens der einzelnen Business Units und der Schaffung und Nutzbarmachung neuer Kooperationsverbindungen und Ressourcen. Auf diese Weise ist es dem INNOnetzwerk möglich, die Pluralität innerhalb des Konzerns zu nutzen und im Rahmen der strategischen Suchfelder sowie des Portfoliomanagements seine Leistungsfähigkeit auf Problemlösungen hin zu bündeln. Zentrale Erfolgsfaktoren hierfür sind Auf- und Ausbau einer angemessenen »INNOarchitektur«, die Steuerung über Vision und Leitbild, sowie das Nutzen von Feedbacks und Krisen als wichtige Informationen für erfolgreiche Neupositionierungen.

Bayer MaterialScience: Market-Pull durch Open Innovation

Um sich auch künftig am Markt behaupten zu können, sollten Unternehmen schon jetzt die Bedürfnisse und Anforderungen von morgen systematisch analysieren. In welchen Schritten dies gelingen kann und wie man dabei externe Partner einbindet, verdeutlicht der Market-Pull-Ansatz bei der Bayer MaterialScience AG.

> **In diesem Beitrag erfahren Sie:**
> - wie sich Bayer MaterialScience (BMS) neue Geschäftsmöglichkeiten erarbeitet,
> - wodurch der Market-Pull-Ansatz bei BMS gekennzeichnet ist,
> - was die entscheidenden Erfolgsfaktoren für Market-Pull-Prozesse sind.

NICOLE ROSENKRANZ, ELLEN ENKEL, ECKARD FOLTIN

Wie sich BMS neue Geschäftsmöglichkeiten erschließt

Dynamische Veränderungen in den Märkten erfordern, dass sich Unternehmen sehr flexibel und dennoch effizient an neue Rahmenbedingungen anpassen, um eine aktive Rolle in den Wirtschaftsbeziehungen einzunehmen und am Wachstum maßgeblich beteiligt zu sein. Die Bayer MaterialScience AG (BMS) gehört zu den weltweit größten Herstellern von Polymeren und hochwertigen Kunststoffen. Hauptabnehmer ihrer Produkte sind die Automobil- und Bauindustrie sowie die Elektro-/Elektronikbranche, außerdem Hersteller von Sport- und Freizeitartikeln, Verpackungen und medizintechnischen Produkten. An rund 30 Produktionsstandorten arbeiten weltweit 108.400 Mitarbeiter in einem eng gestrickten Netzwerk von Regional-Service-Centern und Kundenberatern. Für den Bayer-Konzern war 2009 operativ eines der stärksten Jahre, mit einem Ertrag (Ebitda) von 6,472 Milliarden Euro erzielte Bayer den dritthöchsten Wert der Unternehmensgeschichte. Um als Marktführer mehr zu wachsen als der Markt, muss die Bayer MaterialScience AG Wege zur weiteren Wertschöpfung erschließen. Dies geschieht dadurch, dass – aufbauend auf den Kernkompetenzen des Unternehmens – der nächste Schritt zur erhöhten Wertschöpfung durch das so genannte »Downstream Business«, das heißt nachgelagerte Prozesse oder veredelte Produkte in der Kunststoffbranche, zum Wachstum beitragen wird. Zur Erarbeitung neuer Geschäftsmodelle sind frühzeitiges und realistisches Einschätzen von Möglichkeiten wichtig.

Die Geschäftsaktivitäten des New Business liegen außerhalb der konventionellen Unternehmensbereiche. *New Business* (NB) ist Teil der Corporate-Development-Strategie von Bayer MaterialScience (BMS) und entwickelt mit globaler Sicht neue Geschäftsmodelle und Business Opportunities für die Erweiterung der Geschäftsfelder und für eine zukunftsorientierte Entwicklung des Unternehmens. Durch die enge Zusammenarbeit mit den Business Units Polycarbonates (PCS), Polyurethanes (PUR) und Coatings/Adhesives/Specialties (CAS) dient New Business als Bindeglied in der gesamten Bayer MaterialScience-Organisation. Ziel von NB ist es, die Synergien optimal zu nutzen, um neue Geschäftsmöglichkeiten über das bestehende Produkt- und Verfahrensportfolio von BMS hinaus aufzuspüren und zu schaffen. New Business gliedert sich in die drei Bereiche Industry Innovation, New Technologies und Creative Center.

Industry Innovation (IND) erarbeitet mit New Technologies, Creative Center und den Bereichen für Marketing und Anwendungstechnik der Business Units von BMS neue Serienanwendungen mit Schlüsselkunden. IND verfügt über Branchen-Know-how und führt erste Projekt-Kandidaten mit professionellem Projektmanagement zur ersten Serienreife.

New Technologies (NT) überprüft grundlegende technische Innovationen in Chemie- und Materialwissenschaft, die zu neuen Produkten und Verfahren führen können. NT entwickelt und steuert ein internes und externes Netzwerk mit Instituten, Hochschulen/Universitäten und Unternehmen.

Der Bereich *Creative Center* (CC) innerhalb des New Business ermittelt und überprüft Markttrends und konzentriert sich auf die Bedürfnisse des Marktes in den nächsten 10 bis 15 Jahren. CC ermittelt Markttrends in enger Zusammenarbeit mit Architekten, Designern, Konstrukteuren und Marktpartnern und initiiert auf dieser Basis innovative Projekte mit hohem Wachstumspotenzial für BMS. Zum heutigen Zeitpunkt sind BMS Materialformen und deren Anwendungen bekannt. Durch bestimme wirtschaftliche, demografische oder ökologische Veränderungen, wie beispielsweise die alternde Gesellschaft oder steigende CO_2-Emission, erhebt der Markt – und somit der Verbraucher – allerdings ständig neue Ansprüche an das Produkt. Das Material wird entsprechend modifiziert und neue Anwendungen entstehen.

Für den gegenwärtigen Zeitpunkt ist die Marktposition von BMS bei Integration der heutigen Bedürfnisse in das Produkt gesichert. *Was geschieht jedoch in der Zukunft? Wird das Produkt überhaupt noch nachgefragt? Können wir unsere Marktposition mit heutigen Entwicklungsstandards zukünftig erhalten?*

Die heutigen Trends in der Wirtschaft stehen sich diametral gegenüber: einerseits die Konzentration auf Kernkompetenzen, andererseits die Zunahme der Komplexität von Systemlösungen, also nicht nur die Entwicklung von einzelnen Teil- sondern von Gesamtlösungen für den Kunden. Diese Diskrepanz macht die Bildung von interdisziplinären Projektgruppen notwendig, um die Fachkompetenzen komplementär zu definierten Projektzielen zu bündeln. Die Deutsche Bank Research beziffert in der Zukunftsstudie »Expedition Deutschland 2020« das Wachstum des Projektgeschäftes von heute circa 3 % auf 15 % in 2020. Hier ist die frühe Zusammenführung von Entwicklern und Kunden von besonderer Bedeutung. Durch *interdisziplinäre Projektteams* können komplexe Fragestellungen sehr dynamisch und effizient für alle Partner abgearbeitet und umgesetzt werden. Der Abgleich von innovativen Konzepten mit zukünftigen potenziellen Marktgestaltern und -teilnehmern ermöglicht eine frühe

Weichenstellung von Entwicklungspfaden. Gleichzeitig wird durch die Kundenintegration die Marktentwicklung aktiv beeinflusst und gefördert. Klassische Methoden der Kundenintegration wie z. B. Marktanalysen lassen sich allerdings nur begrenzt einsetzen und Prognosen über die Marktentwicklung sind nur grob und eher qualitativ als quantitativ zu erstellen.

Anwendungsorientierte Forschung und Entwicklung hat die reine Grundlagenentwicklung abgelöst. Der Wechsel von der geschlossenen zur offenen Innovation ist aufgrund der Globalisierung und der Entwicklung des Internets (Web 2.0) in vollem Gange. Die vorwettbewerbliche Betrachtung von Zukunftsentwicklungen im Partnernetzwerk verbessert den Realitätsbezug, schafft Dynamik und ermöglicht strategische Konzeptentwicklungen. Die interdisziplinäre Zusammenarbeit beschleunigt die Entscheidungsprozesse und hilft, gemeinsam erkannte neue Wachstumsfelder auch schon gezielt mit Partnerschaftsmodellen weiter zu verfolgen. So entstehen aus den zunächst offenen Innovationsprojekten auch definierte Partner-Netzwerke, die gemeinsame Entwicklungsziele im Sinne einer vertraulichen Projektarbeit verfolgen. In den partnerschaftlichen Kooperationen werden Kompetenzen erweitert und für ein definiertes Projektziel gebündelt.

Open Innovation (OI) ist die vorwettbewerbliche Zusammenarbeit von Partnern unterschiedlicher Disziplinen in Form von Kooperationsplattformen. Für das Innovationspotenzial von Bayer MaterialScience sind Kooperationen auf allen Stufen der Entwicklung wichtig. BMS nutzt die Netzwerkbildung nach außen, um

⇨ eine realistische Abschätzung von Zukunftsbildern und Trendentwicklungen zu erhalten,

⇨ ein kontinuierliches Update von Zukunftsbildern im Sinne eines Zukunftsradars sicherzustellen,

⇨ Kostenreduzierung und Effizienzsteigerung für Zukunftsstudien zu ermöglichen,

⇨ fachneutrale und umfassende Sichtweisen zu ermöglichen,

⇨ Kontinuität im Aufbau von Zukunftswissen sicherzustellen,

⇨ Partnerfindung in der frühen Entwicklungsphase zu erleichtern,

⇨ Umsetzung von innovativen Lösungen zu beschleunigen,
⇨ Partner in der Wertschöpfungskette für neue Standards zu sein,
⇨ Impulse von außen aufzunehmen und für BMS umzusetzen.

Das Ziel liegt darin,
⇨ Zukunftswissen aufzubauen und abzugleichen,
⇨ komplexe Anwendungslösungen zu erkennen,
⇨ Systemlösungen zu definieren und
⇨ Roadmaps in die Zukunft zu validieren.

Für definierte Systemlösungen mit klarem Bezug zu BMS-Geschäftsmöglichkeiten wird die Projektarbeit auf Partner konzentriert, die sich komplementär ergänzen und bei der Gestaltung des Geschäftsmodells eine wesentliche Rolle in der Wertschöpfungskette einnehmen. Der Aufbau dieses Netzwerkes ist maßgeblich auf gezielte Kompetenzerweiterung mit klaren Entwicklungszielen ausgelegt. Dabei steht die Ermittlung der Marktbedürfnisse für die nächsten 5 bis 15 Jahre im Fokus.

Das Creative Center definiert die Wachstumsmärkte für Bayer MaterialScience aus Veränderungen, die sich durch globale Megatrends ergeben, und erstellt hierzu einen Zukunftsradar. Zu den Scoutingfeldern gehören Robotics, Design Networks, Future Construction, Light&Optics und Future Logistics. Der Zukunftsradar ist ausgerichtet auf soziale, politische, technologische und ökonomische Veränderungen von Märkten.

Market-Pull-Methode bei Bayer MaterialScience

Der »Market Pull«-Ansatz des Creative Centers basiert auf der Beobachtung von Marktveränderungen und den sich daraus ergebenden Bedürfnissen für neue zukünftige Anwendungslösungen. Es werden neue Herausforderungen identifiziert und die Umsetzung von neuen Anforderungen an Materialien und Technologien mit BMS-Kompetenzen abgeglichen. Zur Visualisierung dieser Zukunftsanwendungen werden Machbarkeitsstudien durchgeführt, die den Entwicklungsbedarf und die Marktchancen für BMS und die Business Units aufzeigen und transparent machen. Das Creative Center kreiert auf Basis des Zukunftsradars ein Marktwachstumsfeld, wobei einzelne Scoutingfelder – z. B. Service Roboter, Artificial Skin – genauer analysiert werden. Dazu untersucht das CC für jedes der ausgewählten Scoutingfelder die Performance in den verschiedenen Branchen – z. B. Branche 1 = Auto, Branche 2 = Electrical/Electronic, Branche 3 = Construction. Das Ergebnis ist eine individuelle Roadmap für jedes betrachtete Scoutingfeld, etwa künstliche Haut als Schnittstelle zwischen Mensch und Maschine. Auf dieser Basis kann eine Marktevaluation mit Bezug zu Entwicklungs-Roadmaps durchgeführt werden, anhand derer eine zeitliche Einordnung des Projektportfolios möglich ist.

Im nächsten Schritt gleicht das CC die Anwendungsroadmaps mit dem eigenen Entwicklungsportfolio der Geschäftseinheiten ab. Vergleicht man die aktuellen Eigenschaften eines bestehenden Produktes mit den künftigen Anforderungen, so lässt sich der Entwicklungsbedarf für das Material der Zukunft erkennen. Aufgrund dieser Basis können Ziele für die Entwicklungsabteilungen formuliert und miteinander abgeglichen werden. Außerdem ist nun ein Ranking der einzelnen Anwendungsfelder möglich, mit Hilfe dessen sich das CC für bestimmte Schlüsselanwendungen entscheidet. Marktbedürfnisse sind abhängig von vielen Einflussfaktoren, die miteinander in Beziehung gebracht werden. Diese Betrachtung ermöglicht ein frühzeitiges Erkennen von Veränderungen der heutigen Marktgegebenheiten (siehe Abb. 1).

Das Creative-Center-Stufenmodell basiert darauf, dass mit der Umfeldanalyse und dem anschließenden Entwurf von Zukunftsbildern systematisch Marktchancen erkannt und ausgearbeitet werden. In jeder Stufe werden kreative Zukunftsentwürfe erarbeitet. Die entwickelten Geschäftsmodelle werden aktive Gestaltungselemente, weil sie frühzeitig die veränderten Umfeldbedingungen mit einbeziehen. Zukunftsanwendungen, die als Antwort auf ein verborgenes Kundenbedürfnis entwickelt werden, lassen sich problemlos in die Roadmaps und Zukunftsbilder integrieren. Dies ermöglicht die Erstellung eines Projektportfolios und die Einordnung der Projektkandidaten nach Prioritäten. Für Anwendungsfelder mit einer hohen Relevanz für das

Leitfragen für den Prozess sind:

Zukunft — Zukunftsbilder entwickeln
- Was sind die wichtigen Veränderungen in der Zukunft?

Markt — Marktbilder erstellen
- Wie wirkt sich das auf die Endkundenbedürfnisse aus?
- Wie verändern sich unsere heutigen Kunden?

Kunde — Kundennutzen erkennen
- Wie verändern sich die Partnerbeziehungen?
- Welche Marktchancen ergeben sich daraus?

Geschäft — Geschäftsmodelle generieren
- Wie sehen mögliche Lösungen aus?
- Was können und müssen wir tun, um die Chancen erfolgreich zu nutzen?

Abb. 1:   *Market-Pull-Methode bei Bayer MaterialScience*

zukünftige Wachstum von BMS werden visionäre Prototypen entwickelt, die den Kundennutzen und den Entwicklungsbedarf für die Umsetzung in Serienteile deutlich machen. Die Machbarkeitsanalyse unterscheidet sich in ihrer Detailtiefe je nach Realisierungszeitraum für die gezeigte Systemlösung.

Stufe 1: Zukunftsbilder entwickeln

Zukunftsbilder sagen eine wahrscheinliche Entwicklung auf Basis unseres heutigen Wissens voraus. Sie geben damit kreative Impulse, ermöglichen den inhaltlichen Zusammenhang zu aktuellen Trends und Entwicklungen, verdeutlichen die dynamischen Marktveränderungen

277

und Vernetzungen von Marktteilnehmern. Ein Zukunftsbild stellt einen Zustand zu einem bestimmten Zeitpunkt dar, der einen ausgewählten Markt mit den wichtigsten Einflussgrößen beschreibt und der aus dem Zusammenwirken von unterschiedlichen Entwicklungen entstanden ist. Der gewählte Zeitpunkt ist dabei weit genug entfernt, um neue Entwicklungen vorstellbar zu machen, zugleich aber noch nah genug, um eine Umsetzung realisierbar darstellen zu können. Um Zukunftsbilder zu entwickeln, werden Zukunftsstudien und Szenarien zugrunde gelegt. Mittels der Szenariotechnik betrachtet man das Umfeld, versucht Marktsignale zu erkennen und zu interpretieren und sowohl Technologie- als auch Entwicklungstrends zu ermitteln. Die Resultate werden stets visualisiert und präsentiert, um mit einer emotionalen Darstellung die Inhalte genauer und anschaulicher zu vermitteln. Diese werden gegebenenfalls auch mit Feedback aus dem Markt korrigiert.

»Future Living 2020 – wie Leben und Arbeiten wir in der Zukunft?« ist beispielsweise ein Dachszenario, das die Welt in zwei Zukunftsbildern beschreibt, *Oligozentrisch* (Megacities, fragmentierte Gesellschaft, High Tech) oder *Polyzentrisch* (Powerregionen, Bürgerliche Gesellschaft, Lebensqualität & Werte). Diese polarisieren und liegen sehr weit auseinander, um zwei Spannungsfelder zu beschreiben, die aber beide in sich konsistent sind. Diese allgemeinen Zukunftsbilder zu Leben, Arbeiten und Wohnen im Jahre 2020 wurden in einem Netzwerk mit Unternehmen aus anderen Industrien mit Hilfe der Szenariotechnik erstellt und bieten eine sehr gute Ausgangsbasis, um weitere Perspektiven für 2020 aufzuzeigen, die auf die spezifische Entwicklung diverser Zukunftsmärkte eingehen (vgl. Abb. 2). Beispiele dieser Unternehmenspartner sind Altana, Henkel, Hettich, Rehau, Vaillant Deutschland, Vodaphone D2 und Vorwerk.

In der frühen Phase der Innovation ist es besonders wichtig, von Anfang an die spätere Nutzung der erworbenen Kenntnisse zu bedenken. Zukunftswissen wird bereits in diesem Schritt maßgeblich über Netzwerke entwickelt. Jedes der komplementären Unternehmen im Netzwerk bringt dazu seine industriespezifische Trend-, Technologie-

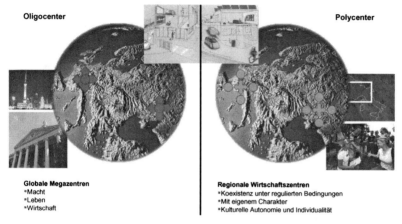

Oligocenter

Polycenter

Globale Megazentren
» Macht
» Leben
» Wirtschaft

Regionale Wirtschaftszentren
» Koexistenz unter regulierten Bedingungen
» Mit eigenem Charakter
» Kulturelle Autonomie und Individualität

Abb. 2:   *Oligoszenario vs. Polyszenario als Basis für Zukunftsentwicklungen*

und Marktbetrachtung der Zukunft ein. In dieser Open-Innovation-Phase kommt es auf den vorwettbewerblichen Aspekt an, das heißt, hier werden gemeinsame Zukunftsthemen bearbeitet, die aber noch keine patentfähigen Lösungen darstellen. In der Zusammenarbeit werden Regeln zur Vertraulichkeit vereinbart mit dem Ziel, in gegenseitigem Vertrauen die gemeinsame Projektarbeit als Partnernetzwerk durchzuführen. Wer die Regeln nicht einhält, wird vom Netzwerk ausgeschlossen. Arbeitsergebnisse im Open-Innovation-Netzwerk werden den anderen Netzwerkpartnern als Gemeingut zur Verfügung gestellt. Dies bringt für alle Beteiligten den Nutzen, dass sie Zukunftswissen aufbauen und aktualisieren können, ohne sich in jedem Arbeitsprojekt aktiv einbringen zu müssen.

Aus dem Projekt »Future Living 2020«, das von der Bayer MaterialScience AG initiiert wurde, hat sich die Open-Innovation-Plattform »future_bizz« gebildet. Dieses Netzwerk verbindet die gemeinsame Frage, wie wir in Zukunft wohnen, leben und arbeiten werden. Hier erarbeitet man im Sinne des Best-Practice-Ansatzes Zukunftswissen und neue Methoden zur Erschließung von Zukunftsmärkten. Dabei wird in definierten Projekten kontinuierlich weiteres Know-how

279

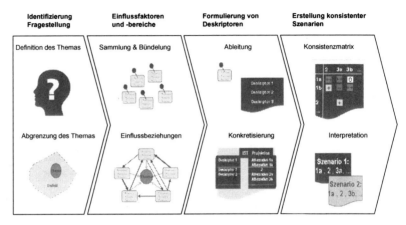

Abb. 3: *Zukunftsbilder entwickeln mit Szenariomethodik*

aufgebaut, beispielsweise unter dem Titel »Future Construction« Zukunftswissen zum Thema Bauen und Wohnen.

Stufe 2: Marktbilder erstellen

Geprägt von gesellschaftlichen Entwicklungen und den entsprechenden Auswirkungen auf politische und wirtschaftliche Rahmenbedingungen verändern sich auch die Marktverhältnisse. Dies hat direkten Einfluss auf die Marktentwicklung. Eine stark fragmentierte Gesellschaft, wie sie im Oligoszenario beschrieben ist, hat andere Bedürfnisse als eine Gesellschaft, die als Polyszenario eine Wertegemeinschaft darstellt. Mit dem Erstellen von Marktbildern werden Marktentwicklungen dargestellt, die in der mittel- bis langfristigen Zukunft entstehen können. Die Verknüpfung dieser Entwicklungen mit den Zukunftsbildern und Trendanalysen erlaubt erste Annahmen zur erzielbaren Marktgröße. So wurden beispielsweise fokussierte Marktbetrachtungen für die Themenfelder »Future Construction 2020« und »Future Logistics 2020« durchgeführt. Aufgrund der

Zukunftsbilder	Demografischer Wandel und Megatrends beeinflussen die Entwicklung Future Living 2020 – Szenario, 2005
Marktbedürfnis	Entwurf Körperspuren Sandra Hahm und Inga Schröder People in Motion - FH Lippe Höxter, 2006
Anwendung	Exponat viskoelastischer Teppich Bayer MaterialScience AG Ausstellung Kunststoffmesse K´2007
Entwicklung	Erstes Kundenmuster Möbelmesse imm Köln, 2009

Abb. 4: *Der Entwicklungsprozess basierend auf Zukunftsbildern*

demografischen Veränderungen in unserer Gesellschaft werden Technologieentwicklungen und Kundenbedürfnisse neue Marktpotenziale ermöglichen. Die genaue Beschreibung des Zukunftskunden in seiner künftigen Umgebung zeigt Möglichkeiten für neue ganzheitliche Systemlösungen auf. Indem man dabei die Grundbedürfnisse der Menschen in der Gesellschaft betrachtet, lassen sich Marktpotenziale nach Zielgruppen differenzieren, die sich zwar verändern, aber heute schon erlebbar sind. Neue Anwendungsfelder ergeben sich, wenn sich Anforderungen und Rahmenbedingungen verändern und neue Technologien entwickelt werden.

Future Logistics2020

Der Wachstumsmarkt »Future Logistics 2020« wurde im Rahmen einer Teamarbeit vom Creative Center analysiert und dann mit dem »Future Living 2020«-Szenario abgeglichen. Im Ergebnis entstanden daraus eine Reihe von Zukunftsthesen, die man in einem Experten-workshop mit ausgewiesenen Branchenkennern verschiedener Firmen und Fachexpertise spiegelte. Das Resultat dieses gemeinsamen Vorgehens war ein fokussiertes und in seinen Aussagen vertieftes Marktbild mit dem Titel »Cargo Packs 2020«. Um hieraus erlebbare Konzepte entwickeln zu können, wurde in Zusammenarbeit mit 5 internationalen Designschulen, einer begleitenden Designagentur und drei Marktpartnern (Hettich, DHL, Airbus) ein Wettbewerb durchgeführt, der gleichnamige VisionWorks Award »Cargo Packs 2020« (siehe auch www.visionworksaward.com).

Future Construction 2020
Weitere Ergebnisse sind die beiden Marktbilder »Kundenzielgruppen 2020« und »Wohn- und Lebenswelten 2020«. Sie wurden konkret für das Themenfeld Bauen und Wohnen zusammengefasst und machen Aussagen über definierte Käufergruppen und mögliche verfügbare Baulösungen in der Zukunft. Hierbei arbeiteten Professoren und Studierende der Fachbereiche Architektur, Innenarchitektur, Produktdesign und Kunst miteinander vernetzt und in gemeinsamen Workshops methodisch und inhaltlich mit Mitgliedern von »future_bizz« zusammen. Als Ergebnis dieses Projektes »Connect Creativity« entstanden circa 80 konsistente Zukunftskonzepte für das Wohnen und Leben in 2020. Diese Konzepte sind auf ganz bestimmte Zielpersonen (beispielsweise Senioren oder Jugendliche) mit ihren spezifischen Bedürfnissen zugeschnitten. Nähere Informationen hierzu finden Sie unter www.future-bizz.de.

All diese Beispiele veranschaulichen, dass die Zusammenarbeit im Partnernetzwerk eine recht breite Sichtweise ermöglicht, die durch die verschiedenen Kompetenzen und Blickwinkel der Teilnehmer eine fundierte Wissensbasis gewährleistet.

Stufe 3: Kundennutzen erkennen

Aus den neuen Marktbildern werden Anwendungslösungen für die zukünftigen Zielgruppen formuliert. Hierin werden die besonderen Kundenbedürfnisse als Anforderungen definiert und Lösungsangebote durch Technologieentwicklungen und Materialmöglichkeiten aufgezeigt. Bei den Anwendungen handelt es sich um komplexe Systemlösungen, aus denen die Materialanforderungen abgeleitet werden. Robotics beispielsweise ist ein Zukunftsmarkt, der auf die demografische Entwicklung einer immer älter werdenden Gesellschaft reagiert. Service-Roboter werden hier Arbeiten übernehmen, die das alltägliche Leben der Menschen erleichtern sollen. Dieser Trend ist global, wird aber in den Wirtschaftsräumen Asien, Europa und Nordamerika mit unterschiedlichen Zielrichtungen – bezogen auf die Kundenbedürfnisse – verfolgt. Diese unterschiedlichen Kundenbedürfnisse lassen sich am Vergleich zwischen Europa und Japan darstellen. Während in Japan aufgrund einer positiven Einstellung zur Technik »humanoide« (= dem Menschen nachgebildete) Roboter auf dem Vormarsch sind, steht in Europa die Servicedienstleistung durch eine Maschine im Vordergrund steht.

Der Roboter verkörpert dabei ein »Butler«-Konzept, das dem Mensch ein »unaufdringliches Bedientwerden« in Aussicht stellt. Die Oberflächenmaterialien müssen hieran angepasst neue Funktionalitäten aufweisen, integrierte Sicherheitstechnik vereinen und eine Animation des gesamten Roboters ermöglichen.

Roboter lassen sich dabei – wie andere Anwendungsfelder auch – in Baugruppen unterteilen, die spezifische Eigenschaften haben müssen. Chancen, die sich dabei für die Materialien von morgen ergeben, gibt Abbildung 5 wieder.

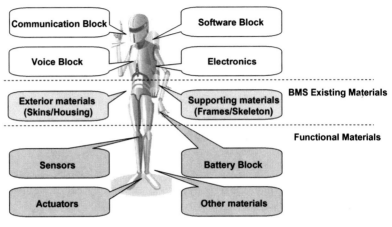

Abb. 5: *Robotics – und ihre Relevanz für BMS / Plattformanalysen*

Generell lassen sich folgende Schritte für die Umsetzung von Stufe 3 nennen:

⇨ Auswahl von möglichen Schlüsselanwendungen aus den Systemlösungen,

⇨ Beschreibung des Wertes, den die Schlüsselanwendung für den Kunden hat,

⇨ Aufzeigen von grundlegenden Lösungsentwürfen bzw. Lösungsstrategien,

⇨ Herausarbeiten von Chancen und Risiken für die Schlüsselanwendung,

⇨ Darstellen der Kompetenzen, die für die Umsetzung der Anwendungen notwendig sind.

Hiermit wird die Grundlage für die Entwicklung von Innovationen gelegt. Die Randbedingungen zur Machbarkeit wie Materialeigenschaften, Funktionalität des Produktes etc. werden dargestellt. Alternative Entwicklungspfade werden ebenso aufgezeigt wie innovative, potenzialträchtige Technologien, die sich möglicherweise noch in der Grundlagenforschung befinden. Kundenbedürfnisse werden

VisionWorks Award   Konzepte für Roadmaps

Markt- & Kundenbedürfnisse

UNIVERSITÄTEN

Konzepte   Visionäre Prototypen
Diplomarbeiten   Materialeigenschaften &
Zielprojekte   Entwicklungsziele

YOUNG PROFESSIONALS

Material Bibliothek   Machbarkeitsstudie
Machbarkeitsstudien   Produktportfolio &
Technologie Push Projekt Prozesstechnologien

DESIGNER – INNOVATOREN - INGENIEURE

Abb. 6:   *Schritte zur Definition von Kundennutzen*

anwendungsbezogen im Detail beschrieben und daran anknüpfend technische Funktionen identifiziert, die diese Bedürfnisse befriedigen können. Am Ende steht ein Entwurf, der klare Vorstellungen und Bewertungen eines zukünftigen Produkts zusammenfasst.

Wichtig zu berücksichtigen ist, dass sich die Zufriedenheit des Kunden im Laufe des Produktlebenszyklus erheblich verändert, wie von Bayer MaterialScience genutzte Qualitätsmodelle aufzeigen: Bei Einführung eines neues Produktes – mit neuester Technik und frischem Design – auf dem Markt ist der Kunde begeistert, höchst zufrieden und anerkennt die hohe Qualität der Produktneuheit überproportional. Im Laufe der Zeit werden die zuvor hoch geschätzten Produkteigenschaften zur Leistungsanforderung, das heißt, das Produkt muss mindestens dieser Leistung entsprechen, damit es überhaupt interessant ist und somit auch nachgefragt wird. Die Zufriedenheit des Kunden mit dem Produkt sinkt weiter, je länger das Produkt auf dem Markt ist, da in der Zwischenzeit neue, immer innovativere Produkte auf dem Konkurrenzmarkt vorhanden sind. Die einst herausragende Qualität des Produktes steigt unterproportional und entspricht letztendlich der Basisanforderung des Kunden an das Produkt.

Stufe 4: Geschäftsmodell generieren

Im nächsten Schritt wird – basierend auf den vorherigen Prozessen – die entwickelte Schlüsselanwendung zu einem Geschäftsmodell weiterentwickelt. Dazu gehören Strategien wie Produktstrategie, Marktsegment, potenzielle Ertragssituation, Beschreibung und Positionierung auf der Wertschöpfungskette, Patentfähigkeit, Wettbewerbssituation, Partneringstrategie, Strategie zur Marktentwicklung etc. Es wird ein kontinuierlicher Abgleich der zuvor erstellten Roadmaps mit der laufenden Technologieentwicklung vorgenommen. Ein wesentlicher Baustein im Geschäftsmodell ist die Darstellung der Wertschöpfungskette. Die Bestimmung der eigenen Position und die Kompetenzanalyse und Rollendefinition von Partnern sind dabei die Kernelemente. Die Kompetenzanalyse zeigt Wissen, Fähigkeiten und Mittel auf, die zur erfolgreichen Umsetzung des Geschäftsmodells vorhanden sein müssen. Das Geschäftsmodell muss im Einklang mit der Intellectual-Property-Strategie stehen. Diese beinhaltet den Schutz der eigenen Interessen und die Berücksichtigung von Nutzungsrechten für die Markterschließung. Die Geschäftsmodelle werden mit den Businessstrategien von BMS und den betroffenen Geschäftseinheiten abgeglichen und müssen von dort akzeptiert werden, um weitere Folgeprozesse ableiten und konkrete Projektkandidaten entwickeln zu können.

Abbildung 7 verdeutlicht die verschiedenen Phasen der Market-Pull-Methode bei BMS. In den einzelnen Phasen von der Strategie bis zur Entwicklung wird mit unterschiedlichen Partnern, extern wie intern, und unterschiedlichen Kooperationsmethoden – vom Netzwerk bis zum internen Entwicklungsprojekt – zusammengearbeitet, um Kompetenzen optimal zu nutzen und gleichzeitig unternehmensinterne Rahmenbedingungen und Produktspezifikationen frühzeitig zu berücksichtigen.

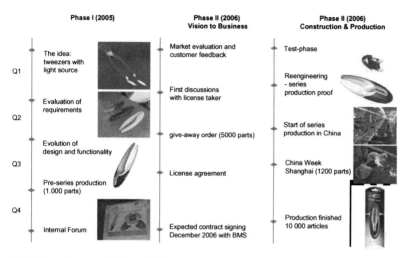

Phase I (2005)	Phase II (2006) Vision to Business	Phase II (2006) Construction & Production
Q1 The idea: tweezers with light source	Market evaluation and customer feedback	Test-phase
Q2 Evaluation of requirements	First discussions with license taker	Reengineering - series production proof
Q3 Evolution of design and functionality	give-away order (5000 parts)	Start of series production in China
Pre-series production (1.000 parts)	License agreement	China Week Shanghai (1200 parts)
Q4 Internal Forum	Expected contract signing December 2006 with BMS	Production finished 10 000 articles

Abb. 7:   *Extract – An idea goes Business*

Zusammenfassung des Market-Pull-Ansatzes bei BMS

Stufe 1: Zukunftsbilder entwickeln
Langfristige Trends werden zu stimmigen Prognosen erstellt. Die Zukunftsbilder sind global ausgerichtet und berücksichtigen die regionalen Besonderheiten.

Stufe 2: Marktbilder erstellen
Aus den Zukunftsbildern werden Zielgruppen abgeleitet und deren Bedürfnisse näher beschrieben. Visionäre Systemlösungen zeigen Möglichkeiten auf, diese Bedürfnisse mit innovativen Produkten zu befriedigen.

Stufe 3: Kundennutzen erkennen
Für die zukünftigen Kundenbedürfnisse werden visionäre Systemlösungen dargestellt. Man kreiert neue Produktlösungen, die attraktive Marktchancen bieten. Die interessanten Konzepte werden ausgewählt und mögliche Wege zur Umsetzung dargestellt.

Stufe 4: Geschäftsmodell generieren
Für die innovativen Konzepte mit deutlichem Bezug zu Materialanforderungen wird eine Umsetzungsstrategie entworfen. Man beschreibt, in welchen Schritten sich der Markt entwickeln lässt und welche Produktgenerationen aufeinander folgen. Darauf aufbauend wird die Wertschöpfungskette analysiert und die Rolle von BMS definiert.

Erfolgsfaktoren für den Market-Pull

Nur durch kooperative Zusammenarbeit kann man ein Projektportfolio konzipieren, das die Bedürfnisse, Wünsche und Aspekte aus allen Perspektiven berücksichtigt und in die Entwicklung einbezieht. Die Kommunikation von außen nach innen und von innen nach außen gehört zu den wichtigen Erfolgsfaktoren des Creative Centers. Durch Transparenz und eine klare Darstellung der Entwicklungsziele lassen sich Barrieren vermeiden und Hürden überbrücken. Wichtig ist es, Impulse zu erzeugen und den Partnern den Spielraum zu geben, ihre eigenen Vorstellungen und Kompetenzen in die Umsetzung einzubringen. Die Kooperation des Creative Centers mit Kunden, Design-Agenturen und Hochschulen ist für den späteren Prototypenbau unerlässlich. Der Prototyp dient als Grundlage zur Visualisierung und haptischen Wahrnehmung der neuen Kombination aus Know-how, Technik und Design.

Die Umwandlung von Zukunftswissen in Aktionsfelder für neue Anwendungsgebiete von BMS ist die Kernkompetenz des Creative Centers. Hier werden Standards zur Wissensbildung und Wege für neue Kooperationen und Intellectual Property (IP) aufgebaut. Die Zukunft bringt weitere Kooperationsformen mit sich. Hier ist es von Vorteil, die möglichen Kooperationstypen zu erkunden, juristische Besonderheiten zu analysieren und Partner für die Zusammenarbeit zu kategorisieren. In den Kooperationen muss die eigene Rolle klar definiert werden (Impulsgeber, aktiver Entwicklungspartner, fokaler Akteur, wesentliche Kapitalgeber etc.).

Führt man gemeinsame Entwicklungen mit externen Partnern durch, so gilt es, im Vorfeld die jeweiligen Kompetenzen zu klären und ferner einen Mechanismus zu finden, wie die Rechteverteilung von gemeinsam erworbenem geistigem Eigentum geregelt werden soll. Bei der gezielten Generierung von IP-Rechten sollte die Zahl der Entwicklungspartner auf ein Minimum begrenzt sein. Die Schlüsselrolle jedes Partners ist zu definieren. Entwicklungsaufgaben, die von externen Partnern als Auftrag durchgeführt werden, sind ausschließlich als eigenes Know-how zu sichern und vertraglich festzulegen. Bei der Generierung von IP sollte im frühen Stadium mit der zuständigen

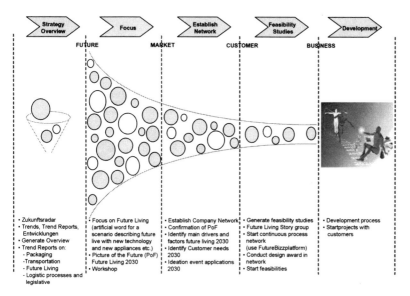

Strategy Overview	Focus	Establish Network	Feasibility Studies	Development
FUTURE	MARKET	CUSTOMER		BUSINESS

Zukunftsradar	Focus on Future Living	Establish Company Network	Generate feasibility studies	Development process
• Zukunftsradar	• Focus on Future Living	• Establish Company Network	• Generate feasibility studies	• Development process
• Trends, Trend Reports, Entwicklungen	(artificial word for a scenario describing future	• Confirmation of PoF	• Future Living Story group	• Startprojects with customers
• Generate Overview	live with new technology	• Identify main drivers and	• Start continuous process	
• Trend Reports on:	factors future living 2030	• Identify Customer needs	(use FutureBizzplatform)	
- Packaging	and new appliances etc.)		• Conduct design award in	
-Transportation	• Picture of the Future (PoF)	• Ideation event applications	network	
- Future Living	Future Living 2030	2030	• Start feasibilities	
- Logistic processes and legislative	• Workshop			

Abb. 8: *Prozess von der Idee zum Ergebnis*

Patent- und Rechtsabteilung geklärt werden, in welcher Form eine Patentanmeldung zu erfolgen hat. Verfahrens-, Stoff- oder Anwendungspatente stehen hier als Alternativen zur Diskussion.

In der frühen Innovationsphase, dem Fuzzy Front End, sind schon Ideen mit einer 80-zu-20-Reife hilfreich, um genügend Spielraum für einen Entwicklungsprozess zu lassen, in den gezielt weitere Partner eingreifen können.

Zentrales Element zur frühen Kommunikation von Anwendungsideen und Visualisierung von Zukunftswelten ist das Designer-Netzwerk. Hier können auf verschiedene Weise emotionale Bild- und Produktwelten geschaffen werden und zur besseren Verständlichkeit von Entwicklungszielen beitragen. Grundsätzlich sind Bilder, Zeichnungen, Modelle und Prototypen die Hilfsmittel der Wahl, um in jedem Stadium des Prozesses die Kommunikation zu erleichtern. So wurde als ein dreidimensionaler Entwicklungsraum der so genannte »Zukunftstrail« gestaltet, in dem Wege in die Zukunft gleichsam als

Entdeckungsreise umgesetzt sind, um auch die Vernetzung von Entwicklungspfaden transparent zu machen.

Business mit Weitsicht

Ein solches Business gelingt nur, wenn man schon heute auf die Bedürfnisse von morgen blickt. Außerhalb des laufenden Geschäfts muss zusätzlich nach Zukunftsmärkten geforscht werden, um mit neuen Anwendungen auf wachsende Ansprüche zu reagieren. Jedoch sind die Entwicklungen von morgen heutzutage Mannschaftssport – Eigenbrötler waren gestern. Der Prozess der Open Innovation ist notwendig, damit im Team aus Ideen echte Produkte reifen. Es ist die Kunst, ausgetretene Pfade zu verlassen und offen zu sein für neue Themen. Erfinder verwandeln Fragezeichen in Ausrufezeichen. New Business sucht, erforscht, entwickelt und kreiert neue Märkte für neue Anwendungen, um auch in Zukunft erfolgreich mit neuen Materialien auf dem Markt positioniert zu sein. Durch die stetige Implementierung des Entwicklungsbedarfs ist die Bayer MaterialScience AG auch in Zukunft in der Lage, den Kundenbedürfnissen gerecht zu werden und sich somit eine klare Marktpositionierung in der jeweiligen Branche zu sichern.

Disclaimer: Zukunftsgerichtete Aussagen

Dieser Beitrag kann bestimmte in die Zukunft gerichtete Aussagen enthalten, die auf den gegenwärtigen Annahmen und Prognosen der Unternehmensleitung des Bayer-Konzerns bzw. seiner Teilkonzerne beruhen. Verschiedene bekannte wie auch unbekannte Risiken, Ungewissheiten und andere Faktoren können dazu führen, dass die tatsächlichen Ergebnisse, die Finanzlage, die Entwicklung oder die Performance der Gesellschaft wesentlich von den hier gegebenen Einschätzungen abweichen. Diese Faktoren schließen diejenigen ein, die Bayer in veröffentlichten Berichten beschrieben hat. Diese Berichte stehen auf der Webseite www.bayer.de zur Verfügung. Die Gesellschaft übernimmt keinerlei Verpflichtung, solche zukunftsgerichteten Aussagen fortzuschreiben und an zukünftige Ereignisse oder Entwicklungen anzupassen.

Zusammenfassung

Die Bayer MaterialScience AG gehört zu den weltweit größten Polymer-Unternehmen und beweist mit ihren Entwicklungen, dass sie zu den treibenden Innovatoren in ihren Geschäftsfeldern gehört. In diesem Kapitel werden die Geschäftsaktivitäten des Bereiches *New Business* umrissen, die außerhalb der konventionellen Unternehmensbereiche der Bayer MaterialScience liegen. New Business ist Teil der Corporate-Development-Strategie und entwickelt mit globaler Sicht neue Geschäftsmodelle und Business Opportunities für die Erweiterung der Geschäftsfelder und für eine zukunftsorientierte Entwicklung des Unternehmens. Mit einer ausgereiften Market-Pull-Orientierung schaffen sie es, durch umfassende Integration alle Stakeholder abzuholen und in die Entwicklung von Zukunftsprodukten einzubinden. Ausschlaggebend dafür ist ein vierstufiger Market-Pull-Prozess, der Zukunftsbilder, welche durch Szenariotechniken erarbeiten werden, mit den immer komplexer werdenden Ansprüchen der Kunden verbindet. Für die hieraus abgeleiteten Geschäftsmodelle werden Umsetzungsstrategien entworfen, bei denen die innovativen Konzepte einen deutlichen Bezug zu Materialanforderungen vereinen. Man beschreibt, in welchen Schritten sich der Markt entwickeln lässt und welche Produktgenerationen aufeinander folgen. Darauf aufbauend wird die Wertschöpfungskette analysiert und die Rolle von Bayer MaterialScience definiert.

Mit Cross-Industry-Innovation zu radikalen Neuerungen

Im Gegensatz zu Produkterweiterungen oder -anpassungen tragen radikale Innovationen überdurchschnittlich zu Umsätzen bei. Doch wie entwickelt man solche Neuerungen? Immer mehr Unternehmen versuchen, potenzialträchtige Erkenntnisse und Technologien aus analogen Industrien zu identifizieren und zu übertragen.

In diesem Beitrag erfahren Sie:
- was man unter Cross-Industry-Innovation versteht und welche Arten es gibt,
- wie sich der Cross-Industry-Innovation-Prozess systematisch entwickeln lässt,
- wie man Innovationspotenziale aus Cross-Industry in den Innovationsprozess integriert.

ELLEN ENKEL, ANNETTE HORVÁTH

Neue Wissens- und Technologiequellen erschließen

80 % aller Innovation sind eine Rekombination bereits vorhandenen Wissens. Nur eine sehr kleine Anzahl von technologischen Neuerungen oder Produkten basiert auf wirklich neuen Erkenntnissen und Entwicklungen. Für die Praxis des Innovationsmanagements bedeutet dies, dass eine Innovation vor allem dann entsteht, wenn existierende Kenntnisse über Märkte, Produkte, Technologien, Anwendungsprinzipien oder Geschäftsmodelle auf neue Weise miteinander verbunden werden. Diese Rekombination wurde in der Vergangenheit vor allem innerhalb des eigenen Unternehmens, beispielsweise im Rahmen von Kreativitätsworkshops oder multidisziplinären Projektteams, sowie innerhalb der eigenen Branche, etwa durch den Besuch branchenspezifischer Messen und die Lektüre von Fachzeitschriften, durchgeführt.

293

Kürzer werdende Produktlebenszyklen und steigender Wettbewerb zwingen Firmen jedoch zunehmend dazu, sich auch außerhalb ihrer angestammten Gebiete neue Wissens- und Technologiequellen zu erschließen. Erfolgreiche Beispiele dieser technologischen Spill-over-Effekte kennen wir aus unterschiedlichsten Branchen: Nachdem beispielsweise Autofahrer mit steigender Komplexität und umständlicher Bedienung integrierter Navigationssysteme im Fahrzeug konfrontiert waren, wurden von BMW in der Folge andere Industrien systematisch nach Lösungen für ähnliche Probleme durchforstet. Fündig wurde man schließlich in der Spieleindustrie, die schon seit Langem Joysticks zur schnelleren, intuitiveren Bedienung von Computerspielen eingeführt hatte. Dieses Bedienkonzept adaptierte BMW für seine Navigationssysteme in der Form des iDrive Systems.

Diese auch als Cross-Industry-Innovation bezeichnete Strategie wird eingesetzt, um systematisch radikale Innovationen zu erzeugen. Radikale Innovationen verfügen über Alleinstellungsmerkmale. Im Vergleich zu Produkterweiterungen oder -anpassungen tragen sie überdurchschnittlich zu Marge und Umsätzen bei.

Arten von Cross-Industry-Innovation

Neben vielen Vorteilen werden radikale Innovationen auch mit Risiken (z. B. Fehlinvestitionen durch kaum abschätzbare Markt- und Technologierisiken) und längeren Entwicklungszeiten gegenüber Standardprojekten assoziiert. Durch die Methodik der Cross-Industry-Innovation lassen sich diese Risiken minimieren, ohne das Ergebnis zu kompromittieren. Aus diesem Grund ist es allerdings wichtig, bei der Entwicklung dieser Innovationsart strukturiert vorzugehen. Cross-Industry-Innovation zählt zu den Methoden von Open Innovation, die sich als Denkhaltung in den letzten Jahren rasant entwickelt und über Branchen hinweg etabliert haben.

In Cross-Industry-Innovation werden existierende Technologien, Systeme, Konzepte oder generelle Prinzipien einer Branche auf eine andere übertragen, um dortige Probleme oder Fragestellungen zu lösen, etwa in Form von Technologien, Patenten, spezifischem Wissen oder Geschäftsprozessen. Neben einem höheren Nutzen für den Kunden lassen sich dabei oft auch Kostenvorteile realisieren, weil Lizenzen oder das Kopieren etablierter Prinzipien oftmals günstiger als Eigenentwicklungen sind.

Grundsätzlich kann man zwei Arten von Cross-Industry-Innovation unterscheiden: Outside-in und Inside-out.

Im *Outside-in-Prozess* werden industriefremde Lösungen auf eigene Fragestellungen übertragen und angewandt, wie im Fall von BMW bei der Entwicklung des iDrive-Bedienkonzepts. Ein weiteres Beispiel wäre die Erfindung der Somat Tabs für Geschirrspülmaschinen – eine radikale Innovation von Henkel. Bis zu diesem Zeitpunkt wurden Reiniger, Salz und Klarspüler getrennt verwendet. Die Herausforderung bestand darin, dem Kunden die verschiedenen Substanzen als ein Produkt anzubieten, was ihm den Vorteil bringt, statt dreier Produkte nur eines kaufen und lagern zu müssen. Gleichzeitig sollten aber die unterschiedlichen Funktionen für den Kunden klar erkennbar bleiben. Henkel löste das Problem, indem man die drei Substanzen in eine Tablettenform einbrachte. Dadurch entfallen auch Schwankungen bei der Dosierung und die Bestandteile werden immer in einem optimalen Verhältnis angeboten. Die farbliche Differenzierung der Ebenen verdeutlicht diesen dreifachen Nutzen der Tabs. Für deren Herstellung adaptierte Henkel eine Toffifee-Maschine aus der Lebensmitteltechnologie, welche die unterschiedlichen Substrate in eine Tablette pressen kann.

Im *Inside-out-Prozess* sucht man hingegen für eigene Lösungen nach Anwendungsmöglichkeiten in fremden Industrien. So können eigene Kompetenzen mit geringem Aufwand multipliziert werden und neue Umsatzpotenziale bieten. Ein Beispiel für diesen Prozess findet sich bei der Firma W.L. Gore und ihrer PTFE-Technologie. Die Faser des Polytetrafluorethylens weist eine hohe Isolationsfähigkeit, Temperaturresistenz ($-180°C$ to $+260°C$), geringe Brennbarkeit und eine hohe UV-Resistenz auf. Durch diese Merkmale erhalten Kleidungsstücke, die mit dem Material ausgestattet werden, gleichzeitig die Eigenschaften Wasserfestigkeit, Atmungsaktivität und Temperaturbeständigkeit. Die ersten Produkte, die das Unternehmen als Zulieferer zur Textil- oder Sportindustrie erfolgreich etablierte, wurden unter dem Markennamen Goretex vertrieben. Doch statt sich ausschließlich in diesem Bereich zu platzieren, fokussiert das Unternehmen bis heute auf die Multiplikation seiner PTFE-Technologie in andere Industrien, in denen die genannten Fähigkeiten ebenfalls benötigt werden. So ist W. L. Gore inzwischen unter anderem in der Medizintechnologie sowie der Energie-, Militär-, Elektronik-, Automotive-, chemischen und pharmazeutischen Industrie erfolgreich tätig.

Cross-Industry-Innovation stellt damit einen guten Weg dar, von fremden Industrien zu lernen sowie neue Felder zu erobern oder eigene Kompetenzen zu vervielfältigen. Die wesentlichen ökonomischen Merkmale von Cross-Industry-Innovation umfassen:

⇨ ein höheres Potenzial für radikale Innovationen gegenüber Standardentwicklungen,
⇨ höhere Wachstumsraten und höhere Profitabilität durch Differenzierung,
⇨ Stärkung der eigenen Innovationskraft durch Zugang zu neuem Wissen, Technologien und Kompetenzfeldern außerhalb des eigenen Arbeitsgebietes,
⇨ »Imitation« ohne Wettbewerbskonflikte,
⇨ Zusatzumsätze durch Multiplikation vorhandenen Wissens und Könnens in fremde Gebiete.

Ob Outside-in oder Inside-out, die Beispiele für Cross-Industry-Innovation sind vielfältig und über nahezu alle Branchen verteilt. So entstand etwa der Nestlé Aerocchino Milchaufschäumer durch Orientierung an einer Mischmaschine, wie sie im Labor eingesetzt wird. Nestlé hatte erkannt, dass konventionelle Milchaufschäumer schwer zu reinigen oder umständlich in der Handhabung sind. Manche Geräte sind nicht spülmaschinenfest, da sie eine Batterie beinhalten. Bei mechanischen Milchaufschäumern ist durch die Erhitzung der Milch mit gleichzeitiger Einbringung mechanischer Energie die Gefahr des Überschäumens gegeben. Bei der Suche nach leicht zu reinigenden Geräten zur Einbringung mechanischer Energie fiel die Aufmerksamkeit auf Labormischer. Diese können sehr hohe Rührgeschwindigkeiten erreichen. Gleichzeitig wird der Flüssigkeit ein Magnet zugegeben, der sich durch die Bewegung seines in der Heizplatte verborgenen Gegenstückes dreht, sich zur Reinigung aber einfach entnehmen lässt. Dieses Prinzip wurde im Aerocchino verwendet und so angepasst, dass modernes Design, Funktionalität und Bedienbarkeit zugleich gegeben sind.

ElringKlinger, ein Konzern der Dichtungsindustrie mit über 4.000 Mitarbeitern, betreibt Cross-Industry-Innovation, indem er – insideout – Kernkompetenzen in neue Märkte und Industrien multipliziert. Im Bereich Hitzeschilde zählt ElringKlinger als Marktführer – bekannt für seine schnelle Herstellung von Prototypen mit hervorragenden Eigenschaften der Schall- und Hitzeisolierung. Um einen Abgleich des technologischen Potenzials mit Bedürfnissen in anderen Industrien zu ermöglichen, wurde die Kerntechnologie bezüglich Struktur, Funktion und Hierarchie in einer Brainstorming-Session abstrahiert und beschrieben. Darauf aufbauend identifizierte man Kriterien für die Suche nach neuen Anwendungsfeldern für Kerntechnologien und Kompetenzen. Ausgangspunkt waren dabei die bekannten Wachstumsmärkte (z. B. Medizinaltechnik, Verpackungen) und Märkte, in denen Aluminium eingesetzt wird oder eingesetzt werden könnte. Das Suchfeld wurde durch Internet- und Patentdatenbankrecherchen erweitert. Nach systematischer Selektion verblieben zwei neue Märkte für die Exploration: die Herstellung von Hitzeschilden für Herde und der Herstellung von Geräuschdämmungsschilden für Kleinmotoren.

Cross-Industry-Innovation systematisch entwickeln

Die größten Hürden in der Entwicklung von Cross-Industry-Innovationen liegen sowohl in der Identifizierung als auch dem Zugang zu den fremden Branchen, auf die eigene Kompetenzen angewandt bzw. die für die Lösung eigener Fragestellungen genutzt werden sollen.

Innerhalb eines Industriezweigs bestehen meist zahlreiche gute Kontakte: Mitarbeiter, insbesondere Führungskräfte, engagieren sich in Vereinen oder Verbänden und treffen auf Mitarbeiter von Wettbewerbern, Zulieferern oder Kunden, die in ähnlichen Positionen tätig sind. In diesen Netzwerken tauscht man sich aus, zum Beispiel über Rahmenbedingungen der Industrie, neue Regelungen oder generelle Trends. Im Gegensatz dazu treten derartige Kontakte zwischen verschiedenen Industriezweigen weitaus seltener, oftmals nur sporadisch auf. Meist basieren die Verbindungen alleine auf persönlichen Beziehungen einzelner Mitarbeiter. Man kennt sich beispielsweise über den Sport, persönliche Interessengebiete oder aus dem Studium, hat sich dann aber in unterschiedliche Richtungen entwickelt. Solche Verbindungen können für ein Unternehmen zwar sehr wertvoll sein, bergen aber starke Abhängigkeiten zu dem jeweiligen Mitarbeiter in sich. Verlässt dieser das Unternehmen, gehen mit ihm auch seine Kontakte, Schnittstellen und Erfahrungen verloren.

Betrachtet man Verbindungen von Unternehmen über die eigene Industrie hinaus, dünnt sich die Anzahl der Kontaktpunkte aus. Selbst bei Unternehmen, die sich aktiv in Netzwerken engagieren, wiederholen sich die Kontakte, und Kontaktpunkte zwischen Netzwerken unterschiedlicher Industrien oder Fachgebiete sind überaus selten. Bei diesem Phänomen spricht man auch von »strukturellen Löchern« [1].

Im Unternehmensalltag treten allerdings immer wieder Situationen auf, in denen Kontakte aus anderen Wissensgebieten sehr hilfreich, manchmal sogar dringend erforderlich sind. Das ist insbesondere dann der Fall, wenn technologische Prinzipien oder Maschinen aus anderen Industrien genutzt werden sollen, wie etwa im oben genannten Fall von Henkel die Verwendung einer Maschine aus der Süßwarenindustrie für die Herstellung von Spülmaschinentabs. Aber als Fachfremder kann man mögliche Einschränkungen auf den ersten Blick kaum erkennen. Wann wird welche Maschine verwendet? Welche Vor- und Nachteile bietet die eine oder die andere Technologie? Bestehen keine Kontakte zu den fremden Branchen, werden oft intuitive Suchstrategien angewandt, um diese »strukturellen Löcher« zu überwinden. Eine solche intuitive Suche beginnt meistens mit einer Internetrecherche. Dabei ist zu berücksichtigen, dass in der Regel erst die Verwendung abstrahierter Schlüsselbegriffe zu zielführenden Suchergebnissen führt. Als beispielsweise das Verpackungsunternehmen SIG nach einer neuen Ausgussöffnung für Suppen suchte, stieß es bei einer ersten Recherche unter Verwendung industriespezifischer Ausdrücke wie »Verschluss- und Ausgussmechanismus« nur auf Lösungen, die zwar den Anforderungen an Hitzebeständigkeit und Hygiene genügten, jedoch gleichermaßen von der Konkurrenz verwendet wurden. Erst als man den Suchbegriff abstrakter als »liquid handling« formulierte, ließen sich auch Lösungen aus fremden Industrien wie etwa der Erdölindustrie, die mit viskosen Flüssigkeiten arbeiten, finden und auf Eignung prüfen.

Bei diesem Vorgehen verlässt man sich allerdings auf den Glücksfall, dass unter den ersten hundert Hits einer Google-Suche oder einer Patentdatenbanksuche bereits eine anpassungsfähige Lösung versteckt sei. Ferner geht man davon aus, dass die recherchierenden Teams die Problemstellung so abstrahieren können, dass sie damit tatsächlich auf Lösungen anderer Fachdisziplinen stoßen können. Zusätzlich ist diese ungerichtete Suche äußerst zeitaufwendig, da man sich zunächst in die möglichen Lösungen vertiefen muss, um diese zu verstehen und eine Anwendung auf das eigene Problem in Erwägung zu ziehen. Fachexperten oder Führungskräfte können diese Tätigkeit aus Zeit- und Kostengründen nicht übernehmen. Mitarbeiter in der Ausbildung oder mit wenig Erfahrung verfügen hingegen über ein zu geringes Überblickswissen, um schnell den Wert einer fachfremden Lösung erkennen und beurteilen zu können. Entfernte Lösungsoptionen, die mehr Einarbeitungszeit bedürfen, werden so schneller ausgeschlossen, obwohl gerade sie großes Potenzial bergen. Bei diesem unstrukturierten Vorgehen ist der Erfolg eher vom Zufall abhängig als planbar, da nur ein Teil der möglichen analogen Lösungen überhaupt überprüft werden kann, der Mitarbeiter jedoch nie weiß, ob die ausgewählte Lösung auch die beste im gesamten Lösungsraum ist.

Die etablierten Innovationsprozesse im Unternehmen geben in der Regel kaum Gelegenheit zu dieser breiten Suche. Der Innovationsprozess ist klar strukturiert und verfügt über Richtlinien, welche Angaben und Überprüfungen in welcher Phase geleistet werden müssen. Gerade die Ideenphase als erster Schritt des Innovationsprozesses ist meist recht kurz gehalten und bereits auf lokale Fokussierung ausgerichtet. Aufgrund des Zeitdruckes werden dann bestehende Lösungen, Prinzipien und Technologien aus dem eigenen Unternehmen oder der eigenen Industrie bevorzugt, anstatt Raum für Optionen aus anderen Bereichen zu geben. Unternehmen limitieren sich dadurch selbst und verzichten zu früh auf neue, radikale Lösungen.

Hinzu kommt der Umstand, dass wir uns mit unserer Ausbildung und unserer Berufserfahrung ein industrie-/branchenspezifisches Vokabular und ein entsprechendes Verständnis aneignen. Die Suche in anderen Bereichen erfordert aber, dass man sich mit fachfremden Lösungen und Begriffen auseinandersetzen muss. Insofern ist nicht nur der Blick, sondern auch das Verständnis dafür zu öffnen, will man von anderen Bereichen wirklich profitieren. Für Cross-Industry-Innovationen ist daher eine längere Ideenphase mit anschließendem schnellerem Durchlauf des Innovationsprozesses das geeignetere Vorgehen anstelle einer strengen Anpassung an etablierte Richtlinien. Die Entwicklung von Cross-Industry-Innovation umfasst drei Phasen (siehe Abb. 1):
⇨ die Abstraktionsphase,
⇨ die Analogiephase sowie
⇨ die Adaptionsphase.

Abstraktionsphase

Die Abstraktion dient der Öffnung des möglichen Lösungsraums, indem das eigentliche Problem abstrahiert und damit auf eine allgemeinere Ebene gebracht wird. Dieser Schritt dient als Brücke für die Generierung von Lösungsideen aus anderen Bereichen und hilft, den

Abstraktion:
Öffnung des
Lösungsraumes

Analogie:
Rekombination mit Wissen
anderer Industrien

Adaption:
Evaluation und Selektion relevanter
Lösungen sowie Implementation

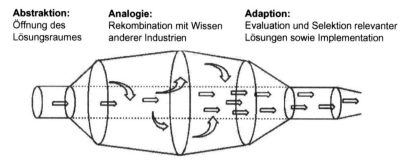

Abb. 1:   *Der Cross-Industry-Innovation-Prozess*

konventionellen Lösungsraum zu verlassen. Anstatt direkt nach neuen Lösungen für ein technisches Produkt zu suchen, wird zum Beispiel gefragt: »In welchen anderen Industrien wurde die Benutzerfreundlichkeit stark verbessert?« Die Fragestellung sollte weit genug sein, um vielfältige Lösungsideen zuzulassen. Gleichzeitig darf sie aber auch nicht zu abstrakt gewählt werden, da sonst Ideen entwickelt werden, die entweder nicht oder nur schwer umsetzbar sind.

Analogiephase

Die Phase der Analogiesuche bereitet in der Regel größere Schwierigkeiten. Wie oben bereits angedeutet, verfügt jedes Fachgebiet über eine spezifische Begrifflichkeit, über Methoden und Erkenntnisse, die anerkannt sind und genutzt werden. Sich außerhalb seines Arbeitsgebiets zu bewegen, erfordert aber eine andere Art zu denken und damit die Bezugnahme auf eine andere Begriffswelt. Dieser Wechsel hindert viele Menschen daran, neue Wissensgebiete in ihrer Arbeit zu nutzen. Die Anwendung von Analogien stellt einen kognitiven Mechanismus dar, fremdes Wissen nutzbar zu machen, indem es auf ein neues Problem übertragen oder mit diesem verknüpft wird.

Zur Entwicklung von Analogien stehen vielfältige Kreativitätsmethoden zur Verfügung. So handelt es sich beispielsweise bei der

301

Osborn-Checkliste um einen Fragenkatalog, der systematisch zur Analogiesuche anregt. Ferner haben sich in der Praxis strukturierte Projekte unter Einbindung von Experten aus fremden Industrien für den Zugang zu analogem Wissen und zur Generierung von Cross-Industry-Innovation etabliert, wie weiter unten noch näher ausgeführt wird.

Adaptionsphase

In der Adaptionsphase werden die analogen Lösungen kritisch vom Projektteam oder Lösungssucher unter die Lupe genommen: Was bedeutet diese Idee? Ist sie in der eigenen Industrie überhaupt verwendbar? Kann sie so verwendet werden, wie sie erarbeitet wurde, oder muss sie nochmals mit einer anderen Idee verknüpft werden, um umsetzbar zu sein?

In fast allen Fällen ist eine Anpassung auf die neue Industrie und deren Gegebenheiten notwendig. Infolgedessen sollte zunächst eine grundsätzliche Einteilung in Ideengruppen stattfinden. Dabei bietet sich ein Clustern nach Neuheitsgrad für die eigene Industrie und nach Umsetzbarkeit an. Auf diese Einteilung folgt eine richtungsweisende Priorisierung. Dabei sind Ideen mit hohem Neuheitswert und guter Umsetzbarkeit besonders interessant, da sie meist das Potenzial für eine radikale Innovation beinhalten und grundsätzlich technisch machbar erscheinen. Viele der Analogien, die in der vorangegangenen Phase identifiziert wurden, könnten das Problem zwar auch lösen, lassen sich aber nicht oder nur mit großem Aufwand auf das Unternehmen oder das entsprechende Produkt übertragen. Solche Ideen werden in der Adaptionsphase aussortiert, um nicht unnötig Kapazitäten im anschließenden Produktentwicklungsprozess zu binden.

Der Ablauf von strukturierten Cross-Industry-Innovation-Workshops

Ausgangspunkt für Cross-Industry-Projekte sind oft Fragestellungen, die seit Jahren in einer Industrie bekannt sind, für die aber noch keine

Lösung gefunden wurde. Auch die Überalterung einer Produktlinie oder sich andeutende Technologieumbrüche – verbunden mit dem Druck, radikale Innovationen hervorzubringen – können Motivation für die Initiierung von Cross-Industry-Projekten sein. Ein solches Projekt beginnt mit der Zusammensetzung eines interdisziplinären Teams. Meist besetzen Führungskräfte aus den Bereichen Marketing, Vertrieb, Produktion, Produktentwicklung oder der Innovationsabteilung dieses Projektteam. In ihm wird zunächst das Projektziel ausgearbeitet, um darauf aufbauend die abstrahierte Fragestellung zu entwickeln und zu dokumentieren. Dieser entscheidende Schritt darf auf keinen Fall übereilt angegangen werden, denn die Fragestellung determiniert das Ergebnis. Je abstrakter sie gewählt wird, umso mehr potenzielle Analogiefelder sind möglich. Anstatt also direkt nach neuen Produkten oder Dienstleistungen zu fragen, ermittelt man in Cross-Industry-Innovation zum Beispiel Anwendungsfelder für Kompetenzen. Ein Chemieunternehmen fragt beispielsweise nicht nach neuen chemischen Produkten, sondern erkennt, dass seine Kernkompetenz in der Verarbeitung von sensiblen und gefährlichen Stoffen liegt. Durch diesen Schritt erhält es überaus wertvolle Ideen etwa aus dem Bereich funktionale Lebensmittel, der durch die hohen Anforderungen im Umgang mit Lebensmitteln vor ähnlichen Herausforderungen steht. Aus diesem Grund sollte in Cross-Industry-Innovation-Projekten die Fragestellung mehrfach auf potenzielle Ergebnisse und Übereinstimmung mit dem Ziel überprüft werden.

In der anschließenden Analogiephase werden dann die Innovationsideen entwickelt, wobei ein direkter Zugang zu analogen Industrien besonders effizient ist. Nützlich hier ist die Integration ausgewählter Experten aus fremden Industrien in einem Kreativitätsworkshop. Sowohl das Potenzial als auch die Herausforderung dieses Vorgehens liegen in der kognitiven Distanz zwischen einladender Firma und externen Experten. Je weiter beide Seiten thematisch voneinander entfernt sind, desto höher ist auch die Wahrscheinlichkeit, dass dieser Experte gänzlich andere Ideen generiert und völlig fremde Sichtweisen einbringt, was sich auch in ungewöhnlichen Fragen äußern kann.

Das ist insbesondere dann der Fall, wenn er die Axiome, Gegebenheiten und Selbstverständlichkeiten des einladenden Unternehmens nicht ohne weiteres akzeptiert, sie vielmehr hinterfragt und in einen anderen Kontext setzt. Daraus ergeben sich interessante Diskussionen und ungewöhnliche Rekombinationen von Ideen und Wissen – die Grundlage für Innovationen.

Von dieser kognitiven Distanz ist allerdings auch die Motivation der externen Fachleute abhängig [2]. Experten aus verwandten Gebieten zeigen oft großes Interesse an der Teilnahme an einem Cross-Industry-Workshop, zumal er ihnen die Gelegenheit zur Erweiterung ihres Netzwerks bietet. Gleichzeitig gewinnen sie Einblicke in eine andere Branche und können daraus Anregungen für eigene Problemstellungen ziehen. Mit zunehmender kognitiver Distanz steigt zwar das Potenzial für neue Rekombinationen und radikale Innovationen, gleichzeitig sinkt aber auch die Motivation des externen Experten zur Teilnahme. Der Mehrwert eines Netzwerks von Personen aus völlig fremden Industrien ist für ihn auf den ersten Blick nicht mehr erkennbar, statt dessen stellt sich für ihn oft die Frage nach der Kosten-Nutzen-Relation [3].

Zusätzlich herrscht bei externen Experten zuweilen auch Verunsicherung in Bezug auf das fremde Fachgebiet. Sie fragen sich, ob sie die Problemstellung und die Vorschläge der anderen Teilnehmer verstehen und selbst etwas beitragen können. Hingegen haben Personen aus der gleichen Branche/Industrie des einladenden Unternehmens persönlich meist ein großes Interesse an dem Thema, können aber wegen der bestehenden Wettbewerbssituation oft nicht an einem solchen Innovationsprojekt der Konkurrenz teilnehmen. Im Übrigen wäre für eine solche Zusammenarbeit mit einem fachnahen Externen kritisch zu hinterfragen, ob er wirklich neue Gedanken einbringen kann oder eher Ideen für inkrementelle Innovation hervorbringt.

Natürlich lassen sich Analogiefelder auch durch systematische Recherchen etwa im Internet, in Patentdatenbanken oder in Industrielisten (z. B. die Schweizerische »Nomenclature Générale des Activités économiques«, kurz NOGA) identifizieren [4]. Dieses Vorgehen bietet den Vorteil, dass das Unternehmen die Analogiefindung weitestgehend selbstständig durchführen kann. Nachteil: Wie oben beschrieben, kann es zu Schwierigkeiten beim Hineindenken in die fremden Industrien kommen. Zusätzlich kommt es im Unternehmensumfeld immer wieder zu Restriktionen bei finanziellen und personellen Ressourcen, so dass Recherchen vorzeitig abgebrochen werden müssen. Um der Gefahr zu entgehen, interessante Analogiefelder zu übersehen bzw. naheliegende oder völlig fremde, nicht umsetzbare Ideen zu generieren, empfiehlt sich also alles in allem die Einbindung von externen Experten in die Workshops.

Im Workshopkonzept von Cross-Industry-Innovation-Projekten muss speziell auf die Rekombination von firmeninternem, firmen- und industrieexternem Wissen abgezielt werden. Dafür eignen sich zum Beispiel gemischte Kleingruppen, viel Diskussionsraum sowie die Verwendung von unterschiedlichen Kreativitätsmethoden mit systematisch reflexiven Elementen und eine spezifische Teilnehmerkombination. Letztere bestimmt sich aus der Fragestellung und den damit verbundenen potenzialträchtigsten Analogiegebieten. Für die Chemieindustrie können so Lebensmittel verarbeitende Unternehmen oder Anbieter aus dem Bereich der erneuerbaren Energien interessante Impulsgeber sein. Ähnliche Arbeitsweisen im Hinblick auf den Komplexitätsgrad und die Qualität geben ebenfalls wichtige Hinweise auf aussichtsreiche, analoge Branchen, die man für den Workshop ansprechen könnte. Auch die Einbeziehung von Experten mit vergleichbarem Ausbildungsweg, die ihre Karriere aber in anderen Branchen fortgesetzt haben, eignet sich gut für die Teilnehmerkombination.

An dem Kreativworkshop nehmen also sowohl interne Mitarbeiter als auch externe Cross-Industry-Experten teil. Um auch spezielle Fragen etwa zur Produktgruppe oder zum Problem beantworten zu können, sollten dabei nicht nur Führungskräfte, sondern auch erfahrenes Fachpersonal präsent sein und aktiv mitarbeiten. In dem Workshop sollten alle Teilnehmer gleichberechtigt zusammenarbeiten. Hierarchiedenken führt dagegen oft zu einer vorschnellen Bewertung von Ideen und Lösungen und ist beispielsweise durch Verzicht auf

Tag 1		Tag 2	
8:00	Einleitung, Erläuterung Agenda und Methoden	9:00	Erläuterung Agenda und Methoden
	Einleitung in die Fragestellung, das zugrunde liegende Produkt/den Prozess		Kreativitätsphase 1 Gruppen: Ideengenerierung Anwendung alternativer Kreativitätsmethoden
	Kreativitätsphase 1 Gruppen: Ideengenerierung		
13:00	Kreativitätsphase 2 Gruppen: Ausarbeitung der Ideen	13:00	Kreativitätsphase 2 Analoge Lösungen finden
	Kreativitätsphase 3 Präsentation der Ideen, Evaluation		Kreativitätsphase 3 Präsentation der Ideen, Evaluation
	Reflektion und Zusammenfassung, Diskussion der Topideen		Kombination der Ideen, Erarbeitung Vorschläge und Vorstellung
19:00	Geselliger Ausklang	16:00	Zusammenfassung und Verabschiedung

Abb. 2: *Agenda eines Cross-Industry-Innovation-Workshops*

Titelnennung oder Funktionsbeschreibung zu vermeiden. Die Diversität der Gruppe ist nicht nur für ihr kreatives Potenzial bedeutsam, sondern auch für das Verständnis der Ideen aus analogen Gebieten sowie für den Transfer in den Unternehmenskontext. Aus diesem Grund sollten Teilnehmer aus verschiedenen Unternehmensbereichen eingeladen werden. Bei der Integration externer Experten hat es sich bewährt, maximal zwei Wissenschaftler und fünf Industrieexperten aus drei bis vier Analogiefeldern einzubinden. Insgesamt sollte die Teilnehmerzahl 15 Personen pro Workshop nicht überschreiten. Zu achten ist dabei auf ein ausgeglichenes Verhältnis zwischen eigenen und betriebsfremden Personen, damit keine Gruppe dominiert. Typischerweise werden in einem Cross-Industry-Innovation-Workshop unterschiedliche Kreativitätsmethoden verwendet (siehe Abb. 2).

Die mit Hilfe der ausgewählten Kreativitätstechniken generierten Ideen müssen im Anschluss evaluiert und selektiert werden. Die Phase der Adaption ist dabei entscheidend für die Verwendbarkeit der Ideen im Unternehmenskontext. Hier muss die Idee auf die eigene Branche und ihre Spezifika verändert, angepasst oder erweitert werden. Unternehmensinterne Kriterien, zum Beispiel aus dem Innovationsprozess, helfen bei der Selektion und der Überprüfung der Übertragbarkeit. Die Verwendung etablierter, unternehmenseigener Kriterien verbessert auch die Verbundenheit des Projektteams und die Akzeptanz unter den später einzubindenden Mitarbeitern, die an der weiteren Ausarbeitung der Anwendung beteiligt sind.

Ein Großteil der Ideen wird in dieser Phase ausgesondert. Von den 500 bis 1000 Ideen, die nach unserer Erfahrung in einem Cross-Industry-Kreativworkshop durchschnittlich generiert werden, entstehen zwischen 50 und 100 Konzepte. Schätzungsweise zehn dieser Ideen werden als besonders interessant bewertet, da ihnen ein hohes Potenzial an Neuheit zugeschrieben wird und sie gleichzeitig umsetzbar sind. Die gute Vorbereitung und professionelle Durchführung eines Cross-Industry-Innovation-Workshops lohnt sich: Bei der Verfolgung der von uns erzielten Workshopergebnisse ließ sich eine überdurchschnittlich hohe Rate an Innovationsideen, die bis zur Markteinführung gelangen, feststellen.

Cross-Industry-Innovationspotenziale im Innovationsprozess integrieren

Um systematisch auf Cross-Industry-Erkenntnisse im regulären Innovationsprozess zugreifen zu können, müssen dessen Methoden und Werkzeuge modifiziert werden. Das Dr. Manfred Bischoff Institut für Innovationsmanagement der Zeppelin Universität in Friedrichshafen hat hierzu einen idealisierten Prozess auf der Basis von mehr als 30 Fallstudien in Zusammenarbeit mit Unternehmen entwickelt. Es werden dabei die wichtigsten Phasen im Innovationsprozess – die Entwicklung der Innovationsstrategie, das kreative Fuzzy Front End, das systematische Technologiemonitoring, die Konzeptphase und Produktentwicklung – unter dem Gesichtspunkt der Integration von Cross-Industry-Wissen betrachtet. Das dreistufige Verfahren bei der Entwicklung von Cross-Industry-Innovationen wird dabei entzerrt, indem die Abstraktion der Suchbegriffe und die Identifikation von analogen Industrien und Lösungen zum Teil bereits in der Strategiephase durchgeführt und deren Erkenntnisse in die vorhandenen Werkzeuge und Prozesse der Innovationsentwicklung integriert werden.

In der Entwicklung der Innovationsstrategie sollte zunächst identifiziert werden, welche Industrien analoge Probleme bzw. Lösungen liefern, um diese systematisch in die Phasen des Innovationsprozesses aufnehmen zu können. Dazu eignen sich verschiedene Vorgehensweisen. Eine Quelle, um verwandte Industrien zu identifizieren, stellen Industrielisten wie die oben erwähnte NOGA dar, die verwandte Industriezweige auf Basis der von ihnen verwendeten Rohstoffe oder Verarbeitungsstufen aufführt. Zunehmend nutzt man auch Netzwerke mit Partnern aus anderen Industrien zur Entwicklung der Innovations- und Technologiestrategie. Unter anderem werden solche Netzwerke bereits bei der Bayer MaterialScience AG aufgebaut, wo man gemeinsam Zukunftsszenarien entwickelt, diskutiert und bewertet. Meist dienen Trends aus den verschiedensten Industrien und Märkten als gemeinsame Basis für diese Netzwerke. So ist beispielsweise das Thema Demografie sowohl für Versicherungen als auch für Verkehrsdienstleister und Konsumgüterhersteller interessant.

Neben den oben beschriebenen strukturierten Workshops und den analytischen Suchmethoden stehen weitere Cross-Industry-Maßnahmen zur Verfügung. Der regelmäßige Besuch von industriefremden Fachmessen kann im Fuzzy Front End wichtige Impulse liefern. Unter Fuzzy Front End versteht man die frühe Innovationsphase, in der das Unternehmen neue Ideen sammelt und die als Quelle für radikale Innovationen gilt. Aus diesem Grund sind in dieser Phase Aktivitäten in analogen Bereichen besonders wertvoll. Für den Waschmittelbereich des Konzerns Henkel ist beispielsweise der Besuch der ANUGA, eine der größten Fachmessen der Lebensmittelindustrie, fester Bestandteil seiner Cross-Industry-Innovationsstrategie, die dem Unternehmen seit Jahren Durchbruchsinnovationen beschert. Demgegenüber setzt etwa der technische Dienstleister Zühlke in der Ideenentwicklung besonders auf Brainstormings mit Mitarbeitern aus analogen Industrien. Bereits bei der Einstellung achtet man darauf, dass ein Team mit verschiedenen technischen Kompetenzen und unterschiedlichen Industrieerfahrungen besetzt wird, um möglichst komplementäres Wissen von Beginn an in das Projekt einfließen zu lassen und frühzeitig auf vorhandene Lösungen analoger Industrien zu stoßen.

In der Phase des Technologiemonitorings hat es sich bewährt, auch analoge Technologien zu beobachten und deren Entwicklungen in die Planung mit einzubeziehen. Zum Beispiel hat der Aluminiumkonzern Alcan anhand von Technologiekategorisierungen aus dem Maschinenbau und den Materialwissenschaften verwandte Technologien ermittelt und durch eine Patentanalyse Industrien identifiziert, die mit diesen Technologien arbeiten. Zum einen werden die technologischen Entwicklungen in der Fachpresse sowie bei Patenten im Auge behalten. Zum anderen lassen sich durch die Identifizierung von Industrien und Forschungsinstituten, die primär an der Entwicklung der Technologien arbeiten, bilaterale Kontakte knüpfen bzw. gemeinsame Forschungsprojekte lancieren. Die Prüfung der in Frage kommenden analogen Technologien auf Relevanz sollte allerdings immer in Zusammenarbeit oder unter Zuhilfenahme von Externen geschehen, da man selbst das Potenzial einer Technologie für die eigene Industrie meist nur schwer abschätzen kann. Für diesen Schritt eignen sich insbesondere auch externe Dienstleister, so genannte Intermediäre, die Kontakte zu vielen Industrien aufweisen und sich im Laufe ihrer zahlreichen Projekterfahrungen Grundbegriffe aus unterschiedlichen Industrien angeeignet haben.

Patentrecherche spielt aber nicht nur in der Technologiebeobachtungsphase eine wichtige Rolle, sondern auch in der Produktentwicklung. Damit hier analoge Lösungen berücksichtigt werden können, gilt es, abstrakte Suchbegriffe zu verwenden, wie das bereits erwähnte Beispiel des Verpackungsunternehmens SIG veranschaulicht. Auch in dieser Phase können Experten aus analogen Industrien durch Workshops gezielt eingebunden werden, um so bereits in anderen Zweigen vorhandene Lösungen zu integrieren und das Risiko von Technologiefehlinvestitionen zu minimieren.

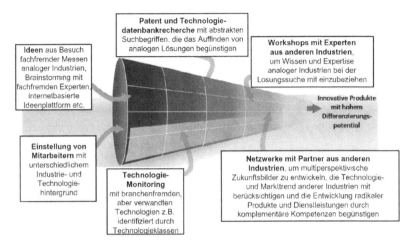

Abb. 3: *Integration der Cross-Industry-Strategie in den Innovationsprozess*

Spätestens in der Markteinführungsphase sollten Cross-Industry-Methoden zur Aufdeckung von externen Kommerzialisierungspotenzialen genutzt werden. Hier eignen sich Kreativitätsworkshops mit externen Experten. Es lassen sich aber auch analytische Methoden verwenden. Firmen wie W.L. Gore systematisieren und standardisieren die Überprüfung zur externen Kommerzialisierung, indem sie systematisch Bedürfnisse anderer Märkte analysieren und diese mit eigenen Technologiepotenzialen vergleichen. Eine solche Einbindung in die Unternehmensprozesse gilt als Musterbeispiel für effektive Markterschließung auf Basis der eigenen Technologien. Insgesamt ist Cross-Industry-Innovation somit vielfach einsetzbar: Je nach Tätigkeitsfeld, Ausprägung des Technologieanteiles und schon vorhandenem Diversifikationsgrad werden eher analytische oder interaktive Cross-Industry-Methoden angewandt. Eine Einbindung der Methoden in den Innovationsprozess oder die Einführung von Checklisten ist unbedingt empfehlenswert, damit zukünftige Umsatzfelder wahrgenommen und überprüft werden können.

Literatur

[1]   BURT, R. S.: *Structural holes. The Social Structure of Competition*. Cambridge: Harvard University Press, 1992

[2]   ENKEL, E.; LENZ, A.: *Motivation and performance of external experts in cross-industry workshops*, European Academy of Management (Euram) Conference 2009, Liverpool, UK, April 10ᵗʰ-14ᵗʰ

[3]   ENKEL, E.; LENZ, A.; PRÜGL, R.: *Kreativitätspotenziale aus analogen Industrien nutzen: eine empirische Analyse von Cross-Industry-Innovationsworkshops. In: Jansen, St. A.; Schröter, E.; Stehr, N. (Hg.): Rationalität der Kreativität?* Wiesbaden: VS Verlag für Sozialwissenschaften, 2009, S. 137-162

[4]   ENKEL, E.; DÜRMÜLLER, CH.: *Cross-Industrie Innovationen. In: Gassmann, O. und Sutter, Ph. (Hg): Praxiswissen Innovationsmanagement. Von der Idee zum Markterfolg.* München, Wien: Hanser-Verlag, 2008, S. 223-247

Zusammenfassung

»Das Rad nicht neu erfinden« ist das logische Prinzip, mit dem Mitarbeiter und Manager nicht mehr alles selbst entwickeln, sondern zunächst nach vorhandenen Lösungen in analogen Industrien oder Bereichen suchen, die dann adaptiert werden können. Dieser Ansatz der Cross-Industry-Innovation hat in der Vergangenheit bereits zu erfolgreichen radikalen Innovationen bei niedrigem technologischem Risiko geführt. Bei der Umsetzung dieser Methodik treten aber oft Schwierigkeiten in der Abstraktion der Fragestellung und in der Adaption der generierten Analogien auf. Diese Problematik lässt sich durch die Teilnahme von Experten aus den fremden Industrien an entsprechenden Workshops und Projekten ausgleichen. Gerade die Branchenkompetenz dieser Experten ist es, mit der die generierten Ideen überhaupt in ein marktfähiges Produkt überführt werden können.

Bisher wenden Unternehmen Open-Innovation-Methoden überwiegend situationsspezifisch an. Dabei ergeben sich entlang des Innovationsprozesses laufend Opportunitäten außerhalb des eigenen Produktentwicklungsfokus, die genutzt werden können. Die Möglichkeiten reichen von assoziativen Anregungen auf industriefremden Messen oder Konferenzen, über die Zusammenarbeit mit Kunden, Technologierecherchen und Netzwerkarbeit bis zu strukturierten Maßnahmen wie dem Einsatz von Cross-Industry-Innovation-Workshops. Eine Einbindung in den Innovationsprozess kann daher helfen, zukünftige Umsatzfelder früh zu entdecken und zu erschließen.

Systeme

Crowdsourcing im Unternehmensumfeld

Crowdsourcing wird aktuell viel diskutiert. Als innovativer Wertschöpfungsprozess ermöglicht es Unternehmen, in- und außerhalb ihrer Grenzen Problemlösungen und Vorschläge zu entwickeln. Dieser Beitrag stellt beispielhaft Initiativen und Plattformen vor und zeigt, welche Faktoren besonders zu beachten sind.

> **In diesem Beitrag erfahren Sie:**
> - welche Crowdsourcing-Mechanismen es in- und außerhalb des Unternehmens gibt,
> - wie Unternehmen Problem-Broadcasting-Plattformen und Innovationswettbewerbe nutzen,
> - welche Faktoren bei erfolgreichem Crowdsourcing zu berücksichtigen sind.

CLEMENS PIRKER, JOHANN FÜLLER, MARKUS RIEGER, ANNETT LENZ

Vom klassischen Ideenmanagement zum umfassenden Kollaborations- und Partizipationssystem

Spätestens seit der Veröffentlichung von Proctor & Gambles Initiative »Connect & Develop« [7] und innovativen Geschäftsideen wie der T-Shirt-Design-Community Threadless (www.threadless.com) genießen die Themen Open Innovation, Crowdsourcing und Co-Creation erhöhte Aufmerksamkeit.

Unter *Open Innovation* versteht man die Öffnung des Unternehmens, um sein Innovationspotenzial durch externe Ideen, Marktzugänge oder Technologien zu steigern. *Crowdsourcing* als Teil der Open-Innovation-Denkrichtung beschreibt den Prozess der Auslagerung einer Aufgabe an eine Vielzahl von Personen, meistens durch einen sehr konkreten Aufruf zur Beteiligung. Im Rahmen von *Co-Creation* beteiligen sich aktive Konsumenten und Unternehmen gemeinsam an der Wertschöpfung. Dies kann von der Ideengenerierung bis zur aktiven Vermarktung reichen und kontrastiert stark mit der traditionellen Sicht, bei der Unternehmen alleine diese Aufgaben durchführen und der Kunde auf den passiven Konsum reduziert wird. Open Innovation und Crowdsourcing werden im Unternehmensumfeld jedoch sehr unterschiedlich gelebt: Für Unternehmen, die eine reduzierte und zeitlich begrenzte Öffnung suchen, bieten Intermediäre die Möglichkeit, anonym das Potenzial von Crowdsourcing zu explorieren. InnoCentive beispielsweise bietet seinen Kunden an, bisher nicht beantwortete F&E-Fragestellungen an ein weltweites Panel von Experten zu versenden und deren Lösungsvorschläge zu sammeln. Das ausschreibende Unternehmen entscheidet unter Betreuung von InnoCentive über die Beurteilung der Vorschläge. Der siegreiche Lösungsvorschlag wird durch eine Prämie abgegolten, InnoCentive unterstützt neben der Vermittlung auch durch juristische Beratung z. B. zu Schutz- und Verwertungsrechten der Lösung. [8]

Das andere Extrem spiegelt sich in Crowdsourcing-basierten Geschäftsmodellen wider wie etwa der oben genannten Internet-Plattform Threadless ([10]). Hier werden in einem kontinuierlichen Wettbewerb T-Shirt-Designs von den Mitgliedern der Community entwickelt. Die Entwürfe mit den besten Bewertungen und der größten Nachfrage werden schließlich gedruckt und über einen Online-Shop verkauft. Die Entwickler der siegreichen Designs erhalten Preise in Form von Bargeld und Gutschriften. Das Geschäftsmodell von Threadless basiert in erster Linie darauf, die Plattform zur Verfügung zu stellen sowie die Abwicklung und Produktion zu unterstützen.

Gestützt wird das gesamte Crowdsourcing-Kontinuum von der neuen Rolle des Konsumenten: der engagierte Kunde, der eine wertvolle Quelle für Ideen darstellt, Produkte aktiv mitentwickelt und Unternehmen unterstützt, diese erfolgreich in den Markt einzuführen. Durch die Mitwirkung der späteren Abnehmer sollen die neuen Produkte besser die Kundenanforderungen berücksichtigen – mit dem Ziel, mögliche Misserfolgsraten substanziell zu senken. Der Stellenwert der Co-Creation-Aktivität kann dabei von der einfachen

Unterstützung an der Produktentwicklung bis zum wesentlichen Bestandteil des gesamten Wertschöpfungskonzepts reichen. Die kalifornische Kellerei Crushpad beispielsweise unterstützt Weinliebhaber dabei, ihren eigenen Tropfen zu kreieren, und erlaubt den Verwendern, flexibel jene Schritte selbst durchzuführen, die sie wünschen (www. crushpadwine.com). Betrieben wird dieses System durch ein Netzwerk an Partnern, die für die Bereitstellung von Geräten, für Verarbeitungsunterstützung oder als Lieferant des Traubenmaterials bezahlt werden. Dies kann bis zur Abfüllung des Weines gehen, der nurmehr mit dem Etikett des Kunden versehen wird, aber von Crushpad und seinen Partnern produziert wurde. [11]

Neben der Zusammenarbeit mit Experten und Kunden stellt sich die Frage nach den Veränderungen im Unternehmen: Vielfach werden eigene, große Forschungslabors und vertikal integrierte Partner wie z. B. Zulieferer in Innovation und Produktentwicklung eingebunden [1], Mitarbeiter außerhalb der Produktentwicklung bleiben jedoch oft außen vor. Insbesondere bei größeren, auf mehrere Standorte verteilten Unternehmen wird eine informelle Kommunikation über Ideen und Innovationsfragen erschwert. Daher untersucht dieser Beitrag auch, wie Crowdsourcing-Mechanismen ein kollaboratives Ideenmanagement unterstützen können, das alle Mitarbeiter im Unternehmen einbezieht.

Crowdsourcing-Plattformen

Trotz einer großen Bandbreite lassen sich Crowdsourcing-Plattformen in der Regel einer von zwei Gruppen zuordnen [3]:
⇨ Innovationswettbewerbe einerseits und
⇨ Broadcast-Search- bzw. Problem-Broadcasting-Plattformen andererseits.

Im Folgenden soll es darum gehen, die Erfolgsmuster firmenexterner Crowdsourcing-Initiativen zu beschreiben und internen Initiativen gegenüberzustellen. Unter firmenexternen Initiativen verstehen wir insbesondere jene Maßnahmen, die darauf abzielen, Stakeholder wie Kunden, Experten, Lieferanten oder einfach die breite Öffentlichkeit einzubinden, die typischerweise nicht kontinuierlich in die internen Prozesse integriert sind. Tabelle 1 illustriert die daraus entstehende Matrix und die in diesem Beitrag verwendeten Beispiele aus den Bereichen »interner Wettbewerb« (IW), »internes Problem Broadcasting« (IP), »externer Wettbewerb« (EW) und »externes Problem Broadcasting« (EP).

Tabelle 1: Beispiele für Open-Innovation- und Crowdsourcing-Mechanismen in- und außerhalb des Unternehmens

	Unternehmensextern	Unternehmensintern
Problem Broadcasting	InnoCentive (EP)	Siemens Technoweb (IP)
Innovationswettbewerb	Osram (EW)	Siemens Sustainability Idea Challenge (IW)

Problem-Broadcasting-Plattformen

Problem-Broadcasting-Plattformen werden dauerhaft betrieben und greifen auf einen Pool von Teilnehmern zurück, an die kontinuierlich Fragestellungen kommuniziert werden.

In diesem Beitrag wird anhand der InnoCentive-Plattform illustriert, wie Unternehmen mehrere Problemstellungen bekannt geben, die dann an einen Pool von Experten weitergeleitet und von diesen gelöst werden. Als unternehmensinternes Pendant dazu gibt das Technoweb von Siemens den Mitarbeitern die Möglichkeit, Fragen zu posten und Antworten von anderen Mitarbeitern zu erhalten. Problemstellungen können in Gruppen virtuell ausgetauscht und gelöst werden. Abhängig vom Aktivitätsniveau und der Expertise der Mitglieder des Technowebs erlangen diese Ansehen und Status innerhalb der virtuellen Plattform.

Innovationswettbewerbe

Innovationswettbewerbe werden von Unternehmen eingesetzt, um nicht eine Lösung, sondern möglichst viele unterschiedliche Ideen und Konzepte zur Entwicklung völlig neuer Produkte und Dienstleistungen oder für Verbesserungen bereits existierender Leistungen zu generieren. Je nach Aufgabenstellung richten sich Innovationswettbewerbe an Kunden, Nutzer oder auch Mitarbeiter. Typischerweise handelt es sich dabei um eine zeitlich beschränkte Initiative mit einem oder einer geringen Anzahl an Themen.

In diesem Beitrag betrachten wir einen externen Ideenwettbewerb für neue, massenmarkttaugliche und emotional ansprechende LED-Leuchtkonzepte von der Firma Osram. Unternehmensintern betrachten wir die Sustainability Idea Challenge von Siemens bei der Mitarbeiter Ideen für neue, nachhaltige Produkte generierten und einen verstärkten Nachhaltigkeitsdiskurs initiierten.

Technologische Entwicklungen unterstützen Crowdsourcing

Aufgrund der Existenz von Web 2.0 und der wachsenden Beliebtheit von sozialen Netzwerken und Online-Communities bietet sich die Anwendung von Crowdsourcing unter Berücksichtigung von Web-2.0-Prinzipien geradezu an. Anonyme und unübersichtliche Datenbankoberflächen, wie sie von vielen Intranets und internen IT-Systemen früherer Generationen bekannt sind, weichen damit intuitiv zu bedienenden, personalisierten Lösungen, auf denen sich der User gerne bewegt, Informationen eingibt, bearbeitet und diese mit anderen teilt. Viele erfolgreiche Funktionen sind bekannt von namhaften »Vorbildern« wie z. B. die Kollaborationsfunktionen von Wikipedia, Status-Updates von Facebook oder die Besucher von Profilen auf LinkedIn oder Xing. Auf Crowdsourcing-Plattformen wird dadurch die Neugier der Mitglieder auf der Plattform geweckt und Ideenexploration gefördert.

Gerade bei unternehmensexternen Plattformen werden Diskussions-, Posting- und Austauschfunktionen verwendet, um diese mit existierenden »Social Networks« zu verbinden. Facebook-Connect-Funktionen wie beim »YouRail Designcontest« von Bombardier stellen dabei den Standard dar (yourail-design.bombardier.com). Konfiguratoren und Toolkits wie beim »Style your Smart«-Designwettbewerb von Daimler erlauben die spielerische Beteiligung und motivieren Teilnehmer, auch ohne spezielle Visualisierungskenntnisse Ideen zu kreieren und darzustellen (www.smart-design-contest.com).

Mittels externer Innovationswettbewerbe zu neuen Ideen: Beispiel Osram

Im Rahmen von Innovationswettbewerben ruft ein Unternehmen seine Kunden, Nutzer oder Experten auf, Verbesserungen für existierende Produkte und Dienstleistungen oder Lösungen für bestimmte Fragestellungen einzureichen. Die Zielgruppe eines derartigen Ideenaufrufs kann sehr unterschiedlich sein und reicht von einem globalen Aufruf an alle Interessierten eines Konsumproduktes bis zur gezielten Ansprache externer Experten oder trendführender Kunden, was vorwiegend bei sehr stark technischen Themen der Fall ist. Ziel ist es in beiden Fällen, Zahl und Bandbreite möglicher Lösungen zu steigern.

Teilweise werden diese Aufrufe von Unternehmen auf einer eigenen Plattform realisiert, wie z. B. auf der Webseite »IdeaStorm« von Dell (www.ideastorm.com) oder dem Social Network »My Starbucks Idea« (mystarbucksidea.force.com). Dass dieses Format auch für eher technische Fragestellungen funktioniert, zeigt Osrams Wettbewerb »LED – Emotionalize your light« (www.led-emotionalize.com). Im Jahr 2009 suchte der Leuchtenhersteller nach emotionalen Lichtlösungen für den häuslichen Lebensraum basierend auf der LED-Technologie. Die Lösungen sollten sich für den Verwender leicht bedienen bzw. installieren lassen und zudem preislich einer breiten Zielgruppe zugänglich sein. Im Rahmen dieses Innovationswettbewerbs rief Osram Designer, Techniker, Anwender und LED-Interessierte dazu auf, Lösungen zu entwickeln, die den Wellnessfaktor und den direkten

320

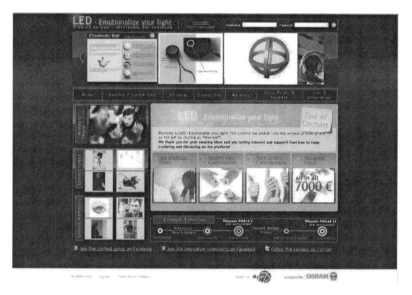

Abb. 1:   *Startseite von Osrams Innovationswettbewerb »LED – Emotionalize your light«*

Einfluss des Lichts auf das menschliche Wohlbefinden berücksichtigen sollten. Dafür wurde eine Online-Plattform (siehe Abb. 1) eingerichtet, die es Innovatoren erlaubte, Ideen einzureichen, gemeinsam zu diskutieren, zu verbessern und zu beurteilen.

Besonderen Wert legte man dabei auf Interaktionsmöglichkeiten, mit denen die Teilnehmer in die Lage versetzt wurden, Anregungen anderer Mitglieder zu verwenden, um eigene Ideen weiter zu verbessern und den Kontakt mit anderen Entwicklern zu pflegen. Beispielsweise ergänzte die Siegeridee »LED light bulb – construction module« der zweiten Wettbewerbsphase eine bereits bestehende Idee um wesentliche Aspekte und Komponenten hinsichtlich Stromversorgung und Modularität. Es handelt sich dabei um wiederaufladbare, leuchtende Bausteine, die unabhängig und verschieden kombiniert im häuslichen Umfeld verwendet werden können (siehe Abb. 2).

Die Teilnehmer wurden über eine Vielzahl von Kanälen eingeladen: Design- und Technik-Hochschulen sowie Betreiber von Blogs

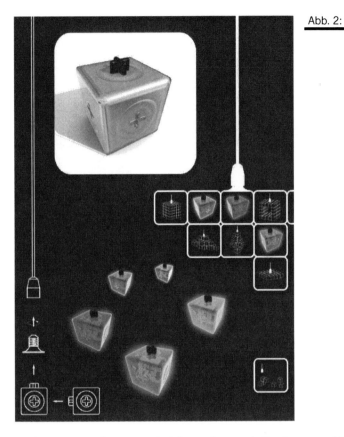

Abb. 2: *Siegervorschlag der zweiten Phase: »LED light bulb – construction module«*

und Foren wurden angeschrieben, aber auch Designer und Interessierte aus sozialen Netzwerken wie Facebook, StudiVZ oder Twitter kontaktiert. Die Rekrutierung über existierende Gruppen in sozialen Netzwerken erlaubt es in Verbindung mit »Share«-Funktionalitäten, Designs von der Plattform auch über soziale Netzwerke zu posten und damit im Sinne des Pyramiding (z. B. [13]) weitere interessante Teilnehmer zu gewinnen. Durch Pyramiding können mittels Empfehlung von innovativen Nutzern weitere, oft noch wesentlich interessantere Teilnehmer gewonnen werden.

Der Wettbewerb selbst wurde in zwei Etappen durchgeführt. In der ersten Phase konnten die Teilnehmer Ideen einreichen, die anhand von Anwendungsszenarien beschrieben wurden. Zusätzlich bestand die Möglichkeit, diese Szenarien um grafische Designs oder technische Ausführungen zu erweitern. Die Ideen und Designs wurden gesammelt und von der Community diskutiert. Die Plattform wurde von Osram und der Partneragentur HYVE aktiv moderiert. Am Ende dieser Phase wählte eine Jury die vielversprechendsten Ideen aus, die daraufhin in die zweite Phase des Wettbewerbs gelangten. Für die Vorselektion spielten auch die Evaluierungen der Teilnehmer eine wesentliche Rolle.

In der zweiten Phase wurden die ausgewählten Beiträge erneut der Community vorgestellt um die gemeinsame Weiterentwicklung zu ermöglichen. Am Ende wurden die drei besten Beiträge gekürt. In beiden Phasen wurden jeweils die aktivsten Teilnehmer prämiert, basierend auf einem Aktivitätsindex, der aus Ideenanzahl, Kommentaren und anderen Faktoren kalkuliert wurde.

Innerhalb der 11 Wettbewerbswochen reichten 910 Mitglieder aus 95 Ländern insgesamt 572 Ideen ein, die eingehend diskutiert und bewertet wurden, was sich in über 3.000 Kommentaren und 9.000 Bewertungen widerspiegelte. Durch die Rekrutierung über Expertenkanäle lag die Diskussion auf einem sehr hohen Niveau. Als positiver Nebeneffekt wurde in knapp 200 Communities und Webseiten über den Wettbewerb berichtet.

Externe Innovationswettbewerbe eignen sich dank der fortschreitenden Präsenz unterschiedlichster Interessen- und Zielgruppen im Internet für vielfältige Einsatzgebiete. Neben der Entwicklung neuer Produkt- und Dienstleistungsideen oder -verbesserungen findet man zahlreiche Ideenwettbewerbe mit design-, aber auch technikorientierten Fragestellungen. Durch ihre virale Breitenwirkung und den nutzergenerierten Inhalt kommen sie auch für Marketingaufgaben wie der Unterstützung bei der Produkteinführung oder der Markenkommunikation in Frage. Ferner helfen sie im Bereich Human Resources bei der Rekrutierung von besonders innovativen Mitarbeitern und reduzieren durch konkrete Aufgabenstellungen vorab Unsicherheiten bezüglich der kreativen Fähigkeiten der Bewerber bei Einstellungen. So rekrutierte beispielsweise D. Swarovski & Co. Designer aus seinem Uhren-Design-wettbewerb (www.enlightened-watch-design-contest.com).

Neben einer attraktiven Plattform sind insbesondere die Rekrutie-rung von Wettbewerbsteilnehmern, das Plattform-Management und die Motivation der Teilnehmer erfolgskritisch. Für die Ansprache ist ein auf die Zielgruppe angepasster Zugang zu finden, wobei Medien-brüche möglichst vermieden werden sollten. Beispielsweise erlaubt es eine E-Mail, sich sofort auf die Plattform durchzuklicken, während die Bekanntmachung in einer Zeitschrift die Eingabe der Adresse am Rechner benötigt. Gerade die Verringerung der Einstiegsbarrieren durch das Weglassen einer zusätzlichen Authentifizierung (Single Sign-on) z. B. über Facebook Connect und der fließende Übergang zu den üblichen Social-Media-Anwendungen der Zielgruppe über »Share«- und Empfehlungsfunktionen steigern die Beteiligung. Zu-dem beschleunigt dies die virale Verbreitung einer Crowdsourcing-Initiative. In Bezug auf den Aspekt der Incentivierung gilt es, eine Balance zwischen extrinsischen und intrinsischen Motivatoren zu finden. Extrinsische Motivatoren wie Geldprämien oder hochwertige Preise werden oft als Hygienefaktoren bezeichnet. Ihr Vorhanden-sein ist zwar wichtig, aber letztlich entscheidet die Ansprache mittels intrinsischer Motivatoren über das Commitment zum Wettbewerb. Diese können z. B. durch das Teilnahmeerlebnis, direktes Feedback, Anerkennung und Würdigung der Ideen durch Jurypersönlichkeiten oder die Teilnahmemöglichkeit an der Realisierung ausgestaltet sein.

Mit einem weltweiten Panel an Experten »verzwickte« Probleme lösen: Beispiel InnoCentive

Im Rahmen externer Ideenwettbewerbe werden meist breiter gefä-cherte Fragen adressiert. Häufig stehen Unternehmen jedoch vor kon-kreten Problemstellungen im Innovationsprozess, für die es mitunter in der eigenen Branche aktuell keine Lösungsansätze gibt. In diese Lücke springen Problem-Broadcasting-Plattformen, die Problemstellungen an ein Panel von Experten verbreiten, um nach Lösungsansätzen zu fahnden. Procter & Gambles Initiative »Connect & Develop« inkludiert beispielsweise eine derartige Plattform, auf der Experten Lösungsvorschläge für offene Entwicklungsfragen einreichen können (www.pgconnectdevelop.com). Da die Fragen auf einer derartigen Plattform auf die strategische Orientierung oder Probleme des Unternehmens hinweisen können, bieten Intermediäre wie InnoCentive oder Ninesigma die Möglichkeit an, konkrete Fragestellungen auch anonym von einem Panel von »Solvern« beantworten zu lassen. Dabei versteht sich z. B. InnoCentive (www.innocentive.com) als Marktplatz, der innovationssuchende Organisationen (Seekers) und seine mehr als 200.000 qualifizierten Mitglieder (Solvers) zusammenbringt. Seekers können weitgehend anonym bleiben. Die Solver-Gruppe besteht aus kreativen und gut ausgebildeten Köpfen weltweit – typisch sind Ingenieure, Wissenschaftler, Erfinder oder Geschäftsleute. Als Anreiz für die Lösung eines Problems wird eine Geldprämie ausgeschrieben, meistens zwischen 10.000 und 100.000 Dollar [6].

Im Gegensatz zu offenen Co-Creation-Plattformen entwickeln die Solver bei InnoCentive ihre Lösungsansätze fast ausschließlich alleine und anonym. Als erfolgreiche Antworten werden typischerweise experimentell validierte Forschungsdaten oder ein theoretisches Paper zu dem jeweiligen Thema übergeben. Neuerdings erlauben »Project Rooms« eine teilweise Kollaboration zwischen »Solvern«.

Bekannte Erfolge bei InnoCentive sind z. B. ein Pharmaunternehmen, das nach kostenintensiver eigener Forschung zur Identifikation eines Biomarkers bei InnoCentive umgehend fündig wurde [9]. Für die Erdölbranche konnte Betonbau-Spezialist John Davis die Herausforderung lösen, gefrorene Rohölreste aus einem Lager wieder für die Weiterverarbeitung zugänglich zu machen. Ähnlich wie bei Beton konnten diese Reste schließlich durch Schwingungsgeräte gelöst werden [2].

Problem-Broadcasting-Plattformen wie die von InnoCentive oder Ninesigma haben sich mit forschungsnahen Bereichen großer Unternehmen wie P&G und Eli & Lilly entwickelt, bieten aber mittlerweile Problem Broadcasting branchenübergreifend für viele Funktionen im

Unternehmen an. Da innovative Lösungen gerade auch von »Solvern« außerhalb der eigenen Branche entwickelt werden, ist insbesondere auf die Qualität des Panels und Panelmanagements sowie auf die Art der Ansprache und Formulierung der Fragestellung zu achten. Hierbei unterstützen die Intermediäre mögliche Auftraggeber substanziell, um hinreichend breite und trotzdem Erfolg versprechende Fragestellungen zu gestalten. Die Analyse der öffentlich geposteten Fragen lässt Rückschlüsse auf die Art der Probleme zu, die typischerweise an das Panel gepostet werden. Wichtig für die Nutzung von Broadcasting-Plattformen ist die genaue Beschreibung der Problemstellung. Aus diesem Grunde eignen sie sich auch besonders für Chemie- und Pharmafirmen, da die gesuchten Lösungen sich genauestens mittels Formeln und Molekülstrukturen beschreiben lassen.

Ideen für die Nachhaltigkeit des Unternehmens und seines Produktportfolios generieren: Beispiel Siemens

Viele Unternehmen erlauben es ihren Mitarbeitern, über virtuelle oder physische Briefkästen an der Weiterentwicklung des Unternehmens mitzuwirken. Oftmals fehlt diesen Systemen jedoch die Transparenz über den Verbleib der Ideen, zudem sind Kollaboration und Interaktion mit anderen Teilnehmern ebenfalls ausgeschlossen. Folglich sind diese Briefkästen oftmals unzureichend gefüllt.

Plattformen für Ideenmanagement oder das betriebliche Vorschlagswesen werden vielfach auf kontinuierlicher Basis betrieben. Ideen, die dabei eingereicht werden und nicht im Umkreis des Ideengebers umsetzbar sind, erleiden aus verschiedenen Gründen oft Schiffbruch:

⇨ keine Budgets,
⇨ Unkenntnis der unternehmensinternen Situation im relevanten Bereich,
⇨ unzureichender »Strategie-Fit« oder
⇨ das »Not-Invented-Here«-Syndrom

sind vielzitierte Ursachen für die Frustration beim Ideengeber.

Interne Ideenwettbewerbe dagegen gehen von einem konkreten, internen Bedarf aus und bekunden den konkreten Wunsch eines Bereichs, sich zu öffnen und Ideen aufzunehmen. Ideenwettbewerbsplattformen, die auf Crowdsourcing-Mechanismen basieren, fördern das gemeinsame Arbeiten an Ideen, den Austausch und die interne Vernetzung. So möchte die Siemens AG im Rahmen der »Sustainability Idea Challenge« das Thema Nachhaltigkeit verstärkt in seinem Produktportfolio und in der Unternehmensaktivität verankern. Insbesondere soll es im täglichen Diskurs der Mitarbeiter präsenter werden [4]. Der dafür lancierte Ideenwettbewerb steht allen Mitarbeitern des Konzerns offen und wird über eine eigens entwickelte, interne Crowdsourcing-Plattform veranstaltet.

Bei der Gestaltung der Plattform (siehe Abb. 3) stehen neben der intuitiven Eingabe und der transparenten Nachverfolgung von Ideen insbesondere die Diskussion und die gemeinsame Weiterentwicklung von Ideen und Themen zwischen Mitarbeitern aus unterschiedlichen Bereichen und Hierarchieebenen im Vordergrund – auch um das Thema Nachhaltigkeit verstärkt zu verankern. Dabei werden intrinsische Motive und Neugier angesprochen, Ideen können exploriert werden und die Aktivität anderer Mitarbeiter ist auf der Plattform sichtbar. Eine derartige Exploration funktioniert beispielsweise über »Tag Clouds« (Schlagwortwolken), Vorschläge ähnlicher Ideen oder die Sichtbarkeit der Ideen über die Profile anderer Teilnehmer. Sämtliche Ideen können von den Ideengebern selbst sowie von anderen Teilnehmern und Experten beurteilt werden, um die »wisdom of the crowd« einzufangen.

Der gesamte Wettbewerb wird durch ein Community-Management-Team begleitet, das aus themenspezifischen Moderatoren und einem Support-Team besteht. Dabei gilt es, Teilnehmer zu motivieren, deren Beiträge zu screenen und allfällige Verstöße gegen die Teilnahmebedingungen nachzuverfolgen. In Bezug auf Incentivierung wird insbesondere die Balance gesucht, Wertschätzung auszudrücken und Beteiligung zu fördern, ohne zwangsweise klassische »einspa-

Abb. 3: *Die Plattform des Siemens Sustainability Idea Contest im Intranet*

rungsbasierte« monetäre Ausschüttungen anzuwenden, die den Kollaborationsgedanken stark hemmen können.

Ein wesentlicher Erfolgsfaktor derartiger Initiativen liegt in deren Verankerung in der Unternehmenskultur. Konkret heißt dies bei Siemens, die aktive Unterstützung durch das Management Board zu sichern, aber auch die Plattform gemeinsam mit potenziellen Ideengebern, Moderatoren, Sponsoren und Community Managern zu entwickeln. Im Umkehrschluss kann ein derartiger Wettbewerb die Unternehmenskultur nachhaltig prägen und die unternehmensweite Vernetzung stärken.

Durch die effiziente Kommunikation und die Usability wurde die Plattform in den ersten beiden Wochen von mehr als 80.000 Mitarbeitern besucht, mehr als 1.000 haben sich sofort registriert und ca. 300 Ideen generiert sowie mehrere hundert Kommentare hinterlassen und Bewertungen abgegeben.

Interne Ideenwettbewerbe orientieren sich vorrangig an den Belangen des Unternehmens. Neben Produktinnovationen im Bereich der Forschung und Entwicklung geht es bei Crowdsourcing-Plattformen im Unternehmen auch darum, neue strategische Impulse zu gewinnen (z. B. neue Geschäftsfelder für existierende Technologien) oder Prozessoptimierungen im Rahmen des kontinuierlichen Verbesserungsprozesses anzustoßen. Die generierten Inhalte können zudem als Wissensdatenbank aller Mitarbeiter im Unternehmensalltag verwertet werden und zur schnelleren Problemlösung beitragen.

Wesentliche Beteiligungstreiber dieser Plattform bestehen darin, Ideen gemeinsam zu entwickeln, etwa über Kommentare oder wikiartige Funktionen sowie diverse Einstiege zur Exploration von Ideen anderer Teilnehmer – idealerweise über deren Profil oder Fotos, da diese die Neugier fördern. Neben der Qualität der Plattform fördern insbesondere ein aktives Community Management sowie die Präsenz von Experten und Moderatoren den Diskurs auf der Plattform und heben ihn auf ein höheres Niveau. Die gemeinsame Entwicklung der Plattform mit intern als innovativ anerkannten Mitarbeitern aus Nicht-Führungskreisen sowie die Legitimierung der Initiative durch obere Führungspersönlichkeiten runden die erfolgskritischen Elemente ab. Insbesondere darf den Mitarbeitern die Beteiligung nie als irrelevant fürs Geschäft ausgelegt werden. Transparenz und sorgfältige Prüfung der Ideen sorgen dafür, dass die Plattform auch längerfristig als glaubwürdiges Diskussionsforum wahrgenommen wird.

Interne Problem-Broadcasting-Plattformen – die richtigen Experten im eigenen Haus identifizieren

Besonders in größeren Unternehmen führen berufliche Weiterentwicklungen, Auslandseinsätze, Zu- und Abgänge dazu, dass Problemlösungsfähigkeiten und Kompetenzen in den einzelnen Bereichen verloren gehen und die Innovationsprozesse verzögert werden. Spezielle, kundenspezifische Entwicklungen, die hinter »Chinese Walls« gehandhabt werden, an Mitarbeiter haftendes Wissen und eine große Anzahl an Technologien tun ihr Übriges. Nicht selten existieren auch Abteilungen oder Gruppen mit ähnlichen Aufgaben und Kompetenzen in verschiedenen Geschäftseinheiten. Demgegenüber steht ein »local search bias«, das heißt, dass typischerweise lokal nach Lösungen für betriebliche Herausforderungen gesucht wird [12].

Eine Möglichkeit, diese Herausforderungen anzugehen, stellt ein unternehmensweites Problem Broadcasting dar. Dabei wird allen Mitarbeitern über eine interne Plattform die Möglichkeit geboten, ihre aktuellen Fragestellungen zu posten und nach entsprechenden Antworten von ihren Kollegen weltweit zu suchen. Solche Plattformen basieren auf Freiwilligkeit, insofern spielen auch hier intrinsische Motivationsfaktoren wie etwa die Anerkennung durch Vorgesetzte und Experten eine wichtige Rolle. Je nach Größe kann die Zielgenauigkeit eines Problem Broadcastings durch den Abgleich mit Kompetenzen, Stichwörtern oder durch intelligente Suchalgorithmen erreicht werden. Durch die Zusammenarbeit entstehen bereichsübergreifende, unternehmensweite Netzwerke. Zudem gibt die Analyse der Fragen Auskunft über häufig gesuchte und nicht vorhandene Kompetenzen im Unternehmen.

Beispielsweise verwendet die Siemens AG intern das so genannte »Technoweb« [5] – eine Plattform, die von der Funktionsweise her einem Problem Broadcasting entspricht. Dort kann jeder Mitarbeiter spezifische Problemstellungen einstellen, die von allen anderen eingesehen und beantwortet werden können. Dieses Forum basiert auf freiwilliger Teilnahme und wird vom Topmanagement gestützt [14]. Ziel ist es, die Eintrittsbarrieren möglichst gering zu halten und konkreten Mehrwert für die einzelnen Geschäftsbereiche zu bieten.

Durch die Fragemechanismen ermöglicht das Technoweb Verbindungen zwischen Mitarbeitern mit gemeinsamen Interessen, die sich zu bestimmten Themen besonders engagieren möchten und Wissen über Organisationseinheiten und Hierarchien hinweg teilen wollen. Dadurch lassen sich Experten identifizieren, Technologien und Wissen werden frühzeitig sichtbar und damit auch relevante Austauschpartner. Weitere Anwendungsformate spiegeln sich in der Möglichkeit wider, ein bestimmtes Thema einzustellen und Teil eines Netzwerks zu werden, um zu lernen.

Die Technoweb-Plattform umfasst derzeit mehrere tausend Mitarbeiter bei Siemens, 31,6 % der Teilnehmer arbeiten an Trends von höchster Priorität. Technoweb-Mitglieder haben eine siebenmal höhere Wahrscheinlichkeit, eine erfolgreiche Innovation zu generieren. Zudem konnten substanzielle, messbare Einsparungen durch Technoweb-Anfragen erzielt werden [5].

Problem Broadcasting eignet sich insbesondere für Unternehmen und Organisationen, in denen durch Größe, geografische Verteilung, interne Fragmentierung oder andere Hindernisse ein direkter Austausch über Fragestellungen nurmehr schwer möglich ist. Für die Art der Fragen gibt es generell keine größeren Einschränkungen, da die Antwort und Beteiligung auf Freiwilligkeit basiert und in Interessengruppen organisiert werden kann. Um die Plattform attraktiv zu halten, sind jedoch Mechanismen zu identifizieren, die dem Mitarbeiter schnell eine Übersicht über die für ihn relevanten Fragen bieten, und gleichzeitig extrinsische und intrinsische Motivatoren zu setzen, die nicht nur zum Stellen von Fragen, sondern auch zu deren Beantwortung anregt. Die Förderung von Offline-Treffen kann beispielsweise die Motivation von besonders relevanten Gruppen erhöhen.

Was Crowdsourcing in- und außerhalb des Unternehmens fördert

Abschließend fasst Tabelle 2 die zentralen Erfolgsmechanismen und -faktoren zusammen und illustriert diese mit konkreten Maßnahmen.

Tabelle 2: Faktoren und Maßnahmen erfolgreicher interner und externer Open Innovation und Crowdsourcing-Plattformen bei internen Wettbewerben (IW), internem Problem Broadcasting (IP), externen Wettbewerben (EW) und externem Problem Broadcasting (EP)

Faktoren/Mechanismen	Beispielhafte Maßnahmen	IW	IP	EW	EP
Einstiegsbarrieren gering halten, Vernetzung zulassen	Single Sign-on (Einmal-Anmeldung) im Intranet	x	x		
	Social Network Connectors wie z. B. Facebook Connect, Twitter oder Share-Funktionen			x	
	Konfiguratoren oder Toolkits, um z. B. die Visualisierung von Ideen zu erleichtern			x	
	Wenige, transparente Rollen auf der Plattform	x	x	x	x
Rekrutierung der richtigen Teilnehmer und Auswahl einer adäquaten Ansprache	Rekrutierung über spezielle Blogs oder Themengruppen inklusive Link posten			x	
	Themenspezifische Vereinigungen ansprechen			x	x
	Schirmherrschaft und Einladung von oberen Führungskräften	x	x		
	Heterogenität unter den Teilnehmern zur Förderung der Lösungswahrscheinlichkeit		x		x

Tabelle 2: Faktoren und Maßnahmen erfolgreicher interner und externer Open Innovation und Crowdsourcing-Plattformen bei internen Wettbewerben (IW), internem Problem Broadcasting (IP), externen Wettbewerben (EW) und externem Problem Broadcasting (EP) (Forts.)

Faktoren/Mechanismen	Beispielhafte Maßnahmen	IW	IP	EW	EP
Beteiligung durch einfach zu verwendende, intuitive Plattform unterstützen – Fokus auf die Verwender	Plattform mit wesentlichen Funktionalitäten ausrüsten, die Usern Kollaboration und Spaß an der Mitwirkung ermöglichen, kein »Overengineering«	x	x	x	x
	Flexibilität für zukünftige Plattformentwicklung einplanen	x	x	x	x
	Plattform mit Verwendern entwickeln	x	x	x	x
Verankerung der Plattform in der Unternehmenskultur	Gemeinsame Entwicklung mit Stakeholdern im Unternehmen	x	x		
	Unterstützung durch unternehmenstypische Maßnahmen (z. B. Events)	x	x		
	Bei internen Plattformen gilt es, Anreize für die Beteiligung zu setzen, aber die Freiwilligkeit zu bewahren	x	x		
Balance zwischen extrinsischen und intrinsischen Motivatoren finden	Über andere Teilnehmer Neugier an deren Ideen wecken (z. B. Web-2.0-Profile und Updates), Exploration fördern z. B. über Tag Clouds, Idee/Frage des Tages	x	x	x	x
	Unternehmen muss weiterverwendete Beiträge »gerecht« belohnen, Rechteübergänge klar kommunizieren	x	x	x	x
Aktive Moderation der Plattform	Moderationsteams aus externen und internen Fachexperten zusammenstellen	x		x	
	Regelmäßige persönliche und themenbezogene Ansprache	x		x	
	Monitoring & Analyse der Fragen		x		(x)

Tabelle 2: Faktoren und Maßnahmen erfolgreicher interner und externer Open Innovation und Crowdsourcing-Plattformen bei internen Wettbewerben (IW), internem Problem Broadcasting (IP), externen Wettbewerben (EW) und externem Problem Broadcasting (EP) (Forts.)

Faktoren/Mechanismen	Beispielhafte Maßnahmen	IW	IP	EW	EP
Glaubwürdigkeit & internen Buy-in schaffen	Jury aus anerkannten Experten und Persönlichkeiten des Unternehmens	x		x	x
	Bekannte, glaubwürdige Intermediäre heranziehen				x
	Unterstützung der Plattform durch Topmanagement	x	x	(x)	(x)
	Herausforderungen mit geschäftlicher Relevanz posten (alle)	x	x	x	x

Ausblick

Bedingt durch die Neuartigkeit des Ansatzes lassen sich nur wenig konkrete Aussagen zur Rentabilität von unternehmensexternem Crowdsourcing finden. Wie aus dem Report von Diener und Piller [3] ersichtlich, entstehen laufend neue Intermediäre mit unterschiedlichen Schwerpunkten – dadurch sind auch konkrete Zahlen wenig vergleichbar. Erste Ideen können aus den Arbeiten von Lakhani zu InnoCentive gezogen werden [15], die Crowdsourcing eine sehr attraktive Rentabilität im Rahmen bestimmter »Best Practices« zuschreiben. Was unternehmensinterne Plattformen betrifft, so sind durch die Nähe zum klassischen Ideenmanagement gewisse Informationen auf Herstellerwebsites abrufbar. Plattformen, auf denen eine Serie von Aufrufen realisiert werden kann, scheinen im Vergleich zu klassischen Plattformen ohne Aufruffunktion ein Vielfaches an umsetzungsrelevanten Ideen hervorzubringen. Dies kann teilweise auch an den mit Ressourcen ausgestatteten Projekten liegen, für die bestimmte Aufrufe lanciert werden und deren Resultate übernommen werden. Konkrete Zahlen sind jedoch mit Vorsicht zu betrachten, da die Innovationskultur im Unternehmen substanziellen Einfluss auf die Akzeptanz einer bestimmten Initiative und damit ihren Resultaten hat.

Literatur

[1]   CHESBROUGH, H.: *Open innovation: The new imperative for creating and profiting from technology.* Boston, MA: Harvard Business School Press, 2003

[2]   DEAN, C.: *If You Have a Problem, Ask Everyone.* New York Times, 22 July 2008

[3]   DIENER, K.; PILLER, F.: *The Market for Open Innovation: First study to compare the offerings, methods, and competences of intermediaries, consultancies, and brokers for open innovation.* RWTH-TIM Group 2010

[4]   GEBAUER, J.; RIEGER, M.; BLUMOSER, B.: *Unternehmensinterne Innovation Communities. Beitrag präsentiert an der Knowtech, Bad Homburg, Oktober 2010*

[5]   KÄFER, G.; HEISS, M.: *Wissensnetze als Basis für Enterprise 2.0 – Ein Erfahrungsbericht der Siemens AG aus 10 Jahren Wissensvernetzung als Basis für die Einführung von Enterprise 2.0. In: Bentele, M.; Hochreiter, R.; Krcmar, H.; Weber, M. (Hrsg.): Geteiltes Wissen ist doppeltes Wissen! Kongressband zur KnowTech 2009, S. 201-205*

[6]   HOWE, J.; ROBINSON, M.: *The Rise of Crowdsourcing. In: Wired Magazine, Nr. 14, Juni 2006*

[7]   HUSTON, L.; SAKKAB, N.: *Connect and Develop: Inside Procter & Gamble's New Model for Innovation. In: Harvard Business Review, Vol. 84, No. 3, March 2006*

[8]   LAKHANI, K. R.: *InnoCentive.com (A). Harvard Business School Case No. 608-170, 2008, http://cb.hbsp.harvard.edu/cb/product/608170-PDF-ENG (aufgerufen im Mai 2010)*

[9]   HIPPEL, E.; FRANKE, N.; PRÜGL, R.: *Pyramiding: Efficient search for rare subjects. In: Research Policy. A Journal Devoted to Research Policy, Research Management and Planning 38, 2009, S. 1397-1406*

[10] OGAWA, S.; PILLER, F. T.: *Reducing the risks of new product development. In: MIT Sloan Management Review, 47, 2006, S. 65-71*

[11] PRAHALAD, C. K.; RAMASWAMY, V.: *Co-creation experiences: The next practice in value creation. In: Journal of Interactive Marketing, 18, 2004, S. 5-14*

[12] ROSENKOPF, L.; ALMEIDA, P.: *Overcoming Local Search Through Alliances and Mobility. In: Management Science, Juni 2003, S. 751-766*

[13] SCHREIER, M.; PRÜGL, R.: *Extending lead-user theory: antecedents and consequences of consumers' lead userness. In: Journal of Product Innovation Management, Vol. 25 (4), 2008, S. 331-346*

[14] Siemens: *Die Welt als Laboratorium. In: Zeitschrift für Forschung und Innovation, http://www.siemens.com/innovation/de/publikationen/pof_fruehjahr_2010/open_innovation/trends.htm (abgerufen am 01.06.2010)*

[15] LAKHANI, K. R.; JEPPESEN, L. B.; LOHSE, P. A. & PANETTA, J. A.: *The value of openness in scientific problem solving. Working paper, 07-050, Harvard Business School, Boston 2006*

Zusammenfassung

Dieser Beitrag zeigt wichtige Faktoren für die erfolgreiche Umsetzung von Crowdsourcing-Initiativen auf. Dabei werden anhand von Beispielen bei Osram und Siemens unternehmensexterne und -interne Wettbewerbe diskutiert, bei denen Ideenaufrufe zu einem etwas breiteren Thema über eine abgegrenzte Zeit hin betrieben werden. In Bezug auf Problem-Broadcasting-Plattformen werden Vorgehensweisen und Erfolgsmuster von InnoCentive (extern) und Siemens Technoweb (intern) dargestellt.

Entscheidende Faktoren für erfolgreiches Crowdsourcing betreffen – abgesehen von einer relevanten Themenstellung – die Verringerung der Teilnahmebarrieren und die Gestaltung einer einfachen, user-zentrierten Plattform. Ferner ist es bedeutsam, Glaubwürdigkeit und internen Buy-in zu schaffen, wobei die Rolle einer aktiven Moderation sowie die Balance zwischen intrinsischen und extrinsischen Anreizen hierbei wesentlich sind. All diese Maßnahmen sind in der Unternehmenskultur entsprechend zu verankern.

Kultur und Kommunikation

Mit Innovationskultur in die Champions League – Beispiel 3M

Erfolgreiche Unternehmen zeichnen sich dadurch aus, dass sie externes Know-how nicht als Bedrohung ansehen, sondern für sich nutzbar machen. Dazu bedarf es einer Innovationskultur, die Impulse von außen bewusst für die eigenen Ziele fördert. Der Beitrag erläutert die zentralen Elemente dieser Kultur.

In diesem Beitrag erfahren Sie:
- warum eine Innovationskultur im Unternehmen Voraussetzung für Open Innovation ist,
- weshalb Kreativität Freiräume braucht, während Prozesse Disziplin erfordern,
- wie man Mitarbeiter für den Innovationsprozess motiviert.

DOMINIK MAJID

WORAN wir arbeiten sollten: An uns selbst, aber richtig

Sie haben die Wahl: Ihr Mitarbeiter hat ein tolles Jahr abgeschlossen. Alle Ziele erreicht. Eigentlich alles gut, wenn da nicht seine notorische Schwäche für die Administration wäre. Also wieder ein Training im kommenden Jahr. »Wenn er das noch abstellt, dann ist er ein richtig Guter«, denken Sie und lassen ihn ein »Effektiver Arbeiten«-Seminar buchen. Im Verhandeln braucht er kein Training. Da erzielt er bereits die besten Ergebnisse im Team. Warum ihn auch in etwas trainieren, was er ohnehin am besten kann?

Szenenwechsel: Fußballtraining. Sie haben erst vor Kurzem den neuen rechten Verteidiger engagiert. Er zeigt gute Ansätze, hat aber im Abwehrverhalten durch seine Körpergröße Nachteile. Hier muss er härter trainieren als seine Mannschaftskameraden. Warum ist der eigentlich Abwehrspieler geworden? Richtig viel Spaß macht er übrigens bei seinen Vorstößen. Wie er schnell umschaltet von Verteidigung auf Sturm, und dann seine Flanken – ein Traum. Ihr Rechtsaußen ist verletzt, vielleicht versuchen Sie es beim nächsten Spiel mal mit dem Neuen im Sturm… »Ein hohes Risiko«, denken Sie, »schließlich ist er Abwehrspieler«.

Beide Situationen stehen für dasselbe Thema: Jeder Mensch fällt in bestimmten Disziplinen gegenüber anderen zurück. Niemand mag ein »Mangelhaft« in seiner Beurteilung haben. Das lernen wir schon in der Schule. Daher strengen wir (der Mitarbeiter und sein Vorgesetzter) uns an, den Makel möglichst zu beseitigen, indem wir gegen ihn antrainieren.

Nur: Mache ich einen Menschen dadurch besser, dass ich ihn an seinen Schwächen arbeiten lasse? Oder wäre es nicht sinnvoller, ihn dort intensiver zu unterstützen und einzusetzen, wo er besondere Stärken hat? Der Verteidiger als Stürmer?

Anders formuliert: Kennen Sie die Talente Ihrer Mitarbeiter?

Eine Gallup-Studie über den deutschen Arbeitsmarkt hat kürzlich herausgefunden, dass 23 Prozent aller Arbeitnehmer bereits innerlich gekündigt haben – nur 11 Prozent fühlen sich ihrer Firma stark verbunden und geben in ihrem Job vollen Einsatz [1]. 2008 lag dieser Anteil immerhin noch bei 13 Prozent. Gleichzeitig sind wir kulturell so geprägt, dass wir an unseren Schwächen – oder im Neudeutschen: an unseren Verbesserungspotenzialen – arbeiten, um besser zu werden. Zwangsläufig stellt sich also die Frage: Besteht ein Zusammenhang zwischen Arbeitsmotivation und der Förderung der eigenen Talente?

Mit Blick auf Open Innovation beschreibt der vorliegende Beitrag am Beispiel 3M, welche Rolle die Innovationskultur spielt, um eine Organisation im globalen Wettbewerb weltklasse zu machen. Der zum Teil abgegriffene und nicht immer ernst gemeinte Begriff des Humankapitals gewinnt dadurch eine neue Bedeutung. Denn in ihm schlummern die ungehobenen Reserven einer Unternehmung – jene Reserven, die nicht kopierbar sind und damit zum nachhaltigen Wettbewerbsvorteil werden [2].

340

Das WARUM führt zur Erkenntnis:
Nicht alle genialen Köpfe arbeiten bei mir

Das Team ist der Star

Bleiben wir beim Beispiel des Fußballers. Wer die Besten sind, weiß jeder. Es steht jeden Tag in der Zeitung. Doch spielen immer die Besten im erfolgreichsten Team? Muss ich also nur die besten Mitarbeiter rekrutieren, um ein erfolgreiches Unternehmen zu werden?

Die Antwort ist nur auf den ersten Blick einfach. Natürlich ist es wichtig, die Besten zu rekrutieren, um gute Ergebnisse zu erzielen. Jedes Unternehmen braucht Überflieger. Sie machen in schwierigen Situationen den Unterschied. Aber spiele ich damit automatisch in der Champions League?

Der Fußball zumindest kennt viele Gegenbeispiele. Und wenn man genau hinschaut, dann liegt der eigentliche Grund des Erfolges im kontinuierlichen und nachhaltigen Aufbau einer Mannschaft durch einen Trainer, der sie zum Erfolg führt – der »gut« durch »herausragend« ersetzt.

Übertragen auf den unternehmerischen Alltag bedeutet dies, dass man natürlich überaus talentierte Mitarbeiter braucht, die das Unternehmen durch ihre individuellen Stärken nach vorne bringen. Diese benötigen aber die Unterstützung der nicht so schillernden Kolleginnen und Kollegen. Die eigentliche Aufgabe besteht darin, die Talente aller für die Mannschaft zu nutzen. Was hilft der beste Sturm ohne eine solide Verteidigung? Spiele werden immer vorne *und* hinten entschieden.

Damit aber das Zusammenspiel aller funktioniert, der Talentierte also nicht ständig vorausläuft, ohne die anderen mitzunehmen, und diese wiederum nicht permanent die Talentierten ausbremsen, braucht es eine Führung, die das Mannschaftsspiel optimiert. Der Vorgesetzte als Coach und Trainer und nicht als der über alles Richtende.

Einer, vielleicht *der* entscheidende Einflussfaktor für die Wettbewerbsfähigkeit von Unternehmen ist daher eine Stärken fördernde

Unternehmenskultur. Sie entscheidet über Sieg oder Niederlage im täglichen Wettbewerb um die profitabelsten Märkte und Kunden. Denn sie schafft das Klima, in dem nicht nur ausgewiesene High Potentials ihre Stärken hoch motiviert einbringen, sondern jeder einzelne Mitarbeiter sein Bestes gibt, Produkte und Dienstleistungen zu schaffen, die den Wettbewerb am Markt nicht fürchten müssen. Und sie unterstützt Vorgesetzte, die ihre Aufgabe darin sehen, die Talente ihrer Mitarbeiter zu fördern, damit das Ergebnis größer ist als die Summe seiner Einzelteile. Nur dann funktioniert das Zusammenspiel aller Individuen. Das Team ist der Star, auch im Unternehmen.

Open Innovation – die Kreativitätsbrücke zur Außenwelt

Open Innovation schafft eine Brücke zur Außenwelt. Selbst wenn ich meine Mannschaft intern optimal aufstelle – wie will ich sicherstellen, dass sie auch die besten Ideen hat? Nicht jedes Genie ist im eigenen Unternehmen beschäftigt, nicht jede für mich gute Idee kann durch mich erdacht werden. Daher Open Innovation – Ideen und neue Perspektiven von außen [3].

Open Innovation folgt dem Gedanken, dass ein Unternehmen zwar hervorragende Mitarbeiter haben kann, es jedoch immer helle Köpfe außerhalb des Unternehmens gibt, an deren Know-how das Unternehmen nicht ohne Weiteres herankommt. Man kann schließlich nicht alle Genies einstellen. Folglich wird es immer Ideen und darauf basierende Produkte und Dienstleistungen geben, die ein Unternehmen aus sich selbst heraus nicht entwickeln kann. Gerade diese Ideen braucht man aber, um im ständig wachsenden Wettbewerbsumfeld unter laufend sich ändernden Umweltbedingungen zu bestehen. Open Innovation steht in den allermeisten Fällen für Ideen, die

⇨ entweder z. B. im Internet von einer anonymen Community anhand einer Fragestellung oder eines Wettbewerbs des ausschreibenden Unternehmens generiert werden,

⇨ oder von dem Unternehmen in Zusammenarbeit mit Externen (Lieferanten, Kunden, Hochschulen usw.) von der Idee bis zum Konzept realisiert werden [4].

Diese formell oder informell gebildeten Wissensnetzwerke eines Unternehmens ermöglichen die Einbeziehung externen Know-hows in den eigenen Produktentwicklungsprozess [6]. Oft wird dabei die tatsächliche Umsetzung (Fertigentwicklung) und Vermarktung durch das Unternehmen selbst betrieben, gilt es doch, das geistige Eigentum zu schützen und die Ressourcen im Haus zu nutzen, um den erhofften Gewinn zu maximieren.

Der Erfolg eines Unternehmens bemisst sich dabei weder an der Anzahl der Ideen noch an der Größe der Patent- und Rechtsabteilung, die diese Ideen schützen und damit dem Wettbewerb unzugänglich zu machen. Entscheidend ist vielmehr der kommerzielle Erfolg, den einmal generierte Ideen in Form von vermarkteten Produkten und Dienstleistungen erzielen.

Um eine Idee erfolgreich umzusetzen, zählen neben der tatsächlichen Entwicklungsleistung das richtige Geschäftsmodell, ein konkreter Bedarf am Markt, ein vom Markt akzeptierter Preis sowie ein erzielbarer und zufriedenstellender Gewinn.

Wenn ich Wissen von extern anzapfen möchte, um neue Produkte und Dienstleistungen zu entwickeln, dann brauche ich intern einen Nährboden, der für dieses Vorgehen auch offen ist:

⇨ als gelebtes Bekenntnis gegen die Nichtbeachtung von bereits existierendem Wissen jenseits der Unternehmensgrenzen (»Not invented here«-Syndrom),

⇨ als Bereitschaft jedes Einzelnen, das Risiko einzugehen, eine Idee Dritter intern so zu handhaben, als wäre es die eigene und

⇨ als Leidenschaft für das Neue, das aus der Idee entstehen soll.

Dieser Nährboden heißt *Innovationskultur*. Sie ist wie jeder Kulturaspekt eine Frage der Zeit – Kulturen entstehen nicht von heute auf morgen, und sie müssen von allen Beteiligten gelebt werden, vom

Vorstandsvorsitzenden bis zum Pförtner, von der Putzfrau bis zur Geschäftsführerin. Das Gute an Kulturen ist, dass sie – sobald sie sich etabliert haben – über eine große Halbwertzeit verfügen und auch schwierige Zeiten überleben. Umso erstaunlicher ist es, dass Innovationskultur bis heute ein vergleichsweise exotischer Begriff ist, sowohl in der Praxis als auch in der Theorie, wie der folgende Kasten anhand einer Google-Suche verdeutlicht.

Auch im Internet ist Innovationskultur eher ein seltenes Ereignis – eine Google-Suche vom 31.03.10 (mit kommentierenden Denkanstößen)

⇨ »Open Innovation«: 23.200.000 Ergebnisse
Prima, das Internet macht's möglich.
⇨ »Not invented here«: 6.440.000 Ergebnisse
Da sind wir heute.
⇨ »Ideenfindung«: 133.000 Ergebnisse
Gar nicht mal schlecht, aber gut sieht anders aus.
⇨ »Ideenrealisierung«: 2.730 Ergebnisse
Eine echte Rarität, den Begriff sollte man sich schützen lassen.
⇨ »Innovationskultur«: 29.500 Ergebnisse
Es ist an der Zeit, hier was zu ändern!

⇨ ...und kein Eintrag für Innovationskultur in Wikipedia
Auweia

Fassen wir zusammen: Um im Markt wettbewerbsfähig zu bleiben, kommt es nicht so sehr darauf an, nur nach hochtalentierten Überfliegern Ausschau zu halten. Vielmehr müssen diese durch Kolleginnen und Kollegen ergänzt werden, die nicht so offensichtlich mit ihren Talenten hervorstechen, das Team aber an jenen Stellen ergänzen, die durch die High Potentials nicht abgedeckt werden. Ermöglicht wird dies durch ein Management, das in der Rolle des Coaches die Talente jedes Einzelnen und somit der gesamten Mannschaft fördert und gezielt einsetzt. Hierin besteht die eigentliche Führungsaufgabe des Vorgesetzten.

Den Rahmen hierzu bildet eine Innovationskultur, die so offen ist, dass sie die durch Open Innovation geschaffenen Impulse von außen nicht als Bedrohung ansieht, sondern diese im Sinne der Zielerreichung fördert.

Das WIE bedarf strikter Regeln: Disziplin ist Königsdisziplin

Kreativität braucht Freiräume

Open Innovation ist eine freiwillige Angelegenheit. Niemand kann einen kreativen Kopf dazu zwingen, seine Idee mit Dritten zu teilen. Ob er an einer Open-Innovation-Aktivität teilnimmt oder nicht, bleibt ihm letztlich selbst überlassen. Ebenso gewiss ist die Erkenntnis, dass Kreativität nicht erzwungen oder vorgeschrieben werden kann.

Kreativität braucht Freiräume. Open Innovation ist der tägliche Beweis dafür, wie enorm die kreative Leistung einer anonymen, nicht organisierten Gruppe ist und wie schnell und zielgerichtet eine Idee allein dadurch zu einer Lösung weiterentwickelt wird, dass nicht Einzelne eine Umsetzung versuchen, sondern eine Gruppe, die gemeinsam Zugang zu der Idee hat. Ganz ohne Vorschrift und Plan.

Eine zunehmende Zahl von Unternehmen hat erkannt, wie wichtig diese kreative Freiheit ist. Beispielsweise haben die Mitarbeiter der größten Suchmaschine die Möglichkeit, am so genannten *Google Friday* das Internet zur eigenen Ideenfindung zu nutzen. Freitags googeln die Mitarbeiter also selbst, um ihre Ideen abzugleichen und zu konkretisieren.

Dieser Ansatz ist nicht neu. Die so genannte 15-Prozent-Regel hat 3M hinsichtlich seines Innovationspotenzials berühmt gemacht und viele bis heute bemerkenswerte Produkte hervorgebracht – das wohl bekannteste sind die gelben Haftnotizen: die Post-it Notes.

Die 15-Prozent-Regel besagt, dass Mitarbeiter, die im Bereich Forschung und Entwicklung tätig sind, 15 Prozent ihrer Arbeitszeit zur freien Verfügung haben. Es obliegt ihnen allein, was sie in dieser Zeit machen. Somit wird den Mitarbeitern ein Freiraum eingeräumt, in dem sie ohne Druck durch Sachzwänge »unbeschwert« ihrem Forschungsdrang nachgehen können. Eine Art Open Innovation für den eigenen Kopf.

Dieser Kreativitätsfreiraum ist schon deshalb zentraler Bestandteil einer durch Innovation geprägten Unternehmenskultur, weil man diesen Mindset braucht, um die Organisation für Open Innovation zu öffnen. Wenn Produktentwicklungen angestoßen werden, weil ein Mitarbeiter in seiner Freizeit eine spannende Idee hatte, ist der Weg zum Produkt auf Basis einer extern generierten Idee auch nicht mehr weit.

Von der Idee zur besten Idee

Alles beginnt mit der Auswahl der richtigen Idee. Dabei ist es zunächst einmal egal, um was für eine Idee es sich handelt. Die wenigsten Ideen sind schon gleich die genialen Durchbruchsideen. Das sind meist andere, die sich uns aber (vorerst) nicht zu erkennen geben. Und wieder andere Ideen scheinen dagegen klein und unbedeutend zu sein. Aber alle sind wichtig. Nicht nur Tore entscheiden ein Spiel, sondern auch der einfache Pass im richtigen Moment.

Ist eine Idee geboren, muss sie bewertet werden. Verfahren zur Ideenbewertung gibt es viele – im Zweifel lassen sie sich in der Literatur nachlesen oder bei einem Unternehmensberater einkaufen. Wichtig ist es, dass der Bewertungsprozess die relevanten externen und internen Kriterien abfragt, die eine gute von einer nicht so guten Idee unterscheidbar machen.

An diesem Punkt leistet Open Innovation in der externen Bewertung von Ideen einen großen Beitrag. Bedeutsamer Faktor ist hierbei sicherlich die Community der Internetnutzer, die sich unter anderem aktiv an Ideenwettbewerben beteiligt. Ein Beispiel hierfür ist der kürzlich ausgetragene Design-Contest von SMART, bei dem Daimler nach Fahrzeugdesigns suchte. Die Nutzer haben dabei selbst welche entwickelt und diese dann bewertet.

Dieses Beispiel steht repräsentativ dafür, dass die Community im Grunde ständig ihre Meinung kundtut und bewertet, wie gut sie eine Idee oder auch ein Produkt findet. Insofern leben Firmen wie Spreadshirt oder Tchibo auf ihren Webseiten spreadshirt.com bzw. tchiboideas.de davon, dass ihnen die Community sagt, welches Produkt sie kaufen würde und welches nicht. Der Ideenbewertungsprozess wirft sein Ergebnis quasi automatisch aus.

Die interne Bewertung von Ideen hinterfragt die im Unternehmen existierenden Ressourcen und Kompetenzen zur Umsetzung der Idee, deren Entwicklungskomplexität, Investitions- und Kostenaspekte und letztlich die Gewinnmarge, die sich mit einem Produkt erzielen lässt. Das schönste Produkt nutzt mir nichts, wenn ich damit keinen Gewinn erzielen kann.

Organisation und Prozess der Produktentstehung

Welcher Bereich hingegen wenig Freiraum erlauben sollte, ist die Umsetzung der Idee in eine fertige, verkaufsfähige Lösung. Gerade hier liegt die Herausforderung wie auch die Kunst, eine Idee in einen kommerziellen Erfolg zu überführen. Dass dies rasch misslingen kann, davon zeugen so manche verbrannten Entwicklungsmillionen in Unternehmen. Allen Beteiligten muss klar sein, dass der Prozess der Produktentstehung weitaus weniger kreativ ist als der der Ideenfindung. Auch hier unterscheidet sich das Unternehmerische nicht vom Sport. Um im Bild zu bleiben: Nur hartes, diszipliniertes Training macht ein Talent zu einem Star, eine Gruppe von Einzelspielern zu einer funktionierenden und erfolgreichen Mannschaft.

In der Praxis hat sich als dominierende Organisationsform in der Produktentwicklung die Projektorganisation herausgebildet. Sie ist dadurch gekennzeichnet, dass sich unter der Führung eines Projektleiters Mitarbeiter unterschiedlicher, für die Entwicklung notwendiger (Wertschöpfungs-)Funktionen temporär im Projekt zusammenfinden und an dessen Realisierung arbeiten. In der Regel kommen die Mitarbeiter aus den Bereichen Forschung und Entwicklung, Herstellung, Qualitätsmanagement, Controlling, Marketing und Vertrieb. Haben sie einen unterschiedlichen kulturellen Hintergrund, umso besser, denn dies berücksichtigt nicht nur die Betrachtung der Aufgabenstellung aus unterschiedlichen Perspektiven, sondern schafft auch günstige Voraussetzungen für die internationale Vermarktung des Produktes.

Steht das Projektteam, das die Idee zu einem Produkt weiterentwickeln soll, dann beginnt im Rahmen eines Entwicklungsprozesses die schrittweise Realisierung des Produktes bis zur Markteinführung. Dieser Innovationsprozess existiert heute in unterschiedlichen Ausprägungen, die zum Teil durch branchenspezifische, zum Teil durch unternehmenseigene Kriterien unterscheidbar sind.

Gemeinsam ist ihnen in der Regel, dass sie sich durch Phasen unterscheiden, die von der Konzepterstellung und der Machbarkeitsprüfung über die Entwicklung, die Markterprobung, die Produktion bis hin zur Markteinführung reichen. Häufig werden die einzelnen Phasen dadurch voneinander abgegrenzt, dass der Projektleiter in einer Überprüfungssitzung vor dem Management den Projektstand jeweils vorstellt. In diesen Sitzungen wird über die Gesundheit und die Fortführung des Projektes entschieden. Klappt diese Überprüfung gut, gewährt sie nur dann ein Weiterarbeiten an dem Projekt, wenn alle abgefragten Kriterien den Anforderungen gerecht werden bzw. kurzfristig und ökonomisch sinnvoll verbesserbar sind.

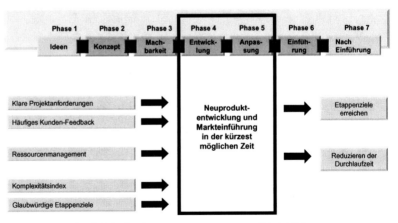

Abb. 1:   *So oder ähnlich sehen heute Innovationsprozesse aus (Beispiel 3M)*

Dieser Punkt ist insofern wichtig, als dass allzu häufig »tote Pferde geritten werden«, weil ein Abschied von einem Projekt schwerfällt. Dieser Abschied kann allerdings Millionen sparen, wie zahlreiche Produktflops – etwa das Apple Newton MessagePad, Coca-Colas »New Coke« oder Sonys Videosystem Betamax – als Negativbeispiele beweisen.

Das »WOW« ist nicht kopierbar: Begeisterung schlägt Bereitschaft

Fehler sind gut!

»Fehler wird es immer geben. Aber die Fehler der Mitarbeiter, die meist die richtigen Dinge tun, sind nicht so gravierend wie die, die dadurch entstehen, dass das Management den Verantwortlichen genau vorschreiben will, wie sie ihre Arbeit zu verrichten haben.«

Ein erstaunlicher Satz. Er ist nicht neu. Wäre er ein Mensch, dann wäre er schon in Rente. Bereits 1944 formulierte William McKnight als damaliger Präsident der 3M Company, wie er sich das Miteinander in seiner Firma wünscht. Und er bezieht sich im Kern seiner Unternehmensphilosophie auf die Hauptquelle aller möglichen Fehler: auf die Angst.

Jeder Mensch ist fehlbar. Jeder Mensch macht Fehler. Wenn ich Angst habe, mache ich besonders viele Fehler. Nimmt man mir die Angst vor Fehlern, z. B. indem man diese nicht sanktioniert, sondern mich ermuntert, weiter an meiner Aufgabe zu arbeiten, dann wird aus Angst Motivation [5]. Dies ist der Kern von Innovationskultur.

Fehlertoleranz ist ein in der Datenverarbeitung gängiger Begriff. Er beschreibt die Eigenschaft eines technischen Systems, seine Funktionsweise auch dann aufrecht zu erhalten, wenn unvorhergesehene Fehler auftreten. Fehlertoleranz wird als Voraussetzung für Hochverfügbarkeit des technischen Systems betrachtet. Nur hat sich diese Sichtweise in Bezug auf menschliche Verfehlungen am Arbeitsplatz noch nicht durchgesetzt.

Nun bedeutet dies nicht, dass alle Mitarbeiter ständig dazu ermuntert werden, Fehler zu machen. Fehler sind gleichbedeutend mit Kosten, mit Verzögerung von Projekten, mit Schäden, die zu Nachteilen gereichen. Aber sie sind eben Teil des Lebens, des miteinander Arbeitens. Insofern sind sie nicht vermeidbar.

Oder kennen Sie einen Fußballer, der fehlerfrei ist? Auch hier der Vergleich zur Wirtschaft: Während es in vielen Unternehmen selbstverständlich ist, dass Mitarbeiter, die Fehler begehen, dies in irgendeiner Form »zurückbezahlt« bekommen, sei es durch schlechtere Beurteilungen und infolge dessen durch schlechtere Bezahlung, sei es im Extremfall auch durch Auflösung des Arbeitsverhältnisses, geht man im Sport anders mit Fehlern um. Natürlich sind diese auch hier schädigend bzw. bringen Nachteile für die Mannschaft. Dennoch wird im modernen Fußball zuallererst am Selbstbewusstsein des Spielers gearbeitet, um ihn den Fehler vergessen zu lassen und ihn durch Motivation in Form zu halten. Schließlich kostet er viel Geld – da sollte er möglichst erfolgreich spielen.

Haben Sie einen Mitarbeiter, der einen Fehler begangen hat, schon einmal in seinem Selbstbewusstsein gestärkt?

Ein altes Sprichwort lautet: »Wer viel arbeitet, macht viele Fehler. Wer wenig arbeitet, macht wenig Fehler. Wer nicht arbeitet, macht keine Fehler.« Nun das: Fehler als Notwendigkeit, Fehler als Quelle für Weiterentwicklung und lebenslanges Lernen. Fehler als Motor für Innovation. Diese Sichtweise muss man erst einmal sacken lassen.

Gleichwohl sind Fehler hierdurch begrenz- und kontrollierbar. Wenn ich einen Fehler mache und dafür keinen Schaden befürchten muss, dann werde ich diesen Fehler nicht nur kein zweites Mal machen, sondern ich werde auch lernen, Fehler früh einzugestehen, denn ich muss nicht fürchten, mein Gesicht zu verlieren. Mitunter hilft mir dieses Umfeld, Fehler frühzeitiger zu erkennen und zu vermeiden bzw. zu beheben, bevor größerer Schaden angerichtet wird. Augen zu und durch ist als Überlebensstrategie gar nicht mehr notwendig.

Diesen Aspekt sollten wir einen Moment lang auf uns wirken lassen. Das frühe Eingestehen von Fehlern. Sind wir nicht ganz anders

350

erzogen? Haben wir nicht schon als Kinder erfahren, dass das Zugeben von Fehlern mitunter schmerzhaft sein kann?

Im Unternehmensalltag kann das Fehlereingestehen Millionen sparen. Wer kennt nicht die Projekte, die viele im Unternehmen schon beim Start als sehr fragwürdig einstufen, die aber trotzdem bis zum Ende durchgeführt werden, damit der Bereichsleiter zufrieden ist. Und der Markterfolg? Wenn dieser dann nicht eintritt, wird der Verantwortliche halt weggelobt. Ausbaden darf es der Vertrieb – und der wirtschaftliche Schaden geht im allgemeinen Rauschen des Tagesgeschäfts unter. Die Parabel des toten Pferdes, das weitergeritten wird, beschreibt anschaulich, was von solchen Projekten zu halten ist.

Fehler brauchen Werte

Um diese Fehlerphilosophie in einen gesunden Rahmen einzubetten, bedarf es eines durchgängigen Wertesystems. Denn schließlich klappt die Fehlertoleranz nur in einem Umfeld des Vertrauens und des Respekts. Erst das erlaubt mir die uneingeschränkte Ehrlichkeit – auch in Bezug auf meine Fehler und Schwächen. Dies schafft die Grundlage für mehr Engagement der Mitarbeiter. Aus Arbeitsbereitschaft wird Arbeitsbegeisterung. Der Rahmen für Innovation ist geschaffen. Nicht umsonst hat 3M eben dieses Wertesystem als Grundlage seiner Innovationskultur verankert.

Es bleibt allerdings ein Aspekt im 3M-Wertesystem, der keinerlei Fehler toleriert. Keinerlei bedeutet ohne Ausnahme. Gemeint ist die Ethik im unternehmerischen Miteinander. Keine illegalen Vorteilnahmen, keine Schmierereien, keine Bevorzugungen oder Benachteiligungen, kein Schummeln.

Dieser Wert ist ausgesprochen unflexibel, sprich, er ist äußerst eindeutig. Und es ist für Mitarbeiter eine ausgesprochen transparente und nachvollziehbare Erwartungshaltung des Arbeitgebers. Sie entspricht – um wieder den Vergleich zum Sport herzustellen – der Nulltoleranz in Bezug auf Doping und andere illegale Beeinflussungen.

Tabelle 1: Innovationskultur bedarf eines ethisch geprägten Wertesystems (Beispiel 3M)

Ehrlichkeit Wir legen in sämtlichen Geschäftsaktivitäten allergrößten Wert auf Ehrlichkeit und Integrität.	**Respekt** Wir respektieren unsere gesellschaftliche Umgebung und gehen mit Umwelt und Ressourcen verantwortlich um.
Innovation Wir stellen unsere Kunden durch innovative Technologien sowie ein Höchstmaß an Qualität, Nutzwert und Service zufrieden.	**Engagement** Wir schätzen und unterstützen die vielen verschiedenen Talente, die Einsatzbereitschaft und die Führungsqualitäten unserer Mitarbeiter.
Wachstum Wir sichern unseren Investoren eine attraktive Rendite durch nachhaltiges, weltweites Wachstum.	**Vertrauen** Wir streben weltweit eine hohe Wertschätzung unseres Unternehmens in allen Bereichen an.

Beispiel 3M: das Beste ist gerade gut genug

Deutschlands bester Arbeitgeber

3M hat 2010 zum siebten Mal in Folge am Wettbewerb »Deutschlands beste Arbeitgeber« teilgenommen, der vom Great Place to Work® Institute Deutschland in Zusammenarbeit mit dem Handelsblatt jährlich durchgeführt wird. Das Unternehmen ist nicht nur wie in den Vorjahren in der Spitzengruppe seiner Kategorie gelandet, sondern belegte Platz 1 – Goldmedaille, Gewinner der Champions League.

Wie kommt es, dass Mitarbeiter in einer anonymen Befragung ihren Arbeitgeber so durchweg konstant positiv bewerten?

Während die Öffentlichkeit die Diskussion um Ausbeuterei von Arbeitnehmern, Mindestlöhne, Wochenarbeitszeiten, Hartz IV usw. in einer Weise von den Medien vermittelt bekommt, dass einem bange wird um die Arbeitnehmer in diesem Lande, und während Arbeitgeber vom Boulevard als profitsüchtige Ausbeuter positioniert werden, strebt eine steigende Zahl von Unternehmen in diesem und ähnlichen Wettbewerben danach, sich der Beurteilung ihres wichtigsten Kapitals zu unterziehen, ihrer Arbeitnehmer.

Dabei gewinnt ein Unternehmen nicht nur darüber Erkenntnis, wie es von seinen Mitarbeitern wahrgenommen wird. Gleichzeitig werden aufgrund des strukturierten Fragenkataloges die besonderen Stärken und auch die Verbesserungspotenziale gleich mitgeliefert. Über Benchmarkanalysen mit den Klassenbesten kann man recht schnell feststellen, wo die Schwachstellen liegen. Der Nährboden für Innovation und Wachstum ist geschaffen. Und obendrein eignet sich eine Auszeichnung hervorragend als Qualitätssiegel im Kampf um Talente.

In diesen Wettbewerben werden anonym zufällig ausgewählte Mitarbeiter danach befragt, was sie von ihrem Arbeitgeber halten. Ein hervorragendes Medium also, es dem Chef mal so richtig zu zeigen. Endlich mal über alles herziehen, ohne Sanktionen befürchten zu müssen.

Aber ganz Anderes kommt dabei heraus. Mitarbeiter haben die Möglichkeit, ihre Meinung frei und unbefangen zu äußern – und im Fall von 3M und vielen anderen Unternehmen, die sich dieser Prüfung stellen, tun sie das äußerst positiv. Noch besser: Sie zeigen sich jedes Jahr zufriedener.

Wir sind 3M

Stellt man sich die Frage, weshalb sie das tun, genügt ein Blick in die Entwicklung des Unternehmens in den vergangenen 10 Jahren.

Dem der Innovationskultur zugrunde liegenden Wertekanon wurde vor neun Jahren eine noch stärkere *Prozessorientierung* durch Six Sigma verabreicht. Dadurch wurden in einem globalen Konzern die Sprache und die Prozessmethodik vereinheitlicht, was sich positiv auf die interne Kommunikation und die Durchlaufzeiten auswirkte.

Die *Beurteilung von Mitarbeitern* wurde weltweit vereinheitlicht, indem sechs so genannte »leadership attributes« definiert wurden, anhand derer jeder Mitarbeiter jährlich bewertet wird. Nicht umsonst heißen die ersten beiden »think from the outside in« und »drive innovation and growth«. Damit wird Open Innovation zur entscheidenden Voraussetzung für die persönliche Entwicklung. Die Attribute »develop, teach and engage others«, »make courageous decisions«, »lead with energy, passion and urgency« und letztlich «live 3M values« runden die kulturellen Anforderungen und Erwartungen an jeden Mitarbeiter ab.

Die *Internationalisierung* hat man dadurch weiter vorangebracht, dass man den Niederlassungen in den einzelnen Ländern mehr Freiheiten und auch die volle Verantwortung für deren Märkte übertrug, verbunden mit der Verpflichtung, ihre Märkte mit eigenen Produktentwicklungen zu versorgen. Kundennähe als Zielvorgabe.

Die im Unternehmen erzielten *Gewinne* wurden noch konsequenter in das Thema Innovation und Produktentwicklung investiert. Um die Identifikation der Mitarbeiter mit dem Unternehmen und ihre Verantwortung für ihren Arbeitseinsatz zu fördern, wurden Mitarbeitererfolgsbeteiligungsmodelle ausgebaut, und zwar in der IG Bergbau, Chemie und Energie in dieser Bandbreite erstmalig auch für tarifliche Mitarbeiter. Ferner wurden Teile der Gewinne natürlich an die Anteilseigner ausgeschüttet und für Pensionsverpflichtungen zurückgestellt.

Dem Wandel von gesellschaftlichen Entwicklungen wurde im Rahmen eines *Work-Life-Balance-Konzeptes* entsprochen, indem folgende Angebote geschaffen wurden:
⇨ Einrichtung eines Fitnessstudios für die Mitarbeiter,
⇨ Unterstützung junger Eltern bei der Kinderbetreuung,
⇨ Hilfsangebote bei der Pflege von Familienangehörigen,
⇨ zahlreiche Lern- und Trainingsprogramme,
⇨ Unterstützung bei gesundheitserhaltenden Maßnahmen.

Um die *Chancengleichheit der Geschlechter* sicherzustellen, werden Mitarbeiter nach ihrer Leistung und nicht nach ihrem Geschlecht bezahlt. 20 Prozent aller Führungskräfte sind weiblich – noch nicht genug, aber stetig steigend, dafür sorgt schon das Netzwerk der »leading women« innerhalb des Unternehmens. Eingerahmt wird dieser Aspekt durch flexible Arbeitszeitmodelle, die Elternzeiten anhand der individuellen Bedürfnisse ermöglichen und sich nicht auf die gesetzlichen Verpflichtungen der Arbeitgeber beschränken.

Jüngstes Beispiel der Ernsthaftigkeit, mit der die Unternehmensleitung den Bedürfnissen ihrer Arbeitnehmer Rechnung trägt, ist die *Förderung älterer Arbeitnehmer.* Hierbei wird Weiterbildung nicht als Privileg des Nachwuchses verstanden, sondern allen Arbeitnehmern altersunabhängig im positiven Sinne »abverlangt«. Altersgemischte Teams gehören zum Alltag und Selbstverständnis der Unternehmenskultur. Und damit die Gesundheit erhalten bleibt, finanziert das Unternehmen den »Arbeitnehmern 50+« jährliche Gesundheitschecks.

All dies sind Aspekte, die die Arbeitnehmer stolz machen auf ihre Firma. Es entsteht ein Wir-Gefühl, das sich positiv auf die individuelle Leistung und damit auf die Arbeitsergebnisse auswirkt. Kennzahlen wie Innovationsmomentum (Anteil von neuen Produkten am Umsatz) und Fluktuationsrate deuten darauf hin – die Geschäftsergebnisse sprechen für sich. Argumente, an denen gerade auch Berufsanfänger nicht vorbeikommen werden. Schließlich zeigt sich hier ein wichtiger Wettbewerbsvorteil im Kampf um talentierte Nachwuchskräfte.

Abb. 2:   *Wir sind 3M*

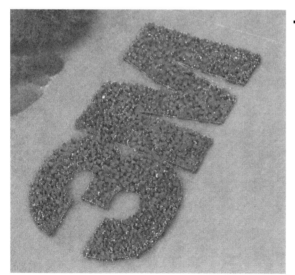

Literatur

[1] aus Süddeutsche Zeitung *vom 3. April 2010 – Beruf und Chance*

[2] JAWORSKI, JÜRGEN; ZURLINO, FRANK: *Innovationskultur: vom Leidensdruck zur Leidenschaft,* Frankfurt, 2007

[3] aus Wirtschaftswoche *vom 14. Dezember 2009- Matthes: Genies für lau.*

[4] GASSMANN, OLIVER: *Innovation – Zufall oder Management?, in: Gassmann, Oliver; Sutter, Philipp: Praxiswissen Innovationsmanagement: von der Idee zum Markterfolg, München, 2008*

[5] VAHS, DIETMAR; TRAUTWEIN, HEIKO: *Innovationskultur als Erfolgsfaktor des Innovationsmanagements, Esslingen, 1999*

[6] REICHWALD, RALF; PILLER, FRANK: *Interaktive Wertschöpfung: Open Innovation, Individualisierung und neue Formen der Arbeitsteilung, Wiesbaden, 2006*

Zusammenfassung

Innovationskultur ist Zukunftssicherung. Während sämtliche Aspekte des Innovationsmanagements extern zukaufbar und mithin kopierbar sind, muss Innovationskultur sich selbst verschrieben und angeeignet werden. Dies ist ein Prozess, der eines langen Atems bedarf und vom Management täglich vorgelebt werden muss. Gelingt dies, steigert das nicht nur die Innovationskraft eines Unternehmens, sondern wird zur Überlebensstrategie auch in schwierigen Zeiten.

Dabei geht es zur Förderung der Kreativität um die Schaffung von Freiräumen, wie sie bei Open Innovation selbstverständlich ist. Hat man diese Freiräume, entstehen neuartige Ideen, deren Umsetzung Fehler provoziert. Diese müssen tolerierbar sein, um die Stärken und Talente eines jeden Mitarbeiters dem Unternehmen zugänglich zu machen.

Die Umsetzung der vielversprechendsten Ideen bedarf strengster Disziplin. Denn hier entscheidet sich, ob eine gute Idee auch bedarfsgerecht, kostenoptimal und zeitgerecht zu einem kommerzialisierbaren und erfolgreichen Produkt wird.

Die innovativsten Unternehmen der Welt haben diesen Zusammenhang erkannt. Ihre Mitarbeiter schaffen nicht nur jeden Tag neue, inspirierende Produkte, sie haben auch eine deutlich höhere Arbeitszufriedenheit und Produktivität als ihre Kollegen in weniger erfolgreichen Unternehmen. Champions League schlägt Kreisklasse – auch in der Wirtschaft.

Kulturelle und kommunikative
Voraussetzungen für OI

**Um die Bereitschaft zur Einführung von Methoden der
Open Innovation zu erhöhen, bedarf es zuallererst einer
Unternehmenskultur, die interne und externe Grenzen
und Barrieren überwinden hilft. Dazu sind die Werte,
Normen und Denkweisen der Mitarbeiter neu auszurich-
ten und Kommunikationsprozesse zu öffnen.**

In diesem Beitrag erfahren Sie:
- warum eine offene Unternehmenskultur zentrale
  Bedeutung für Open Innovation hat,
- wie die handelnden Personen im Unternehmen
  gezielt eine solche Kultur gestalten können,
- warum Aspekte der Kommunikation in diesem
  Zusammenhang von tragender Bedeutung sind.

AXEL GLANZ, THORSTEN LAMBERTUS

Unternehmenskultur – Was ist das eigentlich?

Eine branchenübergreifende Studie der Universität Cambridge in den
Jahren 2007 und 2008 unter 36 Unternehmen mit unterschiedlichen
Open-Innovation-Erfahrungen und Hintergründen belegt den her-
ausragenden Stellenwert des Kultur-Aspektes für offene Innovationsprozesse. [8] Er wird als entscheidender »Enabler« angesehen.

Bevor dieser Zusammenhang näher dargestellt wird, soll zunächst
der Begriff der Unternehmenskultur eingehender beleuchtet werden.
Das ist keinesfalls trivial, denn obwohl sicherlich jeder ein intuitives
Verständnis seiner Bedeutung besitzt, hat sich in der Literatur bislang
noch keine einheitliche Betrachtungsweise herausgebildet. Viele der
Definitionen erscheinen allumfassend und meist vage. Im Grunde
entspringt der Begriff der »Unternehmenskultur« der Organisations-
theorie und versucht die Entstehung, Entwicklung und den Einfluss

kultureller Aspekte innerhalb einer Organisation bzw. in diesem Fall speziell innerhalb eines Unternehmens zu beschreiben. Jedes Unternehmen besitzt demnach eine spezifische Kultur, die das Verhalten jedes einzelnen Mitarbeiters stark beeinflusst. Grundlage dieser Verhaltensweisen sind Normen, Wertvorstellungen, Denkhaltungen und Umgangsformen, in die wiederum in besonderem Maße die Individualität der Mitarbeiter einfließt. Insgesamt prägt die Unternehmenskultur sowohl das Zusammenleben innerhalb des Unternehmens als auch das Auftreten nach außen hin. Sie stellt im Grunde den Gegenentwurf zum früheren, mechanistischen Organisationsbild dar, das ein Unternehmen als funktionierenden Apparat oder militärisch organisierte Maschine ansah.

Forschung und Praxis wissen heute jedoch, dass gerade der »Faktor Mensch« eine entscheidende Rolle für das Funktionieren des Gebildes »Unternehmen« spielt. Die Prinzipal-Agent-Theorie beispielsweise beschreibt Eigeninteressen von Mitarbeitern und Management, die auf das Unternehmen einwirken. Ferner sind heute nationale und regionale Kulturaspekte als wichtige Einflussgrößen allgemein anerkannt. Will man vor diesem Hintergrund den Begriff »Unternehmenskultur« nun genauer definieren, lässt sich auf Edgar H. Schein, dem »Urvater« des Forschungsfeldes, verweisen. Für ihn ist die Unternehmenskultur »ein Muster gemeinsamer Grundprämissen, das die Gruppe bei der Bewältigung ihrer Probleme externer Anpassung und interner Integration erlernt hat, das sich bewährt hat und somit als bindend gilt; und das daher an neue Mitglieder als rational und emotional korrekter Ansatz für den Umgang mit Problemen weitergegeben wird.« [11] Dabei lassen sich folgende drei Ebenen unterscheiden:

⇨ Auf der obersten Ebene zeigt sich die Kultur einer Organisation in künstlich geschaffenen Objekten und Verhaltensweisen (Artefakte). Hierzu zählt alles, was sichtbar und hörbar ist, zum Beispiel Gebäudearchitektur, Bürogestaltung, Bekleidungsvorschriften, Logos, Visitenkarten, Begrüßungsformeln oder Besprechungsrituale.

⇨ Auf der zweiten Ebene liegen die kollektiven Werte der Organisationsmitglieder wie Ehrlichkeit, Freundlichkeit oder die Einstellung zu Technik und Kunden. Diese Werte steuern maßgeblich das Verhalten der Organisationsmitglieder.

⇨ Auf der dritten und untersten Ebene befinden sich die Grundannahmen der Organisationsmitglieder, die zum Beispiel deren Wahrnehmung der Umwelt oder deren Menschenbild betreffen. Diese »basic assumptions« werden nicht hinterfragt oder diskutiert, da sie so tief im Denken verwurzelt sind, dass sie von den Mitgliedern der Organisation nicht bewusst wahrgenommen werden. Oder anders gesagt: »So machen wir das hier. – This is how we do things around here.« [2]

Der zentrale Charakter einer Unternehmenskultur wird bestimmt durch die Vielfältigkeit und die Abhängigkeit von verschiedensten Faktoren. Dies auch, da eine Unternehmenskultur durchaus aus mehreren Sub-Kulturen bestehen kann, die die Komplexität der Thematik erhöhen und eine Steuerung erschweren. Letztlich wirkt die Unternehmenskultur also auf alle Bereiche des Managements – jede Aktivität, jede Handlung ist durch sie gefärbt und wird damit beein-

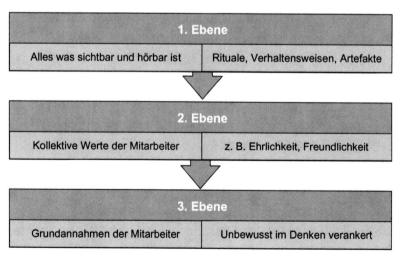

Abb. 1:   *Die drei Ebenen der Unternehmenskultur (in Anlehnung an [11], eigene Darstellung)*

flusst. Dieser Umstand macht sie so wichtig, aber erschwert es dem Unternehmen zugleich, sie aktiv zu gestalten.

Die Frage, inwiefern diese Einsichten mit Open Innovation zusammenhängen, lässt sich mit Dodgson u. a. beantworten: »[Open Innovation] [...] is more a way of life than a technological strategy. It is about your mindset. It is ensuring you are open day and night to new possibilities.« [4] Hier wird also zum einen die enorme Relevanz der Unternehmenskultur für offene Innovationsprozesse deutlich, zum anderen wird klar: Offenheit ist von zentraler Bedeutung für die Unternehmenskultur, damit sie überhaupt als entscheidender Treiber erweiterter Innovationsprozesse fungieren kann. Dazu muss sie im Unternehmen eine allgemeine Zugänglichkeit und Aufgeschlossenheit für neue, externe Ideen propagieren und die grundsätzliche Bereitschaft der Mitarbeiter nähren, sich weiter zu entwickeln und zu lernen. Dazu sind implizite Spielregeln vorzugeben, die zu einem Handeln konform zu den Unternehmenszielen führen – in diesem Falle zur operativen Umsetzung der Prinzipien von Open Innovation.

In diesem Beitrag soll die konkrete Bedeutung von Offenheit auf zwei Ebenen betrachtet werden:

⇨ zum einen für die Überwindung interner Grenzen im Sinne von Barrieren, die innerhalb des Unternehmens vorzufinden sind,

⇨ zum anderen für die Überwindung externer Grenzen, die das Unternehmen von seiner Unternehmensumwelt trennen.

Dabei wird insbesondere auch auf eine offene Kommunikation eingegangen, die tragender Bestandteil einer Unternehmenskultur sein sollte. Ferner werden Wege aufgezeigt, die der aktiven Gestaltung der Unternehmenskultur und einer unterstützenden Kommunikation dienen.

Die interne Relevanz der Unternehmenskultur für Open Innovation

Ein Unternehmen ist zwar gleichsam eine planvoll organisierte rechtliche Einheit zur Verfolgung wirtschaftlicher Zwecke, aber dadurch noch lange kein homogenes Gebilde. Vielmehr handelt es sich um eine Zusammensetzung vieler verschiedener Einzelteile, was unweigerlich zu internen Grenzen und Barrieren führt. Diese bestehen zum Beispiel zwischen verschiedenen Abteilungen (Marketing, Controlling, Forschung & Entwicklung), Projektteams, Divisionen, etc., aber auch zwischen einzelnen Personen oder Personengruppen, die sich außerhalb der organisatorischen Strukturen gebildet haben. Man kann sogar soweit gehen und kognitive Grenzen bei den Akteuren identifizieren, die neuen Denkweisen und Ansichten im Wege stehen. Schaut man sich zum Beispiel Organigramme oder visualisierte Prozessabläufe an, wird man in der Regel klar gezeichnete Grenzen vorfinden, die innerhalb eines Unternehmens in vielfältiger Art und Weise existieren. Solche Grenzziehungen sind in mancherlei Hinsicht organisatorisch vorteilhaft, etwa wenn es um die Verteilung von Aufgaben oder um Weisungsbeziehungen etc. geht, sie stellen aber für Open Innovation grundsätzlich ein Problem dar: Offene Innovationsprozesse leben davon, dass Wissen weitergegeben, also kommuniziert und damit geteilt wird. Daher müssen Mechanismen und Wege gefunden werden, interne Grenzen gänzlich aufzulösen oder zumindest effektiv zu überwinden.

Dass in einer offenen Kommunikation und Weitergabe des eigenen Wissens einer der Schlüssel zur erfolgreichen Umsetzung von Open Innovation liegt, lässt sich zur Verdeutlichung auch negativ wenden: Die größte Hürde für die Einführung von Open Innovation liegt nach Aussage einer Studie der Universität Cambridge im »Not-Invented-Here«(NIH)-Syndrom, das die ablehnende Haltung der Mitarbeiter gegenüber Wissen von außerhalb bezeichnet. [8] »Außerhalb« kann sich dabei auf unterschiedliche Akteure beziehen: Sowohl extern der Kunde oder Zulieferer, als eben auch intern die benachbarte Abteilung oder der Kollege können von den Mitarbeitern mit Nichtakzeptanz sanktioniert werden. Da wir uns zunächst mit der Überwindung von Grenzen innerhalb des Unternehmens beschäftigen wollen, sind vor allem die letzten beiden Beispiele und kognitive Grenzen hier von Interesse. Katz und Allen definieren das NIH-Syndrom als »[…] the tendency of a project group of stable composition to believe that it possesses a monopoly of knowledge in its field, which leads it to reject new ideas from outsiders to the detriment of its performance.« [5]

Für die Einführung von Open Innovation ist es kontraproduktiv, wenn die Mitarbeiter Wissen, das nicht der eigenen Domäne entstammt, einfach ignorieren. Um beispielsweise akquirierte Ideen adäquat auf ihr Potenzial hin zu überprüfen und dem richtigen Kontext innerhalb des Unternehmens zuordnen zu können (denn Informationen werden erst durch einen Kontext zu Wissen), müssen sie im Unternehmen zunächst verteilt werden. Erst dadurch lassen sich diese Ideen aus verschiedenen Perspektiven analysieren und bewerten. Bei dieser Verteilung werden zwangsläufig interne Grenzen überschritten – sei es von Person zu Person oder von Abteilung zu Abteilung, usw. Daher gehört es zu den wichtigen Fähigkeiten eines Open Innovators (einem Unternehmen, das Open Innovation praktiziert), eine entsprechende Kommunikationskultur zu entwickeln, die hilft, das NIH-Syndrom zu überwinden.

Eine offene Kommunikationskultur unterstützt die Bereitschaft von Mitarbeitern, das eigene Wissen aktiv im Unternehmen weiterzugeben. Nur so kann der Wissenspool in der Unternehmensumwelt effektiv bewertet oder neue Wege zur Kombination von altem und neuem Wissen beschritten werden. Grundlage für eine solche Kommunikation ist Vertrauen. Mit Rawlins lässt sich Vertrauen wie folgt charakterisieren: »Trust is one party's willingness – shown by intention and behavior – to be vulnerable to another party based on confidence developed cognitively and affectively that the latter party is (a) benevolent, (b) reliable, (c) competent, (d) honest, and (e) open.« [9]

Arbeitsprozesse in modernen Unternehmen sind sehr wissensintensiv, was nicht nur den Wert von Wissen erhöht, sondern seine Weitergabe auch zu einem Risiko macht. Insofern zögern Mitarbeiter häufig, ihr Wissen weiterzugeben, weil sie unsicher sind, ob der Andere damit auch vertrauensvoll umgeht oder sich mit dem Wissen eventuell einen Vorteil verschafft. Hier gilt es, innerhalb der Unternehmenskultur durch Wohlwollen, Verlässlichkeit, Kompetenz,

Ehrlichkeit und eben Offenheit Vertrauen untereinander aufzubauen, um solche Unsicherheiten zu beseitigen bzw. zu mehr Risikofreude anzuleiten. Dadurch steigt die Bereitschaft für kooperatives Verhalten, innerhalb dessen sich dann interne Barrieren überwinden und weiteres Vertrauen aufbauen lassen.

Nicht zu vernachlässigen ist auch der motivationale Aspekt für Open Innovation konformes Verhalten. Die von Procter & Gamble entwickelte Leitidee »Proudly Found Elsewhere« impliziert diesen Gesichtspunkt: Wenn Innovationen aus externem Wissen generiert werden, ist das eine ebenso zu honorierende und mit Stolz zu betrachtende Leistung. Somit geht es darum, durch die Unternehmenskultur den Output der innovativen Tätigkeiten in den Fokus zu rücken und für den Input eine Gleichwertigkeit zwischen internen/eigenen und externen/fremden Ideen zu erreichen. Jedem Mitarbeiter muss klar sein, dass Innovationen und die auf dem Wege dorthin geleistete Arbeit genauso gewertschätzt werden, wenn sie auf Wissen aus der Kooperation mit unternehmensexternen Partnern beruhen. Ebenso sollte es Wertschätzung für Offenheit im Sinne der oben bereits skizzierten Weitergabe des eigenen Wissens geben. Eng damit verbunden ist auch die Anerkennung und Würdigung unterschiedlicher Sichtweisen, in der sich wiederum Aufgeschlossenheit und Aufnahmebereitschaft als zentrale kulturelle Werte widerspiegeln. Das erhöht die Chance, einen passenden unternehmensinternen Kontext zu finden, in dem die Idee zur Innovation und damit zum Nutzen für das Unternehmen werden kann.

In diese Richtung geht der Gedanke der *Brainstorming Culture*, bei der eine offene, kontroverse Diskussion im Unternehmen gefordert und gefördert wird, um kognitive Grenzen zu überwinden und neue Denkweisen zu ermöglichen. Negatives Feedback wird dabei erst einmal unterdrückt, um das Kontextspektrum, in dem eine Idee einem passenden, unternehmensinternen Bezugsrahmen zugeordnet wird (z. B. die gefundene Materialeigenschaft X kann beim Leichtbau weiterhelfen), nicht vorzeitig einzuengen. Hier liefert die Unternehmenskultur den Mitarbeitern Kriterien zur Bewertung bzw. Beeinflussung von Verhalten, indem sie beispielsweise die Verteilung von Wissen als positiv einstuft und dieses Verhalten so zur allgemein akzeptieren Norm erhebt. Eine solche unternehmenskulturbasierte Evaluation vereinfacht eigenverantwortliches Handeln, indem Normen, Werte und Regeln jedem Mitarbeiter tagtäglich von der Gemeinschaft vorgelebt werden. Die Mitarbeiter bekommen so über die Unternehmenskultur übergreifend vermittelt, welches Verhalten als richtig oder falsch zu gelten hat, evaluieren also implizit und werden motiviert, sich selbst entsprechend den Unternehmenszielen zu verhalten. Weitere wichtige Werte, die sich in solch einem übergeordneten Regelwerk niederschlagen sollten, sind beispielsweise Fehlertoleranz und Risikofreude. Außerdem werden sowohl Verpflichtungen als auch Erwartungen aller Art für das Verhalten der Mitarbeiter formuliert, was ebenfalls bei der Bewertung von Verhaltensweisen oder der Evaluation konkreter Ideen hilft. Letzteres fällt auch erheblich leichter, da der Wissenstransfer forciert wird und sich damit die Chance erhöht, die richtigen Ideen aus dem gesammelten Pool zu selektieren.

Ein weiterer Gesichtspunkt betrifft das so genannte *Social Capital*. Nach dieser Theorie liegen die organisationalen Fähigkeiten in den sozialen Strukturen eines Unternehmens verankert, also in den Bindungen der Menschen untereinander. [6] Eine Unternehmenskultur, die die Überwindung interner Grenzen fördert, unterstreicht die Wichtigkeit persönlicher Bindungen und gibt wichtige »Spielregeln« für das kooperative Verhalten vor. Basieren Beziehungen auf kooperativen Prinzipien, entstehen Vertrauensverhältnisse und Freundschaften, die die Verteilung von Wissen über interne Grenzen hinweg erleichtern und damit substanziell Teamwork, Gegenseitigkeit und das Zugehörigkeitsgefühl zum Kollektiv unterstützen. Dieser Aspekt ist für Open Innovation von besonderer Bedeutung, da der Einzelne Teil des Ganzen ist und mit seinem Beitrag zum Erfolg des Kollektivs beiträgt. Damit werden auch soziale Motive wie Freundschaftlichkeit, Befürwortung, Zugehörigkeit und Prestige bedient.

In diesem Zusammenhang dürfen Aspekte wie Zusammengehörigkeit oder Freundschaft aber nicht im Sinne einer Abgrenzung von Anderen verstanden werden, da hierdurch die Gefahr bestünde, dass

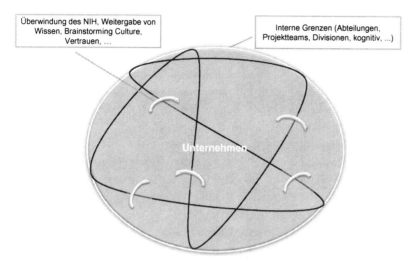

Abb. 2:   *Interne Relevanz der Unternehmenskultur (eigene Darstellung)*

sich das NIH-Syndrom in besonderer Weise ausprägt und durch kollektive Blindheit wichtige Alternativen übersehen sowie fremde Ideen oder andere Wege nicht anerkannt werden. Vielmehr geht es hier um grundlegende Einstellungen, die nicht auf bestimmte Personen oder Gruppen gerichtet sind, sondern allgemeine Gültigkeit haben. Das wiederum ermöglicht eine Zusammenarbeit über interne Grenzen hinweg, bei dem im Sinne der Gleichberichtigung eigener und fremder Ideen auch neuer Input von »außen« akzeptiert wird.

Die externe Relevanz der Unternehmenskultur für Open Innovation

Im Folgenden soll der Einfluss der Unternehmenskultur auf die Überwindung externer Grenzen beleuchtet werden. Diese Barrieren trennen das Unternehmen von seiner Unternehmensumwelt, also von Wettbewerbern, Universitäten, Kunden, Forschungsinstituten usw. Der Leitgedanke von Open Innovation ist es, mit diesen Akteuren der Unternehmensumwelt zu interagieren, um von ihnen komple-

mentäres Wissen zu akquirieren und daraus Innovationen gemein-
schaftlich zu generieren. Dafür ist es erforderlich, dass das Unternehmen bestimmte interne Prozesse nach außen hin öffnet. Die externe
Relevanz kultureller Aspekte eines Unternehmens unterscheidet sich
dabei auf den ersten Blick nur geringfügig von der internen Relevanz.
Der Schlüssel liegt auch hier in der Offenheit gegenüber Neuem und
Fremdem. Der wesentliche Unterschied liegt in einer anderen Art
der Einflussnahme durch die Unternehmenskultur: Während sie bei
der Überwindung interner Grenzen einen direkten Hebel besitzt, um
Offenheit zu generieren, das NIH-Syndrom zu überwinden, die Wis-
sensverteilung zu vereinfachen und Bewertungsprozesse zu optimie-
ren, hat sie in Bezug auf die Netzwerk-Fähigkeiten des Unternehmens
nach außen nur eingeschränkte Beeinflussungsmöglichkeiten. Da ein
Unternehmen immer nur die eigene Kultur unmittelbar steuern kann,
gerade aber die Interaktion zur Innovation in einem Raum wirksam
wird, der zumindest in großen Teilen außerhalb der eigenen Grenzen liegt, entfällt dieser Mechanismus weitestgehend. Die Aufgabe
besteht demnach darin, zumindest einen indirekten Einfluss geltend
zu machen, indem im eigenen Unternehmen kulturelle Bedingungen
geschaffen werden, die auch für die Kooperation und Interaktion mit
externen Partnern förderlich sind.

Wichtiger Bestandteil von Open Innovation ist die aktive oder
auch passive (im Sinne von »Augen und Ohren stets offen haben«)
Suche nach Ideen, die das Potenzial zur Innovation haben. Inkrementelle Verbesserung findet man oft durch Befragung der eigenen
Mitarbeiter, Studien über die Entwicklungen in der eigenen Branche, brancheninterne Tagungen, Befragung der eigenen Stammkun-
den. Möchte man jedoch Ideen identifizieren, die das Potenzial für
radikale Neuerungen besitzen, lohnt es sich meist, über das Netzwerk, das für gewöhnlich zur Suche genutzt wird, hinauszugehen.
Das bedeutet aber auch, bei der Suche bestimmte Quellen nicht
von vornherein auszuschließen, nur weil sie vielleicht aus anderen
Ländern oder aus anderen Branchen stammen. Nur eine Unternehmenskultur, die sich stark macht für ein grundsätzliches Interesse an

neuen Ideen, (unkonventionellen) Lösungsansätzen und Impulsen jenseits bekannter Pfade, kann ein solches Vorgehen dauerhaft unterstützen und gewährleisten.

Aber auch in anderer Hinsicht ist Offenheit vonnöten: Der Open Innovator sollte über eine Art Anpassungsvermögen bzw. Fähigkeit zur Toleranz gegenüber den kulturellen Gegebenheiten und Spezifika des Gegenübers verfügen. Immerhin identifizieren Mortara u. a. gerade kulturelle Differenzen mit externen Partnern als eine der entscheidenden Hürden bei der Umsetzung von Open Innovation, da der Wissenstransfer durch einen Zuwachs an Komplexität erschwert wird. Die Autoren fanden heraus, dass fachlich Schwächere gegenüber fachlich besseren Kooperationspartnern vorgezogen werden, wenn sie die gleiche nationale Identität besitzen. [8] Es ist anzunehmen, dass eine Zusammenarbeit mit externen Akteuren desto mehr Anpassungsvermögen bzw. Toleranz verlangt, je fremder die Quelle ist. »Fremd« muss sich dabei nicht nur auf das Fachliche beziehen, sondern kann im Auge des Betrachters noch viele andere Formen annehmen – beispielsweise die bereits angesprochene Nationalität. In einer globalen Welt kann der potenzielle Partner, egal ob Individuum oder Unternehmen, aus verschiedensten Teilen der Welt kommen und damit unter Umständen einen völlig anderen kulturellen Hintergrund besitzen. »Fremd« kann aber auch die Unternehmenskultur des Gegenübers sein, weil sich seine Arbeitsweise von der eigenen unterscheidet oder andere Umgangsformen gepflegt werden.

Damit die Interaktion mit Akteuren aus der Unternehmensumwelt zum Erfolg wird, muss – analog zur internen Betrachtungsweise – auch hier zunächst Vertrauen geschaffen werden. Wie bereits dargelegt, bedingen sich Offenheit und Vertrauen gegenseitig und beide Gesichtspunkte sind bei Innovationskooperationen besonders kritisch, zumal Kooperationen mit Externen häufig an unterentwickelten, persönlichen Beziehungen leiden. [12] Erschwert wird diese Tendenz noch dadurch, dass heute verstärkt über Informations- und Kommunikationstechnologien kommuniziert wird und es nicht mehr so häufig zu persönlichen Gesprächen »face to face« kommt. Um also die bestmöglichen Voraussetzungen für eine Interaktion zu schaffen, muss Vertrauen aufgebaut werden (siehe dazu weiter unten), welches wiederum auf der Güte der persönlichen Beziehungen beruht.

Wie viel Vertrauen sich in einer Kooperation mit Externen aufbauen lässt, kann allerdings von Partner zu Partner unterschiedlich ausgeprägt sein. In Asien etwa wird sehr viel mehr Wert auf persönliche Beziehungen gelegt als in der westlichen Welt – hier wird Vertrauen durch Formalia wie Verträge gebildet. Verträge oder »non disclosure agreements« haben in diesem Zusammenhang aber praktisch wenig Nutzen. Sie schützen zwar vor Missbrauch, motivieren den Partner deswegen aber noch lange nicht, sich auch kooperativ zu verhalten. Wichtiger ist es, dass in der Zusammenarbeit starke zwischenmenschliche Bindungen entstehen können, die auch bei sich ändernden Umweltbedingungen die Interaktion sichern und damit für Kontinuität, geringeres opportunistisches Verhalten sowie einfache Konfliktbe-

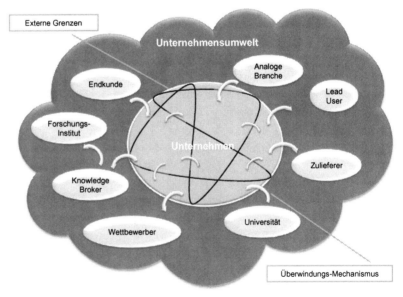

Abb. 3: *Externe Relevanz der Unternehmenskultur (eigene Darstellung)*

wältigung sorgen. Außerdem ist bei Beziehungen, die auf Vertrauen basieren, weniger Monitoring-Aufwand für die Interaktion nötig, der die Transaktionskosten nur unnötig erhöhen würde. Insofern trägt die Unternehmenskultur auch zur Effizienz von Open Innovation bei.

Aktive Gestaltung einer Open-Innovation-Kultur

Besonders interessant ist natürlich die Frage, wie sich eine Unternehmenskultur aktiv so gestalten lässt, dass sie Open Innovation fördert. Das Unternehmen Procter & Gamble hat mit seiner Initiative »Connect + Develop« vor allem die Erfahrung machen müssen, dass die Unternehmenskultur zwar den entscheidenden Hebel für eine Erweiterung des Innovationsprozesses darstellt, aber Veränderungen derselben einen langen Atem brauchen [4] – gerade Unternehmen in der Größenordnung wie P&G benötigen dafür viele Jahre.

Dennoch führt kein Weg daran vorbei, die Unternehmenskultur einem Change Management zu unterziehen. Offenheit zu praktizieren, heißt in den meisten Fällen, die Dinge völlig anders zu sehen als zuvor. Open Innovation liegen Normen, Werte und soziale Regeln zugrunde, die vielen Unternehmen und ihren Mitarbeiten fremd sind, ja ihnen beinahe falsch vorkommen. Oftmals heißt das, die eigenen Grundsätze, mit denen man jahrelang erfolgreich gewesen ist, kritisch zu hinterfragen und vielleicht später völlig konträr zu betrachten. Über die Jahre haben sich für viele immer wiederkehrende Problemstellungen bestimmte Lösungsmethoden herauskristallisiert, die das Handeln bestimmen und neue Entwicklungen ausblenden, die alte Annahmen obsolet gemacht haben. Das Innovationen Institut kommt in seiner »Trendstudie Innovation & Wachstum« zum gleichen Ergebnis: 76 % der 100 befragten Unternehmen sahen im Umdenken eine der größten Hürden im modernen Innovationsmanagement. [13]

Es gibt allerdings keine allgemeingültige Schablone für diesen Veränderungsprozess – gerade weil die Unternehmenskultur aus spezifischen Bindungen zwischen den Mitarbeitern, ihren individuellen Erfahrungen und Interaktionen beruht, muss jedes Unternehmen seinen eigenen Weg finden, diesen Prozess zu gestalten. Zudem beeinflussen soziale und wirtschaftliche Rahmenbedingungen sowie die Struktur und die Strategie der Organisation deren Kultur.

Mit Mortara u. a. lassen sich zwei besonders Open Innovation förderliche kulturelle »Archetypen« identifizieren, die unternehmensweite Grundsätze widerspiegeln – »Achievement« und »Support« [8]:

⇨ Der *Achievement*-Typ ist durch Flexibilität, Anpassungsfähigkeit und Dynamik charakterisiert. Macht erhält man durch Expertise und die Mitarbeiter sind intrinsisch motiviert. Im Gegensatz zu extrinsischer Motivation bedarf es hier keiner externen Stimuli zur Motivation, sie ist in der Arbeit selber begründet. Die interne Kontrolle erfolgt hauptsächlich über Selbstkontrolle und Eigenverantwortlichkeit. Es wird problemlösungsorientiert und kompromissbereit gearbeitet.

⇨ Der *Support*-Typ betrachtet sich und jeden Einzelnen als Teil des Ganzen – lebt also vom Zugehörigkeitsgefühl. Aus den Beziehungen untereinander generiert sich für die Mitarbeiter ihre Zufriedenheit. Die Kultur beruht auf der Wechselseitigkeit der sozialen Bindungen. Dementsprechend erfolgt die Kontrolle auch kollektiv über gegenseitige Verantwortlichkeit. Auf sich ändernde Umweltgegebenheiten wird mit dynamischer Verknüpfung und Transformation reagiert.

Bei beiden Archetypen steht die Anerkennung von Leistungen stets vor regulativen Methoden.

Grundlage für eine Veränderung der Unternehmenskultur ist eine offen kommunizierte Vision der Unternehmensführung, die den zukünftigen Idealzustand proklamiert. In ihr werden Werte, Normen, Denkweisen und Umgangsformen formuliert, die den oben erwähnten Grundsätzen der Offenheit entsprechen (Risikofreude, Kommunikation des eigenen Wissens, Veränderung als Chance etc.). Das bedeutet zum Beispiel, konkret Richtlinien zur organisationsexternen und -internen Kommunikation, Führungsgrundsätze oder andere Verhaltensweisen festzulegen. Hierdurch wird ein Rahmen geschaffen, der sämtliche Unternehmensbereiche umfasst und Strahlwirkung sowohl intern als auch extern besitzt. Insgesamt muss die skizzierte Vision das bewusst gewollte Selbstverständnis des Unternehmens wiedergeben.

Jeder Rahmen ist jedoch überflüssig, wenn der Inhalt fehlt. Die Prinzipien der Vision bzw. das Selbstverständnis des Unternehmens müssen konkret bei der täglichen Arbeit Anwendung finden, das heißt, authentisch gelebt und kommuniziert werden. Letzteres lässt sich beispielweise über Trainings und Schulungsmaßnahmen sicherstellen, in denen die Inhalte der Vision an die Mitarbeiter weitergegeben werden. Besonders wichtig in diesem Zusammenhang ist der Support durch das Topmanagement. Es gibt kaum einen besseren Weg, um die Vision einer offenen Unternehmenskultur zu kommunizieren, als dadurch, dass selbige durch die oberen Führungsebenen glaubwürdig vorgelebt werden. Für Mortara u. a. ist dieser Aspekt der bedeutendste Enabler für Open Innovation. [8]

Führungskräfte sollten eine Vorbildfunktion einnehmen und das entworfene Leitbild der Offenheit sichtbar praktizieren, propagieren und belohnen. Dann werden auch die Mitarbeiter die vorgelebten Werte übernehmen. Wichtige Werte sind beispielsweise Ehrlichkeit und die Übernahme von Verantwortung nach dem Motto: »The important thing is not that you make a mistake but how you deal with it.« Sie spiegeln die Erkenntnisse aus den kulturellen Archetypen wider.

Mit folgenden Maßnahmen können Führungskräfte Offenheit praktizieren: Regelmäßige Versammlungen, in denen das Topmanagement über aktuelle Entwicklungen informiert sowie Meetings auf jeder Hierarchieebene, in denen Führungskräfte vor allem Informationen empfangen und nicht nur senden. Jedoch ist der Support durch das Topmanagement nur ein Punkt; bei aller Relevanz sollte nicht vergessen werden, dass für die Umsetzung letztendlich der operative Bereich zuständig ist. Ein Top-down-Ansatz generiert »nur« Fügsamkeit, jedoch noch keine Akzeptanz. Der oben genannte Ansatz ist demnach als gutes Mittel zum Zweck zu sehen, wenn es gelingt, die Mitarbeiter im operativen Bereich wahrhaftig von dem neuen Innovationsparadigma der Offenheit und der dazugehörigen Unternehmenskultur zu überzeugen

Dabei spielt zum Beispiel eine entsprechende Motivation durch gezielte Anreize eine Rolle. Schuster versteht unter Anreizen »situative Bedingungen, die die Mitarbeiter aufgrund ihrer individuellen Bedürfnisstruktur zu einem bestimmten (Leistungs-)Verhalten anregen. Sie aktivieren Motive (Verhaltensbereitschaften) und besitzen Aufforderungscharakter, da sie Mitarbeiter beeinflussen, bestimmte Handlungen in der für das Unternehmen erforderlichen Intensität durchzuführen.« [14] Besonders eine öffentlich sichtbare Wertschätzung durch die Führungskräfte hat dabei einen hohen Stellenwert und wirkt sich motivierend auf die Mitarbeiter aus. Liegt also beispielsweise eine Führungskultur vor, die einem Mitarbeiter Wertschätzung entgegenbringt (Bedürfnis), wenn er interne und externe Ideen als gleichwertig betrachtet (den Unternehmenszielen entsprechende Handlung), und lobt man daher sein Verhalten etwa in einem unternehmensweiten Blog (Anreiz), dann kann hieraus für den Mitarbeiter eine Motivation entstehen. Sicherlich sind monetäre oder andere materielle Anreize denkbar – diese werden allerdings oftmals kritisch gesehen, da sie sich schnell abnutzen und eher von kurzfristigem Charakter sind. Dazu verlieren sie ihre Wirkung bei höherem Lohnniveau. Vielmehr ist es wirksamer, eine stimulierende Kultur zu erzeugen, durch die der Mitarbeiter seine Tätigkeit tendenziell weniger als Pflicht und Mittel zur ökonomischen Sicherung, sondern als Möglichkeit zur Selbstentfaltung und -erfüllung sieht.

Eine offene Unternehmenskultur lässt sich vor allem auch durch die Ausbildung von Diversität im Unternehmen erzeugen, indem man beispielsweise gezielt Mitarbeiter mit verschiedenen kulturellen und beruflichen Hintergründen rekrutiert. Werden Internationalität und Interdisziplinarität im Unternehmen gelebt, fällt es sehr viel leichter, mit möglichen Partnern aus aller Welt und aus allen Branchen zusammmmenzuarbeiten – die Adaptivität wird erhöht. Außerdem trägt man auf diese Weise auch dem Gedanken der »Brainstorming Culture« Rechnung, da bewusst andere Denkweisen im Unternehmen gefördert werden. Ein Ingenieur wird anders an ein Problem herangehen als ein Ökonom oder ein Sozialwissenschaftler. Diese Eigenheiten sollten bewusst genutzt werden, um kreative Diversität zu fördern.

Schon mehrfach wurde die zentrale Bedeutung von Vertrauen auf individueller wie auch auf organisationaler Ebene für offene Innovationsprozesse hervorgehoben. Damit ein Unternehmen konkret über den Kultur-Hebel Vertrauen generieren kann, das die Entstehung von starken Bindungen forciert, müssen bestimmte Voraussetzungen geschaffen werden (siehe Rawlins Definition weiter oben). Zum einen müssen Intention und Verhalten im Unternehmen einander entsprechen, wofür ein gewisses Maß an Prinzipientreue vorhanden sein muss. Wenn ein Unternehmen Leitlinien wie das erwähnte »Proudly Found Elsewhere« propagiert, müssen solche Grundsätze in der Praxis auch erkennbar sein. Des Weiteren sollte man einander Wohlwollen entgegenbringen, bei dem zum Ausdruck kommt, dass man im Interesse des Anderen handelt. Durch eine Kultur, die sichtbar eine Atmosphäre »of genuine care and concern« [12] erzeugt, wird die Bildung von Vertrauen intensiviert und damit der Erfolg von Open Innovation gestützt. Verlässlichkeit und Ehrlichkeit sind ebenfalls entscheidende Faktoren, die sich beispielsweise durch Einhaltung von Absprachen bzw. durch Übernahme von Verantwortung oder auch Transparenz im Handeln demonstrieren lassen. All diese Verhaltensweisen sollten sich in den kollektiven Normen, Werten und sozialen Regeln widerspiegeln. Und schließlich ist auch Kompetenz ein vertrauensförderndes Kriterium, das sich durch fachlich einwandfreie Leistungen, Einfluss in bestimmten Fachgebieten und entsprechende Referenzen nachweisen lässt.

Neben den genannten Aspekten schafft aber auch die Kraft einer Marke, also die Reputation eines Unternehmens, Vertrauen in der Unternehmensumwelt. Besitzt ein Unternehmen den Ruf verlässlich, gut, transparent, etc. zu arbeiten, so wird sich ein externer Akteur viel eher auf eine Kooperation einlassen. Hier bietet sich übrigens die einzige Möglichkeit, schon vor dem Beginn einer Kooperation bereits mit einer gewissen Basis an Vertrauenswürdigkeit ausgestattet zu sein, denn Reputation steht ex ante zur Verfügung. Demnach liegt im Aufbau einer starken Reputation ein mächtiges Werkzeug bereit, um für Open Innovation adäquate Partner zu finden – qualitativ wie quantitativ. Entsprechend sorgfältig sollte die *Corporate Identity* gebildet werden, um damit korrespondierende Assoziationen mit einer Marke hervorrufen zu können. Schließlich definiert die Marke das Wesen des Unternehmens und verleiht ihm ökonomische, symbolische und soziale Bedeutung – und hieraus leitet sich dann ab, wie das Unternehmen bzw. die Marke von außen wahrgenommen wird (Reputation). Je größer das Vertrauen im Vorfeld der Kooperation, desto größer auch die Bereitschaft eines externen Akteurs, für einen Wissensautausch zur Verfügung zu stehen. Ein Open Innovator sollte folglich in der Lage sein, eine Corporate Identity aufzubauen, die in der Unternehmenswelt für Vertrauenswürdigkeit sorgt. Dies geschieht über die Zeit automatisch, wenn der Open Innovator entsprechend den Rawlins-Prinzipien agiert.

Je intensiver die Kooperation, also je häufiger das Unternehmen und der Kooperationspartner miteinander interagieren, desto schneller entwickeln sich Bindungen, Freundschaften und damit Vertrauen. Kooperatives Verhalten ist ein sehr viel stärkeres Signal der Vertrauenswürdigkeit, als es ein Vertrag jemals generieren könnte. Wenn also bereits die Unternehmenskultur eine solches Verhalten als Norm vorgibt, werden die Mitarbeiter es nicht nur innerhalb des Unternehmens, sondern auch bei der Durchführung von Open Innovation praktizieren. Weiterhin entwickelt man durch die Zusammenarbeit kollektive Normen, Werte sowie ein soziales Regelwerk, was den Wissenstransfer durch Interaktionsmuster, gemeinsames Verständnis sowie eingespielte Arbeitsabläufe erheblich vereinfacht.

Gerade aber der Faktor Zeit zur Interaktion ist je nach Art der Kooperation und auch aufgrund des steten Innovationsdrucks eher kritisch. Jahrelange Beziehungen können in den wenigsten Fällen aufgebaut werden – insbesondere dann, wenn man Community Sourcing bzw. Crowdsourcing mit einer großen, anonymen Gemeinschaft betreibt (z.

B. ein offener Ideenwettbewerb auf der Homepage). Hier kann dann nur wieder auf die Bedeutung der Marke verwiesen werden.

Kommunikation als Basis für eine offene Kultur

Der folgende Abschnitt thematisiert die Kommunikation im Unternehmen und ihren Einfluss auf eine offene Unternehmenskultur. Kommunikation ist der bi-direktionale Austausch oder die Übertragung von Informationen. Sie kann verbaler oder non-verbaler Natur sein und verschiedene Medien als Träger nutzen (Telefon, Forum, persönliches Gespräch, etc.). Durch interne Kommunikation werden Aufgaben koordiniert und die Kooperation zwischen Mitarbeitern bzw. Abteilungen organisiert. Die »Trendanalyse Innovation & Wachstum«, bestätigt, dass die Kommunikation mit 77-prozentiger Nennung einer der größten Hürden im Innovationsmanagement ist. [13]

So wie eine offene Unternehmenskultur Kommunikation ermöglicht, so fördert Kommunikation im Gegenzug eine offene Kultur. Insofern lassen sich interne wie externe Grenzen auch nicht ausschließlich über den Kultur-Hebel überwinden, sondern ebenso essenziell sind hierfür Maßnahmen, die eine übergreifende Kommunikation erst ermöglichen und fördern.

Zweckdienliches Mittel dafür sind in erster Linie Kommunikationsplattformen, die sich durch ein Open- Innovation-Team oder auch intermediärere Dienstleister wie Knowledge Broker einrichten lassen. Solche Plattformen bilden die Knotenpunkte in einem großen Kommunikationsnetzwerk. Sie vermitteln, übermitteln und moderieren und können dies sowohl im Unternehmen als auch über Unternehmensgrenzen hinweg, um den Zugang zu externen Quellen zu ermöglichen. Dabei lässt sich über eine Plattform eben nicht nur ermitteln, wer was in verschiedenen Branchen und Anwendungsgebieten weiß, sondern auch, wie sich eine Verbindung zu diesen potenziellen Wissensträgern aufbauen lässt. Mit Blick auf das jeweilige Innovationsproblem können also die passenden Kanäle und Beziehungen hergestellt werden.

Übrigens verfügen im Unternehmen meist auch Führungskräfte aus ihrer Historie über ein weitreichendes Netzwerk und sind damit prädestiniert, um ähnliche verknüpfende Funktionen auszuüben. Aber auch andere Mitarbeiter sind Netzwerken angeschlossen, die wertvolle Hinweise auf passende Wissensquellen liefern können. Im Besonderen sind dies Forscher und Entwickler, die auf Konferenzen und in Projekten für Open Innovation relevante Kontakte knüpfen. Durch die Einführung einer unternehmensweiten Datenbank, ähnlich wie im Customer Relationship Management, lassen sich diese Daten bündeln und somit die Fähigkeiten des Unternehmens verbessern, potenzielle Quellen zu identifizieren. Weitere Möglichkeiten, Kommunikationsplattformen herzustellen, sind beispielsweise Interaktions-Plattformen (Web 2.0), virtuelle Arbeitswelten, Foren, Intranet-Seiten und andere offene Kommunikationselemente. Auf diese Weise können verschiedene Abteilungen in einer »virtuellen Organisation« zusammenwachsen. Auch Maßnahmen wie Job Rotation können eine übergreifende Kommunikation unterstützen, indem die Mitarbeiter ihr Wissen in die neue Abteilung transferieren.

Sind im Open-Innovation-Prozess geeignete Wissensträger gefunden und Kooperationen mit ihnen geschlossen worden, entsteht ein interaktives Netzwerk. Zwischen dem Unternehmen und den externen Partnern/Quellen müssen dann Kommunikationsverbindungen hergestellt und gemeinsame Schnittstellen konfiguriert werden. Aufgrund unterschiedlicher Führungsstrukturen sowie der physikalischen, kognitiven und kulturellen Distanz zwischen den Partnern leiden nicht wenige Kooperationen unter Koordinationsproblemen, woraus ein Mangel an Kommunikation und damit einhergehend ein schlechter Informationsfluss resultieren.

Am besten ist es daher, die externen Akteure in die internen Kommunikationsplattformen zu integrieren und so Schnittstellen auszubilden. Eine weitere Methode zur Gestaltung von Schnittstellen ist die bewusste Platzierung von so genannten *Gatekeepern*. [1] Dabei handelt es sich um Schlüsselpersonen, die den Wissens- und Informationstransfer durch informelle Kommunikation begünstigen und das Unternehmen mit ihrem Quellen-Portfolio verbinden. Sie überwachen die Unternehmensumwelt, filtern relevante Informationen heraus und sind daher »of particular importance when the external information is not directly related to core activities of the organization and requires contextual interpretation to be considered useful by other members of the organizations.« [7]

Cassiman und Veugelers zeigen: Je besser die Kommunikationsstruktur, desto effizienter ist die Nutzung von externem Wissen. [3] Über die Ausgestaltung von Plattformen und Schnittstellen wird eine solche Grundstruktur geschaffen, die es erlaubt, mit Wissensquellen zu kommunizieren, zu interagieren und sich damit geeignet zu koordinieren. Aber natürlich muss die Kommunikation auch während des eigentlichen Innovationsprozesses aktiv gestaltet werden. Der konkrete Austausch und die Kombination von Wissen basiert in offenen Innovationsprozessen auf sozialer Interaktion und Teamwork. Hierzu werden spezielle Fähigkeiten benötigt, die Reichwald und Piller in ihrem auf Kunden spezialisierten Kontext als »Interaktionskompetenz« beschreiben. [10] Andere nennen es »cooperative competencies« oder »collaboration capibility«, um nur einige Beispiele zu nennen.

Wie kann das operativ umgesetzt werden? Zum einen durch die Installation formaler und informaler Kommunikationskanäle, die dem zeitgerechten, präzisen und gehaltvollen Austausch von Informationen dienen, wodurch Unsicherheiten bezüglich Motivation, Kompetenzen und Abläufen abgebaut und damit ein ganzheitliches Bild vom Partner übermittelt werden kann. Zu einem solchen Bild gehört Klarheit über spezifische Angewohnheiten des Partners, ein gemeinsames Verständnis der Pflichten und Regeln, gleiche Ansichten über den Weg zum Ziel sowie Konfliktbewältigungsstrategien. Durch die Einrichtung regelmäßiger Meetings, Brainstormings, gemeinsamer Aktivitäten, Telefonkonferenzen, Kaffeepausen zwischen gemeinsamen Sitzungen etc. kann eine geeignete Kommunikation realisiert werden. Darüber hinaus gehören auch Kommunikationsmodi wie regelmäßige Status-Reporte oder Präsentationen zu aktuellen Entwicklungen zu den Anforderungen.

Durch offene Kommunikationskanäle kann auch zeitnah auf den Gegenüber reagiert und mit ihm interagiert werden. Um Distanzen

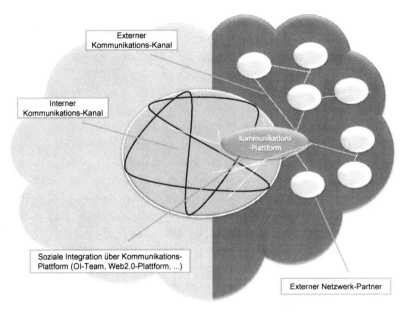

Externer Kommunikations-Kanal

Interner Kommunikations-Kanal

Kommunikations-Plattform

Soziale Integration über Kommunikations-Plattform (OI-Team, Web2.0-Plattform, ...)

Externer Netzwerk-Partner

Abb. 4:   *Kommunikations-Plattformen und -Kanäle (eigene Darstellung)*

zu überwinden, kann beispielsweise mit gemeinsamen, virtuellen Arbeitsräumen gearbeitet werden, die heutzutage technisch soweit fortgeschritten sind, dass sie fast schon eine Interaktion wie von Angesicht zu Angesicht ermöglichen. Hierdurch wird der Eindruck von »Präsenz« verstärkt und eine umfassendere Interaktion ist möglich (z. B. non-verbal durch Gestik), was entscheidend zur Übertragung von implizitem Wissen beiträgt, das beispielsweise nicht durch einen Chat artikulierbar ist.

Als Resultat von guter Kommunikation entwickeln sich Interaktionsmuster (Patterns of Interaction), die auf gemeinsamen Auffassungen und Werten bezüglich der operativen Bewältigung bzw. Koordination der Partnerschaft beruhen. Es entstehen eine gemeinsame Sprache und Codes sowie eine »beziehungsmäßige Eingebundenheit« (Relational Embededdness). Diese kennzeichnet die Qualität der Beziehung zwischen den Akteuren und beschreibt die durch die

Interaktion mit der Zeit entstehenden Freundschaften und Respekts-
beziehungen. Auf dieser Basis ist dann ein koordinierter, effizienter
Austausch von Wissen möglich.

Erfolgreicher Output aus der Kooperation mit einem externen
Partner lässt vor allem dann gewinnen, wenn die gemeinsame Interaktion und damit Kreativität sowie Problemlösungsprozesse entsprechend stimuliert werden. Gerade das Human Resource Management
ist darauf ausgelegt, um für die dafür nötigen integrativen Mechanismen zu sorgen. So kann es etwa durch gemeinsame Events, Trainings
und andere Begegnungsräume das Entstehen von gegenseitigen Bindungen gezielt fördern, Vertrauen aufbauen und den freien Informationsfluss bestärken. Nebenbei entsteht dadurch auch ein kollektives
Gedächtnis für implizites Wissen (wie beispielweise ein Team von Ar-
beitern beim Betonieren einer Bodenplatte zusammenwirken muss),
das für das einzelne Individuum nicht einsehbar ist und erst durch
Interaktion freigesetzt und damit nutzbar wird.

Zum Aufbau starker Bindungen zwischen Menschen, egal ob
intern oder mit Externen, ist ein extensiver und stetiger Kontakt
vonnöten, der dann in einer psychologischen Verbindung durch das
Verfolgen gemeinsamer Ziele mündet. Das wiederum ist mit äußerst
viel Aufwand im Hinblick auf das Management sowie auf finanzielle
und zeitliche Ressourcen verbunden, da starke zwischenmenschliche
Bindungen erst durch eine befriedigende Interaktion über die Zeit
entstehen und ständig gepflegt werden müssen. Befriedigend ist eine
Interaktion dann, wenn die Partnerschaft auf gegenseitigem Respekt
und Interesse beruht, sich ernsthaft mit den Problemen, Ideen und
Umständen des Gegenübers auseinanderzusetzen, was über ein rein
pflichtmäßiges Abverlangen von Aufmerksamkeit für den Anderen
hinausgeht.

Literatur

[1] ALLEN, T. J.: *Managing the flow of technology, technology transfer and the dissemination of technological information within the R&D organization.* Cambridge, MA: MIT Press, 1977

[2] BRIGHT, D.; PARKIN, B.: *Human Resource Management – Concepts and Practices, Business Education Publishers Ltd., 1997, S. 13*

[3] CASSIMAN, B.; VEUGELERS, R.: *Complementarity in the innovation strategy: Internal R&D, external technology acquisition, and cooperation in R&D. IESE Business School, Universidad de Navarra, Spanien, März 2002*

[4] DODGSON, M.; GANN, D.; SALTER, A.: *The Role of Technology in the Shift Towards Open Innovation: The Case of Procter & Gamble. R&D Management, Vol. 36, No. 3 (Juni 2006), S. 333-346*

[5] KATZ, R.; ALLEN, T.: *Investigating the Not Invented Here (NIH) Syndrome: a look at the performance, tenure and communication patterns of 50 R&D project groups. R&D Management, Vol. 12 (1982), S. 7-19*

[6] KOGUT, B. & ZANDER, U.: *Knowledge of the firm, combinative capabilities, and the replication of technology. Organization Science, Vol. 3, No. 3 (1992), S. 383-397*

[7] LEWIN, A. Y., MASSINI, S. & CARINE, P.: *The Configuration of Internal and External Practiced Routines of Absorptive Capacity: A New Perspective. CEB Working Paper N° 08/010. Université Libre de Bruxelles – Solvay Business School – Centre Emile Bernheim, Belgien, Februar 2008*

[8] MORTARA, L., NAPP, J. J., SLACIK, I. & MINSHALL, T. (2009). *How to implement open innovation. University of Cambridge, UK.*

[9] RAWLINS, B. L.: *Trust and PR Practice (29. Oktober 2007). Abgerufen am 30. Dezember 2009 von www.instituteforpr.org/essential_knowledge/detail/trust_and_pr_practice/*

[10] REICHWALD, R.; PILLER, F.: *Interaktive Wertschöpfung – Open Innovation, Individualisierung und neue Formen der Arbeitsteilung, 2. Auflage. Wiesbaden: Gabler Verlag, 2009*

[11] SCHEIN, E. H.: *Organizational Culture and Leadership – A Dynamic View, First Edition. San Francisco, USA: Jossey-Bass, 1985*

[12] SCHREINER, M.; KALE, P.; CORSTEN, D.: *What really is Alliance Management Capability and how does it impact Alliance Outcomes and Success? Strategic Management Journal, Vol. 30 (2009), S. 1395-1419*

[13] GLANZ, A.: *Innovationen Institut – Trendanalyse Innovation & Wachstum, 2004*

[14] SCHUSTER, M.: *Absorptive Capacity und Anreizperspektive – Wissensabsorption und Innovativität aus organisationstheoretischer Sicht. München und Mering: Rainer Hampp Verlag, 2006*

Zusammenfassung

Open Innovation ist ein neues Paradigma, bei dem viele Unternehmen Neuland betreten werden. Gleiches gilt auch für die Unternehmenskultur, die einen wesentlichen Bestandteil für diese Art des Innovierens bildet. Offene Innovationsprozesse sind »Kopfsache« – Werte, Normen und Denkweisen sind in den Köpfen der Mitarbeiter verankert und müssen für Open Innovation neu ausgerichtet werden. Dies erfordert in den meisten Unternehmen einen langwierigen Veränderungsprozess, damit Risikofreude, Bereitschaft zur Weitergabe von Wissen, Akzeptanz von externen Ideen etc. zur Selbstverständlichkeit werden. Bei der gezielten Gestaltung seiner Kultur muss das Unternehmen eine aktive Rolle spielen. Vor allem das Topmanagement muss die kulturellen Grundprinzipien täglich authentisch vorleben, um für Integrität zu sorgen. Weitere Möglichkeiten des aktiven Handelns und Gestaltens zeigen sich besonders im Hinblick auf die Kommunikation. Sie ist in Wechselwirkungen mit der Unternehmenskultur zu sehen und an Open Innovation anzupassen. Zentral dabei ist, interne wie externe Grenzen zu überwinden, um einer Interaktion Rechnung zu tragen, die auf eine Steigerung von Effektivität und Effizienz der internen Nutzung externen Wissens durch Identifikation, Akzeptanz und Transfer abzielt.

Wie der Kulturwandel für Open Innovation gelingt

Jedes Unternehmen, das Open Innovation implementieren will, wird fast zwangsläufig auch mit dem Thema Kulturwandel konfrontiert. Dieser Beitrag zeigt am Fallbeispiel eines DAX-Unternehmens, wie man diese Problematik praktisch angeht und den erforderlichen Veränderungsprozess schrittweise managen kann.

In diesem Beitrag erfahren Sie:
- wie ein im notiertes DAX Unternehmen das Thema Open Innovation umsetzt,
- welchen zentralen Stellenwert das Thema Kulturwandel dabei hat,
- mit welchem strukturierten Vorgehen dieser Change-Prozess angegangen worden ist.

Frank Mattes

Die Notwendigkeit für Open Innovation

In fast allen Industrien sehen sich Unternehmen einem stetig wachsenden Wettbewerbsdruck gegenüber. Die Mischung der wettbewerbsbestimmenden Kräfte variiert zwar von Industrie zu Industrie, aber wenn man mit Führungskräften einer bestimmten Branche über ihre wesentlichen Herausforderungen spricht, werden unweigerlich einige der folgenden Faktoren genannt:

- ⇨ zunehmender Effizienzdruck,
- ⇨ kürzer werdende Produktlebenszyklen,
- ⇨ steigende Variantenvielfalt,
- ⇨ steigende Kosten der Innovation,
- ⇨ zunehmende Anforderungen von Kunden und Anteilseignern,
- ⇨ schärfere Umwelt- und Sicherheitsauflagen.

Als Antwort auf diese Herausforderungen messen viele Manager der Innovationsfähigkeit ihres Unternehmens eine hohe Bedeutung zu. Vorherrschend sind dabei Innovationen in Produkte und Prozesse: Prozessinnovationen sollen die Kosten für die Geschäftsprozesse senken, während Produktinnovationen Kaufanreize für die Kunden schaffen sollen. Nur ein geringer Teil der Unternehmen setzt auf Geschäftsmodell-Innovation, obwohl dies nachweislich einer der größten Hebel für das Wachstum der Gewinnmargen ist [1].

Das dabei angewandte Innovationsmanagement basiert auf einem Denkansatz, der auf zwei Säulen beruht:

⇨ eher intern gerichteter Fokus: Es wird unternehmensintern bzw. im kleinen Kreis mit wenigen externen Experten nach Lösungen auf »übersetzte« Kundenanforderungen gesucht,

⇨ ausgeprägte Kontrollmechanismen in Form expliziter Verantwortungsstrukturen und klar definierter Prozesse (um das der Innovation inhärente Risiko zu managen).

Die mit diesem Denkansatz erzielten Ergebnisse werden im Management häufig als enttäuschend beurteilt. Viele Vorstände und Geschäftsführer sind unzufrieden darüber, dass

⇨ die Anzahl der Innovation zu niedrig ist,

⇨ die meisten davon nur inkrementell sind und

⇨ der größte Teil nur einen enttäuschenden Erfolg im Markt erbringt.

Mit großer Wahrscheinlichkeit wird der oben beschriebene orthodoxe Denkansatz des Innovationsmanagements nicht ausreichen, um zukünftig erfolgreich zu sein. Samuel Palmisano, CEO von IBM, drückte dies wie folgt aus: »Um (in der Geschäftswelt von morgen) erfolgreich zu sein, muss man permanent innovieren – Innovationen in Technologien, Innovationen in Strategien und Innovationen in Geschäftsmodellen. Zur gleichen Zeit hat sich das Wesen der Innovation verändert. Es sind nicht mehr länger Einzelne, die in einem Labor vor sich hin forschen und mit einer großen Erfindung auftauchen. Es ist nicht der Einzelne. Es sind Gruppen. Es ist Multidisziplinarität. Es ist global. Es ist kollaborativ.« [1]

Open Innovation – Baustein für das Innovationsmanagement von morgen

Es gibt zahlreiche Hinweise darauf (z. B. in den Statistiken der World Intellectual Property Organisation), dass sich das Wesen der Innovation tatsächlich grundlegend ändert. Innovationen finden immer mehr an den Schnittstellen von momentan noch getrennten Bereichen (wissenschaftliche Disziplinen, Geografie und Organisationen) statt. Vielfach sind schon der Zugang zu Innovationsnetzwerken und das Know-how, wie man in diesen Netzwerken erfolgreich in노viert, ein Wettbewerbsvorteil.

Vor ein paar Jahren beobachtete der Harvard-Professor Henry Chesbrough, dass führende Unternehmen wie IBM und Procter & Gamble ihr Innovationsmanagement radikal erneuerten. In der Untersuchung dieser Unternehmen prägte er den Ausdruck *Open Innovation* (OI) für »einen neuen Denkansatz im Innovationsmanagement, unter dem Unternehmen externe Ideen genau so wie interne Ideen benutzen und interne genauso wie externe Pfade zum Markt wählen, während sie versuchen, ihre Technologie weiterzuentwickeln« [2]. Mit OI werden sozusagen die Ränder des Innovationstrichters eines Unternehmens durchlässig und Innovationen können leichter hinein- und hinausströmen. In diesem Sinne reflektiert OI das verflochtene Geschäftsleben der global vernetzten Gesellschaft, in der wir heute leben.

In Chesbroughs Definition sind zwei generische Richtungen der OI adressiert: »Inside-out«, also die aktive Verwertung von nicht wettbewerbsrelevantem geistigem Eigentum (Intellectual Property), sowie »Outside-in«, bei dem es sich Unternehmen zu einem dauerhaften Anliegen machen, externe Impulse und Know-how zur Erhöhung der Innovationsproduktivität zu nutzen.

Ein DAX-Unternehmen beginnt Open Innovation

Die meisten Unternehmen, die heute in signifikantem Maße OI betreiben, sehen das Thema vorzugsweise aus der Outside-in-Perspektive und/oder beginnen die Erschließung der in OI liegenden Potenziale von diesem Punkt aus. Dies gilt auch für das dieser Fallstudie zugrunde liegende Unternehmen, das aus Vertraulichkeitsgründen nicht genannt werden kann. Es ist im DAX gelistet und weltweiter Marktführer in ausgewählten Produktsegmenten.

Seit einigen Jahren hat unser Kunde ein formalisiertes Schema von Innovationsworkshops mit den innovativsten Lieferanten etabliert. Die Frequenz und die Form dieser Workshops hängen dabei von der Innovativität der jeweiligen Lieferanten ab, die in »Platin«, »Gold«, »Silber« und »Regulär« eingestuft sind. So werden z. B. mit »Platin«-Lieferanten bilaterale Workshops mindestens zweimal jährlich durchgeführt. Für »Silber«-Lieferanten gibt es einen gemeinsamen Workshop pro Jahr mit ausgewählten Lieferanten aus dieser Gruppe, dessen Thema sich von der aktuellen F&E-Agenda her ableitet.

Zeitlich versetzt wurde ferner ein Programm »Supplier in Residence« gestartet. Darin arbeiten Wissenschaftler eines ausgewählten Lieferanten über mehrere Wochen hinweg an spezifischen technisch-wissenschaftlichen Themen zusammen mit Wissenschaftlern unseres Kunden in einem gemeinsamen Labor auf dem eigenen Werksgelände. Dies wird mit wechselnden Lieferanten zwei bis dreimal pro Jahr durchgeführt.

Trotz dieser Aktivitäten und den damit erzielten Ergebnissen hatte das F&E-Topmanagement unseres Kunden den Eindruck, dass noch ein wesentlicher Baustein im OI-Portfolio fehlte: Ein »OI-Geschäftsprozess«, in dem kontinuierlich technisch-wissenschaftliche Herausforderungen (so genannte »Challenges«) einer globalen »Innovations-Community« vorgestellt, externe Ideen aufgefangen und bewertet sowie herausragende Ideen in den bestehenden Innovationsprozess integriert werden können.

Dieser Ansatz eröffnet substanzielle Vorteile:
⇨ große Zahl an Ideen für neue Produkte bzw. zur Lösung von technischen/wissenschaftlichen Herausforderungen,
⇨ höhere Innovationsgeschwindigkeit bzw. kürzere Time-to-market,
⇨ Reduzierung des Innovationsrisikos,
⇨ Vervielfachung der vorhandenen F&E-Ressourcen,
⇨ Senkung der vorlaufenden Fix-Entwicklungkosten und/oder Umwandlung von fixen internen F&E-Kosten in variable Kosten (über Partnerschaften mit Risikoteilung),
⇨ Erweiterung des bestehenden Netzwerks an Co-Innovatoren bzw. Lieferanten,
⇨ höhere Chance auf Durchbruchsinnovationen.

Schon in den ersten Diskussionen wurde klar, dass mit diesem Ansatz sowohl die Anzahl der F&E-Mitarbeiter, die mit externen Co-Innovatoren zusammenarbeiten, als auch die Intensität der externen Zusammenarbeit deutlich steigen würden. Mit anderen Worten würde ein breit angelegter Kulturwandel für einen großen Teil der F&E-Mannschaft erforderlich sein, um diesen Ansatz zum Erfolg zu führen.

Aus Sicht des F&E-Topmanagements stellte dies auch die größte Herausforderung in der Umsetzung dieses »OI-Geschäftsprozesses« dar. Als wir zu Beginn des gemeinsamen Projekts Interviews mit dem Führungsteam führten, bekamen wir interessante Antworten, warum man dies so sah:
⇨ »Wir haben eine stolze Unternehmensgeschichte mit mehr als 100 Jahren Erfolg. Unsere Forscher sind zutiefst überzeugt, dass sie global an der Spitze sind.«
⇨ »Unsere Wissenschaftler und Abteilungsleiter werden ermuntert, Patente einzureichen. Tatsächlich macht dies einen Teil ihres Bonus aus. Nun müssen wir ihnen sagen, dass sie externe Ideen aufsaugen, das zugehörige geistige Eigentum aber in einer kooperativen Art zusammen mit dem externen Partner verwerten sollen.«
⇨ »Unsere Wissenschaftler müssen das warme Nest der Lieferanten und Universitäten, mit denen sie bereits zusammenarbeiten,

verlassen und sich neuen und gleich qualifizierten Experten aus anderen Teilen der Welt stellen, die sie bis jetzt noch nicht kennen – dies wird zunächst viel Unsicherheit erzeugen.«

⇨ »Unsere Wissenschaftler haben einen spezifischen Weg entwickelt, wissenschaftliche Probleme zu benennen und zu lösen. Sie werden sich unsicher fühlen, wenn sie auf der Suche nach der nächsten Durchbruchsinnovation mit Experten aus anderen Industrien arbeiten, die eine andere Sprache und eine andere Art der Problemlösung haben.«

⇨ »Nehmen wir einmal an, wir bekommen exzellente Ideen von externen Experten, mit denen wir bislang noch nicht zusammengearbeitet haben. Wir müssen dann sicherstellen, dass diese Ideen in unseren Innovationsprozess eingesteuert werden. Deshalb müssen wir unsere Abteilungsleiter darauf vorbereiten, viele Projekte mit einer Vielzahl von Partnern, die sie heute noch nicht kennen, durchzusteuern.«

Wie ein Programm für den Kulturwandel entwickelt wird

Hintergrund: Die OI-Lösung des Unternehmens

Auf der Suche nach der Lösung für einen OI-Geschäftsprozess testete unser Kunde mehrere neutrale OI-Plattformen (wie z. B. Fellowforce, Zyrist, Innocentive, NineSigma oder Ideawicket). Letztendlich kam er aber zum Schluss, dass dieser Ansatz keine echte Lösung für einen OI-Geschäftsprozess ist – hauptsächlich wegen der entstehenden Kosten und den Ressourcenanforderungen.

Nach diesen Tests entschied unser Kunde daher, dass eine eigene, internetbasierte OI-Lösung implementiert werden sollte. Sie hatte folgende Anforderungen zu erfüllen:

⇨ Die OI-Lösung ist ein Nabe- und Speichen-Netzwerk, wobei unser Kunde die Nabe darstellt und eine vierstellige Zahl von globalen Co-Innovatoren (Lieferanten, Universitäten, Technische Berater) die Speichen.

⇨ Die internen Prozesse werden klar beschrieben und anhand definierter Performanz-Kriterien gesteuert; die externen Co-Innovatoren werden kontinuierlich hinsichtlich ihrer Performanz in den Challenges, zu denen sie eingeladen wurden, gemessen.

⇨ Die IT-Lösung muss ein hohes Maß an Schutz gegen Missbrauch des Netzwerks und den sich darin befindlichen Inhalten bieten.

⇨ Vor dem Zugang zum OI-Netzwerk muss jedes neue Mitglied eine standardisierte Erklärung unterschreiben, die die wechselseitige Vertraulichkeit regelt.

⇨ Es ist ein effizienter, einstufiger Frage-/Antwort-Prozess in einer vertraulichen Umgebung abzubilden. Die theoretische Möglichkeit einer weltweiten Suche nach den besten Ideen (mit der Gefahr, dass wertvolle Informationen an die Wettbewerber gelangen), bei der in einem zweiten Schritt in mühsamer Arbeit die wirklich guten aus einer Menge an unpassenden herauszufiltern sind, erschien insgesamt nachteilig. Voraussetzung für das Funktionieren dieses Ansatzes ist, dass die einzelnen Challenges einen hohen Informationsgehalt haben.

Drei Schritte, um den Kulturwandel zu managen

Bei der Implementierung von OI stoßen die meisten Unternehmen – wie auch unser Kunde – unmittelbar auf Fragen der Kultur und des Kulturwandels (»Change«). Bei der Auslegung des Change-Programms sollte man auf jeden Fall vermeiden, zu kurz zu springen und mit einer bloßen Ansammlung von »Sinn machenden« Trainings- und Kommunikationsmaßnahmen zu enden. Damit würde wahrscheinlich kein Kulturwandel gelingen. Schlimmer noch: Die beharrenden Kräfte bekämen Argumente dafür, warum es im Innovationsmanagement doch besser »weiter wie bisher« gehen soll.

Aus diesem Grund hängt ein großer Teil des Erfolgs der OI-Einführung davon ab, ein klares und solides Verfahren für die Entwick-

lung eines geeigneten Change-Programms zu haben. Dazu sollte das Programm drei Anforderungen erfüllen:
⇨ Es ist ausgerichtet auf den spezifischen Kulturwandel.
⇨ Es ist effektiv, indem es den Kulturwandel sicherstellt.
⇨ Es ist effizient, indem es dieses Ziel mit einem Minimum an Ressourcen und Budgets erreicht.

Wie lassen sich diese Anforderungen nun umsetzen? In der Praxis organisieren wir diesbezüglich die Entwicklung eines Change-Programms in drei Schritten (siehe Abb. 1):
⇨ Schritt 1: Klarheit darüber schaffen, was genau sich für wen verändern wird,
⇨ Schritt 2: Etablierung solider Design-Richtlinien für das Change-Programm,
⇨ Schritt 3: Detaillierung des Change-Programms.

Der Change beginnt dabei schon mit dem ersten Schritt, der dem Führungsteam die Daten für Diskussionen um die Ausgestaltung des

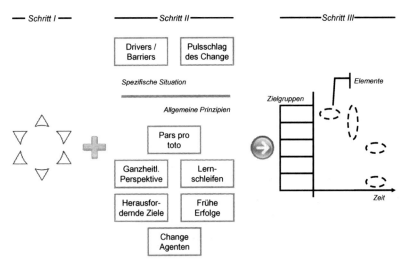

Abb. 1:   *Entwicklung des Change-Programms in drei Schritten*

Wandels liefert und der bei den in die Analyse einbezogenen Mitarbeitern zumeist Reflexionsprozesse über den Ist-Zustand in Gang setzt.

Schritt 1: Klarheit darüber schaffen, was genau sich für wen verändern wird

Bei der Implementierung von OI werden sich eine Vielzahl von Elementen für F&E und die benachbarten Funktionen (z. B. Patentabteilung und Beschaffung) ändern. Eine notwendige Voraussetzung für den Erfolg im Übergang von orthodoxer Innovation zu OI ist, dass sich das Topmanagement in vollem Umfang über die vielen Facetten der Veränderung bewusst ist, die eine Öffnung des Innovationsprozesses mit sich bringt.

In der Analyse leistet ein von uns entwickeltes Modell gute Dienste. Dieses Modell – wir nennen es *Change-Kompass* – besagt, dass sich Veränderungen in bis zu sechs Dimensionen ergeben können (siehe Abb. 2).

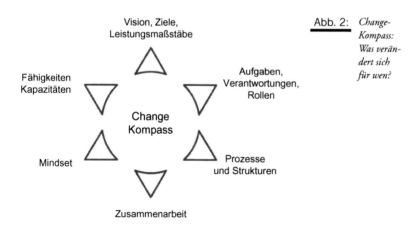

Abb. 2: *Change-Kompass: Was verändert sich für wen?*

393

Visionen, Ziele und Leistungsmaßstäbe

OI erlaubt es, den Blickwinkel der F&E zu erweitern und Kernkompetenzen neu zu definieren – somit mag sich durchaus die Vision der F&E verändern. Die erfolgreiche Implementierung von OI erlaubt bzw. erfordert die Neubewertung von allgemeinen Innovationszielen sowie die Anpassung der Leistungsmaßstäbe für die einzelnen Abteilungen.

Aufgaben, Verantwortungen und Rollen

Mit OI wird es sicher Änderungen in dieser Dimension geben, sodass eine Reihe von Aufgabenbeschreibungen anzupassen sind. Schlüsselfragen in diesem Zusammenhang sind: Welche neuen Aufgaben gibt es? Was sind die Veränderungen bezüglich bereits definierter Aufgabenbeschreibungen? Wie werden neue Aufgaben und neue Verantwortungen die Rollen der Schlüsselkräfte im Innovationsmanagement verändern? Gibt es neue Rollen?

Strukturen und Prozesse

Für gewöhnlich müssen eine ganze Reihe von neuen Prozessen beschrieben und eine Reihe von existierenden Prozessen angepasst werden. In der Regel führt die Einführung von OI auch zu Diskussionen über die Anpassung von Bereichen und Abteilungen.

Interne und externe Zusammenarbeit

Mit der Implementierung von OI werden sich Ausmaß und Art der internen Zusammenarbeit in einigen Schnittstellen verändern. Zusätzlich wandeln sich in der Regel auch Umfang, Intensität und Art der Zusammenarbeit zwischen internen und externen Innovatoren.

Mindset

Die erfolgreiche Implementierung von Open Innovation erfordert es, dass die hinter den Verhaltensweisen und Entscheidungen liegenden Annahmen, Methoden und Denkweisen (»Mindset«) der F&E-Führungskräfte und -Mitarbeiter in Richtung OI verändert werden. Entscheidend für den Erfolg der OI-Einführung ist daher die sorgfältige

Prüfung, in welchen Punkten das vorherrschende Mindset zu verändern ist, damit die neuen Verhaltensweisen und Entscheidungen OI unterstützen.

Fähigkeiten und Kapazitäten
Für gewöhnlich brauchen ausgewählte Mitarbeiter neue Fähigkeiten, etwa im Hinblick darauf, gute Challenges zu schreiben oder eine vorhandene IT-Plattform zu bedienen. Zusätzlich kann die Summe aller Veränderungen zur Anpassung von Personalkapazitäten führen.

Schritt 2: Solide Design-Richtlinien für das Change-Programm

Das OI-Change-Programm sollte zunächst sicherstellen, dass es sowohl die spezifischen Veränderungen, die im vorangegangenen Schritt identifiziert wurden, als auch die spezifische Situation in der Organisation berücksichtigt. Außerdem sollte es auf generell akzeptierten Prinzipien des Change-Managements (wie z. B. die weiter unten beschriebenen) beruhen. Mit diesem zweigeteilten Ansatz ist eine hohe Wahrscheinlichkeit gegeben, dass das Change-Programm gleichermaßen gezielt, effektiv und effizient ist.

Schritt 3: Ausarbeitung des Change-Programms

Mit den Ergebnissen der zwei vorangehenden Schritte ist es nun möglich, ein Change-Programm zu gestalten, das alle Veränderungen adressiert und gleichermaßen effektiv und effizient ist.

Dazu werden zunächst die Zielgruppen definiert, die durch das Veränderungsprogramm erreicht werden sollen. Um diese zu identifizieren, sollte man auf Funktionen, Hierarchieebenen und Gruppen mit jeweils spezifischem Grad der Einbeziehung in OI achten. Sodann sollten diese Zielgruppen nach homogenen Bedarf an Einbindung, Training und Kommunikation geclustert werden. Im Anschluss definiert man die Programmbausteine, die für die einzelnen Zielgruppen vorgesehen sind. Inhalt und »Geschmack« dieser Bausteine hängen von der OI-Lösung sowie von den Ergebnissen der Schritte 1 und 2 ab.

Praxisbericht: Veränderungen durch Open Innovation

Entlang des Change-Kompass (siehe oben) stellte unser Kunde die nachfolgend beschriebenen Veränderungen fest, die die Einführung von OI mit sich bringen würde.

Vision, Ziele, Leistungsmaßstäbe

Im Rahmen der Einführung von OI mussten Innovationsziele wie beispielsweise die F&E-Produktivität und F&E-Budgets adjustiert werden. Wir fanden auch heraus, dass die Leistungsmaßstäbe für F&E-Manager anzupassen waren. Im etablierten Innovationsmanagement hing ein Teil des jährlichen Bonus von dem Beitrag zum geistigen Eigentum des Unternehmens ab. Dieser wurde im Wesentlichen gemessen durch die Anzahl der eingereichten Patente. Dies passt allerdings nicht mit OI zusammen, weil es die falschen Anreize setzen würde: F&E-Manager würden fälschlicherweise incentiviert, *nicht* extern nach cleveren Ideen zu suchen bzw. sofort ein Patent einzureichen, wenn eine gute externe Idee herein kommt – was die angestrebte Kultur des Vertrauens mit den externen Co-Innovatoren untergraben würde.

Aufgaben, Verantwortungen und Rollen

Wir entdeckten neue, bislang nicht vorhandene Aufgaben wie z. B. »Identifizierung potenzieller OI-Themen«, »Schreiben von Challenges« und »Bewertung von Ideen«. Zudem wurden auch Veränderungen in der Management-Verantwortung erforderlich, wie etwa »Vorschläge für potenzielle Challenges freigeben«. Und schließlich zeigte sich auch, dass für das Management der Interaktion zwischen den internen Schlüsselkräften und den externen Co-Innovatoren eine neue Rolle installiert werden musste.

Strukturen und Prozesse
Wir stellten fest, dass eine ganze Reihe von neuen Prozessen gestaltet und eine kleinere Anzahl von bereits bestehenden Prozessen, z. B. das Management des F&E-Projektportfolios, angepasst werden mussten. Ferner diskutierten wir mit unserem Kunden auch darüber, ob eine dezidierte Verantwortungsstruktur für Open Innovation vorzusehen war (»OI-Abteilung«) oder aber die Verantwortlichkeiten für Open Innovation auf die bereits bestehenden Abteilungen aufzuteilen waren. Am Ende entschied sich unser Kunde für die letztere Option. Diese brachte in der Konsequenz eine weitere Veränderung der Rolle für einige F&E-Manager mit sich.

Interne und externe Kooperation
Unser Kunde fand heraus, dass sich die Intensität und Art der internen Zusammenarbeit in einigen Schnittstellen verändern würde, beispielsweise zwischen den in OI involvierten Abteilungsleitern und der Patentabteilung. Zusätzlich mussten die Abteilungsleiter die Fähigkeit zur Kooperation und zum Projektmanagement mit einer eher großen Anzahl häufig noch unbekannter externer Co-Innovatoren erlernen.

Mindset
Es wurde im gemeinsamen Projekt deutlich, dass die externe Kooperation auf neue Paradigmen aufgebaut werden musste. Für die im Change-Programm anstehenden Kommunikations- und Trainingsmaßnahmen wurden die Veränderungen prägnant formuliert, etwa in Form von Slogans wie »von *Not Invented Here* zu *Mit Stolz hier entdeckt*«, »Teilen ist wichtiger als Informationen verbergen« oder »*Partnering* ist wichtiger als *Work Around Patents*«.

Fähigkeiten und Kapazitäten

Die internen Schlüsselkräfte mussten neue Fähigkeiten entwickeln, z. B. »Gute Challenges schreiben« oder »Bedienung der IT-Plattform«. Die durch OI möglicherweise entstehenden Veränderungen in Kapazitäten konnten nicht ex ante bestimmt werden. Insofern vereinbarte man, Aufwandsstatistiken zu führen, um diese Frage zu einem späteren Zeitpunkt entscheiden zu können.

Praxisbericht: Design-Richtlinien für das Change-Programm

Die Richtlinien für die Gestaltung des Change-Programms wurden zunächst auf die nachfolgend beschriebenen fünf generellen Prinzipien des Change Managements aufgebaut:

⇨ Pars pro toto,
⇨ Ganzheitliche Perspektive und Prozessdesign mit Lernschleifen,
⇨ Herausfordernde Ziele und frühe Erfolge,
⇨ Benennung von Change-Agenten,
⇨ Berücksichtigung der spezifischen Situation.

Pars pro toto

Der Übergang vom orthodoxen Innovationsmanagement zu OI ist ein großer Sprung, der fundamentale Veränderungen in der Denkweise und dem Verhalten voraussetzt. Das Topmanagement muss dabei den Weg aufzeigen und Vertrauen in der Organisation erzeugen.

Angesichts vorhandener Unsicherheiten und Befürchtungen werden die Mitarbeiter sehr genau beobachten, welche Fragen das F&E-Topmanagement adressiert, wie darüber gesprochen wird, wie Ankündigungen umgesetzt und welche Symbole und Zeichen gesetzt werden. All diese Elemente wird die Mannschaft als Vorboten der zukünftigen Kultur interpretieren. Deswegen wird ein OI-Change-Programm kaum funktionieren, wenn es »von einigen Experten« hinter verschlossenen Türen entwickelt wird. Der Designprozess des Change-Programms muss den Geist der Offenheit, Partnerschaft und der gemeinsamen Innovation verkörpern, für den der Open-Innovation-Ansatz letztlich steht.

Im Falle unseres Kunden hatte eine Gruppe von etwa 40 Schlüsselkräften aus der F&E Zugang zur Projekt-Teamsite im Intranet. Diese Teamsite war auf Microsoft-Sharepoint-Technologien aufgebaut, sodass der Zugriff und die Erstellung von Dokumenten mit niedrigen technischen Hürden direkt aus MS-Office-Anwendungen heraus erfolgen konnten. Diese Schlüsselkräfte waren in der Lage, die gerade in Arbeit befindlichen Dokumente einzusehen, diese zu kommentieren, und sich in Online-Diskussionen zu engagieren. Insbesondere als es darum ging, die wesentlichen Botschaften für die interne und externe Kommunikation festzulegen, erwies sich der Beitrag dieser Gruppe als extrem wertvoll, da sie die »Stimmung an der Basis« einbrachten und halfen, die Botschaften entsprechend zu positionieren.

Ganzheitliche Perspektive und Prozessdesign mit Lernzyklen

Effektive Change-Programme müssen immer alle betroffenen Mitarbeiter einschließen. In diesem Sinne nehmen sie eine ganzheitliche Perspektive ein. Zusätzlich müssen solide Change-Programme eine sichere Umgebung bieten, um auszuprobieren, zu lernen und zu verbessern. Wie Chris Argyris sagte, besteht der effektivste Weg zum Organisationslernen darin, vorab geplante Lernzyklen zu installieren. Idealerweise sind dies Lernschleifen, die nicht nur »einstufig« Maßnahme und Erfolg prüfen, sondern »zweistufig« auch untersuchen, ob die zugrunde liegenden Annahmen zutreffen.

Zudem bauten wir in der Design-Richtlinie für das Change-Programm auf größer werdende Lernzyklen, die als Prüfsteine benutzt werden konnten, um zu sehen, welche Teile der OI-Lösung bereits funktionierten und welche weitere Arbeit benötigten. Die Lernzyklen, die wir einrichteten, waren (in zunehmender Größenordnung): Projektteam, Projekt-Lenkungskreis, interne Schlüsselkräfte, kleine Gruppe von externen Co-Innovatoren und mittelgroße Gruppe von externen Co-Innovatoren.

Herausfordernde Ziele und frühe Erfolge

Effektive Change-Programme haben klare und herausfordernde Ziele, die durch das F&E-Topmanagement gesetzt werden. Kommuniziert das F&E-Topmanagement diese Ziele in Kombination mit frühen Erfolgen, kann es auf diesem Wege gegenüber den betroffenen Mitarbeiter Vertrauen aufbauen und Führungsstärke zeigen. Für die Kommunikation früher Change-Erfolge benutzten wir größere Meilensteine (z. B. »Version 1 des Internetportals ist online«) und Ergebnisse aus den ersten OI-Challenges (z. B. »Wir erhielten 10 externe Ideen, 2 davon sind wirklich großartig und wir arbeiten nun an ihnen.«).

Benennung von Change-Agenten

Ein erfolgsentscheidender Schlüssel des Change-Programms war es, eine kleine Gruppe von Change-Agenten zu installieren, die die Logik der OI-Lösung voll verstehen, hinter dem Konzept stehen und als interne Multiplikatoren agieren. Diese Change-Agenten sollten nach dem Projekt das »tägliche OI-Geschäft« vorantreiben und unterstützen. Um die Change-Agenten schnell auf Geschwindigkeit zu bringen, wurden sie bereits in die Umsetzung des fachlich-inhaltlichen Konzepts eingebunden. Wir integrierten sie so, dass sie mehr und mehr Verantwortungen während des Implementierungsprojektes übernahmen. So waren sie während der ersten Lernzyklen in einer »Copiloten-Rolle« und in den späteren Lernzyklen in einer »Pilotenrolle«. Zusätzlich übernahmen sie noch einige der Arbeitspakete des Change-Programms und erhielten spezielle Trainings, z. B. ein Spezialtraining auf der IT-Plattform.

Berücksichtigung der spezifischen Situation

Das Design des Change-Programms orientierte sich neben den oben beschriebenen allgemeinen Prinzipien des Change-Managements auch an der spezifischen Situation. Hierbei standen zwei zentrale Fragen im Fokus, die im Folgenden erläutert werden.

1. Was sind die fördernden und hemmenden Kräfte für Change?
Die Kräfte, die den Change fördern bzw. ihm entgegenstehen (»Drivers and Barriers«), wurden in einer Reihe von Workshops und vertraulichen Interviews mit dem Topmanagement und internen Schlüsselkräften herausgearbeitet. Im Falle unseres Kunden waren zwei der wichtigsten *fördernden Kräfte* »Erwartungen des Vorstands« und »Chance, mit den besten Innovatoren weltweit zu arbeiten«.

Ein klares Verständnis der *hemmenden Kräfte* lässt sich mit einem selbst entwickelten Werkzeug gewinnen, das wir »Barriere-Radar« nennen. Dazu werden dem Management und den wichtigsten Mitarbeitern, die vom Change betroffen waren, insgesamt 60 Fragen, gestellt, die sich auf die Ausgangsposition (einschließlich Budget und Ressourcen), den Implementierungsansatz sowie die angestrebten Ziele richten. Die Fragen beinhalteten harte, quantitative Faktoren (z. B. »aktuelle Abteilungsziele werden durch den Change nicht betroffen«) und weiche, qualitative Faktoren (z. B. »der beabsichtigte Change ist eher Problembekämpfung als konsistente Entwicklung«). Die so erhaltenen Informationen wurden aggregiert und nach Abteilungen und Hierarchieebene ausgewertet. Sie liefern einen wertvollen Input für das Design des Implementierungsprogramms (siehe Abb. 3).

In dem Radar ist beispielhaft die aggregierte Darstellung einer Abteilung abgebildet. Es wird deutlich, dass diese Abteilung zwar die mit OI verfolgten Ziele in hohem Maße unterstützt, aber Zweifel am geplanten Weg und große Skepsis bezüglich der zur Verfügung gestellten Ressourcen hat.

2. Woran kann der Pulsschlag des Change gemessen werden?
Um das F&E-Topmanagement mit einem einfachen Instrument auszustatten, das einen Hinweis über die Geschwindigkeit und die Richtung des Change liefert, wurden mehrere Indikatoren, die den »Pulsschlag des Change« darstellen, identifiziert. Einer dieser Indikatoren war z. B. die »Wahrnehmung von Open Innovation aus Sicht der Abteilungsleiter«. Dazu wurde die Anzahl der unaufgeforderten Vorschläge für Challenges von den Abteilungs- an die Bereichsleiter

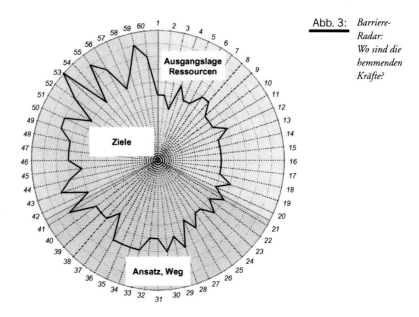

gemessen. Ein weiterer Indikator war die »Wertschätzung externer Expertise«. Dazu achteten die Abteilungsleiter auf den Stil, in dem externe Ideen intern diskutiert werden.

Praxisbericht: Detaillierung des Change-Programms

Schließlich setzten wir in Schritt 3 die Puzzlestücke zusammen und entwarfen das Implementierungsprogramm. Zunächst bestimmten wir die Zielgruppen, indem wir Gruppen mit einerseits »spezifischem Grad der Einbeziehung in OI« und andererseits mit »homogenen Bedarf an Einbindung, Training und Kommunikation« identifizierten. Danach wurden die Bausteine definiert, die für die einzelnen Zielgruppen vorgesehen waren, wobei die inhaltliche Gestaltung dieser Bausteine von den Ergebnissen der Schritte 1 und 2 abhing. Die Zielgruppen waren:

1. Vorstand
2. F&E-Topmanagement
3. F&E-Mittelmanagement
4. Change-Agenten
5. andere Schlüsselkräfte von F&E, in OI involviert, aber keine Change-Agenten
6. andere Mitarbeiter aus der F&E
7. benachbarte Funktionen, die in OI involviert sind (Beschaffung, Patente, Legal Affairs, etc.)
8. interne Öffentlichkeit

Wir gestalteten dann die Bausteine des Change-Programms und bildeten sie wie folgt auf die definierten Zielgruppen ab:
⇨ Ausrichtungsworkshops (Zielgruppen 1 und 2),
⇨ Operationalisierungsworkshops (2, 3 und 4),
⇨ Skills-Training (4 und 5),
⇨ Coachings (2, 3 und 4),
⇨ Info-Events mit vertieften Informationen (6 und 7),
⇨ generelle Information/Kommunikation (8).

Im Rahmen der Feinplanung des Change-Programms sind noch fünf weitere Aspekte, die sich in unserer Beratungspraxis als wesentliche Erfolgsfaktoren herausgestellt haben, zu berücksichtigen:
⇨ *Veränderung ist nur begrenzt planbar:* Dem allgemeinen Prinzip »Prozessdesign mit Lernschleifen« folgend sollten im Change-Programm einige wenige Meilensteine platziert werden, in denen die bis dahin durchgeführten Change-Maßnahmen kritisch auf Inhalte, Durchführung und Wirksamkeit überprüft werden. Der interessante Nebeneffekt dieser Maßnahme ist, dass damit die Aufmerksamkeit und Wachsamkeit bei den Change-Verantwortlichen hoch gehalten wird.
⇨ *Echte Veränderung erfordert Energie und emotionale Kraft:* Wenn das F&E-Topmanagement die Herzen der Mitarbeiter nicht erreicht, wird das Change-Programm nur einen begrenzten Erfolg haben.

Von erfolgsentscheidender Bedeutung ist daher auch die Präsenz und das Engagement des F&E-Topmanagements, vor allem in den Operationalisierungsworkshops mit dem Mittelmanagement, der Betreuung der Change-Agenten und den Kommunikationsmaßnahmen.

⇨ *Inspiration durch ein energiereiches Leitbild schaffen:* Um die emotionale Kraft für die Veränderung aufzubauen, sollte das Topmanagement in den Ausrichtungsworkshops ein positives Leitbild entwickeln, das unter anderem beinhaltet, wie »das F&E-Geschäft« in 3 bis 5 Jahren betrieben werden soll. Es hat sich bewährt, dieses Leitbild (oftmals auch als »Vision« bezeichnet) in einen kurzen, knackigen Slogan zu komprimieren, der in den Kommunikationsmaßnahmen häufig wiederholt wird.

⇨ *Unterstützung für die Veränderer:* Um die aufgebaute emotionale Kraft in die Organisation hineinzutragen, sollte das F&E-Topmanagement insbesondere die positiv-treibenden Mitarbeiter unterstützen, indem ihnen der Weg für einzelne Veränderungsschritte frei gemacht wird. Mit den skeptisch-abwartenden Mitarbeitern sollte auf persönliche Überzeugung und die Sogwirkung der »frühen Erfolge« gesetzt werden.

⇨ *»Walk the talk« – Die Veränderung vorleben:* Das F&E-Topmanagement sollte im Change das Prinzip »Pars pro toto« vorleben und es auch vom Mittelmanagement einfordern. Konkret bedeutet dies, dass das F&E-Topmanagement offen für neue Ideen ist und die Vernetzung über Hierarchieebenen hinweg sucht.

Die so festgelegten Einzelmaßahmen wurden zum Teil eigenständig von Managern und Change-Agenten unseres Kunden, zum Teil mit unserer Unterstützung durchgeführt. Die Steuerung der Einzelmaßnahmen (einschließlich der Budgetüberwachung) ließ sich mit relativ grundlegenden Projektmanagement-Techniken (wie Ablaufpläne, Checklisten, Budgetübersichten etc.) sicherstellen.

Literatur

[1]   IBM: *Expanding the Innovation Horizon: The Global CEO Study 2006. Armonk, 2006*

[2]   CHESBROUGH, H. W.: *Open Innovation. New York, 2006*

[3]   ARGYRIS, C.: *Teaching smart people how to learn. Boston, 2004*

Zusammenfassung

Open Innovation einzuführen, geht in aller Regel mit einem Kulturwandel (Change) im Unternehmen einher, der planvoll gesteuert werden muss. Die Grundlage für das hier vorgestellte Change-Programm bildet ein Ansatz, der sich in zahlreichen Beratungsprojekten bewährt hat. Dieser Ansatz besteht aus drei Schritten:

⇨ Schritt 1: Klarheit darüber schaffen, was genau sich für wen verändern wird

⇨ Schritt 2: Etablierung solider Design-Richtlinien für das Change-Programm

⇨ Schritt 3: Detaillierung des Change-Programms

Mit dieser Abfolge lässt sich ein Change-Programm gestalten, dass alle Veränderungen adressiert und gleichermaßen effektiv und effizient ist – und damit eine große Chance bietet, die Herausforderungen bei der Einführung von Open Innovation zu überwinden. In diesen Schritten kommt eine jeweils klare und nachvollziehbare Methodik zum Tragen, sodass der hier vorgestellte Ansatz die Grundlage für die Einführung von Open Innovation auch in anderen Unternehmen sein kann.

Ausblick und Anhang

Ausblick

Serhan Ili

Der berühmte österreichische Wirtschaftswissenschafter Joseph A. Schumpeter fasste es einmal so: »Die […] Phänomene irgendeiner Epoche, einschließlich der Gegenwart, kann niemand zu begreifen hoffen, der nicht ausreichend mit den historischen Tatsachen vertraut ist und einen entsprechenden historischen Sinn oder so genannte geschichtliche Erfahrung besitzt.«

Um einen fundierten Ausblick wagen zu können, ist – ganz im Sinne Schumpeters – ein Blick in die Vergangenheit unabdingbar. Seit der Industrialisierung wird an Prozessen und Modellen innerhalb der Produktentwicklung geforscht, mit dem Ziel, die Produktentstehung effektiv und effizient zu gestalten. Betrachtet man rückblickend die Evolution der Produktentwicklung, lassen sich bis heute vier Phasen unterscheiden (siehe Abb. 1):

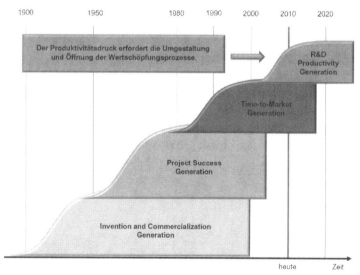

Abb. 1:   *Die Evolution der Produktentwicklung (in Anlehnung an [1])*

⇨ Invention and Commercialization Generation,
⇨ Project Success Generation,
⇨ Time-To-Market Generation,
⇨ R&D Productivity Generation.

Invention and Commercialization Generation

Die steigende Verbreitung von Elektrizität sowie die Erfindung des Fließbandes um die Wende des 20. Jahrhunderts legen den Grundstein für die arbeitsteilige Massenproduktion in der industrialisierten Welt. Die Aktivitäten der Unternehmer fokussieren sich vorrangig auf die Erfindung und Weiterentwicklung technischer Lösungen und deren Transformation in kommerziell verwertbare, innovative Produkte. Zur Unterstützung dieser Aktivitäten und zur Optimierung der nachfolgenden Produktion werden die ersten eigenen F&E-Labore eingerichtet. [2] Vorreiter dieser Entwicklung ist Thomas Alva Edison mit der Gründung des ersten kommerziellen F&E-Labors 1887 in West Orange/USA. Bereits innerhalb der ersten Hälfte des 20. Jahrhunderts besitzen fast alle wichtigen Unternehmen eigene F&E-Abteilungen. Das dort generierte Wissen wird ausschließlich intern zur Entwicklung neuer Produkte genutzt und stellt neben einer Markteintrittsbarriere für Konkurrenten auch einen Wettbewerbsfaktor dar. Das begünstigt die Bildung vertikal integrierter Firmenstrukturen mit hohen Fertigungstiefen, in denen alle Prozessschritte von der Erfindung über die Entwicklung und Produktion bis hin zur Vermarktung innerhalb der Unternehmensgrenzen ablaufen. [3] Vor diesem Hintergrund lässt sich Henry Fords Erwerb einer Kautschukplantage 1927 in Brasilien nachvollziehen, der somit die Rohstoffversorgung der eigenen Produktion von Autoreifen und Gummikomponenten für die Ford Motor Company sicherstellt. [4]

Project Success Generation

In der ersten Generation der Produktentwicklung werden Produkte vor allem aus der internen F&E aktiv vorangetrieben. Der technische Fortschritt entsteht aus einem Angebotsdruck vorhandener Technologien (Technology Push). In der nächsten Phase der Produktentwicklung steht dagegen vor allem die Frage im Mittelpunkt, wie sich Entwicklungsaktivitäten gezielt und erfolgreich umsetzen lassen. Dabei orientiert sich die Produktentwicklung stärker an den Anforderungen des Marktes (Market Pull). [5] Die identifizierten Kundenwünsche stoßen jetzt die Entwicklungsaufträge neuer Produkte an, die verstärkt als abgeschlossene Projekte organisiert und von zugeordneten Projektteams bearbeitet werden. Ähnlich einem Staffellauf stellen diese Entwicklungsprojekte eine Sequenz funktional abgegrenzter Aktivitäten dar, bei welcher der Auftrag nach jedem Prozessschritt an die nächste involvierte Abteilung weitergereicht wird. Gesteuert wird dieser Prozess durch ein aufwändiges Freigabewesen, das sequenzielle Entscheidungen seitens des Managements zur Folge hat. In der Project Success Generation mangelt es an einem übergreifenden Management der verschiedenen Projekte innerhalb der Entwicklung. Zudem werden die Faktoren Entwicklungszeit und -kosten bei der Projektumsetzung stark vernachlässigt. Eine erste gezielte Orientierung an externen Faktoren, wie zum Beispiel den Kunden, ist in der Produktentwicklung jedoch zu beobachten.

Time-to-Market Generation

Durch die vom Markt zunehmend getriebene Forderung nach kürzeren Innovationszyklen wird die Entwicklungsdauer immer mehr zum entscheidenden Wettbewerbsvorteil für Unternehmen. Sie erkennen, dass sie durch einen schnelleren Markteintritt mit innovativen Produkten ein kurzfristiges Marktmonopol und ein Alleinstellungsmerkmal aufbauen können. Aber nicht nur der schnellere Markteintritt ist der entscheidende Treiber in der Time-to-Market-Phase. Vielmehr erkennen die Unternehmen, welchen deutlichen Kostenvorteil eine kürzere Ressourcenbelegung durch eine verkürzte Entwicklungszeit mit sich bringt. Darüber hinaus können Unternehmen schneller und flexibler auf neue Technologien und Marktanforderungen reagieren. Um den Anforderungen einer verkürzten Time-to-Market gerecht zu werden, konzentrieren sich die Unternehmen stärker auf ihre Kern-

411

kompetenzbereiche und lagern weniger profitable Firmenaktivitäten
aus. Diese Reduzierung der Wertschöpfungstiefe erreicht vielfach
auch die Bereiche der F&E, die durch Vertragsforschung und externe
Entwicklungsaufträge substituiert bzw. ergänzt werden. Denn die
Unternehmen erkennen, dass das Generieren von neuem technologischem Wissen in der eigenen F&E in manchen Fällen aufwändiger
und langsamer ist, als eine bereits bestehende externe Technologie in
den Entwicklungsprozess zu integrieren. Die Bedeutung von F&E-
Netzwerken nimmt in diesem Zusammenhang zu. Kooperationen
innerhalb der Produktentstehung helfen den Unternehmen, Kosten
zu senken, Ressourcen zu sparen und Risiken zu verringern. Infolgedessen verschiebt sich der Fokus der Unternehmen von der Koordination interner Prozesse hin zur engen Einbindung externer Partner. Die
Grenzen der Unternehmen werden somit immer fließender.

R&D Productivity Generation

Bis zur letzten Jahrtausendwende ist die Entwicklung noch stark
von der Reduktion der Entwicklungszeit geprägt. Inzwischen ist
aber in vielen Bereichen der Grenznutzen der Zeitreduktion in der
Produktentstehung erreicht oder schon überschritten. Durch den
wachsenden Kosten- und Innovationsdruck zeichnet sich eine Neuorientierung der Produktentstehung ab. Diese Neuorientierung wird
zusätzlich durch die aktuellen Umfeldbedingungen forciert. Der
Abbau von Handelsbarrieren und sinkende Transaktionskosten im
Zuge der Globalisierung und Liberalisierung führen zu wachsender
Konkurrenz auf nationalen und internationalen Märkten. Differen-
zierungstendenzen, die Integration komplexer Technologien, kürzer
werdende Innovationszyklen, weltweit zu erfüllende Gesetzesanfor-
derungen sowie ein erhöhter Kostendruck sind nur einige Herausforderungen, denen sich die Unternehmen stellen müssen. Um diese
zu bewältigen und die eigene Innovationsfähigkeit zu stärken, sind
Unternehmen vermehrt darauf angewiesen, die Art und Weise der
Wertschöpfungsstruktur neu zu gestalten und neue Wege innerhalb
der Produktentstehung einzuschlagen. Die dortige »Do-it-yourself«-

Mentalität rückt dabei zunehmend in den Hintergrund – der Trend geht statt dessen zu einer Produktentstehung, die über die Unternehmensgrenzen hinweg eine Integration externer Innovationsimpulse in die eigene F&E vorsieht und gleichzeitig die maximale Verwertung ihrer Ergebnisse anstrebt. Ziel ist es dabei, die Produktivität der F&E zu erhöhen. Da den Ressourcen und Kompetenzen der eigenen Entwicklungsabteilung Grenzen gesetzt sind und längst nicht mehr alle Teile einer Neuentwicklung selbst getragen werden, greifen Unternehmen schon heute auf externe Expertisen zurück. Diesen Trend greifen immer mehr Firmen auf und versuchen, über eine zunehmend extern orientierte, integrierte Produktentstehung ihre F&E-Produktivität zu erhöhen.

Die Zukunft von Open Innovation

Genau hier setzt der Open-Innovation-Ansatz an, der mehr ist als eine bloße Modeerscheinung, sondern die konsequente Weiterentwicklung der Wertschöpfungsprozesse als Reaktion auf die genannten Trends und Herausforderungen. Die stärkere Öffnung des eigenen Unternehmens für externe Innovationsquellen und Verwertungsmöglichkeiten stellt dabei eine deutliche Veränderung der Art und Weise dar, wie bisher in Unternehmen gearbeitet wurde. Je erfolgreicher das aktuelle Geschäftsmodell ist, desto geringer ist die Bereitschaft einer Organisation, Veränderungen durchzuführen. Die wirkliche Öffnung des Unternehmens nach außen gelingt nur dann, wenn der interne Leidensdruck hoch genug ist. Denn für das Management ist es viel einfacher, sich auf die Verwaltung des Status quo zu beschränken. Unternehmen sollten deshalb genauso diszipliniert Innovationen im Geschäftsmodell anstreben, wie sie es bei ihren Produkten und Prozessen auch tun. Ein Commitment von Seiten des Topmanagements ist dabei von zentraler Bedeutung.

Viele Unternehmen konzentrieren sich im Rahmen von Open-Innovation-Aktivitäten auf den Outside-in-Prozess, also die Integration externer Innovationsquellen. Insofern wird die Integrations- und Aufnahmefähigkeit externer Innovationsimpulse zukünftig ein entscheidender Wettbewerbsfaktor sein. Neben der wichtigen mentalen Einstellung gegenüber externem Know-how wird eine wesentliche Aufgabe für den Produktentwickler in diesem Zusammenhang die Bewertung externer Technologien sein. Diese neue Kompetenzanforderung umfasst die systematische Stärken-/Schwächen-Analyse externer Technologien, insbesondere zur Beschaffung und Aufbereitung von Informationen im Sinne einer Kaufentscheidung. Ziel ist es, die mit einer externen Technologie verbundenen Chancen und Risiken zu ermitteln. Neben dieser »Due-Diligence-Kompetenz« muss der Entwickler auch das Kreativitätspotenzial und die Bereitschaft haben, externe Innovationsimpulse so zu interpretieren, dass diese in den unternehmensspezifischen Kontext passen.

Der Inside-out-Prozess, also die Verwertung eigener Ideen und Technologien außerhalb der momentanen Geschäftstätigkeit zur Steigerung der F&E-Produktivität, wird dagegen noch verhältnismäßig selten angegangen. Die Verwertungsmöglichkeiten werden meist zu eng definiert und fokussieren sich hauptsächlich auf den gegenwärtigen Geschäftsbereich. Ein wichtiger Schritt in Richtung einer umfassenderen Open Innovation ist daher die Einrichtung eines Prozessschrittes, in dem bestehende Innovationen und Technologien im Unternehmen hinsichtlich einer zusätzlichen, externen Verwertung bewertet werden. Darüber hinaus sollten aber auch Ideen, die aktuell nicht weiter verfolgt werden, auf Verwertbarkeit außerhalb des Produktportfolios geprüft werden. Angesichts einer steigenden Innovationsdynamik, verkürzter Entwicklungs- und Marktzyklen sowie der zunehmenden Belegung von Marktnischen steht außer Frage, dass sich auch in diesem Bereich künftig sehr viel tun wird.
Einige Unternehmen und Branchen rüsten sich bereits heute für den nächsten Schritt.

Die Porsche AG beispielsweise betreibt eine eingerichtete Patentabteilung, die neben dem Schutz von geistigem Eigentum auch die gezielte Verwertung eigener Patente und Technologien zum Ziel hat. Neben der Möglichkeit, verschiedene Lizenzierungsmethoden zu nutzen, forciert Porsche auch andere Verwertungsmethoden wie

Beratung oder Dienstleistungen. Im Zuge tiefgreifender Umstrukturierungen in den frühen 1990er Jahren gewinnt das Unternehmen umfangreiche Methodenkompetenz bei der Optimierung von Wertschöpfungsprozessen. Dieses Wissen wird heute in der hauseigenen Tochtergesellschaft Porsche Consulting GmbH gebündelt, die vor allem Beratungsdienstleistungen für externe Unternehmen aus der Automobilindustrie und anderen produzierenden Bereichen anbietet. Darüber hinaus engagiert sich Porsche als Ingenieurdienstleister für Kunden aus einer Vielzahl von Branchen. Sämtliche Fremdentwicklungsaufträge werden durch das Tochterunternehmen Porsche Engineering Group wahrgenommen.

Ein weiteres Beispiel für erfolgreiches Inside-out stellt der Automobilzulieferer Behr dar. Er hat durch aktive Lizenzierung seines chromfreien Beschichtungsverfahrens für Klimageräte BehrOxal® in der Sanitärindustrie einen zusätzlichen Umsatzzuwachs verbuchen können.

Ferner kann auch die Audi Electronic Venture GmbH (AEV) eine erfolgreiche Umsetzung von Open Innovation vorweisen. AEV ist ein eigenständiges Unternehmen, das sich mit der Suche nach Erfindern und ihren neuen Technologien beschäftigt. Hierzu verlagert die Audi

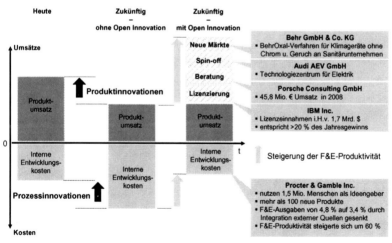

Abb. 2: *Praxisbeispiele für die Steigerung der F&E-Produktivität durch Open Innovation*

AG eigene Wissensträger der Entwicklungsgebiete in das Tochterunternehmen, das aktiv auf kleine und mittelständische Unternehmen (KMU) sowie Start-ups oder Einzelpersonen zugeht, deren Expertise sich für ein kooperatives Entwicklungsprojekt eignet. Gleichzeitig kann Audi so potenzielle Abnehmer eigener Technologien aus dem Bereich Elektrik/Elektronik identifizieren.

Das zukünftige Geschäftsmodell eines Unternehmens passt sich flexibler dem Markt an, so dass Unternehmen größtenteils als Plattform dienen, um Lieferanten und Kunden miteinander zu verbinden. Zudem wird das geistige Eigentum zunehmend als strategischer Faktor in das Management vorrücken. Die aktive Verwertung neu generierten Wissens wird sich zukünftig auch auf (virtuellen) Technologienmarktplätzen abspielen. Eigenentwicklung und Technologiezukauf werden als gleichwertig betrachtet. All diese Aspekte werden für die Zukunft noch deutlicher an Relevanz gewinnen.

Literatur

[1]   MCGRATH, M. E.: *Next Generation Product Development: How to Increase Productivity, Cut Costs, and Reduce Cycle Times. New York, 2004*

[2]   MOWERY, D. C.: *Industrial Research and Firm Size, Survival and Growth in American Manufacturing, 1921-1946: An Assessment, in: Journal of Economic History, Jg. 63, Nr. 4, S. 953-980, 1983*

[3]   CHANDLER, A. D.: *Scale and Scope: The Dynamics of Industrial Capitalism. Cambridge, 1990*

[4]   EXENBERGER, A.: *Ford's Obsession with Rubber – An Empirical Study about Irrational Decision Making. Working Paper präsentiert bei NOEG 2005: Behavioral and Experimental Economics, 2005*

[5]   ROTHWELL, R.: *Towards the Fifth-generation Innovation Process. In: International Marketing Review, Jg. 11, Nr. 1, S. 7-31, 1995*

Anhang: Ablaufplan zur Umsetzung von Open Innovation

Innovation

Ist im Unternehmen die Entscheidung für den Einsatz externer Innovationsquellen und Verwertungsmöglichkeiten gefallen, hilft die nachfolgende Aufstellung bei der weiteren Planung, um Open Innovation systematisch einzuführen.

Phase	Schritte und Fragestellungen
Phase 0: Commitment des Topmanagements zur Öffnung des Innovationsprozesses	Formulierung einer klaren Vision von Open Innovation im Unternehmen sowie Zusicherung von Engagement und Zeit für den OI-Prozess: ⇨ Welches Leitbild soll zugrunde gelegt werden? ⇨ Wohin soll sich das Unternehmen entwickeln? ⇨ Welche Strategie soll verfolgt werden?
Phase 1: Festlegung Integrations- und Verwertungsgrad von externen Technologien	Aufnehmen des IST-Zustands im Unternehmen bezüglich Integration externer Innovationsquellen: ⇨ Welche Formen der Integration und Verwertung bestehen heute bereits? ⇨ Wer ist für welche Quellen und/oder Methoden hinsichtlich Integration und/oder Verwertung verantwortlich?
	Topmanagement-Umfrage bezüglich Bedarf an Technologien, der aus internen Quellen nicht gedeckt werden konnte: ⇨ Welche Defizite bestehen heute? ⇨ Welche Vorteile entstehen, wenn diese Technologien zur Verfügung stehen? ⇨ Welches sind die dringendsten Probleme?
	Topmanagement-Umfrage bezüglich zusätzlicher Verwertungsmöglichkeiten eigener Technologien – auch außerhalb der gegenwärtigen Geschäftstätigkeit: ⇨ Welche Technologien können zusätzlich verwertet werden? ⇨ Welche Geschäftsmodellinnovationen lassen sich umsetzen? ⇨ Wie kann die Produktivität von eigenen und zugekauften Technologien gesteigert werden?

Phase	Schritte und Fragestellungen
Phase 1: Festlegung Integrations- und Verwertungsgrad von externen Technologien	Bericht mit den Ergebnissen der Erhebung an alle Manager, deren Unterstützung für den weiteren Projekterfolg notwendig ist: ⇨ Wie sieht die aktuelle Situation bzgl. Open Innovation aus (Outside-in- und Inside-out-Prozess)? ⇨ Welche externen Technologien stehen auf der Einkaufsliste und ergänzen eigene Technologien? ⇨ Welche Branchen eignen sich hinsichtlich zusätzlicher Verwertungsmöglichkeiten?
Phase 2: Projektplanung	Festlegen der Ziele inklusive Priorität: ⇨ Was sind die wichtigen Ziele? ⇨ Welches Geschäftsmodell soll erreicht werden? ⇨ Welche Schritte sind dafür notwendig? ⇨ Bis wann sollen welche Ergebnisse erzielt werden?
	Formulieren der neuen Innovationsstrategie und Ableiten des Umfangs, in dem zukünftig Technologien integriert und verwertet werden sollen: ⇨ Wie viele Ressourcen werden für die Suche nach neuen Technologie- und Verwertungsmöglichkeiten bereitgestellt? ⇨ Wie viele Mitarbeiter sollen für die Suche eingesetzt werden? ⇨ Welcher Betrag soll für die Untersuchung und ggf. Integration angebotener Technologien zur Verfügung stehen? ⇨ Welcher Betrag soll für die Entwicklung neuer Geschäftsmöglichkeiten zur Verfügung stehen? ⇨ Welche Art von Technologien soll verwertet werden (Kerntechnologien, unterstützende Technologien, ungenutzte Technologien, Prozesswissen, etc.)?
	Auswahl potenzieller Innovationsquellen: ⇨ Welche Innovationsquellen können identifizierte Bedürfnisse am effizientesten bedienen?
	Antizipieren, welche Form von Geschäftsbeziehung mit den jeweiligen Innovationsquellen oder Partnern bei der Verwertung möglich ist: ⇨ Wie wird man Technologien integrieren, die sich nahe dem eigenen Kerngeschäft befinden: Wird man das Unternehmen direkt aufkaufen oder eher eine strategische Allianz eingehen? ⇨ Wie soll bei der Verwertung mit Technologien umgegangen werden, die selbst auch noch genutzt werden? ⇨ Welches Prozesswissen kann angeboten werden?

Phase	Schritte und Fragestellungen
Phase 3: Festlegen und Aufbauen der notwendigen Strukturen	Festlegen der Organisationsstruktur für Suche und Verwertung: ⇨ Wird die Suche zentral oder dezentral durchgeführt? ⇨ Werden Technologien innerhalb der bestehenden Unternehmensstrukturen gefördert oder wird eine separate Organisationseinheit gegründet?
	Definieren der Verantwortlichkeiten: ⇨ Sollte die F&E den technischen Einkauf unterstützen oder sollte sie bei der Auswahl externer Technologien die Entscheidung treffen können? ⇨ Wie werden Entscheidungen über die Integration einer externen Technologie oder die Verwertung einer eigenen Technologie getroffen? ⇨ Wer wird für die einzelnen Quellen und Methoden verantwortlich sein? ⇨ Wird es einen Gatekeeper/Key-Account-Manager geben?
	Planung der Koordination der Verantwortlichen untereinander: ⇨ Wie laufen Entscheidungsprozesse ab?
	Festlegen der Kommunikationsformen: ⇨ Wie werden Entscheidungsträger über neue Entwicklungen informiert?
	Festlegen der Verteilung von Kosten und Gewinn: ⇨ Welches Budget steht für externe Technologien zur Verfügung? ⇨ Wie werden Einnahmen durch zusätzliche Verwertung eigener Technologien verteilt?
Phase 4: Experimentieren mit neuen Innovationsquellen und Verwertungsmöglichkeiten	Durchführung eines Pilot-Projekts, um unterschiedliche Prozesse auszuprobieren, erste Erfahrungen zu sammeln und notwendiges Marktwissen aufzubauen: ⇨ Welche verschiedenen Quellen, Methoden und Kanäle gibt es und wie entwickeln sie sich im Zeitverlauf? ⇨ Wie lässt sich ihr Einsatz auf das Unternehmen zuschneiden? ⇨ Wie lassen sich Lizenzen am effizientesten und ohne hohe Ausgaben bearbeiten?

Phase	Schritte und Fragestellungen
Phase 5: Ausbau der Suchaktivi- täten und Integration in das gesamte Unterneh- men	**Stabile und ausgereifte Prozesse:** ⇨ Sind die Prozesse und Strukturen so stabil, dass nicht nur wenige Experten die Suche oder Verwertung von Innovationen betreiben können, sondern eine Vielzahl an Generalisten den Prozess unterstützen können?
	Aufbau der notwendigen Infrastruktur: ⇨ Welche Informationsprozesse sind für eine Entscheidungsfindung notwendig? ⇨ Welche Software-Tools unterstützen Open Innovation (z. B. Online-Entwicklungssoftware für B2B-Kunden, internes Wissensmanagementsystem, E-Mail-Newsletter für Entscheidungsträger etc.)?
	Planung des Kulturwandels: ⇨ Welche Tools, Änderungen in Prozessen oder Dokumenten können den Wandel der Unternehmenskultur unterstützen? ⇨ Wie können Anreize für eine stärkere Orientierung der Mitarbeiter nach außen geschaffen werden? ⇨ Welche neuen Kompetenzen müssen die Mitarbeiter erlernen (z. B. in der F&E oder dem IP-Management)?
	Umstellung des IP-Managements von einem Cost-Center-Modell zu einem Profit-Center-Modell: ⇨ Welche Ziele hat das Intellectual Property Management hinsichtlich F&E-Produktivität? ⇨ Wie viel Umsatz muss das IP-Management durch zusätzliche Verwertungsmöglichkeiten generieren?
	Einführen der automatischen Verwertung interner Technologien nach einer gewissen Anzahl von Jahren: ⇨ Wann werden eigene Technologien zusätzlich verwertet?
	Aktive Werbung, um ein Image als bevorzugter Partner für Ideen oder Wissenstransaktionen aufzubauen: ⇨ Ist die Marketing- und Kommunikationsabteilung eingebunden? ⇨ Welche Kontaktpunkte können für eine strategische Positionierung und den Imageaufbau genutzt werden?

Phase	Schritte und Fragestellungen
Phase 5: Ausbau der Suchaktivitäten und Integration in das gesamte Unternehmen	Aufbau von Listening-Posts in wichtigen Technologieregionen und Absatzmärkten oder Anpassung der Mission dort eventuell bereits vorhandener Niederlassungen: ⇨ Wo befinden sich wichtige Technologieregionen? ⇨ Wie kann eine Vernetzung sichergestellt werden, um Innovationsimpulse zu erhalten bzw. zusätzliche Verwertungsmöglichkeiten zu identifizieren?
Phase 6: Lessons Learned und kontinuierliche Verbesserung	Suche nach interessanten Innovationsquellen und Absatzmöglichkeiten durch formelle und informelle Netzwerke oder mit Hilfe ausgewählter Suchmethoden: ⇨ Welche Innovations- und Verwertungsquellen werden aktuell genutzt und warum? ⇨ Wie ist die Aufnahmefähigkeit durch die eigene F&E? ⇨ Welche Technologien konnten bisher zusätzlich verwertet werden?
	Management verfolgt aktiv die Suchaktivitäten und greift ggf. lenkend ein: ⇨ Gibt es regelmäßige Steuerkreistreffen zur Koordination und Problemlösung, zur Identifikation von neuen Innovationen und/oder zur zusätzlichen Verwertung von eigenen Technologien?

421

Stichwortverzeichnis

Innovationsmanagement
Digitale Fachbibliothek auf USB-Stick

Innovationsfähigkeit ist der entscheidende
Wettbewerbsfaktor für Unternehmen. Mit
welchen Methoden lassen sich Innovationen
entwickeln? Was sind die richtigen Strategien,
sie in Markterfolge zu übersetzen? Wie lässt
sich ein Innovationsvorsprung erzielen – und
verteidigen?

Die Digitale Fachbibliothek Innovationsmanagement zeigt Ingenieuren, Entwicklern und
Innovationsmanagern, wie sie Innovationsprojekte optimal steuern und ein leistungsstarkes
Innovationsmanagement entwickeln.

Die Themenfelder dieser Wissenssammlung
sind:
⇨ Innovationsmanagement
⇨ Technologiemanagement
⇨ Führung, Teamarbeit
⇨ Intellectual Property Management
⇨ Innovation und Kundenorientierung
⇨ Prozessinnovation
⇨ Performance Management
⇨ Innovationsfinanzierung

Innovationsmanagement
Digitale Fachbibliothek auf USB-Stick
Über 3000 Seiten mit Arbeitshilfen,
Präsentationen und Excel-Tools
ISBN 978-3-939707-26-4
Preis 201,11 (incl. MwSt. und Versand-
kosten)
Symposion Publishing, Düsseldorf

Die Digitale Fachbibliothek auf USB-Stick enthält
auf mehr als 3.000 Seiten aktuelle Fachbeiträge
und Fallstudien. Zahlreiche Powerpoint Präsentationen tragen dazu bei, Konzepte und Methoden
besser zu verstehen und anzuwenden. Nützliche
Excel-Tools helfen, die wichtigsten Methoden
sofort einzusetzen.

Die Nutzung des USB-Sticks ist durch das
Stichwortverzeichnis und die praktische Volltext-
suche denkbar einfach. Es ist keine Installation
erforderlich.

Bestellung per Fax: 02 11/8 66 93 23

Leseproben:
www.innovation-aktuell.de

symposion